보건의료 빅데이터의 활용과 개인정보보호

보건의료 빅데이터의
활용과 개인정보보호

김 지 희 지음

경인문화사

서 문

이 책은 2022년 2월에 나온 필자의 서울대학교 법학박사 학위논문인 "보건의료데이터의 안전한 활용을 위한 법제개선에 관한 연구"를 수정·보완한 글이다.

최근 대한민국 정부는 보건의료데이터 활용을 활성화하기 위하여 다양한 정책을 수립하여 활발히 추진하고 있다. 2020년 데이터 3법을 개정하여 가명정보에 대한 개념을 명시적으로 도입하였으며, 2021. 7. '보건의료 빅데이터 플랫폼' 본 사업이 시작되었고, 데이터 산업진흥 및 이용촉진에 관한 기본법(법률 제18475호, 2021. 10. 19. 제정, 약칭:데이터산업법)을 제정하는 등 보건의료데이터의 활용을 증진하기 위한 노력을 기울여왔다. 이러한 가운데, 유럽연합은 2018년 5월부터 정보보호지침(Data Protection Directive, 이하 'DPD')을 대체하여 일반정보보호법(General Data Protection Regulation, 이하 'GDPR')을 제정하였고, 일본 또한 2019년 개인정보보호법 개정안을 마련하여 가명가공정보의 개념을 창설하고 곧 시행될 예정에 있는 등 변화가 있었다. 이에 보건의료데이터의 활용을 활성화하면서도 개인정보를 충분히 보호할 수 있는 효율적인 방안에 대하여 연구가 필요한 시점이라고 생각하였다.

보건의료데이터는 적절하게 활용하면 의료산업계의 발전과 국민건강 증진에 도움이 된다. 특히 우리나라는 국민건강보험체제를 갖추고 있어 국민건강보험공단과 건강보험심사평가원 등 담당 공공기관에 전 국민의 건강검진기록, 의약품처방기록, 보험자격을 포함한 막대한 양의 정보가 수집되고 있다. 데이터의 수집과 체계적인 관리가 가능하다는 점에서 데이터 활용에 있어 유리한 여건을 갖추고 있다. 반면 개인정보 유출에 대한 위험과 보건의료데이터 수집 및 처리 기관에 대한 불신으로 쉽사리 정보활용이 활성화되기 어려운 측면이 있었다.

이 글은 이를 해결하기 위하여 국내 보건의료데이터 활용 현황에 대하여 알아보고 해외의 상황을 비교법적 측면에서 살펴보아 국내 상황에 알맞는 보건의료데이터 관련 법제도의 개선방안을 찾고자 하였다. 보건의료데이터 활용시 발생할 수 있는 개인정보 유출의 위험관리와 데이터의 실질적 활용이라는 양 측의 균형을 도모할 필요가 있다. 민감정보의 가명정보 활용 가능성의 법적 근거를 명확히 하고 심의위원회의 조직과 구성에 대하여 법규성을 부여하며, 데이터 보건의료데이터 비식별 심의전담 거버넌스를 마련하는 등의 방안을 제시하였다. 또한 개인정보보호법과 관련 법령간의 법률 정합성 보완방안에 대하여 구체적으로 살피고자 하였다.

그동안 국내 보건의료데이터 활용에 대하여 그 필요성에 대한 사회적 공감은 있었지만 법제도적·시스템적 현황에 대한 종합적 고찰과 개선방안에 대해서는 찾기 쉽지 않은 상황이었고, 더구나 필자는 이론적 검토에 그치기보다는 실무에 도움이 되는 방안을 제시하고자 하였기에 논문의 작성 과정에 있어서 여러 고민과 시행착오를 겪었다. 필자의 논문이 수정과 보완을 거듭하여 조금이나마 읽을 만한 글이 되었다면, 그 과정에 있어 상당한 도움이 되어주신 분들이 계시기에 깊은 감사의 말씀을 전하고자 한다.

먼저 필자의 지도교수님이신 정상조 교수님께서는 학위논문의 주제 선정과 연구 범위의 적절한 설정에 있어서 여러 수정과 보완을 거듭하는 과정에 있어 등대 역할을 해주셨다. 교수님이 아니셨다면 지금의 이 글 또한 탄생하기 어려웠을 것이라 생각하며 가슴깊이 감사드린다. 심사 과정에서 꼼꼼하고 따뜻한 가르침으로 필자를 이끌어주신 허성욱, 박상철, 이성엽, 이희정 교수님께도 진심으로 감사를 드린다. 앞으로도 선생님들의 은혜를 되새기며 부끄럽지 않은 제자로서 세상을 조금이나마 이롭게 하는 학자가 될 수 있도록 노력하고자 한다.

또한 학위논문을 완성하고 이 책을 낼 수 있는 기회를 얻은 것은 필자의 인생에 있어 큰 행운이자 영광으로, 한국유나이티드제약 강덕영 사장님의 지원과 격려가 아니었다면 가능하지 않았을 것이다. 실무적인 통찰과 학문적 연구의 병행이 가능하도록 기회를 주시고 물심양면으로 응원해주신 강덕영 사장님과 임원진 분들, 선임 및 동료와 팀원들에게 깊은 감사의 말씀을 전한다. 마지막으로, 필자가 세상에 존재할 수 있게 해주시고 어린시절부터 사소한 것 하나 사랑을 느끼지 않을 수 없도록 키워주신 부모님께 감사를 드리고자 한다. 항상 헤아릴 수 없는 사랑으로 필자를 응원해주시는 존경하는 부모님과 조부모님, 필자의 가장 소중한 친구이자 응원군인 동생에게 진심으로 감사드린다.

차 례

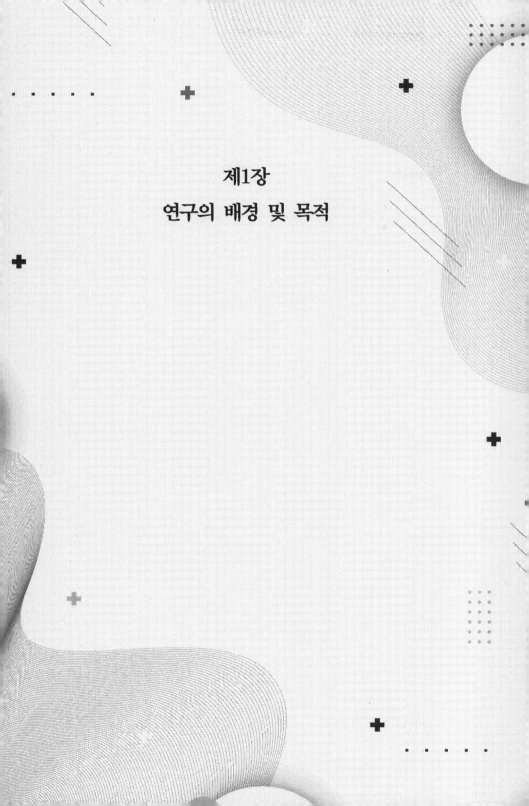

제1장
연구의 배경 및 목적

제1절 연구의 배경

　데이터는 현재 다양한 산업분야에서 활용되고 있다. 미국 소매 유통 기업 타깃(Target)이 고객의 멤버십카드 적립현황 빅데이터를 분석하고 고객의 임신 개월 수를 추정하여 관련 상품 할인쿠폰을 보낸 사례[1]는 이미 유명하다. 특히 보건·의료 분야의 데이터는 그 정보의 특수성뿐만 아니라 활용 가능성이 높다는 점에서 관련 논의가 활발히 진행되고 있다.

　우리나라는 국민건강보험공단과 건강보험심사평가원에서 국민건강보험법(법률 제17772호 일부개정 2020. 12. 29.)에 따라 보험급여 관리 업무를 위해 보건의료데이터를 수집한다. 이렇게 수집된 데이터를 비식별화 과정을 거쳐 연구자에게 제공하고 있고,[2] 제약회사가 이용하는 보건의료 빅데이터 기업으로 '코아제타'와 같은 곳도 있다. 주로 건강보험심사평가원과 국민건강보험공단의 비식별화된 환자 진료 및 건강검진 데이터를 활용하여 제약기업의 수요에 맞게 가공하여 제공하는 방식이다. 의약산업계는 이렇게 분석 및 가공한 보건의료데이터를 활용하여 시장분석, 임상연구계획, 특허소송전략 등에 활용한다. 예를 들면 비알콜성 지방간의 경우 간섬유화 정도를 확인해 고위험군 환자가 몇 명인지, 해마다 증가하는 비율이 어느 정도인지 등을 알 수 있도록 하여 신제품 개발전략시 참고할 수 있다.[3] 이와 같이 보건의료데이터를 기반으로 산업발전 방향을 설정할 수 있는 등[4] 데이터의 활용 필요성과 가치가 부각됨에 따라, 한편으로는 개인정보보호의 필요성을 강조하는 목소리 또한 커지고 있다. 보건의료데이

---

1) Joseph Jerome, BIG DATA:CATALYST FOR A PRIVACY CONVERSATION, 48 Ind. L. Rev.213, 2014, p.7.
2) 박대웅·류화신, 보건의료 빅데이터 법제의 쟁점과 개선방향, 의료법학, 제17권 제2호, 2017, 317쪽.
3) 김지섭, 코아제타, 제약 빅데이터 분석 서비스 개시, 디지털 타임스, 2016. 9. 20.자 기사.
4) 임재희, 보건의료 빅데이터 공개성과는?, 뉴시스, 2018. 11. 14.자 기사.

터는 개인의 건강에 대한 정보로서 매우 내밀한 분야이고 개인정보보호법상 민감정보에 해당할 수 있기 때문이다. 보건의료데이터 이용의 활성화와 개인정보의 보호라는 양측의 균형을 갖춘 법제의 개선과 시스템적 뒷받침이 중요하다.

제2절 연구의 목적

국내 보건복지부 및 지자체는 공공데이터 포털(data.go.kr)을 통해 보건의료 분야 데이터 약 2,040개를 개방 중이다.[5] 그러나 대부분 통계 데이터로서 실질적인 활용이 매우 미미한 상황이다. 국내의 데이터 관리체계는 양호한 반면 민간 활용지원 수준과 정보의 품질수준이 미흡한 것으로 나타났다.[6]

사례를 통해 보건의료데이터 활용의 현 위치를 가늠함으로써 본 연구의 목적을 되새겨 보고자 한다. 일예로, 간암과 같은 질환의 경우 한 환자가 장기처방을 받으면 수년에 걸쳐서 치료를 받는다. 제약기업에서 필요한 정보는 이 장기처방 기간 동안 처방이 어떻게 변화 하였는지와 그에 따른 효과추이일 것이기 때문에 수년 동안의 연결된 데이터가 필요하다. 통계 정보만으로는 제대로 된 데이터 활용과 분석이 어려움에도 불구하고, 정보를 제공하는 기관 입장에서 비식별화 처리업무의 부담과 개인정보 유출에 대한 부담으로 통계적 데이터 혹은 단기간의 데이터만 제공하게 되는 현상이 존재한다.

이러한 상황에서 보건의료데이터의 활용을 촉진할 수 있도록 하는 실질적 법제개선과 시스템적 뒷받침에 대한 개선방안 연구가 필요하다. 보건의료데이터는 민감정보로서 보호의 필요가 높은 만큼, 데이터의 활용에 있어서 개인정보보호에 대한 사회적 신뢰가 형성될 수 있도록 균형책을 도모하여야 한다. 즉, 보건의료데이터의 안전한 활용을 위한 개선방안을 찾음으로써 이를 통해 사회적 신뢰를 구축하고 데이터 개방의 기조가 생성되도록 하여 궁극적으로 양질의 데이터 활용으로 나아가도록 하는 개선 방안을 연구하는 것이 이 글의 궁극적인 목적이다.

---

5) 국민건강보험공단은 공공데이터 포털에 파일 56개 및 Open API 7개 데이터 셋을, 건강보험심사평가원은 공공데이터포털에 파일 94개 및 Open API 19개 데이터셋을 개방 중이다.

6) 이병철, 앞의 글, 88쪽.

제3절 연구의 전개와 방법

이 글의 위와 같은 목적으로 개선 방안을 연구하기 위하여, 다음과 같이 전체적인 전개를 구성하였다.

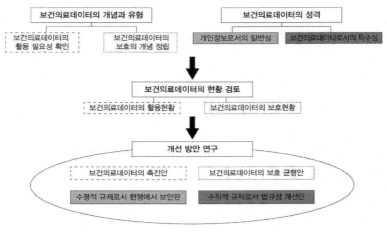

〈그림 1〉이 글의 구성

먼저 보건의료데이터의 정의와 개인정보보호의 개념에 대해 고찰할 필요가 있다고 보았다. 선행문헌 검토를 통해 보건의료데이터의 보호에 관한 전통적인 시각과 시대적 요청에 대해 살펴봄으로써 개선방안 연구 시 기준으로 적용할 합리적 시각을 정립하고자 하였다.

그런 다음 보건의료데이터의 개인정보로서의 일반성과 보건의료분야의 특수성을 살펴보아 선행연구들을 정리하고 구체적인 논의 필요점에 대하여 살피고자 하였다. 이는 개선 방안 연구에 있어서 기존의 수평적 규제를 유지 보완하고(개인정보보호로서의 일반성 고려), 법규성을 갖추도록 편입하여 수직적 규제를 가미할(보건의료데이터 특수성 반영) 방안을 연구하는 데에 있어 논리적 연결성을 지닌다.

이 글에서 제시하고 있는 개선점은 다음과 같다. 보건의료데이터의 활용 촉진을 위한 방법으로는 다음과 같은 개선 방안을 살폈다. 우선 보건의료데이터 활용 근거 법규를 명확히 할 필요가 있다. 민간 보건의료데이터와 공공 보건의료데이터의 각 가명정보 활용에 대한 법적 근거를 살펴보고 이를 보완하여 데이터 활용을 촉진할 방안을 제시하였다. 관련하여 공공데이터법 제17조, 생명윤리법 제2조, 제15조 법문을 정비하여 법률 정합성을 보완하고 데이터 활용을 명시하도록 방안을 제시하였다. 또한 데이터 표준화 개선과 연계성을 개선하여 데이터 품질을 제고하기 위한 실무적 방안과 관련 고시의 정비를 제안하였다. 한편으로 데이터 활용을 촉진하기 위한 시스템적 뒷받침으로서 보건의료데이터 활용을 위한 거버넌스의 구축 및 보완 방안을 제시하였다. 아울러, 데이터 개방과 활용을 촉진하기 위한 유도책으로서 데이터 활용으로 발생하는 수익의 분배 쟁점에 대하여 살펴보았다.

다음으로 보건의료데이터 보호를 위한 개선방안을 연구하였다. 보건의료데이터보호 개별법의 도입 여부에 대하여 비교법적으로 살폈고, 국내 현황으로는 현재의 수평적 규제방식을 유지하되, 관련 법률의 정합성을 보완하고 보건의료데이터 특유의 규율이 필요한 내용은 위임법령 등으로 법규성을 갖출 수 있도록 수직적 규제 방식을 가미하는 개선 방안을 제시하였다. 수직적 규제 방식의 가미로서는 정책심의위원회를 법규성을 갖출 수 있도록 하고, 정책심의위원회의 업무를 정책적인 의사결정으로 한정하여 비식별 판단에 관해서는 이를 전담하는 전문 심의위원회를 두는 방안을 제시하였다. 전문 심의위원회 또한 법규성을 갖추도록 구체적인 방안을 제시하였고 이로서 전문 심의위원회가 정책심의위원회에 정책적 조언을 할 수 있는 독립적 기구로서 작용할 수 있도록 하는 방안을 제시하였다. 또한 개인정보보호법에서 보건의료데이터 보호를 위한 보완방안으로써, 정보처리자로 의무주체가 한정되어 있는 조항들을 검토하여 개선방안을 제시하였으며, 가명정보에 대한 정보주체의 권리 인정 범위에 대하여 검토하였다.

　이 글은 보건의료데이터 보호의 본질적인 의미와 활용의 필요성을 확인하고, 궁극적으로는 보건의료데이터의 활용을 실질적으로 촉진하면서도 보호의 균형을 도모하기 위한 개선 방안을 제시하기 위하여 문헌조사와 전문가 의견 참고, 사례분석, 비교법적 검토 연구방법을 활용하였다.

　해외의 보건의료데이터 관련 법제 전반을 검토하고 각 특징을 비교·분석하여 국내 보건의료데이터 활용에 있어서의 개선점을 연구하는 데에 비교법적으로 참고하였다. 미국, 유럽연합 등 주요국 위주로 살피되, 국내와 같이 국가보험체계를 갖추어 일괄적인 공공 보건의료데이터 취합이 이루어지고 있는 영국과 일본 및 대만을 검토 국가에 포함하였다.[7] 각 개인정보보호와 보건의료데이터에 대한 법제현황을 살펴 검토하였고[8] 국가별 활용 사례를 살펴 보건의료데이터 활용에 대한 인식과 현황을 반영하고자 하였다.

---

7) 의료보장제도는 크게 사회보험 방식과 국민보건서비스 방식으로 분류될 수 있다. 사회보험방식은 보험의 기전을 이용하여 국민들의 질병, 상해 등으로 인한 생활의 위험으로부터 보호하기 위해 국가가 법으로 보험가입을 의무화하여 보험료나 기금을 갹출하고 급여내용을 규정하여 실시하는 제도이다(예: 한국, 대만). 반면에 국가보건서비스 방식은 조세로 재원을 조달하여 전국민에게 의료서비스를 제공하는 것이다(영국). (재인용 : 한국보건산업진흥원, 보건산업 동향조사 및 이슈 발굴 분석, 2016, 40쪽 / 원문 : 백승기, 한국과 대만의 의료보험 통합정책에 관한 비교 분석, 한국행정학보 제44권 제4호, 2010, 233쪽) 결국 보건의료에 있어서 국가가 비용을 지원하느냐 용역을 지원하는 시스템이냐의 차이이고 이를 담당하는 국가기관으로 보건의료데이터가 수집되는 점에 있어서는 유사하다.

8) 자세한 실황이 참고가 되는 개별적 해외 제도에 대해서는 각 관련 쟁점 및 국내 개선방안 부분에서 관련 검토를 보다 상세하게 다루도록 전개하였다.

〈표 1〉 해외 법제 개요

국가	특징
미국	포괄적으로 적용되는 개인정보보호 법률을 가지고 있지는 않고 사안별 또는 분야별로 규제가 이루어짐.[9] 보건의료데이터에 관한 법률로 'HIPAA'와 'HITECH Act' 및 규칙이 마련되어 있음.
유럽 연합 (EU)	회원국별로 서로 다른 규정을 일원화하고, 인터넷 사용 및 기술 발전에 따라 규정을 현대화하기 위해서[10] 정보보호지침(DPD)을 대체하여 일반정보보호법(GDPR)을 제정
영국	조세기반 국가보건의료서비스를 운영하고 있어 국가보험체계를 갖춘 국내와 보건의료데이터 환경이 유사하여 특히 자세히 살펴보고 상세히 비교·분석하였음. 보건의료데이터 활용에 있어 옵트아웃 방식이 인정되며 'NHS Digital'을 통해 통합적인 데이터 처리 시스템이 구축되어 있음.
일본	국내와 같이 국가건강보험제도가 있고, 2019년 개인정보보호법 개정안을 마련하여 가명정보의 개념을 도입하였음. 차세대의료기반법의 제정으로 보건의료데이터에 대한 옵트아웃 방식 인정하였고 인정사업자제도를 두고 있지만 실질적으로 활발히 운용되고 있지는 아니함.
대만	사회보험방식의 의료보장제도가 있어 국내와 유사한 데이터 환경으로 참고가 되었음. 보건의료데이터의 활용에 있어 개인정보보호법에 명시적인 규정이 있고 사법적인 해석과 정부의 정책추진이 상당히 데이터 활용에 적극적인 것으로 해석되는 특징이 있음.

* 법률명을 약칭으로 기재하였고, 법문 및 용어의 정식명칭과 원문명은 본문에서 제시하고자 함.

---

[9] 김은수, 비식별화 방식을 적용한 개인정보보호에 대한 연구, 2018, 124쪽.
[10] KISA 한국인터넷진흥원, 2020 GDPR 상담사례집, 12쪽.

제4절 연구의 요약

이 글에서는 보건의료데이터의 안전한 활용을 위하여 개인정보로서의 일반성과 보건의료데이터로서의 특수성을 파악하고, 이를 반영한 법제적 개선점을 연구하였다.

제2장에서는 보건의료데이터의 개념과 수집현황 및 유형에 대하여 살펴보았다. 또한 보건의료데이터의 보호범주를 정하는 개인정보의 의미와, 그 판단 기준으로서 중요하게 작용하는 식별성의 개념 및 식별가능성 판단에 대하여 살펴보았다. 나아가, 개인정보보호의 의미에 대하여 이론적 논의를 확인하여 보건의료데이터 보호의 의미에 대하여 정립하고자 하였다. 오늘날의 보건의료데이터 보호는 무조건적인 수호의 대상이기 보다는 데이터 활용시 추구되는 법익과 비교형량하여 적법하게 조절될 수 있는 대상임을 확인하였고 이를 전제로 논의를 전개하고자 하였다. 이어서, 보건의료데이터의 특수성을 살펴보았다. 보건의료데이터는 정보활용의 효용성이 높으나 반면에 민감성이 높아 유출시의 위험이 높고, 데이터 처리에 있어서 투명성과 전문성이 강조되는 분야임을 확인하였다. 따라서 보건의료데이터의 활용과 개인정보 보호의 균형을 위하여 비식별 판단이 상당히 중요한 점을 알 수 있었다. 아울러, 데이터 정책의 실행과 데이터 처리에 있어서 참여자들간의 적극적인 참여와 네트워크가 중요하여 데이터 거버넌스가 적합한 시스템으로서 작용할 수 있는 분야임을 검토하였다.

제3장에서는 보건의료데이터의 활용 법제 현황과 보호 법제 현황을 살펴 개선 필요점을 탐구하였다. 공공 보건의료데이터 개방을 위한 국내외 제도를 살펴보아 개선필요점을 알아보았다. 보건의료데이터의 연계 및 표준화 현황을 알아보아 각 개선 필요점을 확인하였다. 또한 마이데이터 등 국내외에서 추진되고 있는 보건의료데이터의 이동성과 편의성

증진 제도들을 살폈고 데이터 활용으로 발생하는 수익의 분배에 대하여 데이터 활용 유도책의 측면에서 살펴보았다. 한편으로 보건의료데이터 보호를 위한 규제 현황으로, 가명정보와 익명정보에 대하여 개인정보보호법과 관련법에 규제하고 있는 바를 살펴보았고 비교법적으로 검토하였다. 또한 개인정보보호법에서 정보주체의 권리를 보호하고 있는 조항과 개인정보의 국외 이전, 정보통신서비스 제공자 특례 조항에 대하여 살펴 법문적 개선점을 살펴보았다. 아울러, 보건의료산업 관계법에서 보건의료데이터 보호에 대하여 규율하고 있는 바를 살펴 개인정보보호법과의 정합성 보완이 필요함을 확인하였고 관련 가이드라인을 검토하였다. 보건의료데이터 보호에서 강조되고 있는 비식별판단에 대한 제도적 장치로서 심의위원회의 현황을 살펴 개선 필요점을 확인하였다.

제4장에서는 제3장에서 현황을 살펴 확인하였던 개선 필요점들에 대하여 상세히 살펴보고 해외 법제현황과 비교·분석하는 등의 방법으로 구체적인 개선 방안을 제시하고자 하였다.

보건의료데이터의 활용을 촉진하기 위한 방안으로서 보건의료데이터의 가명화 후 활용에 대하여 법적 근거를 마련하기 위해 관계 법령을 명확하게 정비하는 방안을 살펴보았다. 또한 가명 보건의료데이터의 활용에 있어서 해석상 혼란이 될 수 있는 관계법들 사이의 정합성 보완을 위해서 정보공개법과 생명윤리법의 법문 정비를 상세히 제안하였다. 실질적인 데이터 활용을 위하여 데이터 품질 개선안으로써 데이터 표준화 및 연계성과 관련된 고시 및 법령을 상세히 검토하고 개선 방안을 제시하였다. 시스템적 뒷받침으로서 보건의료데이터 거버넌스에 대하여 현 보건의료 빅데이터 플랫폼의 강화 방안과 보건의료데이터 비식별 전문 심의 거버넌스의 구축에 대하여 제안하였다. 또한 데이터 활용의 유도책의 측면에서 데이터 활용 수익의 분배에 대하여 기존의 논의된 바를 정리하고 방향을 제시하였다.

한편 보건의료데이터를 보호하기 위한 개선방안으로서 독립법제 도입 여부에 대하여 수평적 규제와 수직적 규제의 장단점 및 국내외 현황을 살펴 바람직한 방안을 제시하였다. 현재의 수평적 규제를 유지하여 보건의료데이터의 개인정보로서 일반성에 관련된 보호 규정은 분야별 차별없이 적용되도록 하고, 보건의료데이터의 특수성이 반영된 보호 규정으로서 수직적 규제를 가미하여 심의위원회 강화를 제안하였다. 이어서 현행 심의위원회를 개선하기 위한 방안으로 보건의료 빅데이터 플랫폼 내 정책심의위원회의 규율을 지금의 훈령에서 법규성을 갖출 수 있도록 하는 방안을 제안하고 비식별 전문 심의위원회의 도입을 통해 독립적 조언기구 역할을 할 수 있도록 제안하였다. 마지막으로 개인정보보호법에서 개인정보 보호조치의 의무주체에 대하여 보완점을 제시하였고 가명정보에 대한 정보주체의 권리(열람권, 삭제·정정·이용중지 청구권 등)를 어디까지 인정하는 것이 타당한가에 관하여 정보의 활용 측면에서 비교법적으로 검토하여 방안을 제시하였다.

제2장

보건의료데이터의 개인정보로서의

일반성과 특수성

제1절 개관

우리나라 보건의료데이터 관련 법제는 주로 개인정보보호를 위한 내용들을 담고 있고, 데이터 활용을 고려한 규정들은 가명정보를 명시한 최근의 데이터3법 개정 등을 시작으로 최근 들어 본격적으로 논의되기 시작하였다. 관련 법규정 및 가이드라인간의 정합성 문제와 실질적인 데이터 활용으로 이어지지 않고 있다는 등의 문제점이 있다. 이러한 상황에서, 현 법제도의 현황과 개선 필요점을 연구해보는 것은 중요하다.

제2장에서는 우선 보건의료데이터의 정의와, 그 보호범주인 개인정보의 개념 및 범주의 판단 기준이 되는 식별성의 개념에 대하여 법문과 이론적 논의를 살펴보고자 한다. 개인정보보호의 개념에 있어서 보호법익이 무엇인가를 다시금 면밀히 살펴봄으로써 이 글에서 제안하고자 하는 법제도적 개선방안이 전제하고 있는 '보호와 활용의 균형'이라는 목표의식의 실질적 의미와 필요성에 대하여 정립하고자 한다. 또한 보건의료데이터의 유형과 성격을 살펴보고 개인정보로서의 일반성과 보건의료의 특수성에 대하여 알아보고자 한다. 이를 통해 보건의료데이터의 일반성과 특수성을 각 반영한 법제적 개선 방안 검토로 나아가고자 한다.

Ⅰ. 보건의료데이터의 정의

1. 국내

보건의료기본법(법률 제17966호 일부개정 2021. 3. 23.)에 정의된 내용을 살펴보면, '보건의료 데이터'란 '보건의료와 관련한 지식 또는 부호·숫자·문자·음성·음향·영상 등으로 표현된 모든 종류의 자료'를 말한다.[1]

4차 산업의 키워드로 꼽히고 있는 빅데이터의 개념을 적용한 '보건의료 빅데이터'의 의미에 대해서도 살펴보고 넘어가고자 한다. '빅데이터'는 강학상 '기존의 정보관리 및 분석체계로는 감당하기 어려운 대용량 데이터의 수집 및 분석기술[2]'을 의미하는 것으로 알려져 있다.[3] 한편으로는 '빅데이터'의 의미에 대하여 대용량, 초고속, 다양성의 개념 표지[4]가 고려되기도 하며, 데이터의 활용 측면에서 정확도[5]의 개념을 반영하기도 한다. 따라서 '보건의료 빅데이터'는 '국민의 건강을 보호·증진하기 위하여 국가·지방자치단체·보건의료기관 또는 보건의료인 등이 행하는 모든 활동과 관련된 정형, 비정형의 데이터를 포함하는 대량의 데이터'라고 볼 수 있다. '빅데이터'의 대용량, 초고속, 다양성의 개념 표지를 고려한다면 '대용량, 초고속, 다양성의 특징을 가진 보건의료와 관련한 모든 종류의 자료'를 '보건의료 빅데이터'라고 할 수 있다. 이처럼 '빅데이터'의 특징은 막대한 양에 있기 때문에, 그 수집과 분석에 있어 일일이 개인의 적극적인 참여가 반영되기 어렵다. 정보주체인 개인들이 뒤켠에 머물러, 개인 스스로 자신을 아는 것보다 정보를 수집하고 처리하는 산업체나 정부가 더 많이 아는 상황이 가능해진다.[6] 빅데이터의 시대가 도래하면

---

1) 보건의료기본법(법률 제17966호 일부개정 2021. 3. 23.) 제3조 제1호에 따르면 '보건의료'란 '국민의 건강을 보호·증진하기 위하여 국가·지방자치단체·보건의료기관 또는 보건의료인 등이 행하는 모든 활동'을 말한다. 또한 동조 제6호에 따르면, '보건의료데이터'란 '보건의료와 관련한 지식 또는 부호·숫자·문자·음성·음향·영상 등으로 표현된 모든 종류의 자료'를 말한다.
2) 오승한, 빅데이터 산업의 개인정보침해 행위에 대한 경쟁법의 적용과 위법성 판단, 법률신문, 2018. 11. 29.자 기사.
3) '강원도 빅데이터 활용에 관한 조례(강원도조례 제4378호, 2019. 3. 8. 제정)' 제2조 제1항은 '빅데이터'를 '디지털 환경에서 생성되는 정형 또는 비정형의 대량 데이터'라고 정의하고 있다.
4) 이 이외에 법문에 명시적으로 '빅데이터'의 정의를 두고 있는 규정은 아직 없다.
5) IBM, The Four V's of Big Data, ⟨https://www.ibmbigdatahub.com/infographic/four-vs-big-data⟩(검색일: 2020. 09. 01.).
6) Joseph Jerome, BIG DATA:CATALYST FOR A PRIVACY CONVERSATION, 48 Ind. L.Rev.213, 2014, p.1.

서 보건의료데이터 수집 및 활용에 있어 개인정보보호에 대한 우려의
목소리가 높아지는 것은 이러한 점에서 비롯된다고 볼 수 있다.

2. 해외

미국의 경우 보건의료 분야에 대해서는 연방법으로서 '건강정보 이동
성 및 책임성에 관한 법'(Health Information Portability and Accountability
Act, 'HIPAA')이 1996년 제정7)되었고, 주법으로서 건강정보의 수집·저장·
이용·공개를 규제하는 법률을 제정·시행하고 있는 주도 있다. 여기에 더
해, 미국은 프라이버시 침해와 비밀보호 의무 위반행위에 대하여 판례에
의해 확립된 불법행위법에 따라 손해배상 또는 금지명령 청구권이 보장
된다.8) 미국은 보건복지부(Department of Health and Human Services, HHS)
의 인권실(Office of Civil Rights, OCR)이 중심이 되어 보호의료정보(Prote
cted Health Information, PHI)에 대한 정보보호를 추진하고 있다. PHI의 구
체적인 정의는 'HIPAA가 적용되는 의료기관, 지불기관, 의료관련기관에
서 생성·수집·전송·보관되는 (1) 개인의 과거, 현재, 미래의 물리적·정신
적 건강상태 (2) 개인에 대한 건강보험규정 (3) 개인에 대한 의료비 지출
상황 등에 관한 정보로서 개인이 식별되는9) 의료정보(individually identi

---

7) HIPAA는 의료관련 행정 및 금융 거래에 관한 사항을 표준화하여 퇴직하거나
   전직하는 근로자에게 지속적인 의료보험혜택을 제공하고 의료서비스의 관리
   부담과 비용을 줄이기 위한 목적으로 1996년 제정되었다. 총 5편으로 구성되어
   있고, 개인건강정보 보호에 관한 규칙 제정의 근간이 된 부분은 제2편 F부 행
   정의 간소화(Administrative Simplification)에서 다루고 있다(Title I. Healteh Care
   Access, Portability, and Renewability Tile II. Preventing Health Care Fraud and
   Abuse; Administrative Simplification; Medical Liability Reform 2.1 Privac Rule / 2.2
   Transactions and Code Sets Rule / 2.3 Scurity Rule / 2.4 Uniquie Identifiers Rule
   (National Provider Identifier) / 2.5 Enforcement Rule).
8) 윤혜선, 정밀의료를 위한 데이터 거버넌스에 관한 연구, 2019, 69쪽.
9) 미국 PHI의 정의에서 식별자(identifiers)는 이름, 지역, 날짜, 전화번호, 의료기록
   숫자, 의료보험숫자, 모든 사진과 관련 정보, 자동차, 은행계좌 등 18가지가 나

fiable health information)'로 정하고 있다(45 C.F.R. § 160.103).[10] 우리나라 보건의료기본법 제3조 제6호에서 '보건의료데이터'에 대하여 '보건의료와 관련한 지식 또는 부호·숫자·문자·음성·음향·영상 등으로 표현된 모든 종류의 자료'로 포괄적으로 정하고 있는 것과 대비된다. 국내 정의가 그 의미와 범주를 정하는데 초점을 맞췄다면, 미국 PHI에 대한 정의는 적용대상과 구체적인 대상내용 제시에 초점이 있다.

유럽의 경우 GDPR에서는 보건의료 정보에 대하여 별도로 정의하여 명시(제4조)[11]하고 있기는 하지만 비식별화 규제 측면에서 보건의료데이터에 대해서만 특별하게 적용하는 명시적인 규정이 있는 것은 아니다. 다만 민감정보로 분류하여(제9조) 이에 대한 처리 규정(제9조 (2)(j))을 두고 있다.[12]

열되어 있다. 예컨대 의료기관 등에서 작성한 정보로서 '이름, 거주지, 전화번호, 사회보장번호, 병원등록번호, 계좌번호, 자격증 번호 등'은 식별가능한 정보가 포함되어 있으므로 민감정보로서 보호의료 정보(PHI)에 포함된다. 개인의 건강상태, 건강관리 혹은 치료, 관련 비용의 지불상황 등 또한 보호의료정보(PHI)에 속하며(김재선, 미국의 의료정보보호법제에 관한 공법적 고찰, 전남대학교 법학연구소, 2019, 336쪽) 이를 보호하기 위하여 데이터 프라이버시나 보안의 조건을 정하는 것이 HIPAA의 목적이다(손영화, 플랫폼 시대 데이터3법의 개정과 개인의료정보의 활용, 산업재산권 제67호, 2021, 452쪽). HIPAA 규정에 위반하는 경우, 보건복지부 인권국(OCR)은 민사과징금(civil penalty)을 부과할 수 있다.

10) 미국 보건복지부 홈페이지 참조: 〈https://www.hhs.gov/hipaa/for-professionals/privacy/guidance/incidental-uses-and-disclosures/index.html〉 (검색일: 2021. 04. 03.).

11) 제4조 (15) 건강에 관한 정보는 의료서비스 제공 등 자연인의 신체적 또는 정신적 건강과 관련한 개인정보를 가리키며, 해당인의 건강 상태에 관한 정보를 드러낸다. Article 4 (15) Data concerning health means personal data related to hpysical or mental health of a natural person... which reveal information about his or her health status -한국인터넷진흥원, GDPR 조문 번역본, 한국인터넷진흥원 사이트 참조: 〈https://gdpr.kisa.or.kr/gdpr/static/gdprProvision.do〉 (검색일: 2021. 10. 4.).

12) 제9조 (1) 인종 또는 민족, 정치적 견해, 종교적 또는 철학적 신념, 노동조합의 가입여부를 나타내는 개인정보의 처리와 유전자 정보, 자연인을 고유하게 식별할 목적의 생체정보, 건강정보, 성생활 또는 성적 취향에 관한 정보의 처리

영국은 1984년 정보보호법 제정 후, 1998년 개정 이래 독립행정관청인 정보위원회(Information Commissioners Offices, ICO)[13]에 의해 개인정보보호에 관한 정책과 집행이 이루어지고 있다.[14] 영국은 EU 회원국이었으나, 2020. 1. 31. EU를 탈퇴(BREXIT)하면서 영국의 유럽연합 탈퇴조건을 정한 협정안(Withdrawal Agreement)에 따라 2020. 12. 31.까지의 전환기간 동안 GDPR을 포함한 EU법을 준수하였다.[15] GDPR을 반영한 정보보호법(Data Protection Act 2018, 이하 'DPA')을 2018년 5월 25일부터 시행하였다.

DPA Section 7, 8, 9에서 살아있는 개인들의 건강기록접근권에 대하여 정하고 있는데, '건강기록(health record)'을 '개인의 치료와 관련된 건강 전문가들에 의해 생성된 식별가능한 개인에 대한 신체적 정신적 건강에 관한 정보로 이루어진 기록'이라고 정의한다. 다른 사람의 기록은 기밀이기 때문에 건강 기록을 보기 위해서는 법적인 위임장이 있거나 기타 법령상 근거가 있을 경우에 한하여 해당 데이터를 관리하는 의료기관에 직접 요청할 수 있다. 이는 DPA에 명시된 SAR(Subject Access Request, 의료서비스 제공자에 대한 직접적인 요청)이다. DPA에 따라 정보주체의 서면 동의가 필요하며, 요청은 1개월 이내에 최대한 처리되어야 한다. DPA에 따르면 건강기록 요구에 대한 접근과 관련된 책임은 데이터 컨트롤러에게 있다. 컨트롤러는 개인정보처리에 관한 목적과 방법에 대해 결정하는 법적인 독립체이다. 이들은 예를 들면 GP[16] 혹은 건강 전문가로

는 금지된다.

제9조 (2)(j) 다음 각 호의 하나에 해당하는 경우 제1항은 적용되지 않는다.

(j) 추구하는 목적에 비례하고, 개인정보보호권의 본질을 존중하며, 개인정보주체의 기본적 권리 및 이익을 보호하기 위해 적절하고 구체적인 조치를 제공하는 유럽연합 또는 회원국 법률에 근거하여, 제89조 (1)에 따라 공익적 기록보존 목적, 과학적 또는 역사적 연구 목적, 또는 통계적 목적을 위해 처리가 필요한 경우

13) ICO(Information Commissioner Office)는 데이터 보호에 대한 책임을 가진 독립된 공공 기관이다 〈www.ico.gov.uk〉 (검색일: 2021. 10. 30.).

14) 홍선기·고영미, 개인정보보호법의 GDPR 및 4차 산업혁명에 대한 대응방안 연구, 2019, 323쪽.

15) 개인정보보호위원회, 2020 개인정보보호 연차보고서, 333쪽.

이루어진 조직일 수 있다.[17]

　　일본의 경우 개인정보보호법[18]에서 보건의료데이터를 요배려정보(인종, 신분, 의료, 범죄 등)로 분류하여 국내의 민감정보와 유사하게 보호한다. 대만의 경우에는 개인정보보호법[19] 제2조에서 '개인정보'의 정의에 대하여 '자연인의 성명, 출생연월일, 주민등록증의 일련번호, 여권번호, 특징, 지문, 혼인, 가족 -중략- 사회활동과 기타 직접적이거나 간접적인 방법으로 해당 개인을 식별할 수 있는 정보'를 말한다고 정하고 있다.[20] 보건의료데이터에 대해서는 제6조[21]에서 의료와 건강검진 관련된

---

16) NHS는 책임 정도에 따른 수준별 1차 의료 집단을 지역별로 운영하고 있는데, 영국 거주민들은 주소지에서 가장 가까운 1차 의료진으로 일반의(GP)를 등록하도록 되어 있다. NHS는 재원의 대부분을 일반재정으로 충당하며, 일부(2015년 약 12%)는 민간의료보험과 사용자 부담금으로 충당한다.

17) Department of Health, Guidance for Access to Health Records Requests, 2010, 제10조.

18) 일본은 2003년 개인정보보호법을 제정하였고 데이터의 활용을 좀 더 용이하게 하고자 2015년 전부개정을 통해 익명가공정보의 개념을 도입하였고(고학수, 개인정보 비식별화 방법론, 박영사, 2017, 166쪽) 정보통신기술 발전 등을 감안해 3년마다 개정을 검토하도록 하는 의무규정(부칙 제12조 제3항)을 마련하였다(한국금융연구원, 일본 정부, 개인정보보호법 개정안 마련, 2020. 2., 18쪽). 또한 2019년 개인정보보호법 개정안을 마련하여, 기존의 '익명가공정보'에 더해 '가명가공정보'의 개념을 창설하였다. 개정안은 2020년 6월 5일 국회를 통과하여 6월 12일에 공포되었다. 공포일로부터 기산하여 2년을 넘지 않는 범위 내에서 정한 날부터 시행하도록 하고 있으므로(부칙 제1조), 2022년 상반기 시행으로 예측되고 있다(김송옥, 가명정보의 안전한 처리와 합리적 이용을 위한 균형점, 사단법인 한국공법학회 공법연구 제49집 제2호 2020년 12월, 378쪽).

19) 대만의 현행 개인정보보호법은 본래 1995년 '컴퓨터 개인정보처리 보호법'이라는 이름으로 제정되었다가 2010년 법률명을 '개인정보보호법'으로 개정하였고 현행법은 총칙(제1장), 공공기관의 개인정보에 대한 수집·처리와 이용(제2장), 비공공기관의 개인정보에 대한 수집·처리와 이용(제3장), 손해배상과 단체소송(제4장), 벌칙(제5장)과 부칙(제6장)의 총 6장 45개의 조로 되어 있다(김성수, 대만의 개인정보보호, 21쪽).

20) 이하 본 항에서의 대만 개인정보보호법에 대한 상세조문은 전게서(김성수, 앞의 글)에서 대만의 개인정보보호법 및 시행령 조문을 번역한 부분을 참고로 하여 작성하였다.

정보에 대한 '특수 개인정보 보호규정'을 두고 있다. 민감성이 큰 정보인 만큼 더 엄격한 보장수준을 규정하였다.

---

21) 제6조 제1항 병력, 의료, 유전자, 성생활, 건강검사와 범죄전과에 관련된 개인 정보는 수집, 처리하거나 이용할 수 없다. 다만 다음 각 호 여기서 정하고 있는 각호의 사유는 다음과 같다.
　　1. 법률에 명문규정이 있을 것
　　2. 공공기관이 법적 직무를 집행하거나 비공공기관이 법정의무를 이행하기 위하여 필요한 범위 내에서 사전이나 사후에 적당한 안전유지 조치가 있을 것
　　3. 당사자가 스스로 공개하거나 기타 이미 적법하게 공개된 개인정보일 것
　　4. 공공기관이나 학술연구기관이 의료, 위생이나 범죄예방의 목적에 근거하여 통계나 학술연구를 위하여 필요가 있고 정보가 제공자의 처리를 거친 후 또는 수집자가 그 공개방법에 의하여 특정한 당사자를 식별할 수 없을 것
　　5. 공공기관의 법정직무의 집행이나 비공공기관의 법정의무의 이행의 협조를 위하여 필요한 범위 내에서 사전 또는 사후에 적당한 안전유지조치가 있을 것
　　6. 당사자의 서면동의가 있을 것. 다만 특정한 목적의 필요한 범위를 넘거나 기타 법률에 다른 제한이 있어 당사자의 서면 동의에 의하여만 수집, 처리나 이용할 수 있거나 그 동의가 그 의사에 반한 경우에는 그러하지 아니하다.
　- 중략 -
　　2. 공공기관이 법적 직무를 집행하거나 비공공기관이 법정의무를 이행하기 위하여 필요한 범위 내에서 사전이나 사후에 적당한 안전유지 조치가 있을 것
　　4. 공공기관이나 학술연구기관이 의료, 위생이나 범죄예방의 목적에 근거하여 통계나 학술연구를 위하여 필요가 있고 정보가 제공자의 처리를 거친 후 또는 수집자가 그 공개방법에 의하여 특정한 당사자를 식별할 수 없을 것

II. 보건의료데이터의 구체적 모습

1. 보건의료데이터의 수집·처리 현황

국내의 보건의료데이터가 다루어지는 영역은 병원과 같은 의료기관이 보건의료데이터를 보유하고 있는 민간 영역이 있고, 보건복지부 산하의 기관들이 법적인 설립 근거와 기능에 적합한 자료들을 보유하게 되는 공공 영역이 있다. 그 중에서도 특히 국민건강보험공단과 건강보험심사평가원은 국민보험의 성격을 가지는 건강보험제도를 기반으로 국내 공공 보건의료데이터 중에서 큰 비중을 차지하고 있다. 각 의료기관의 보건의료데이터는 약가급여청구 등 법률에 정해진 절차를 수행하기 위해 공공기관(국민건강보험공단, 건강보험심사평가원 등)에 제출된다.

국내 보건의료데이터는 그 수집기관과 내용에 따라 다음과 같이 정리해 볼 수 있다.

〈표 2〉 국내 보건의료 관련 데이터의 분류표[22]

기관 ＼ 요인	생물학적 요인	의료제도	생활습관	환경
공공기관	질병관리청	유전체 데이터 코호트자료 인체자원자료	퇴원손상심층 조사자료	국민건강영양조사 /지역사회 건강조사	-
	건강보험공단 /심사평가원	건강검진자료	건강보험청구 지급자료	건강검진자료	수급자격-DB
	근로복지공단	산재병원 검진 자료	산재보험 청구자료	-	의료정보시스템 DB현황
	보건사회 연구원	-	한국의료 패널	한국의료패널	-

---

22) 한국보건산업진흥원, LOD기반 글로벌 보건의료 빅데이터 연계 플랫폼 구축 최종보고서, 2018, 3쪽.

요인 기관	생물학적 요인	의료제도	생활습관	환경
통계청	사망원인자료	-	-	사회경제통계
기상청	-	-	-	기상 및 환경 관련 자료
국립암센터	암등록정보	-	암등록자료	-
의료기관	EMR정보	EMR정보	-	-
민 간 SNS			SNS데이터	-
웨어러블 디바이스		-	생활습관, 운동량	환경 관련 데이터

그 중에서도 특히 국민건강보험공단과 건강보험심사평가원은 국민보험의 성격을 가지는 건강보험제도를 기반으로 국내 공공 보건의료데이터 중에서 큰 비중을 차지하고 있다. 이하 민간 보건의료데이터와 공공 보건의료데이터에 대하여 각 수집 및 처리현황을 자세히 살펴보고자 한다.

가. 민간 보건의료데이터

1) 생성 및 수집현황

보건의료데이터는 주로 의사의 환자에 대한 진료를 통해 1차적으로 생성·수집된다. 민간 영역의 보건의료데이터 수집은 의료법 제22조(환자의 주된 증상, 진단 및 치료 내용이 포함된 진료기록부 작성)에 따라 의료기관인 병원에서 수집 및 보유하는 정보가 대표적이다. 의료법 시행규칙 제14조에서는 진료기록부의 구체적인 기재 사항들이 나열되어 있는데, 진료 받은 사람의 주소, 성명, 연락처 등 인적사항과 주된 증상, 진단명 등이 이에 포함된다.

개인정보보호법 제15조 제1항 제2호는 '법률에 특별한 규정이 있거나 법령상 의무를 준수하기 위하여 불가피한 경우' 개인정보를 수집하여 그 수집 목적의 범위에서 이용할 수 있다고 정하고 있다. 이에 근거하여 처

방전 등의 보건의료정보가 생성 및 수집되는 현황에 대하여 표로 정리
해보면 다음과 같다.23)

〈표 3〉 법률에 따른 개인정보의 수집 및 이용

개인정보 파일명	수집항목	근거 법률
진료기록부	주소, 성명, 연락처, 주민등록번호, 병력 및 가족력, 주된 증상 등	의료법 제22조, 같은 법 시행규칙 제14조
처방전	환자의 성명, 주민등록번호, 의료기관 명칭, 전화번호 등 [국민건강보험법 시행령] 별표 2에 따라 건강보험 가입자 또는 피부양자가 요양급여 비용의 일부를 부담하는 행위·약제 및 치료재료에 대하여 보건복지부장관이 정하여 고시하는 본인부담 구분기호 등	의료법 제18조, 같은 법 시행규칙 제12조
수술기록	환자의 성명, 수술명, 수술기록 등 수술의사의 성명 등	의료법 제22조, 같은 법 시행규칙 제15조
진단서	환자의 성명, 주민등록번호, 주소, 병명 및 [통계법] 제22조제1항 전단에 따른 한국표준질병·사인 분류에 따른 질병분류기호 등	의료법 제17조, 같은 법 시행규칙 제9조
환자 진료기록의 열람 및 사본 교부	환자 본인 - 성명, 연락처, 주민등록번호(외국인등록번호), 주소 신청인 - 성명, 연락처, 주민등록번호(외국인등록번호), 주소, 환자와의 관계 등	의료법. 제21조, 같은 법 시행규칙
감염병 환자, 감염병의사환자 또는 병원체보유자 신고의무	감염병 환자, 감염병의사환자 또는 병원체보유자의 성명 등	감염병의 예방 및 관리에 관한 법률. 제11조, 같은법 시행규칙 제6조, 성매개감염병 및 후천성면역결핍증 건강진단규칙 제7조
감염인 진단 검안 사실 신고의무	사망자 성명·주민등록번호·주소, 검사소견, 추정 감염경로 등	후천성면역결핍증예방법 제5조, 같은 법 시행규칙

---

23) 개인정보보호위원회, 의료기관 개인정보보호 가이드라인, 2020. 12., 12쪽.

2) 처리현황

의료법(법률 제17787호 일부개정 2020. 12. 29.) 제21조 제2항에 따르면 의료인, 의료기관의 장 및 의료기관 종사자는 환자가 아닌 다른 사람에게 환자에 관한 기록을 열람하게 하는 등 내용을 확인할 수 있게 하여서는 아니 된다. 따라서 병원에 수집되는 민간 보건의료데이터는 동조 제3항의 환자의 배우자 등 특별한 경우가 아니면 제3자 제공이 금지된다. 다만 생명윤리 및 안전에 관한 법률(법률 제17783호 일부개정 2020. 12. 29. 약칭: 생명윤리법)에 따른 연구를 위한 경우 연구대상자의 사전동의 서명과 익명화처리를 거치면 IRB 심의를 거쳐 연구목적으로만 연구자에게 제공이 가능할 따름이다.[24] 연구목적의 민간 보건의료데이터 활용의 경우 서로 다른 의료기관간의 보건의료데이터를 연계하여 활용하고자 한다면 해당 각 데이터를 보유한 기관의 IRB 심의를 각각 통과하여야 가능하고, 실무적으로는 두 기관에 속한 연구인이 공동연구자로서 하나의 연구를 수행할 때에 이러한 절차이행이 가능하다. 민간 보건의료데이터의 경우 데이터의 확보 뿐 아니라 연계가 거의 어려운 실정이다.

이렇게 민간 보건의료데이터의 경우 의료법과 약사법에서 의료기관으로 하여금 환자의 동의 없이 진료기록, 처방정보 등을 제3자에게 제공할 수 없도록 되어 있어 생명윤리법에 따른 요건을 거치지 않는 이상 제약기업 입장에서 의료기관으로부터 직접 보건의료데이터를 수령하여 활용하기는 쉽지 않은 실정이다. 다만 최근 개인정보보호법의 개정으로 제한된 목적에서 정보주체의 동의 없이도 가명정보를 활용할 수 있는 가능성이 열렸다. 즉, 가명처리에 관한 제15조 제3항,[25] 제17조 제4항,[26] 제

---

24) 생명윤리법 제16조, 제18조 (하기 관련법제에서 더 자세히 조문을 살펴볼 것이다.).
25) 개인정보처리자는 당초 수집 목적과 합리적으로 관련된 범위에서 정보주체에게 불이익이 발생하는지 여부, 암호화 등 안전성 확보에 필요한 조치를 하였는지 여부 등을 고려하여 대통령령으로 정하는 바에 따라 정보주체의 동의 없이 개인정보를 이용할 수 있다.
26) 개인정보처리자는 당초 수집 목적과 합리적으로 관련된 범위에서 정보주체에게 불이익이 발생하는지 여부, 암호화 등 안전성 확보에 필요한 조치를 하였는

28조의2[27])가 마련된 것이다. 단 이러한 가명정보 처리 특례 조항이, 보건의료데이터와 같은 민감정보에도 적용되는 것인지에 관한 논의가 있기는 하다. 이에 관해서는 개선방안에 관한 별도 항에서 관련 법조항의 내용과 가이드라인 등을 자세히 검토하여 방안을 제안하고자 한다.

한편 정부는 민간 보건의료데이터 활용에 있어서, 국민이 자신의 의료데이터에 접근·통제할 수 있는 권리를 증진하여 의료서비스에 대한 능동적 참여가 가능하도록 하기 위해 의료분야 마이데이터[28] 사업을 추진하고[29] 이를 '마이헬스웨이'라 명명하였다. '마이헬스웨이'는 국민이 자신의 건강정보에 대한 결정권을 갖고 원하는 곳에 원하는 방식으로 활용하여 건강 증진 혜택을 누려야 한다는 취지에서 시작된 정책이다.[30] 이를 위한 법제적 근거로 2020. 3. 의료법을 개정하여 전자적으로 의료정보를 제공할 수 있도록 되었다. 전자서명이 기재된 전자문서를 제공하는 방법으로 의무기록을 열람할 수 있도록 하는 제21조 제5항이 신설된 것이다.

또한 의료법 시행령 개정안이 마련되어[31] 진료기록 열람을 지원하기

지 여부 등을 고려하여 대통령령으로 정하는 바에 따라 정보주체의 동의 없이 개인정보를 제공할 수 있다.

27) 개인정보처리자는 통계작성, 과학적 연구, 공익적 기록보존 등을 위하여 정보주체의 동의 없이 가명정보를 처리할 수 있다.

28) '마이데이터'란 신용정보의 이용 및 보호에 관한 법률(법률 제16957호, 2020. 2. 4. 일부개정), 제2조 제9의2에서 정하고 있는 '본인신용정보관리업'을 가리키는 용어로, '개인인 신용정보주체의 신용관리를 지원하기 위하여 개인신용정보를 통합하여 그 신용정보주체에게 제공하는 행위를 영업으로 하는 것'을 말한다 신용정보협회 사이트 참조: 〈http://www.cica.or.kr/14_mydata/mydata.jsp〉, (검색일: 2021. 4. 18.). 이를 통해 각종 기관과 기업 등에 분산돼 있는 자신의 정보를 한꺼번에 확인할 수 있으며, 업체에 자신의 정보를 제공해 맞춤상품이나 서비스를 추천받을 수 있다.

29) 4차산업혁명위원회 및 관계부처 합동, '국민 건강증진 및 의료서비스 혁신을 위한 마이 헬스웨이(의료분야 마이데이터) 도입방안', 2021. 2., 2쪽.

30) 개인정보보호위원회, 마이 헬스웨이 구축시작_누리집 게시, 2021. 2. 24., 3쪽.

31) 법제처 사이트 〈https://moleg.go.kr/lawinfo/makingInfo.mo?mid=a10104010000&lawS

위한 '마이헬스웨이' 시스템의 구축 근거를 마련하고, 적법한 대리권을 가진 자가 대리 열람을 요청하는 경우 이를 지원할 수 있도록 하였으며, '마이헬스웨이' 시스템의 민감정보 및 고유식별번호 처리의 근거를 마련하였다.[32] 또한 개인정보보호법 2차 개정안에 개인정보의 전송 요구에

---

eq=67480&lawCd=0&lawType TYPE5&currentPage=1&keyField=&keyWord=&stYdFmt=&edYdFmt=&lsClsCd=&cptOfiOrgCd=〉 (검색일: 2022. 7. 14.).

32) 의료법 시행령 개정안

제10조의3(진료기록 등 열람 지원) - 신설

① 보건복지부장관은 법 제21조에 따른 진료기록의 열람 등 각 호의 사항을 지원하기 위하여 정보시스템(이하 "진료기록등열람지원시스템")을 구축·운영할 수 있다.

　1. 법 제21조에 따른 기록 열람 또는 사본의 발급

　2. 「생명윤리 및 안전에 관한 법률」 제52조제2항에 따른 기록의 열람 또는 사본의 발급

　3. 행정기관 또는 공공기관이 관계법령에 따라 수집한 정보 중 보건복지부장관이 정하여 고시하는 정보의 열람 또는 사본의 발급

　4. 그 밖에 보건복지부장관이 정하여 고시하는 정보의 열람, 전송 등

② 보건복지부장관은 법 제21조제3항, 「생명윤리 및 안전에 관한 법률」 제52조제2항, 「개인정보 보호법」 제38조 제1항 및 제2항에 따른 법정대리인 또는 대리인의 기록 열람 및 사본 발급 등을 지원하기 위해 다음 각 호의 어느 하나에 해당하는 자료의 제공 또는 관계 전산망의 이용을 요청할 수 있다. 이 경우 자료제공등을 요청받은 자는 정당한 사유가 없으면 그 요청에 따라야 한다.

　1. 「주민등록법」제30조제1항에 따른 주민등록전산정보자료

　2. 「가족관계의 등록 등에 관한 법률」에 따른 가족관계등록전산정보자료 (가족관계증명서 등)

③ 보건복지부장관은 진료기록등열람지원시스템의 자료 또는 정보를 안전하게 보호하기 위하여 물리적·기술적 대책을 포함한 보호대책을 수립·시행하여야 한다.

④ 보건복지부장관은 제1항부터 제4항까지의 업무를 보건의료 분야에 전문성이 있다고 인정되는 전문기관에 위탁할 수 있다.

⑤ 그 밖에 진료기록등열람지원시스템의 구축·운영 등에 필요한 사항은 보건복지부장관이 정하여 고시한다.

제42조의2(민감정보 및 고유식별정보의 처리) - 조문 호수 개정

대한 조문안이 포함되었고, 김미애 의원 대표 발의안으로서 환자가 자신
의 의료정보를 활용할 수 있도록 환자가 지정하는 제3자에게 진료 기록
등이 전달될 수 있게 하는 의료법 개정안이 2021. 3. 29. 발의되었다.[33]

   또한 정부는 2021. 2. 24.부터 스마트폰에서 조회·저장·활용할 수 있
는 '나의건강기록' 앱을 출시하기도 하였다.[34] 개인은 이 앱을 통해서 자
신의 진료이력, 건강검진이력(건강보험관리공단), 투약이력(건강보험심
사평가원), 예방접종이력(질병청)을 통합·관리할 수 있다.[35] 우선 공공기
관 정보를 대상으로 위 앱을 출시하였고, 기능을 고도화하여 2022년까지
공공기관 뿐 아니라 의료기관 진료기록, 라이프로그 등까지 확대할 수
있도록 마이헬스웨이 전체 플랫폼을 구축하겠다는 계획이다.

   이렇게 개인의 건강기록을 한데 모아 관리하는 방식을 PHR(Personal
Health Record, 개인건강기록)이라고 한다. 미국에서도 보훈청 iBluebutton
앱을 통해 보훈병원 등 진료기록의 조회·저장이 가능하고, 영국에서는
NHS Digital을 통해 보건의료정보 인프라 구축을 비롯한 정부 주도적
PHR 정책이 추진되고 있다.[36]

보건복지부장관(제10조의3제4항, 제10조의5제1항, 제11조제2항, 제31조의6제1
항 및 제42조제1항부터 제7항까지의 규정에 따라 보건복지부장관의 업무를
위탁받은 자를 포함한다), 질병관리청장, 시·도지사 및 시장·군수·구청장(해
당 권한이 위임·위탁된 경우에는 그 권한을 위임·위탁받은 자를 포함한다),
의료인, 의료기관의 장, 의료기관 종사자, 법 제37조에 따른 의료기관 개설자·
관리자 또는 국가시험등관리기관은 다음 각 호의 사무를 수행하기 위하여 불
가피한 경우 「개인정보 보호법」 제23조에 따른 건강에 관한 정보, 같은 법 시
행령 제18조제2호에 따른 범죄경력자료에 해당하는 정보, 같은 영 제19조제1
호 또는 제4호에 따른 주민등록번호 또는 외국인등록번호가 포함된 자료를
처리할 수 있다.

33) 김미애의원 대표발의, 의료법 일부개정법률안, 의안번호 2109182, 2021. 3. 29.,
    의안정보시스템 사이트 참조: ⟨http://likms.assembly.go.kr/bill/billDetail.do?billId=
    PRC_B2R1O0E1R1C8X1D0D0R1T0K8G4E6L4⟩ (검색일: 2021. 5. 21.).
34) 개인정보보호위원회, 마이 헬스웨이 구축시작, 누리집 게시, 2021. 2. 24., 11쪽.
35) '나의건강기록' 앱 설명 동영상을 보건복지부 유튜브 채널에서 확인할 수 있다
    ⟨https://youtube.com/user/mohwpr⟩ (검색일: 2021. 4. 15.).

개인정보보호법 측면에서 생각해보자면 (비록 의료인이지만) 환자 이외의 자도 환자에 대한 건강정보를 직접 다운받을 수 있다는 것이기 때문에 개인정보 유출 방지를 위한 장치가 필요하다. 미국의 경우 HITECH Act(의료정보기술법, 'Health Information Technology for Economic and Clinical Health Act')으로 규율이 되고 있다. HITECH Act는 전자의무기록('Electronic Medical Record', 이하 'EMR') 체계를 활성화하고 진료 또는 학술목적 의료정보 교류 등을 추진하기 위하여 2009년에 제정된 법이다.[37] HITECH Act에서 제안하는 의료정보의 의미 있는 활용(meaningful use) 계획은 총 3단계의 과정으로 이루어진다. 우선 제1단계는 2010년 시작된 전자의무기록시스템 구축, 제2단계는 2012년 시작된 전자의무기록의 표준화 및 활용 확대, 제3단계는 전자의무기록의 품질·안전성·효과성 확보 순서로 이루어진다(45 C.F.R. § 164.308). PHI 관리와 관련된 업무를 대신하여 수행하거나 PHI 관리 관련된 서비스를 해당 사업자에게 제공하는 조직 또는 개인에게까지 HIPAA 준수를 요구한다. 이러한 의무자에는 클라우드 제공업체를 포함하여 PHI를 생성, 유지 또는 전송하는 하청업체도 포함 된다.[38]

---

36) 개인정보보호위원회, 앞의 글, 6쪽.
37) HITECH Act는 또한 HIPAA위반 통지 규칙을 담고 있다. HIPAA위반을 발견 후 60일 이내에 자신의 PHI 보호 조치 위반을 통보해야 한다고 규정하고 있다(미국 보건복지부 홈페이지 참조: 〈https://www.hipaaguide.net/hipaa-compliance-guide/〉 (마지막 : 2021. 4. 3.)).
전자의무기록의 이용이 활성화되도록 도모하면서도 HIPAA에서 정하고 있는 보안, 프라이버시 규칙을 지키도록 하고, 정보주체의 권리 보호 조항을 두고 있다. 1996년 연방법인 HIPAA가 제정되어서 의료정보에 관한 일반법으로 기능하게 되면서, 일반적으로 정보보호에 관하여는 연방법이 주법보다 우선하므로 HIPAA 또는 HITECH Act가 우선 적용되며, 충돌되지 않는 조항에 대해서만 주법이 적용되게 되었다. 다만 HIPAA에서는 주법이 기본권보호 또는 공익보호 관점에서 연방법에 비해 엄격하게 규정하고 있는 경우에는 주법이 우선 적용된다고 하고 있다(고학수, 앞의 글, 74면).
38) 재인용 : 손영화, 앞의 글, 456쪽 / 원문 Daniel Solove, The HIPAA-HITECH Regulation,

국내의 경우 환자가 선택적으로 의사에게 정보를 전달하는 의료정보 전송권조차도 아직 법안발의 중에 있을 따름이다. 의료 진단의 오류를 줄여 환자의 의료복지에 증진하고자 하는 정책 취지를 달성하기 위해서는 의료인의 접근이 가능하면 더욱 그 효용성이 개선될 것이라는 점은 부정할 수 없을 것이다. 제도적으로 의료인 등 제3자의 환자정보 접근이 가능하게 하는 것과, 이 점이 개인정보 유출로 이어지지 않도록 안전하게 정보를 활용할 수 있는 관련 법제적 준비가 필요할 것이다.

한편, 의료정보 전송과 마찬가지로 꾸준히 대두되고 있는 보건의료데이터 관련 이슈로서 원격의료서비스에 관한 논의가 있다. 최근 코로나19 감염증 사태로 비대면 중심의 사회로 접어들면서 그 필요성이 다시 대두된 원격의료서비스[39]는, 특히 우리나라의 경우 고령화 사회가 되면서 거동이 불편한 노인 친화적인 의료서비스 구축의 일환으로 그 필요성이 부각되고 있다. 따라서 이에 대하여 살펴보는 것은 민간 보건의료데이터의 처리 현황을 파악함에 있어 의미가 있다.

현재 국내 원격의료는 원격자문을 통하여 원격지 의사가 멀리 위치한 의료인의 의료과정에 대해 의료상담이나 자문을 하는 것은 가능하나 (의료법 34조[40]), 의료인이 대면진료를 대체하여 원격으로 환자의 상태

---

the Cloud, and Beyond, 2013. 1. 26., ⟨https://teachprivacy.com/the-hipaa-hitech-regulation-the-cloud-and-beyond/⟩.

39) 이종식, COVID-19 감염증 사태에 있어서 원격의료에 관한 연구, JKITS, 2020, 826쪽.

40) 제34조(원격의료)

① 의료인(의료업에 종사하는 의사·치과의사·한의사만 해당한다)은 제33조 제1항에도 불구하고 컴퓨터·화상통신 등 정보통신기술을 활용하여 먼 곳에 있는 의료인에게 의료지식이나 기술을 지원하는 원격의료(이하 "원격의료"라 한다)를 할 수 있다.

② 원격의료를 행하거나 받으려는 자는 보건복지부령으로 정하는 시설과 장비를 갖추어야 한다.

③ 원격의료를 하는 자(이하 "원격지의사"라 한다)는 환자를 직접 대면하여 진료하는 경우와 같은 책임을 진다.

를 진단하고 처방전을 발행하는 등의 원격진료는 허용되지 않고 있다.[41]

해외 현황을 참고해보면 일본은 1997년 낙도 외 산간벽지 주민의 의료접근성 향상을 위해 원격의료 기본 가이드라인을 제시하며 제한적으로 허용하였다. 또한 일본의 경우 원격 의료 사용기기, 원격의료 과정 전반에 대한 설명과 원격의료 중단과 관련된 사항 등을 포함하여 환자에게 정확한 이해를 도모하고 사전 동의서를 받는다.[42] 미국의 경우는 넓은 면적으로 인해 지역별로 의료 수준이 크게 상이하여 1990년대부터 원격의료가 활성화 되었다. 실시간 통신 원격의료를 위주로 인정하며, 질환종류나 장소 등에 제한을 두고 있다. 독일은 2015년 정보 통신수단으로 질병에 대한 일반적인 정보제공은 가능하고 사전에 대면진료가 있다면 원격 진료가 가능하다고 해석하는 등의 연방의사협회의 의사행동강령에 따르는 방식으로 제한적으로 허용하고 있다.[43]

원격진료에 대한 우려요인은 크게 두 가지로, 개인정보의 유출 위험, 오진의 위험성과 책임귀속의 문제이다.[44] 개인정보보호와 관련하여 원격진료의 개괄적 진행은 다음과 같다. 원격 의료 서버는 데이터 관리자로서 환자로부터 수집된 데이터를 저장 및 관리하고, 의사는 이 데이터를 전송받아 진단결과를 전송한다. 원격 의료서버는 이를 통해 환자에게 처방전 발급 등을 한다. 이 과정에서 원격 의료 서버에 저장되고 의사와 환자 간에 전송되는 전자의료정보와, 원격으로 발급되는 처방전의 개인정보가 유출될 위험이 우려가 되고 있다. 시스템적으로는 접근제어 및 추

---

④ 원격지의사의 원격의료에 따라 의료행위를 한 의료인이 의사·치과의사 또는 한의사(이하 "현지의사"라 한다)인 경우에는 그 의료행위에 대하여 원격지의사의 과실을 인정할 만한 명백한 근거가 없으면 환자에 대한 책임은 제3항에도 불구하고 현지의사에게 있는 것으로 본다.

41) 2014년 19대 국회, 2016년 국회에 의사와 환자 간 원격의료 허용 의료법 개정안이 제출되었으나 상임위에 상정되지 않아 자동 폐기되고, 계류되었다.

42) 김철주, 한국과 일본의 원격의료관련 법령 비교 분석 및 입법과제, 2016, 243쪽.

43) 이종식, 앞의 글, 821쪽, 823쪽.

44) 이종식, 위의 글, 821쪽, 822쪽.

적관리가 필요하고, 네트워크 적으로는 암호화 통신 및 접근제어가 필요하며, 디바이스적으로는 PC 등 관계 시설의 보안 수준이 높아야 한다.[45]

개인정보보호를 위하여 법제적으로 원격의료 시설 관리 기준이나, 원격의료 가이드라인 등이 마련될 필요가 있고, 나아가 의료법 등에 관련 법규가 마련되어야 할 것이다. 원격의료 서비스 제공의 절차 및 적용 대상에 대한 진단, 치료, 예후 및 검사 등을 위한 기준이 되는 절차 안내와, 개인정보보호를 위한 규율이 포함되어야 한다. 또한 다양하고 전문적인 비식별화 기술을 발전시킬 필요가 있으며, 개인정보 민감도에 따라 세분화하고, 민감도 정도에 따라 세부적인 비식별 기술을 적용[46]하는 등 개인정보 안전을 위한 노력이 수반될 필요가 있다.

한편 최근 코로나19 감염증 확산 사태로 인하여 대두된 또 다른 개인정보보호 이슈로, 방문자 QR코드 체크 의무화, 감염의심자정보 제공 및 공개에 따른 기본권침해 문제가 제기되고 있어 간략히 살펴보고자 한다. 이 또한 보건의료데이터의 수집 및 활용의 특수한(환경 하에서의) 형태로서 보건의료데이터 처리 현황에 대하여 폭넓게 파악할 수 있는 이의가 있다.

먼저, 코로나19 감염증 확산 사태와 같은 경우에 있어서의 개인정보 수집 및 처리의 근거 법률을 살펴보고자 한다. 개인정보보호법 제23조 제1항 제2호에 따르면 법률로 정하고 있는 경우 민감정보의 처리를 허용한다. 감염병예방법 제76조의2(정보 제공 요청 및 정보 확인 등)에 따르면 질병관리청장 또는 시도지사는 감염병 예방 및 차단을 위하여 중앙행정기관의 장, 지방자치단체의 장, 공공기관, 개인위치정보사업자, 전기통신사업자 등에 성명, 주소 등 식별정보와 처방전 등 의료정보를 포함한 개인정보를 요청할 수 있다.

---

45) 최현욱·김태영·김태성, 원격의료 서비스의 개인정보 침해 시나리오 개발, 2021, 303쪽.
46) 윤준호·김현성, 원격 의료 서비스를 위한 EHR 데이터 비식별화 기법 제안, 2019, 270쪽.

그런데 이러한 개인정보 수집과 처리 및 공개에 있어서 과도한 정보 수집 및 공개로 개인정보 유출·침해의 부작용 사례가 지적되고 있다. 대표적인 사례로 '이태원 사건'이 있다. 서울시는 4월 24일부터 5월 6일 사이 자정에서 오전 5시 사이 이태원 클럽 주변 기지국에 접속한 사람들 가운데 30분 이상 체류한 자의 통신정보를 요청하였고 이렇게 정보가 수집, 처리된 사람이 1만 905명에 달하였다.[47] 과도한 기본권 침해를 주장하며 시민단체들이 헌법재판소에 헌법소원심판을 청구하였다.[48]

코로나19 감염증 확산에 따라 위 조항을 근거로 개인정보의 수집 및 처리 사례가 늘어나면서, 해당 조항의 추상적인 규율 등이 지적되며 과잉금지원칙에 반하여 개인정보자기결정권을 침해할 소지가 높다는 의견이 제기되고 있다.[49] 권력적 행정조사로서의 성격을 갖고 있는 감염의심자 정보 제공 요청제도가 절차적인 적법성을 갖추기 위해서는, 전통적인 영장주의를 적용하는 것까지는 현실적으로 어렵더라도 사전이나 사후 심의절차를 갖추어야 한다는 방안이 제시되고 있다.[50][51]

---

47) 이에 시민단체는 이러한 보건복지부장관. 질병관리본부장. 서울특별시장. 서울지방경찰청장이 코로나19 대응을 명목으로 이태원 방문자 1만여 명의 휴대전화 기지국 접속정보를 요청하고 수집. 처리한 행위가 위헌이라며 헌법소원을 청구했다. 기지국 정보 처리 행위는 법적 근거가 모호해 기본권의 제한은 법률로만 가능하다는 헌법상 법률유보의 원칙에 위배된다는 주장이며, 이태원 인근에 감염병 확진자가 발생했다는 사실만으로 해당 지역 방문자 1만여 명을 모두 감염병 의심자로 간주하고 광범위하게 정보를 처리한 것은 <u>불공정한 수단으로 적합성을 인정하기 어렵고 감염병의 예방 및 관리에 관한 법률 조항도 명확성과 과잉금지 원칙에 위배된다</u>며 헌법소원 심판 대상에 포함했다. '접촉이 의심되는 사람'의 범위가 명확히 설정돼 있지 않고, 위치정보를 수집할 때 기본권을 덜 제한하도록 통제장치도 두고 있지 않다는 주장이었다. - '코로나 이유로 이태원기지국 접속 1만명 추적 옳은가', 연합뉴스 2020. 7. 30.자 기사.

48) 2020. 7. 29. 청구 2020헌마1028.

49) 황성기, 감염병예방법 상 감염병의심자 정보제공 요청제도의 헌법적 문제점, 27쪽.

50) 황성기, 위의 글, 28쪽.

51) 이러한 감염의심자정보제공 조항은 '감염병 예방 및 감염전파의 차단을 위하여 필요한 경우'라는 사유와 '감염병의심자'의 기재가 너무 추상적이고 포괄적

비교법적으로 살펴보면, 영국의 경우 보건사회복지부장관은 따로 마련된 환자정보통제규정(Control of Patient Information Regulations 2015, 약칭 COPI)에 따라 통지발표를 할 수 있다. 프랑스의 경우는 개인정보보호 감독기구 CNIL이 데이터 이용 안전성 확보를 위해 데이터 베이스 사용자 및 기타 수행자(분석실 직원, 의료인 등)에 대한 적절한 교육과 데이터 오남용 탐지 및 처벌을 위한 추적 시스템 구축 등을 추진하고 있다. 미국의 경우는 OCR에서 코로나19 감염증 관련 정보 처리시 데이터보호 위반사항이 발생하면 데이터가 수집된 모든 정보주체에게 해당 내용을 통지하도록 담당기관에 책임을 부과하고 있다.

또한 코로나19 감염증 확산으로 개인정보를 활용하는 또 다른 양태로는 감염병예방법 제34조의2(감염병위기 시 정보공개)와 감염병예방법 시행규칙 제27조의4(감염병위기 시 정보공개 범위 및 절차 등)에 따른 확진자의 동선 등 정보공개 문제이다. 가족관계, 직장명, 직업, 종교 등 민감한 정보가 공개되어 사생활이 침해되는 사례가 발생하고 경우에 따라 가정불화, 불법해고, 직장 내 따돌림 등의 부작용까지 발생하고 있다.[52]

이라는 문제가 있다. 보다 세부적으로 제한하여, 예컨대 '감염병환자 등이 방문한 장소를 일정한 시간 내에 방문한 감염병의심자' 등으로 상세히 규율하거나 단계별 규율이 제시될 필요가 있다. 이는 명확성의 원칙(모든 법률은 법치국가적 법적 안정성의 관점에서 행정과 사법에 의한 법적용의 기준으로서 명확해야 하는데, 법률이 행정부에 대한 수권을 내용으로 하는 것이라면 수권의 목적, 내용 및 범위를 명확하게 규정함으로써 행정청의 자의적인 법적용을 배제할 수 있는 객관적인 기준을 제시하고, 국민으로 하여금 행정청의 행위를 어느 정도 예견할 수 있도록 하여야 한다.(헌법재판소 2004. 7. 15. 결정 2002헌바47)에 따라, 이를 통한 개인정보자기결정권 보호를 위해서 필요하다. 또한 개인정보자기결정권을 보호하기 위하여, 정보주체에게 '어떤 정보가 누구에게 어떤 목적으로 언제까지 제공되는지, 언제까지 보관 및 파기되는지'와, 이에 대한 이의절차 등에 대하여 상세하고 투명하게 고지될 필요가 있다. 이로써 개인정보보호법 제3조 제5항(개인정보처리자는 개인정보 처리방침 등 개인정보의 처리에 관한 사항을 공개하여야 하며, 열람청구권 등 정보주체의 권리를 보장하여야 한다)의 공개의 원칙에도 부합할 것이다.

52) 이창범, 개인정보보호법상 감염병 확진자 등의 권리 보호 방안, 2020, 9쪽.

필요 이상의 정보가 공개되지 않도록 관리하는 것이 개인정보보호법 제3조의 최소처리원칙에 따라서 보았을 때에도 마땅하다. 직장, 동선 등은 감염위험에 있어 매우 영향이 있는 요소이므로 수집이 불가피하다고 하더라도 이용 및 개방에 있어 비식별화나 단계별 공개 등의 방법을 적용하여 개인정보가 보호되면서도 감염을 예방 및 차단할 수 있도록 조치할 필요가 있다. 현행법에 이러한 절차적 장치가 있는지 살펴보면, 개인정보보호법 제64조 제1항에 따라, 개인정보보호위원회는 개인정보 침해행위의 중지, 개인정보 처리의 일시적인 정지, 그 밖에 개인정보의 보호 및 침해 방지를 위해 필요한 조치를 명할 수 있다(단, 중앙행정기관, 지방자치단체는 제외). 제61조 제2항에 따라 개인정보보호위원회는 개인정보처리자에게 개인정보 처리 실태의 개선을 권고할 수 있다. 개인정보보호위원회는 이러한 조항을 근거로 적극적으로 개입하여 개인정보가 보호될 수 있도록 할 필요가 있고(가령 가이드라인 마련이나 성명서 발표 등을 병행할 수도 있을 것이다), 아울러, 위원회의 이러한 권한을 인정하는 위임법령 등으로 집행력을 뒷받침할 필요가 있다. 또한 정보주체로 하여금 이의신청(가령 감염병예방법 제34조의2 제3항에서는 이의신청 가능조항을 두고 있다)등이 가능하다는 것과 그 절차를 숙지할 수 있도록 관계당국에서는 국민에게 충분히 알릴 필요가 있다.

마지막으로 QR코드 체크 의무화 이슈에 대해 살펴보면, 법률적 근거가 미약하다는 점이 지적된다. 개인정보보호법 제58조 제1항에 따라 공중위생 등 공공의 안전과 안녕을 위하여 긴급히 필요한 경우로서 일시적으로 처리되는 개인정보에 대해서는 처리가 가능하다고 하더라도, 사생활 보호에 관한 본질적인 권리 침해까지 허용되는 것은 아님이 분명하기 때문이다.53) 이에 대하여 보건복지부는, QR코드는 생성할 때 정보

---

53) 따라서 법률유보 원칙에 따라 명확한 근거가 필요하며, 이때에는 위 감염예방법에서 지적된 바와 마찬가지로, 추상적인 규율이 아니라 제한적인 목적과 시기, 장소 등을 상세히 규율하고 단계별 규율 등의 방법으로 최소한의 기본권 제한이 가해져야 할 것이다. 또한 QR코드 체크로 인해 수집된 방문기록의 보

주체의 동의를 얻으므로 개인정보호보법 제15조, 제17조, 위치정보의 보호 및 이용 등에 관한 법률(법률 제16954호, 2020. 2. 4., 타법개정, 약칭: 위치정보법) 제15조에 따라 적법하다고 설명하며, 정보의 보관기간을 4주로 제한하고 있다. QR코드에 있는 개인정보의 경우 이를 발급한 업체에서 보관하고, 방문시설명과 방문시각은 보건복지부 산하 사회보장정보원[54)]이 보관한다.[55)] 확진자가 발생하였을 경우 이에 대한 정보만 재결합하여 이를 코로나19역학조사 지원시스템이 수집하고, 이는 감염병예방법 제76조의2 제1항을 근거로 들고 있다.

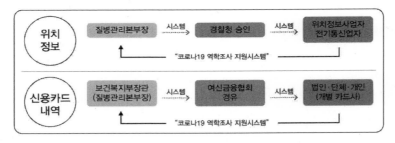

〈그림 2〉 코로나19 역학조사 지원시스템의 개인정보 요청 및 수집절차

코로나19역학조사지원시스템은 국토교통부와 과학기술정보통신부에서 스마트시티 데이터 분석기술을 활용하여 2020년 3월 개발한 시스템으로, 코로나19 감염증 관련하여 역학조사를 위한 개인정보를 빠르게 취합하고 분석하여 확진자 동선 등의 조사가 신속히 이뤄질 수 있도록 하는 디지털 시스템이다.[56)] 해당 지원시스템은 질병관리본부의 지정된 역학조

관 기간, 파기 의무 등이 명확히 규율될 필요가 있고, 목적 외 이용 및 유출이 발생하지 않도록 제한 규율을 포함할 필요가 있다.

54) 보건복지 정보의 수집·제공과 보건복지 관련 정보시스템 개발 및 운영 등 보건복지 정보화사업을 수행함으로써 보건복지업무를 효율적으로 수행할 수 있도록 지원하는 보건복지부 산하 위탁집행형 준정부기관.

55) 질병관리청, 전자출입명부 안내, 2021, 3쪽.

56) 질병관리청, 코로나19 역학조사 기간을 단축한다, 2021. 2. 22.자 보도자료.

사관만 열람 및 분석 권한을 가지며, 전용망으로 운영된다.[57] 국토교통부
에서 설명하고 있는 처리 절차를 간략히 그림으로 살펴보면 다음과 같다.

이와 같이 민간 보건의료데이터의 처리에 대한 일반적인 현황과 최
근에 활성화가 진행되고 있는 의료정보 전송권에 대해 살펴보았고, 특수
한 환경 하에서의 처리로서 원격의료와 코로나19 감염증 확산에 따른 정
보의 수집 및 처리(감염병예방법에 따른 정보수집의 경우 공공기관의
대상으로 이뤄지는 부분이 일부 있으나)에 대하여 살펴보았다. 계속하여
공공 보건의료데이터의 수집 형태 및 종류와 처리현황에 대하여 살펴보
고자 한다.

나. 공공 보건의료데이터

1) 수집현황

우리나라는 2000년에 국민건강보험법(법률 제17772호 일부개정 2020.
12. 29.)이 제정되면서 국민건강보험공단을 단일 보험자로 하는 관리운
영체계를 갖추었다. 보건복지부의 감독 하에 국민건강보험공단과 건강
보험심사평가원에 의해 운영된다. 국민건강보험공단은 보험자로서 가입
자 자격관리, 보험료 징수, 급여비용 지급 등의 업무를 담당한다. 건강보
험심사평가원은 병원과 같이 민간의료기관이 청구한 의료급여비용을 심
사하고 평가하는 업무를 담당한다.[58] 각 기관이 담당한 업무의 수행을
위하여 전 국민의 보건의료데이터가 각 기관에 수집된다. 다량의 데이터
가 집약되어 기관별로 체계적 관리가 가능한 만큼 데이터 활용에 좋은
환경으로 작용한다.

보건의료데이터가 공공기관이 보유·관리하는 정보일 경우에는 '공공
데이터의 제공 및 이용 활성화에 관한 법률'(법률 제17344호, 2020. 6. 9.,

---

57) 국토교통부, 코로나19 역학조사 지원시스템 Q&A, 2020, 2쪽.
58) 김은수, 앞의 글, 35쪽.

타법개정, 약칭: 공공데이터법)에 따라 국민의 정보 이용권이 보장되고 민간 활용이 유도된다. 동법 제17조에서는 '공공기관의 정보공개에 관한 법률(법률 제14839호, 일부개정 2017. 07. 26. 약칭:정보공개법)' 제9조에 따른 비공개대상정보를 제외하고 제공하도록 정하고 있고, 해당 제9조에서는 비공개대상정보로서 '해당 정보에 포함되어 있는 성명·주민등록번호 등 개인에 관한 사항으로서 공개될 경우 사생활의 비밀 또는 자유를 침해할 우려가 있다고 인정되는 정보'를 정하고 있다.

보건의료데이터를 업무상 수집하여 다루는 주요 공공기관으로서, 국민건강보험공단, 건강심사평가원, 질병관리청, 국립암센터가 있다.

〈표 4〉 기관별 수집정보

공공기관	기관별 수집정보
국민건강보험공단	건강검진 자료, 진료내역 정보, 의약품처방 정보
건강보험심사평가원	요양기관현황, 병원평가정보, 진료내역 정보, 의약품처방 정보
질병관리청	감염병 등 각종 건강조사 자료
국립암센터	암종별 레지스트리

국민건강보험공단에서는 '건강보험자료공유서비스'[59]를 운영하고 있다. 연구계획서와 IRB 승인서를 갖추어 국민 건강정보에 대한 자료제공의 신청이 있으면 공단 내 자료제공 심의위원회의 심의를 거쳐 자료를 제공하고 해당 연구가 종료되면 이를 통보받아 데이터를 회수하여 삭제한다. 또한 국민건강보험공단은 연구목적으로 활용할 수 있도록 표본연구 데이터베이스를 제공하기도 한다. 빅데이터의 공개 종류 및 범위 확대와 관련하여 방대한 원시 빅데이터를 표본코호트[60]로 구성하여 제시한다. 보험료 테이블, 출생 및 사망 테이블, 요양기관 테이블 등으로 구성되어 연구목적으로 활용할 수 있도록 제공하고 있다.

---

59) '건강보험자료공유서비스' 〈https://nhiss.nhis.or.kr/bd/ay/bdaya001iv.do〉 (검색알 2021. 5. 5.).
60) '표본코호트2.0DB', 건강보험자료공유서비스 홈페이지, 2018, 〈https://nhiss.nhis.or.kr/bd/ab/bdaba002cv.do.〉 (검색일: 2021. 5. 5.).

건강보험심사평가원에서는 '보건의료빅데이터 개방시스템'[61]을 운영하고 있다. 건강보험심사평가원에서 보유하고 있는 보건의료 빅데이터를 통계화하고 비식별화하여 자체 심의위원회를 거쳐 공공데이터로 제공하기도 하고, 빅데이터 분석을 통한 연구결과를 학술논문의 형태로 개시하기도 한다.

질병관리청은 감염병관리센터, 질병예방센터 등을 포함한 7개 센터를 두고 있다.[62] 에이즈 및 결핵과 같은 감염질병의 예방 및 확산 억제, 장기기증에 대한 관리 및 인식 활성화, 급성 및 만성 질병에 대한 조사와 감시, 급성 및 만성 질병에 대한 정보 제공을 수행한다. 이러한 업무에 관련된 다양한 보건의료데이터가 질병관리청에서 통계 처리된다. 예를 들면, 에이즈 신고현황, 국민건강영양조사, 결핵현황 등이 있다.[63] 질병관리청은 업무에 관련된 이런 데이터들을 '질병관리청과 그 소속기관 직제(대통령령 제31677호, 2021. 5. 11., 일부개정)'에 따라 직접 면접 또는 온라인 조사를 통해 연구대상으로부터 수집하기도 하고 의료기관이 보유하는 의무기록을 통해서 자료를 생성하기도 한다.[64] 홈페이지(kdca.go.kr)를 통해 법정 감염병에 대한 주요통계, 질병별, 지역별 및 성별·연령별 통계 데이터를 제공한다.[65] 국립암센터에서는 암 등록정보, 암 종별 레지스트리 정보, 암 유전체정보, 국가 암통계정보 등 암에 관련된 종합적 정보를 암관리법(법률 제17472호, 2020. 8. 11., 타법개정)에 따라 수집·보유하고 있다.[66] 내부에 암 빅데이터 플랫폼 사업단을 두고 있다.

---

61) '보건의료빅데이터 개방시스템' 〈http://opendata.hira.or.kr/home.do〉.

62) 질병관리청 홈페이지 〈kdca.go.kr〉 (검색일: 2021. 5. 5.).

63) 김은수, 앞의 글, 42쪽.

64) 강희정 외, '보건의료정보 활용을 위한 기본계획 수립연구: 보건의료통계의 정책적 활용을 중심으로' 2015, 258쪽.

65) 한국정보화진흥원, '해외 세금(기업)·의료 데이터 개방 현황 및 데이터 거버넌스 현황' 2020, 19쪽.

66) 이병철, 앞의 글, 87쪽.

2) 처리현황

보건의료데이터의 활용에 관하여 보건의료기본법은 '보건의료에 관한 통계와 정보를 수집·관리하여 이를 보건의료정책에 활용할 수 있도록 필요한 시책을 수립·시행하여야 한다(제52조)'고 규정하고 있고, 보건의료기술진흥법(약칭: 보건의료기술법, 법률 제15344호, 2018. 1. 16., 타법개정)은 '보건의료데이터 관리 전문기관 육성, 보건의료·복지 분야 전산화 촉진, 보건의료데이터 공동이용 활성화 등 보건의료데이터의 진흥'을 규정하고 있다(제10조). 이는 헌법 제36조 제3항에서 '모든 국민은 보건에 관하여 국가의 보호를 받는다'라고 함으로써 규정하고 있는 보건권 보장을 위해 국가가 정책적으로 보건의료데이터를 활용할 수 있음을 선언한 조문이다.[67]

각 기관에서 제공하고 있는 공개 빅데이터 외에도, 보건복지부는 보건의료분야 4개 기관(국민건강보험공단, 건강보험심사평가원, 질병관리청, 국립암센터)간의 빅데이터를 의학연구, 정책개선 등 공공적 연구에 활용할 수 있도록 연구자에게 개방하는 사업인 '보건의료 빅데이터 시범사업 계획'을 2018. 11. 의결하여 '보건의료 빅데이터 플랫폼(hcdl.mohw.go.kr)'을 구축, 실시하였다(현재는 2021. 7. 시범사업이 종료되고 본 사업이 시작되었다). 근거 규정은 보건의료기본법 제44조, 보건의료기술진흥법 제10조, 제26조이다.[68] 해당 조항의 주요 내용은 '국가는 보건의료제도를 시행하기 위해 필요하면 시범사업을 실시할 수 있다'는 내용이다.

'보건의료 빅데이터 플랫폼'의 정보 활용절차는 다음과 같다.[69] 우선 연구자들이 플랫폼 홈페이지에서 '데이터 편람(카탈로그)'을 내려 받아,

---

67) 박대웅·류화신, 보건의료 빅데이터 법제의 쟁점과 개선방향 - 시민참여형 모델 구축의 탐색을 중심으로, 법학논총 34.4, 2017, 3쪽.
68) '보건의료 빅데이터 플랫폼' 사이트 참조: 〈https://hcdl.mohw.go.kr/BD/Portal/Enterprise/DefaultPage.bzr?tabID=1003〉 (검색일: 2021. 9. 28.).
69) '보건의료빅데이터 플랫폼' 사이트 참조: 〈https://hcdl.mohw.go.kr/BD/Portal/Enterprise/DefaultPage.bzr〉 (검색일: 2021. 10. 13.).

이를 토대로 필요한 데이터를 플랫폼 홈페이지에서 신청한다. 그러면 이에 대해서 플랫폼 내 구성되어 있는 연구평가소위원회에서 1차로 연구의 공공성 등을 심의하고 정책심의위원회에서 1차 심의 결과를 검토하여 데이터 제공범위를 협의한 후 데이터 연계와 비식별조치를 진행한다. 다시 연구평가 소위원회에서 2차로 비식별조치 결과를 검토하여 폐쇄망을 통해 데이터를 제공한다. 공공기관 간 자료 전송시에는 인터넷에 연결되지 않은 전용회선을 활용하고 암호화하여 자료를 주고받으며, 별도 국가 전산망을 두어 행정안전부 산하에 관리, 보호한다.

정책심의위원회는 2018년 7월 보건복지부훈령 제183호 '보건의료 데이터 정책심의위원회 운영규정[70]'(이하 '훈령' 또는 '운영규정')에 따라 학계, 연구계, 의료계, 시민단체 등과 함께 보건의료 빅데이터 정책심의위원회로 구성된 조직이다. 이 구성 인원 중 일부로 구성된 것이 연구평가소위원회이다. 훈령에 따르면 정책심의위원회는 보건복지부에 두며, 위원장은 보건복지부 차관으로 한다. 위원은 보건복지부 보건산업정책국장, 각 분야(운영규정 별표1에서 정하고 있으며, 의료계, 연구계, 학계, 법률계, 환자단체, 보건산업계, 시민사회단체, 공공기관)를 대표하는 20명 이내의 위원으로 구성하며, 위원은 별표1의 요건[71]을 갖춘 사람 중 추천을 받아 보건복지부 장관이 임명하거나 위촉한다.

---

70) 본래 훈령 제2018-121호 '보건의료 빅데이터 정책심의위원회 운영규정'이었다가, 2021. 8. 31. 제명이 변경된 현재 운영규정으로 개정·발령되었다. 보건복지부 사이트 참조: 〈http://www.mohw.go.kr/react/jb/sjb0406vw.jsp?PAR_MENU_ID=03&MENU_ID=030406&page=1&CONT_SEQ=367067〉 (검색일: 2021. 10. 24.).

71) 별표 1의 분야별 자격요건을 보면, 의료계는 진료의를 포함한 의료 공급분야 종사자, 보건의료 데이터의 의료적 활용 및 연구에 대한 식견을 보유한 자, 의료데이터에 기반한 공공적 의료에 관한 식견을 보유한 자 등이고, 연구계는 의료데이터 활용 사회정책 연구 경험자 또는 이러한 수준 이상의 자격이 있다고 인정되는 사람으로 정하고 있다. 공공기관의 경우는 보건의료 데이터 보호, 활용 담당 부서 이사급 또는 이 이상의 수준의 자격이 있다고 인정되는 사람으로 정하고 있다.

정책심의위원회의 주요 기능은 의료정보 및 보건의료 데이터 활용에 관한 주요 정책 및 사업, 제도 개선에 관한 사항 등을 효율적으로 심의하는 것이다(운영규정 제2조 제1항). 주요 심의사항은 의료정보 및 보건의료 데이터의 보호 및 활용 정책, 주요 사업계획에 관한 사항, 보건의료데이터 활용 관련 제도 개선에 관한 사항, 보건의료 데이터 개방·제공·결합 등 활용에 관한 사항 등이다(운영규정 제2조). 빅데이터 플랫폼 내에서 정보의 제3자 제공시 절차에 있어서는 비식별 조치를 담당한다는 점에서 정책심의위원회가 앞서 살펴보았던 각 공공기관별 내부 데이터 전담부서와 일부 유사한 기능도 담당하고 있다. 그러나 운영규정에 따른 정책심의위원회의 주요기능은 정책 및 제도 개선에 관한 사항 및 입법계획 등에 관한 심의를 담당하고 있음으로써 일종의 보건의료 빅데이터 정책에 관한 의결기구와 같은 담당을 하고 있다.

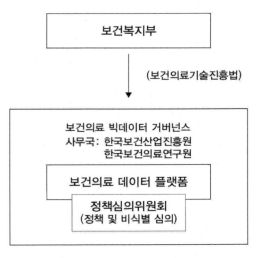

〈그림 3〉 보건의료 빅데이터 거버넌스 구조도

위와 같이 '보건의료 빅데이터 플랫폼'을 살펴보면, 보건의료데이터의 안전한 활용에 있어서 거버넌스의 역할을 인지하고 관련 근거법을

마련하여 시스템을 구축한 정책당국의 의지가 엿보인다. 다만 현행 보건
의료 빅데이터 정책심의위원회는 보건복지부 훈령으로서 규율되고 있는
데 이에 대한 법적근거 여부가 논쟁이 된다. 또한 정책심의위원회가 주
요 정책 의사결정기구로서 뿐만 아니라 비식별 조치 적정성 평가까지
맡아 집중적인 관리가 쉽지 아니하다는 점, 데이터 연계와 품질관리에
대한 지적 등이 있다. 이에 대한 개선방안에 대하여 제4장에서 자세히
살펴보고자 한다.

한편, 또 다른 공공 보건의료데이터 처리 정책사례로, 의약품적정사
용정보(Drug Utilization Review, DUR)[72]는 의료기관에서 처방시 참고할 수
있는 병용금기,[73] 임부금기[74] 성분 등의 정보를 마련하여 제공하는 시스
템이다. 전자정부법(법률 제18207호 일부개정 2021. 6. 8.) 제36조에서는
제1항으로서 행정 기관 등의 장은 수집·보유하고 있는 행정정보를 필요
로 하는 다른 행정기관 등과 공동으로 이용하여야 한다고 정하고 있다.
이에 따라, 한국의약품안전관리원에서 의약품처방 결과 등에 관한 데이
터를 분석하여 의약품적정사용 정보를 개발하고 식품의약품안전처에서
이를 고시·공고한다.[75] 건강보험심사평가원에서는 DUR 시스템을 통해
위와 같이 식품의약품안전처에서 공고한 DUR정보를 관리한다. 의사는
처방단계에서 환자의 처방 정보를 심사평가원 DUR시스템으로 전송한다
(의료법 제18조의2). 심사평가원은 DUR 기준 데이터베이스를 통해 환자
별 투약정보를 점검 후 결과를 의사에게 제공한다. 의사는 점검결과를
바탕으로 처방변경 또는 부득이 하게 처방해야 하는 경우 사유 기재 후

---

72) 본 단락은 '식품의약품안전처 의약품안전평가과, 의약품적정사용정보 정책 방
   향 등, 2020'을 참고하여 작성하였다.
73) 두 가지 이상의 유효성분을 함께 사용하는 경우 치료효과의 변화 또는 심각한
   부작용 발생등의 우려가 있는 조합을 말한다.
74) 태아에게 매우 심각한 위해성을 유발하거나 유발할 가능성이 높아 임부에게
   사용하는 것이 권장되지 않는 유효성분을 말한다.
75) 의약품 병용금기 성분 등의 지정에 관한 규정, 식품의약품안전처 고시 제
   2020-61호.

최종 처방을 하고 심사평가원에 전송한다.

  그런데 이 때 심사평가원 DUR 시스템을 통해 처방의사에게 환자에 관한 정보를 전송하게 되면 민감정보에 대한 전송임에도 불구하고 환자의 동의를 받은 바가 없어 개인정보 침해 소지에 대한 논의가 있었다. 건강보험심사평가원에서 2019. 6. 발간한 '의약품안전사용서비스' 교재에서는 'DUR은 병용금기 또는 중복 처방·조제에 해당하는 약제 정보만 팝업창으로 제공하며, 환자 질병 및 의약품 정보 전체를 제공하는 것은 아니다'[76]고 설명함으로써 실무적 해결을 도모하고 있다. 또한 최근에는 대상의약품을 의약품 부작용 피해구제를 받은 환자의 부작용 정보까지 넓혔는데[77](국가에서는 의약품을 정상적으로 사용하였음에도 발생한 중대한 부작용 피해에 대하여 보상하며, 이러한 피해구제를 받은 환자의 정보를 DUR 시스템을 활용하여 의료기관에 제공하는 것이다), 이 때의 대상자는 해당 성분의 부작용으로 피해구제를 받은 사람으로 한정하여 개인정보 수집·이용·제3자 정보제공에 동의를 받아 처리함으로써 개인정보 침해 소지를 방지하였다.

2. 보건의료데이터의 형태와 비식별처리

  보건의료데이터는 여러 가지 유형으로 나뉠 수 있다. 기록형태에 따른 유형 중 보건의료계에 특수한 형태로는 전자의무기록(EMR)과 영상의료전달시스템(Picture Archiving Communication System, PACS)이 있다. 전자의무기록은 진단결과, 처방결과, 약제 처방자료, 외래 자료 등 환자 정보를 전산화하여 관리하고 저장한 정보이다. 의료기관에서 대부분 표준방식에 따라 생성하고 보유한다. 영상의료전달시스템은 의료영상 중에서

---

76) 히트뉴스, '9년차 맞이한 DUR, 참여율 100% 가까워', 2019. 6. 22. 〈http://www.hit news.co.kr/news/articleView.html?idxno=9427〉 (검색일: 2021. 12. 2.).

77) 식품의약안전처, 보건복지부, 한국의약품안전관리원, 건강보험심사평가원, 부처합동 보도자료 '내가 먹은 약 부작용 정보를 알려드립니다', 2020.

도 방사선 진단 영상과 같이 디지털 파일 형태로 획득하여 고속통신망
으로 전송하고 영상조회 장치를 통하여 환자를 진료하는 디지털 영상
관리 시스템이다.[78] 보통 DICOM(digital communications in medicine)[79] 표
준 방식으로 처리되고 있다. 보건의료데이터 표준화에 대해서는 제3장
에서 개선필요점과 함께 자세히 살펴보고자 한다.

보건의료데이터는 텍스트뿐만 아니라 영상 등의 다양한 방식으로 기
록이 되고 주로 전자데이터로서 기록 및 보관된다.[80] 전자데이터 형태
로 정리되어 관리되기 때문에 정보망을 통하여 유출시 신속하게 퍼져나
갈 가능성이 있고 복제 및 변경도 편리해 적절한 데이터 관리가 요구된
다. 또한 보건의료데이터는 의료진과 같은 전문가에 의해 생성되는 경우
가 대부분이기 때문에 그 생성과정과 분석과정에서 의료전문가의 해석
과 판단이 작용하게 되며, 어떠한 노력이 개입되었는지에 따라 결과가
다양해질 수 있고,[81] 그 정보 처리에 있어 전문지식을 요한다.

가명정보 처리 가이드라인에는 보건의료 데이터의 비식별 처리 방법
에 대해서 데이터 유형별로 가명처리 방법이 정리되어 있다.[82] 식별자
의 경우는 대체되거나 삭제되어야 한다고 정하고 있다. 식별자를 양방향
암호화하거나 알려진 일방 암호화 알고리즘(ex. SHA, MD5)[83]을 활용하

---

78) 박소희, '보건의료 빅데이터 활용방안', 2020, 13쪽.
79) PACS 서버에 저장되는 의료 영상 정보는 미국방사선의학회(ACR)와 미국전기공
업회(NEMA)에서 구성한 연합위원회에 의해 정해진 의료 영상 표준 규격, 즉
DICOM(Digital Imaging & Communications in Medicine) 파일 형태로 저장되어 관
리된다. 이는 단순한 이미지와 파일에 대한 형식이 아닌 데이터 전송(Transfer),
저장(Storage) 및 출력(Display)에 대한 전반적인 표준 규격임. 표준 규격에 따라
해당 영상에는 DICOM 태그(Tag) 정보들이 포함되어 있는데 여기에는 환자의
성별, 나이, 이름 등의 개인정보도 포함되어 있다. - 보건복지부, 한국보건산업
진흥원, 보건의료정보화를 위한 진료정보교류 기반 구축 및 활성화, 2017, 22쪽.
80) 신승중·지혜정·곽계달, 의료정보화와 환자개인정보보호 방안, 2008, 1171쪽 내
지 1173쪽.
81) 장석천, 의료정보보호에 관한 입법방향, 2013, 429쪽.
82) 개인정보보호위원회, 가명정보처리 가이드라인, 2020. 9., 42쪽 내지 44쪽.

여 암호화한 경우도 식별자로 해석된다고 하여 가명 처리시 삭제 대상
이라고 명시하고 있다.[84] 또한 주요 인적사항에 관해서는 삭제하거나,
연구목적 상 유의미한 일부 정보를 발췌하는 방식으로 식별력을 충분히
낮추도록 정하고 있다. 준식별자나 속성값 중 의료인의 입력정보, 체외
영상 정보, 체내 영상정보, 단층촬영 정보 등에 대하여 세세히 정하고 있
다.[85] 예를 들면 속성 준식별자인 성별의 경우 별도의 조치가 필요 없다
고 하면서도, 남성 유방암과 같이 케이스가 많지 않아 성별로 개인 식별
가능성이 높아지는 경우에는 동의를 받거나 제거해야 한다고 별도로 정
하고 있다. 정형화된 텍스트정보라 하더라도 보건의료데이터 중 예를 들
어 질병명에 '파킨슨병'이 있다고 한다면, 단순히 성명과 같은 식별자 제
거를 위해 성명 삭제조치를 하였을 경우 '파킨슨병'의 '파킨슨'이 삭제될
위험이 있고, 이러한 경우 정보의 정확성과 효용성이 매우 떨어지게 된다.

　이렇게 보건의료데이터는 그 유형이 매우 다양하여 일률적이고 정형
적인 비식별화 방법의 기준 확정이 어렵다. 위 사례에서 언급하였듯이
가이드라인에서 비식별화 방법에 대하여 상세히 제시하고 있는데 '식별

---

83) 양방향 암호화란, 암호화된 암호문을 평문으로 복호화할 수 있는 암호화 방법
　　이고, 일방향 암호화란 평문을 암호문으로 암호화하는 것은 가능하지만 암호
　　문을 평문으로 복호화하는 것은 불가능한 방법이다. 대표적으로 많이 사용되
　　는 일방향 암호화 알고리즘이 SHA, MD5인데, SHA는 Secure Hash Algorithm의 약
　　자로, 서로 관련된 암호학적 해시 함수들의 모임이며 미국 국가안보국이 1993
　　년 처음 설계하여 미국 국가표준으로 지정한 것이다. MD5란 Message-Digest
　　algorithm 5의 약자로, 주로 프로그램이나 파일이 원본 그대로인지를 확인하는
　　무결성 검사 등에 사용되는 암호화 해시 함수이다. (사이트 〈https://blog.naver.
　　com/islove8587/222283720022〉 참조, 원본 사이트 〈http://www.jidum.com/jidums/
　　view.do?jidumId=614〉,〈https://docs.microsoft.com/ko-kr/dotnet/standard/security/cryp
　　tographic-services〉, (검색일: 2021. 4. 17.)
84) 다만 제3자로부터 받은 난수 문자열과 식별자를 연결하여 함께 일방 암호화한
　　경우, 결합 목적으로 법 제28조의3에 따른 결합 전문기관에 보내는 경우에 한
　　해 예외적으로 가명처리가 된 것으로 해석한다.
85) 개인정보보호위원회, 보건의료 데이터 활용 가이드라인, 2021, 15쪽 내지 17쪽.

력을 충분히 낮추었는지 여부'에 관하여 동 가이드라인에 정해진 기준이 없을 경우 데이터 심의위원회 검토를 거치도록 하고 있다. 이와 같이 비식별조치에 대하여 그 기준을 구체적으로 제시하고 있는 점에서 가이드라인의 의의가 있다.

다만 아직 기술적으로 비식별화 조치가 해결되지 않은 영역이 있고, 데이터 환경이나 맥락의 변화에 따라 가이드라인에 정해진 조치를 하였다고 하여 영구적으로 안전하다고 보기 어려운 경우도 있다. 가이드라인에서는 이에 대한 보완으로 데이터 심의위원회라는 조직을 권고하여, 데이터 안전성에 대한 판단을 맡도록 하고 있다.[86] 특히 동 가이드라인에서는 전반적으로 안전조치에 대한 구체적인 기준을 제시하고는 있지만 이 기준을 적용하여 데이터의 안전성 여부에 대한 판단을 내리는 것은 결국 데이터 심의위원회인 것으로 규정되어 있다. 따라서 심의위원회의 역할이 매우 중요함을 알 수 있다.

---

86) 가이드라인에서 데이터 심의위원회는 기관 내 가명정보의 활용, 기관 외 제공, 결합신청, 가명처리 적정성 검토 등을 실시할 수 있는 독립위원회라고 정하고 있다. 위원은 5인 이상 15인 이하로 구성하되, 해당 기관에 소속되지 않은 위원이 과반수를 차지하고 정보주체를 대변하는 자, 의료 분야 데이터 활용 전문가, 정보보호 또는 법률 분야 전문가를 각 1인 이상 반드시 포함하여야 한다. 심의위원회 업무를 내부위원회 또는 외부기관에 위탁할 수 있으나, 이 경우에도 위와 같은 구성원칙을 준수하여야 한다.

제2절 보건의료데이터의 개인정보로서의 일반성

I. 보건의료데이터 보호의 범위

1. 보건의료데이터의 보호범위로서 개인정보

개인정보에 해당하는 보건의료데이터의 보호에 대하여 논의하기 위하여, 개인정보의 정의와 범위에 대하여 살펴보고자 한다. 개인정보보호법 (법률 제16930호 일부개정 2020. 2. 4.) 제2조는 개인정보에 대하여 제1호로서, '살아 있는 개인에 관한 정보로서 다음 각 목의 어느 하나에 해당하는 정보를 말한다.'고 하고 있다. 이에 따라 개인정보로서의 구성요소를 정리하자면, 1) 살아있는 개인,[87] 2) 개인과의 관련성, 3) 식별 가능

---

87) '살아있는 개인'은 의미가 분명하여 논쟁의 여지가 거의 없을 것이나 사자(死者), 배아 및 태아의 정보에 대한 선행논의가 있다. 사자의 정보에 대하여, 사자라 하더라도 일부 보호의 필요성이 있는 경우에는 이를 보호범위에 포함시키는 것이 타당하다는 의견이 있으며(박유영, 개인정보 보호범위에 관한 헌법적 연구, 2015, 51쪽) 해외의 경우 사후 몇 년간 개인정보 보호대상에 포함시키는 국가도 있다(캐나다 사후 20년) (박유영, 위의 글, 51쪽 - 원문 : 윤주희 외, 개인정보의 범위에 관한 연구, 2014, 198쪽). 그러나 사자에 대한 개인정보 보호 필요성이 있는 경우는 대부분이 유족의 사생활과 연결되어 있고 이러한 경우 유족의 개인정보 보호로서 보호될 수 있어 사자의 정보를 개인정보에 포함할 필요성이 크지 않은 측면이 있다. 또한 배아와 태아의 정보에 대하여, 헌법재판소는 수정 후 착상 전의 배아는 헌법상의 기본권 주체성을 인정할 수 없다고 하여 배아 생성자가 배아 정보에 대한 자기결정권을 갖는다는 입장이다(헌법재판소 2010. 5. 27. 선고 2005헌마346 결정) (박유영, 위의 글, 52쪽). 이와 달리 '태아'의 경우 헌법상 생명권의 주체가 되며(헌법재판소 2008. 7. 31. 선고 2004헌바81 전원재판부) "모든 인간은 헌법상 생명권의 주체가 되며, 형성 중의 생명인 태아에게도 생명에 대한 권리가 인정되어야 한다. 따라서 태아도 헌법상 생명권의 주체가 되며, 국가는 헌법 제10조에 따라 태아의 생명을 보호할 의무가 있다." '생명윤리 및 안전에 관한 법률' 제2조 제18호 "이 법에서 규정하

성으로 요약될 수 있다.[88) 각 구성요소에 대한 법리적 검토 및 이를 통한 개인정보의 범위 산정에만도 다양한 견해 검토와 상당한 논의가 있는 바, 이 글의 연구에 필요한 개념정리로서 관련성, 식별 가능성에 대하여 아래와 같이 살피고자 한다.

가. 개인과의 관련성

'관련성'의 경우 개인에 '관한(about)' 정보인지 개인과 직접 '관련한(related)' 정보인지의 차이에 대한 논의[89)가 있다. 국내 헌법재판소는 개인정보자기결정권의 보호대상이 되는 개인정보는 개인의 신체, 신념, 사회적 지위, 신분 등과 같이 개인의 동일성을 식별할 수 있게 하는 일체의 정보라고 할 수 있다고 보았다. 반드시 개인의 내밀한 영역에 속하는 정보에 국한되지 않고 이미 공개된 정보까지 포함한다는 입장이다.[90)[91)

고 있는 개인정보는 개인식별정보, 유전정보 또는 건강에 관한 정보 등 개인에 관한 정보를 말한다."에 따라 태아의 유전자 정보가 개인정보에 속한다(박유영, 위의 글, 52쪽). 본 연구의 주제에 집중하기 위하여, '살아있는 개인' 요건에 대하여는 이 정도로 살피고 사자, 배아 및 태아와 같은 특수한 경우가 아닌 일반적인 사람에 대한 개인정보를 상정하여 그 보호와 활용에 대해 논의를 전개한다.

88) 경우에 따라서는 개인정보의 요건으로 특정 형태를 한정하고 있지 아니하여 그 종류와 형식에 제한이 없다는 점에서 '정보의 임의성'을 또 하나의 요건으로 보고 있는 의견도 있다- 이창범, 개인정보보호법, 법문사, 2012, 15쪽.

89) 재인용 : 채성희, 개인정보의 개념에 관한 연구, 2017, 15쪽 / 원문 : 박유영, 위의 글, 54쪽, 55쪽.

90) 헌법재판소 2018. 8. 30. 2014헌마843 결정; 2005. 7. 21. 2003헌마282, 2009. 24. 2007헌마1092 결정 등.

91) 집회 참가자들이 신고장소를 벗어나 경찰의 경고를 무시하고 집회·시위를 계속하자 경찰이 집회 행위, 경고장면 등을 카메라로 촬영한 사안(2014헌마843)에서, 헌법재판소는 특정인의 신체, 집회 참가여부 및 일시와 장소 등이 이미 공개되었다 하더라도 개인정보에 속하여 이러한 촬영행위는 개인정보자기결정권을 제한하는 행위에 해당할 수 있다고 판단하였다.

'관한(about)'의 의미에 가깝게 설시함으로써 비교적 개인정보의 범위를 넓게 인정하면서도 '식별성'을 요건으로 보호범위를 제한하는 태도를 보이고 있다.

개인정보보호위원회에서 발간한 '개인정보보호 법령 및 지침·고시 해설'에서는 '개인정보 보호법은 개인정보보호에 관한 일반법이므로 사람·장소·사항 등에 특별한 제한이 없이 일반적으로 적용되지만, 개인과 관련된 모든 정보를 규율대상으로 하기는 어렵다.'고 함으로써 보다 '관련한(related)'에 가까운 해석을 보이고 있다. 또한 해설에서는 '개인정보에 해당하는지 여부는 구체적 상황에 따라 다르게 평가될 수 있고, 휴대전화번호 뒤 4자리를 개인정보라고 본 판례[92]가 있지만 만약 다른 결합가능 정보가 일체 없어 개인 식별가능성이 없다면 개인정보에 해당하지 않는다고 보아야 할 것'이라고 언급함으로써 결국 '식별 가능성'이 판단기준이 됨을 시사하였다.[93][94]

비교법적으로 참고하기 위하여 해외의 경우는 어떠한지 살펴보고자 한다. 영국의 경우도 Durant v. Financial Services Authority 사건에서 '개인과 관련성(related)을 가진 정보여야만 개인정보에 해당한다'고 판시한바 있어 개인정보의 범위를 제한적으로 보고 있다.[95] EU 또한 '내용뿐만 아니라 목적, 결과라는 세 가지 요소를 기준으로 판단하여야 한다'고 제시함으로서, 개인에 '관한(about)' 내용이기만 하면 개인정보로 보는 포괄적인 개념에 반대하여,[96] GDPR에서 개인정보에 대한 정의조항에 'about'이

---

92) 대전지방법원 논산지원 2013. 8. 9. 선고 2013고단17 판결.

93) 개인정보보호위원회, 개인정보 보호 법령 및 지침·고시 해설, 2020, 10쪽, 11쪽.

94) 방송통신위원회의 '정보통신서비스 제공자를 위한 개인정보보호 가이드'에서 "현행 정보통신망법은 개인정보에 관한 구체적이고 세부적인 기준이나 요건을 규정하고 있지 않으므로 특정 개인과 관련된 모든 정보는 개인정보에 해당된다"고 하는 직접적인 기재가 있었으나 2012년도 기재로서 현재에도 그대로 적용되는 것이 바람직한지는 다소 의문이다(방송통신위원회, 한국인터넷진흥원, 정보통신서비스 제공자를 위한 개인정보보호 가이드 2012, 5쪽).

95) 박노형, EU 및 영국의 개인정보보호법제 연구, 2010, 54쪽.

아닌 'relating to' 라는 단어를 사용하고 있다[Article 4(1)].[97]

'관한'의 해석을 'about'의 의미로 볼 것인지 'related'의 의미로 볼 것인지는 결국 개인정보 보호법익에 대한 관점과 연결된다. '관한'의 해석과 보호의 대상범주에 따라 보호법익을 정보주체의 자기결정권적인 측면에서 볼 것인가 개인의 사생활을 보호하는 프라이버시의 측면에서 볼 것인가에 영향을 끼친다. 보호법익의 측면에 대해서는 별도 항에서 살펴보고자 한다.

위에 살핀 바와 같이, 국내외 '관한'에 대한 해석과 개인정보의 범주는 그 형식이나 공개여부와는 별도로 개인이 식별가능한가의 여부를 반영함으로써 개인정보보호의 범주가 필요 이상으로 확대되는 것을 제한하고 있다. 결국 개인정보의 범주를 판단하는데 있어 주요하게 작용하는 요소가 3) '식별 가능성'임을 알 수 있다.

생각건대, 개인정보를 개인에 '관한(about)' 모든 정보라고 본다면, 그 중 식별력이 거의 없거나 사적이지 않은 부분에 대해서는 과연 무엇을 보호하고자 하는 것인지 의문이 남는다. 지나치게 광범위한 해석은 지양하는 것이 바람직하고, '관련한(related)'의 의미에 가깝게 해석하면서 식별성을 고려하여 판단하는 것이 바람직할 것으로 생각된다.

나. 개인정보보호의 범위 판단에 있어서 식별가능성

살펴본 바와 같이 개인정보의 범주 판단에 있어서 중요한 개념이 '식별성'이기 때문에, 이 글의 전개에 있어 중요한 전제가 되는 개념이므로 자세히 살펴보고 계속해서 논의를 전개하고자 한다. 먼저 비교법적으로 참고하기 위하여 각국의 '식별 가능성'에 관한 의미를 살펴본다. 각국의 '개인정보'에 대한 정의를 살펴보면 '식별성'의 개념이 포함되어 있다.

---

96) 박유영, 앞의 글, 56쪽.
97) Article 4 Definitions (1) 'personal data' means any information relating to an identified or identifiable natural person ('data subject').

미국은 개인정보에 관한 일반법이 없고 금융이나 의료 등 분야별 규제를 마련해 두고 있으며 각 분야별 법률마다 개인정보에 대한 정의를 달리한다. 미국의 의료정보보호법(HIPAA)에서 '보호를 받는 의료정보(protected health information, PHI)'는 '개인을 식별할 수 있는 의료정보'에 한정되며, 개인을 식별할 수 있는 정보란 '개인을 식별하거나 또는 그 정보가 개인을 식별하는데 사용될 수 있다고 믿을만한 합리적인 근거가 있는 의료정보를 의미한다(42 .U.S.C. 1302d(6)]'고 규정하고 있다.[98]

유럽연합은 GDPR 제4조 정의 조항에서, '개인정보는 식별된 또는 식별 가능한 자연인과 관련한 일체의 정보를 가리킨다. 식별가능한 자연인은 직접 또는 간접적으로, 특히 이름, 식별번호, 위치정보, 온라인 식별자를 참조하거나 해당인의 신체적, 심리적, 유전적, 정신적, 경제적, 문화적 또는 사회적 정체성에 특이한 하나 이상의 요인을 참조함으로써 식별될 수 있는 자를 가리킨다'고 규정하고 있다. 일본의 개인정보보호법에도 '성명, 생년월일 그 밖의 기술 등에 의하여 그 정보 자체로 식별되는 경우와 다른 정보와 용이하게 조합하여 식별이 가능한 경우'를 포함하고 있다. 이와 같이 개인정보의 범주를 정함에 있어서 식별성이 중요한 바, 그 개념에 대하여 자세히 살핀다.

또한 식별성의 국제 표준적 문언정의를 살펴보면, 미국 국립표준기술

---

98) 미국의 경우 포괄적으로 적용되는 개인정보보호 법률을 가지고 있지는 않고 사안별 또는 분야별로 규제가 이루어진다(김은수, 앞의 글, 124쪽). 다만 일반적인 논의를 위해미국 국립표준기술연구소(National Institute of Standards and Technology, NIST) 보고서에서 개인정보를 '개인적으로 식별 가능한 정보'로 정하고 있고 대표적으로 '개인의 신분을 구별하거나 추적할 수 있는 용도로 이용될 수 있는 정보', '개인과 연결되거나 연결될 수 있는 기타 정보'를 포함한다고 설명하고 있다(재인용: 고학수 교수, 보건의료 데이터 활용 가이드라인 분석·비식별화 기술동향도 점검, 법률신문, 2020. 11. 6. 71쪽 / 원문: National Institute of Standards and Technology, "Guide to Protecting the Confidentiality of Personally Identifiable Information" 2010). 개인정보보호에 있어서 미국은 '프라이버시'와 '보안'이라는 시각에서 개인정보보호의 문제를 다루고 있다.

연구소(National Institute of Standards and Technology, NIST)[99]는 식별성을 세 가지로 유형화하였고 이 중에 어느 범위까지 식별이 가능한지 여부에 따라 개인정보의 범위가 달라진다. 이 세 유형은 신분의 공개, 속성의 공개, 추론공개이다.[100] 신분의 공개란 개인을 특정해내어 개인의 정체성이 공개된다는 의미이다. 속성의 공개란 개인과 직접적으로 연결되지는 않지만 높은 확률로 데이터베이스 안에 있는 어떤 속성을 특정 개인이 가지고 있다는 사실이 확인되는 경우를 말한다. 추론 공개는 어떤 개인이 특정 데이터 세트에 원래부터 포함되어 있지 않은 경우에도 높은 확률로 그 개인에 대해 추측을 할 수 있으면 식별되는 경우이다.[101] 예를 들어 어떤 단체의 속성이 드러나면 그 단체의 일원인 개인의 속성을 파악할 수 있는 경우이다.

'식별가능한(identifiable)'의 개념요소는 다음의 세 가지 요인으로 나뉘기도 한다. 첫째로 단일성(Single out)으로서, 특정 정보가 한 개인과 대응되는 것이다.[102] 다음으로 연결성(Linkability)으로서, 특정 정보와 특정 개인이 연결되는 것이다. 셋째로 추론성(Inference)으로서, 특정 정보로부터 특정 개인을 추론할 수 있는 것이다.

익명화(anonymization)는 위 세 가지 요인을 모두 제거하는 개념으로, 가명화(pseudonymization)는 단일성은 유지하되 연결성과 추론성을 제거하는 개념으로 인식된다. 즉, 개인정보(personal data, 단일성, 연결성, 추

---

99) 재인용: 김은수, 앞의 글, 54쪽 / 원문: U.S. National Institute of Standards and Technology(Simon L Garfinkel), "De-Identifying Government Datasets"(2nd draft)(2016), p.16.

100) 김은수, 앞의 글, 54쪽.

101) 김은수, 위의 글, 55쪽.

102) 단일성과 관련된 국내 사례로 ARS 여론조사 사건(대법원 2011. 9. 29. 선고 2011도6213판결)이 있다. 피고인이 지지하는 지방자치단체장 후보의 공천, 당선가능성에 대하여 선거구민을 상대로 ARS 여론조사를 실시하고 조사 대상자의 주소, 지지후보, 지지정당 등의 정보를 동의를 받지 않고 보좌관에게 제공하였다. 대법원은 피고인이 취득한 정보는 전화통화를 한 상대방의 개인정보로서 전화번호, 주소 등에 대하여 특정할 수 있는 개인정보에 해당한다고 판단하였다.

론성을 모두 가짐)를 비식별화(de-identification)하여 단일성만 유지시키면 가명정보(pseudonymous data)이고, 단일성, 연결성, 추론성 모두 없으면 익명정보(anonymous data)이다.[103]

　　EU 제29조 작업반 의견서[104]에서는 '개인이 식별가능한지 여부를 결정하기 위해서는 개인을 식별하기 위해 개인정보처리자 또는 제3자에 의해 사용되는 합리적으로 가능하다고 생각되는 모든 수단을 고려해야 한다'고 서술하고 있다.[105] EU 제29조 작업반 의견서에서는 "Pseudonymisation"에 대해서 연결성(Linkability)을 줄이는 작업으로, "Anonymisation"에 대해서는 재식별이 불가능하게 만드는(irreversibly preventing identification of the data) 작업으로 설명하고 있다.[106] GDPR 제4조 제5항에서 가명처리(pseudonymisation)에 대해서 정하고 있는데, 추가적 정보의 사용 없이는 더 이상 특정 정보주체를 식별할 수 없도록 처리하는 것을 가명처리라고 한다. 추가적 정보와 결합하면 개인 식별 가능성이 있으므로, 가명처리된 개인정보도 개인정보로 본다(GDPR Recital 제26조).

---

103) 김경환, 빅데이터 실현을 위한 개인정보법령 개선방안, 한국금융연구원, 2017, 17쪽.

104) EDPB(유럽연합개인정보보호이사회)의 전신으로 개인정보보호법에 관한 통일적인 해석, 권고, 의견 등을 제시할 수 있는 권한을 가진 공식기구.

105) 김경환, 위의 글, 6쪽 / Ⅲ. ANALYSIS OF EDFINITON OF "PERSONAL DATA" ACCORDING TO THE DATA PROTECTION DIRECITVE 3rd ELEMENT : "IDENTIFIED OR IDENTIFIABLE" Means to identify - "to determine whether a person is identifiable, account should be taken of all the means likely reasonably to be used either by the controller or by any other person to identify the said person".

106) 김경환, 위의 글, 15쪽.
"Pseudonymisation is not a method of anonymisation. It merely reduces the linkability of a dataset with the original identity of a dataset with the original identity of a data subject, and is accordingly a useful security measure. Anonymisation can be a result of precssing personal data with the aim of irreversibly preventing identification of the data".

〈표 5〉 식별성의 세부구분

구분	식별되는 (identified)	식별가능한 (identifiable)	식별불가능한 (non-identifiable)
단일성 (Single out)	O	O	X
연결성 (Linkability)	O	X	X
추론성 (Inference)	O	X	X

　식별 가능성의 판단에 있어서, 앞서 살펴본 세 가지 개념 단일성, 연결성, 추론성 중에서 특히 쟁점이 되는 것은 연결성이다. 단순히 그 정보만으로 개인을 알아볼 수 없더라도 다른 정보와 용이하게 결합하여 특정 정보가 개인과 연결되면 개인정보에 해당하기 때문에 개인정보 범위의 판단 기준에 있어 쟁점이 된다.

　사례를 통해 개인과의 연결성에 대한 판단기준을 살펴보고자 한다.[107] 국내에는 2012년 개인정보 분쟁조정위원회에 조정신청이 있었던 사례들 중 다음과 같은 판단이 이뤄진 바 있다. 한 개인이 리서치회사로부터 설문조사 이메일을 받았고, 해당 수신 이메일에는 수신인 본인을 포함한 300여명의 이메일 주소가 노출되어 있었다. 해당 개인이 리서치회사에 메일주소 수집 출처를 문의하자 제3자인 피신청인으로부터 제공받았다는 답변을 듣고, 해당 개인은 피신청인을 상대로 '동의 없이 메일주소를 제3자에게 제공하고 메일 발송과정에서 수신자들의 이메일 주소를 노출한 점'에 대하여 개인정보 분쟁조정위원회에 분쟁조정을 신청하였다.

　성명, 주소, 주민등록번호 등 개인을 식별할 수 있는 정보가 아닌 '이메일 주소'만 노출된 경우에도 이를 다른 정보와 쉽게 결합하여 개인을 알아볼 수 있는 개인정보라 볼 수 있는지 여부가 쟁점이 되었다. 이에 개인정보보호위원회는, 현대 정보사회에서는 정보기술의 발전으로 이메일 주소 등 단 하나의 정보만으로 인터넷 검색사이트를 이용한 검색 또

---

107) '연결성'에 대한 쟁점을 전면적으로 판시한 분쟁은 판례로는 찾아보기 어려웠고 다만 분쟁조정위원회에서 관련 논의가 이뤄진 사안이 몇가지 있어 살펴본다.

는 이른 바 신상털기 등을 통해 특정 개인으로 쉽게 연결될 수 있다고 보았다. 이메일 주소 앞부분의 아이디는 성명의 성과 이름의 첫 글자 등을 가져와 만들어지는 경우도 많고, 이메일 수신자 집단의 성격에 비추어 동일하거나 관련 있는 직종에 근무하는 사람들의 이메일 주소로서 쉽게 특정할 수 있는 가능성도 배제할 수 없다고 보아 개인정보에 해당한다고 판단하였다.108) 특정 개인과의 연결 가능성에 대한 판단이 용이하지 않음을 엿볼 수 있다.

또 다른 사례로서, 화재발생지 데이터 요청 사례(소방청, 2018-012)109)에서는 신청자가 소방청을 상대로 '2007년 1월부터 2018년 3월까지의 화재발생지'에 대한 공공 데이터로서 세부 지번, 아파트 동·호수를 포함한 상세주소, 화재일시·발화지점·최초 목격자 진술·현장조사결과·목격자 이름·나이·전화번호·발화대상 관계자 등이 포함된 화재개요 정보를 신청하였다. 소방청은 신청데이터에 개인정보가 포함되어 있다는 이유로 제공을 거부하였고 신청인은 공공데이터 분쟁조정위원회에 조정을 신청하였다. 신청데이터가 개인정보인지 여부에 대해서, 조정위원회는 화재발생지 상세주소 데이터와 관련해 주소 자체만으로는 개인을 식별할 수 있다고 단정하기는 어렵지만 화재발생지 소유자 성별 및 나이, 점유자 성별 및 나이가 포함되어 있다는 점에서 주소정보와 결합할 경우 개인식별 가능성이 있다고 판단하였다.

위 사례에서도 알아볼 수 있듯이, 단일성이나 추론가능성과 같이 양극단적 개념에 대해서는 판단이 수월할 수 있으나 연결성의 경우는 다소 회색지대에 해당하여 판단이 용이하지 않다. 비식별처리를 어디까지 하여야 안전한 정보로서 활용이 가능한지에 대한 끊임없는 고민과 비식별기술에 대한 개발이 있어왔다.

---

108) 개인정보분쟁조정위원회, 한국인터넷진흥원, 2012 개인정보분쟁조정 사례집, 119쪽.

109) 공공데이터제공분쟁조정위원회, 2014~2020년 공공데이터제공 분쟁조정사례 해설서, 30쪽.

다. 식별가능성에 따른 정보의 분류와 비식별처리

1) 비식별처리 관련 국내 법령의 내용

개정 개인정보보호법(법률 제16930호, 2020. 2. 4., 일부개정) 제2조 제1호 다목 및 제1의2호에 따르면, '가명정보'란 '개인정보의 일부를 삭제하거나 일부 또는 전부를 대체하는 등의 방법으로 추가 정보 없이는 특정 개인을 알아볼 수 없도록 처리한 정보'를 뜻한다.

또한 '익명정보'에 대해서는, 개인정보보호법에 익명정보라는 단어를 명시하고 있지 않은 대신 제58조에서 '시간, 비용, 기술 등을 합리적으로 고려할 때 다른 정보를 사용하여도 더 이상 개인을 알아볼 수 없는 정보에는 적용하지 아니한다'고 하고 가명정보 처리 가이드라인에서 '익명처리된 정보는 적용되지 않는다'고 기재하여, 익명정보의 경우 개인정보보호법이 적용되지 않도록 하고 있다.

'비식별화'에 대해서는 '개인정보 비식별 조치 가이드라인'[110]에서 '비식별 조치'란 '정보의 집합물에서 개인을 식별할 수 있는 요소를 전부 또는 일부 삭제하거나 대체 등의 방법을 통해 개인을 알아볼 수 없도록 하는 조치'라고 하고 있다. 그렇다면 '익명정보'는 개인 식별의 가능성이 거의 0에 가깝게 강한 변형이 처리된 정보이고, '가명정보'는 이에 비해 약한 변형이 처리되어 식별성이 낮아진 정보의 정도로 파악해볼 수 있다. 다만 그 경계가 여전히 다소 모호한데, '비식별화'된 정보가 위 익명정보와 가명정보를 모두 포괄하는 개념이라고 보기에는, 익명정보의 경우 개인정보보호법의 적용예외에 해당하여 아예 개인정보로 보지 않는다는 점이 있다. 만일 이러한 익명정보를 비식별화된 정보에 포함된다고 본다면 비식별화 가이드라인에 정하고 있는 재식별 가능성 모니터링 및 접근통제 등 보호조치의무를 여전히 인정하게 되어, 개인정보보호법에

---

110) 국무조정실, 행정자치부, 방송통신위원회, 금융위원회, 미래창조 과학부, 보건복지부, 개인정보 비식별 조치 가이드라인 2018.

서 개인정보로 보지 않는 익명정보에 대하여 법률적 근거 없이 '사후관
리 의무'를 부과하게 되는 모순이 발생한다.

그런데 식별성이 연속적인 개념이고 재식별 가능성이 경우에 따라
가변적일 수 있다는 점을 고려한다면 이러한 점에 대한 설명이 가능하
다. 식별성이 거의 0에 가까워 익명정보로 볼 수 있는 정보의 경우에도
상황과 환경에 따라 재식별 가능성이 변할 수 있는 점을 고려한다면, 여
전히 사후관리의 필요성은 존재하는 것이기 때문에 가이드라인 상의 보
호조치의무를 인정할 당위성이 존재한다.

국내 개정 개인정보보호법 법률조항에서 언급하고 있는 정보의 체계
를 식별가능성 정도에 따라 정리하여 보면 다음과 같다.[111]

〈표 6〉 정보의 분류

정보의 성격	식별가능성	개인정보보호법
개인을 알아볼 수 있는 정보(개인정보, 제2조 제1호 가목)	높음	일반 적용
다른 정보와 쉽게 결합하여 특정 개인을 알아볼 수 있는 정보 (개인정보, 제2조 제1호 나목)		일반 적용
원래의 상태로 복원하기 위한 추가 정보의 사용, 결합 없이는 특정 개인을 알아볼 수 없는 정보 (가명정보, 제2조 제1호 다목)		개인정보보호법상 가명정보에 관한 특례 적용
시간, 비용, 기술 등을 합리적으로 고려할 때 다른 정보를 사용하여도 더 이상 개인을 알아볼 수 없는 정보 (제59조의2)	낮음	적용되지 않음

비식별화와 관련하여, 개정 개인정보보호법 제15조 제3항에서는 '개
인정보처리자는 당초 수집 목적과 합리적으로 관련된 범위에서 정보주
체에게 불이익이 발생하는지 여부, 암호화 등 안전성 확보에 필요한 조

---

111) 이소은, 개인정보 보호법의 주요 개정 내용과 그에 대한 평가, 이화여대 법학
　　　논집 제24권 제3호, 2020, 7쪽.

치를 하였는지 여부 등을 고려하여 대통령령으로 정하는 바에 따라 정
보주체의 동의 없이 개인정보를 이용할 수 있다.'고 함으로써 적절한 비
식별처리를 거치면 당초 수집 목적과 관련된 범위 내에서 활용할 수 있
도록 하고 있다. 또한 개인정보보호법 시행령(대통령령 제31429호 일부
개정 2021. 2. 2.)에서는 제14조의2를 신설하여, 개인정보보호법 제15조
제3항, 제17조 제4항에 따라 정보주체의 동의 없이 개인정보를 이용 또
는 제공할 때에 수집 목적과의 관련성, 정보주체의 이익을 부당하게 침
해하는지 여부 등을 고려하도록 하고 있다.

　　개인정보보호법 제29조는 개인정보가 분실·도난·유출·위조·변조 또
는 훼손되지 아니하도록 대통령령으로 정하는 바에 따라 안전성 확보
조치를 하도록 정하고 있고, 동법 시행령 제30조 제3항에 따르면 안전성
확보 조치에 관한 세부기준은 개인정보보호위원회가 정하여 고시하도록
하고 있다.112)

112) 개인정보 안전성 관련 고시현황

명칭	현황	내용
개인정보의 안전성 확보조치 기준	개인정보보호위원회는 2011. 9. 30. 행정안전부 고시로서 제2019-47호로서 본 기준을 제정하였고 2019. 6. 7. 한 차례 개정	개인정보처리시스템의 접근권한 제한, 접근통제, 개인정보의 암호화 등에 대하여 정하고 있고, 특히 '개인정보의 암호화' 관련하여 제7조에서 자세히 정하고 있다. 이에 따라, 개인정보처리자는 개인정보의 종류에 따라 이 조항에 정한 암호화를 통해 식별성을 낮춘 정보를 보관 또는 제공하여야 한다. 암호화의 방법과 비식별 여부의 판단 등에 관하여 가이드라인에서 보다 자세히 제시하고 있다.
개인정보 영향평가에 관한 고시	개인정보보호위원회는 2020. 8. 11. 개인정보보호위원회 고시 제2020-4호로서 본 고시를 제정하여 고시	개인정보보호법 제33조와 개인정보보호법 시행령 제38조에 따른 평가기관의 지정 및 영향평가의 절차 등에 관하여 세부기준을 정하고 있다(제1조). '개인정보 영향평가'란 공공기관의 장이 개인정보파일의 운용으로 인하여 정보주체의 개인정보 침해가 우려되는 경우 그 위험요인의 분석과 개선 사항 도출을 위한 평가를 말한다(제2조). 해당 고시에서는 평가기관의 지정절차와 기관 내 지정심사위원회의 구성 및 운영, 영향평가 전문교육 운영, 영향평가 절차 및 사후관리 등에

2) 국내 비식별 방법과 판단

'가명정보 처리 가이드라인'에서는[113] 제3자의 개인정보보호 수준을 고려하여 가명정보 제공으로 인하여 발생할 수 있는 재식별 위험을 최소화하기 위하여 노력하여야 하고, 제3자가 사전에 보유하고 있는 정보 및 처리 시점을 기준으로 제공받는 다른 정보 등을 고려하여야 한다고 하고 있다. 동 가이드라인[114]에서는 여권번호, 주민등록번호와 같은 고유식별정보는 '식별정보'로서 개인 식별 가능성이 높은 정보라고 하고 있고, 식별정보, 식별가능정보 등으로 정보를 분류하여, 재식별 위험도 분석시 항목별로 개인 식별 가능성에 따라 가명처리 수준을 결정할 수 있도록 하고 있다. 국내에서 사용되는 데이터의 비식별화 기법으로는 대표적으로 가명처리, 통계처리 등과 같은 기법들이 있다.[115][116]

명칭	현황	내용
		대하여 정하고 있다. 영향평가의 대상기관은 시행령 제35조에 해당하는 개인정보파일을 구축·운용·변경 또는 연계하려는 공공기관이다.

113) 개인정보보호위원회, 가명정보 처리 가이드라인, 2020, 14쪽, 16쪽.
114) 개인정보보호위원회, 가명정보 처리 가이드라인, 2020, 17쪽.
115) 국무조정실, 행정자치부, 방송통신위원회, 금융위원회, 미래창조과학부, 보건복지부 공동, '개인정보 비식별조치 가이드라인', 2016, 7쪽.
116) 국내 비식별 기법 - 개인정보 비식별조치 가이드라인, 2016, 7쪽.

처리기법	예시	세부기술
가명처리 (Pseudonymization)	홍길동, 35세, 서울 거주, 한국대 재학 → 임꺽정, 30대, 서울 거주, 국제대 재학	① 휴리스틱 가명화 ② 암호화 ③ 교환 방법
총계처리 (Aggregation)	임꺽정 180cm, 홍길동 170cm, 이콩쥐 160cm, 김팥쥐 150cm → 물리학과 학생 키 합 : 660cm, 평균키 165cm	④ 총계처리 ⑤ 부분총계 ⑥ 라운딩 ⑦ 재배열
데이터 삭제 (Data Reduction)	주민등록번호 901206-1234567 → 90년대 생, 남자 재인과 관련된 날짜정보(합격일 등)는 연단위로 처리	⑧ 식별자 삭제 ⑨ 식별자 부분삭제 ⑩ 레코드 삭제 ⑪ 식별요소 전부삭제
데이터 범주화	홍길동, 35세 → 홍씨, 30~40세	⑫ 감추기

비식별화된 데이터셋의 재식별 위험성을 평가하고 관리하는 방법으로서, 가이드라인은 다음과 같은 평가절차를 제시하고 있다.[117]

- 개인정보 보호책임자(개인정보보호법 제31조는 개인정보 보호책임자를 지정하도록 하고 있다)의 책임 하에 외부전문가가 과반수 이상 참여하는 비식별 조치 적정성 평가단을 구성하여 비식별화 조치에 관해 평가하게 하되, 그 과정에서 프라이버시 보호모델 중 k-익명성[118] 개념을 활용하도록 하고 있다.[119]
- 가이드라인에서는 안전도를 보장하는 최소한의 기준으로 k=3을 제시하고 있다. 그러나 민감도가 높고 재식별 위험성이 큰 때에는 이보다 큰 값으로 정하기도 하고, l-다양성[120]이나 t-근접성[121] 모델까지 적용하기도 한다.

처리기법	예시	세부기술
(Data Suppression)		⑬ 랜덤 라운딩 ⑭ 범위 방법 ⑮ 제어 라운딩
데이터 마스킹 (Data Masking)	홍길동, 35세, 서울 거주, 한국대 재학 → 홍oo, 35세, 서울 거주, oo 대학 재학	⑯ 임의 잡음 추가 ⑰ 공백과 대체

117) 박민영, 최민경, '의료정보의 관리와 비식별화에 관한 법적 과제', 유럽헌법연구 제21호, 2016, 518쪽.
118) 어떤 데이터 집합에서 한 레코드의 개별 값과 동일한 레코드가 k-1개 이상인 조건, 즉 전체적으로 같은 값을 갖고 있는 레코드가 k개 이상 존재하는 조건을 가리킨다. Sweeney, Latanya. "k-anonymity: A model for protecting privacy." International Journal of Uncertainty, Fuzziness and Knowledge-Based Systems 10.05 (2002): pp.557-570.
119) 절차적으로는 기초자료 작성, 평가단 구성(3명 이상), 평가 수행, 추가 비식별 조치, 데이터 활용의 순으로 정하고 있다. 여기서 평가 수행의 절차는 사전검토→재식별 시도 가능성→재식별시 영향 분석→평가 기준값 결정→계량 분석→적정성 평가의 순서로 한다.
120) 데이터셋 내의 동일성 있는 정보를 이용하여 정보주체의 정보를 파악하는 기법으로, l 값이 증가할수록 다양성이 커져 식별하기가 어려워진다. Machanavajjhala, J. Gehrke, D. Kifer, and M. Venkitasubramaniam. l-diversity: Privacy beyond k-anonymity. In Proc. 22nd Intnl. Conf. Data Engg. (ICDE), 2006, p.24.

구체적인 사례를 살펴보고자 한다. 가명처리의 개념이 개인정보보호
법에 명시되기(2020년 개정) 이전의 사건이기는 하나, 약학정보원이 환
자의 의약품처방정보를 제3자에게 제공하고 경제적 대가를 받은 사
건[122] (이하 '약학정보원 사례'[123])에서 암호화된 정보의 개인정보 여부

---

121) 특정 분포의 편향이나 특이성을 감소시키기 위해서 전체 데이터의 분포와 특
   정 구간 데이터의 분포를 일치시키어 가공하는 방식으로, t값이 0에 가까울수
   록 식별이 곤란해진다. Ninghui Li, Tiancheng Li, and Suresh Venkatasubramanian
   't-Closeness: Privacy beyond k-anonymity and l-diversity'. ICDE (Purdue University)
   (2007). p.107, 114.

122) 의사가 환자에게 발행하는 처방전에는 환자의 성명 및 주민등록번호, 의료기
   관의 명칭 및 전화번호, 질병분류기호, 의료인의 성명, 면허종류 및 면허번호,
   처방의약품의 명칭, 분량 및 용법, 처방전 발급 연월일 및 사용기간 등이 기
   재되어 있다. 환자가 처방전을 받아 이를 약국에 제출하면 약국에서는 처방
   전에 기재된 사항을 토대로 건강심사평가원에 조제료, 복약 지도료 등을 청
   구하게 된다. 심사평가원이 운영하고 있는 '요양기관 청구포털' 사이트에 요
   양급여 전자청구를 접수하는데, 이를 진행하기 위해 약국에서 사용하는 소프
   트웨어가 PM2000 프로그램이다. PM2000은 심사평가원에서 프로그램 인증 제
   도를 만들어 인증한 프로그램으로, 약사회 소유이고 약학정보원 (약학정보원
   이 어떠한 조직인지 살펴보자면, 민법 제32조 및 보건복지부장관과 그 소속
   청장의 주관에 속하는 '비영리법인 설립 및 감독에 관한 규칙' 제4조에 의거
   설립된 비영리 공익 재단법인이다. 사단법인 대한약사회, 사단법인 한국제약
   협회, 사단법인 한국의약품도매협회 3개 단체의 자산출연으로 2001년 설립
   되었고, 의약품 정보 제공 공익기관으로서 국내 생산의약품 및 수입의약품에
   관한 정보를 데이터베이스화하는 등의 업무를 하고 있다. - 약학정보원 홈페
   이지, 인사말 및 회사개요, http://www.health.kr/company/greeting.asp 마지막
   검색일: 2021. 3. 7.) 에서 관리 및 공급을 하고 있다 - 김정주 기자, '요양기관
   청구SW 인증제 되짚어 보기' 데일리팜, 2015. 8. 1.자 기사.
   약학정보원은 2011. 1. 28.경 각 약국에 저장된 처방전 관련 정보를 약학정보
   원에 전송하는 프로그램을 개발하여 이를 PM2000 프로그램 업데이트 파일에
   포함시켰고 이를 통해 입력된 환자들의 정보가 약학정보원의 중앙서버에도
   저장되도록 하였다. 약학정보원은 다국적 의료 통계업체 IMS Health Inc.(이하
   'IMS')와 2010. 12. 30. 정보 공동사용 및 상호협력에 대한 업무협약 (참고로 이
   사건 당시는 아니지만 그 후 개인정보보호위원회는 2021년 1월 보건의료 데
   이터 활용 가이드라인을 개정 발표하였다. 원 개인정보처리자와 가명정보를

에 대한 판시가 있었다. 이 사건 정보 중 의사의 성명 및 면허번호는 최초 정보제공 시인 2011. 1.말경부터 2012. 2. 2.까지는 실제 성명과 번호로, 그 다음 날부터는 암호화되어 IMS에 각 제공되었다. 환자의 주민등록번호의 경우 ① 2011. 1.말경부터 2014. 6.경까지는 13자리의 주민등록번호 중 홀수 자리와 짝수 자리를 각 다른 암호화 규칙에 따라 영어 알파벳으로 치환한 다음 양끝 2자리에 임의의 알파벳으로 잡음을 추가하는 방식의 양방향 암호화[124]가 이루어졌고(이하 '1기 암호화'), ② 2014. 6.경부터 2014. 9.경까지는 복호화가 불가능한 일방향 암호화 방식인 SHA-512 방식으로 환자의 주민등록번호가 암호화되었다(이하 '2기 암호화'). ③ 2014. 10.경 이후부터 2015. 1.경까지는 주민등록번호가 아니라 성명, 생년월일, 성별로 환자를 특정한 후 이를 일방향 암호화하는 방식으로 암호화하였다(이하 '3기 암호화').

법원은 데이터 마스킹 알고리즘[125]이 적용된 이 사건 1기 암호화 방

제공받은 자 간에 계약 등을 통해 의무 관계를 명시할 것을 권장하고 있고, 붙임자료4로서 계약서(안)을 제시하고 있다. 해당 계약에서는 제공자가 수령자에게 가명정보와 함께 추가정보를 제공하여서는 안 된다고 명시하고 있다.)을 체결하고 PM2000 프로그램을 통하여 수집한 환자의 주민등록번호, 환자의 생년월일, 의료인의 성명 및 면허번호, 질병분류기호, 처방 의약품의 명칭 및 분량, 처방전 발급 연원일 등의 정보를 IMS에 제공한 후 대가를 지급받았다.

123) 서울중앙지방법원 2017. 9. 11. 선고 2014가합508066 및 항소심 서울고등법원 2017나 2074963 판결.

124) 양방향 암호화란, 암호화된 암호문을 평문으로 복호화할 수 있는 암호화 방법이고, 일방향 암호화란 평문을 암호문으로 암호화하는 것은 가능하지만 암호문을 평문으로 복호화하는 것은 불가능한 방법이다. 대표적으로 많이 사용되는 일방향 암호화 알고리즘이 SHA, MD5인데, SHA는 Secure Hash Algorithm의 약자로, 서로 관련된 암호학적 해시 함수들의 모임이며 미국 국가안보국이 1993년 처음 설계하여 미국 국가표준으로 지정한 것이다. MD5란 Message-Digest algorithm 5의 약자로, 주로 프로그램이나 파일이 원본 그대로인지를 확인하는 무결성 검사 등에 사용되는 암호화 해시 함수이다.

125) 식별이 가능한 정보에 임의의 숫자나 대체문자 등 잡음을 삽입하거나 특정

식은 특정한 값에 대한 다양한 추론을 통해 쉽게 복호화할 수 있어 개인
이 식별될 우려가 크므로 적절한 비식별화 조치가 이루어졌다고 보기
어렵다며 개인정보로 인정하여, 이의 제3자 제공은 개인정보보호법에
반한다고 판단하였다. 한편 2, 3기 암호화의 경우는 일방향 암호화를 적
용한 방식으로 이론상 양방향 암호화에 비해 암호화의 기술적 수준이
높아 그것만으로는 피고 회사가 자체적으로 복호화할 수 없을 것으로
보이지만 함께 제공된 1기 암호화 방식의 주민등록번호를 기재한 매칭
테이블을 결합하면 복호화가 가능하게 되므로 개인정보라고 인정하면
서, 따라서 이의 제3자 제공은 개인정보보호법에 반한다고 판단하였다.
이와 같이 암호화 방법에 따라 재식별의 용이한 정도가 기술적으로 상
이하고, 매칭테이블의 소지 등 제3자의 사정에 따라 처리 후 정보가 개
인정보인지 여부가 판단된다.

　아울러 위 사례의 원심법원은 매칭테이블이 함께 제공된 부분에 대하
여, 기술적인 재식별 가능성뿐만 아니라 정보 수령자의 주관적인 요인도
고려하고 있는 듯하여 잠시 살펴보고자 한다. 원심법원은 '매칭테이블을
제공받았다고 하더라도 최종적으로 통계분석자료를 생성하여 판매함으로
써 이익을 얻게 되는 것이므로 암호화된 정보를 재식별화할 경제적 유인
은 없었던 점 등에 비추어 적절한 비식별 조치가 이루어졌다고 보아 개인
정보에 해당하지 않는다'고 판단하였다. 식별가능성을 판단함에 있어 정보
수령자의 주관적 의도나 동기, 이익, 활용방법을 주요한 요소로 반영한 것
이다. 그러나 이러한 주관적 의도를 주요 요소로 하여 개인정보 여부 혹은
개인정보 침해 여부를 판단하게 되면 사안별로 너무 가변성이 높아지고
법적 안정성이 현저히 낮아진다. 뿐만 아니라 개인정보주체의 입장에서 생
각해보자면 암호화 정보와 매칭테이블이 함께 제공되면 재식별 가능성이

항목의 일부 또는 전부를 삭제 또는 변환하는 방식이다.
Khaled El Emam, and Luk Arbuckle, Anonymizing Health Data, O'Reilly, Cambridge,
MA, 2013.

기술적으로는 상당히 용이한 상황인데 이러한 경우 정보 수여자의 내심의 의도를 중심으로 개인정보침해 여부를 판단한다면 개인정보 보호가 미흡할 수 있다. 또한 개인정보 제공자 입장에서는 본인이 조정하거나 인지할 수 없는 요소(정보 수여자의 내심)에 따라 개인정보침해의 위험을 안게 되어 개인정보 활용에 있어서도 위축을 가져올 수 있다.

고등법원 판결에서는 이러한 원심 판단과 다른 입장을 취하여 2, 3기 암호화된 정보도 개인정보에 속한다고 보았다. 재식별의 유인과 같은 주관적인 환경은 정황적인 반영요소로 두고, 객관적으로 매칭테이블과의 결합으로 용이하게 식별이 되는지를 중점적으로 살핀 것이다. 시기적으로 이 판단이 이루어진 후 마련된 '개인정보 비식별 조치 가이드라인'126) 에서는, 참고 4 '비식별 조치 적정성 평가단 세부 평가수행 방법'을 제시하여, 재식별 시도 가능성 분석시에 고려하는 요소로서 데이터 이용자 또는 요청자가 데이터를 재식별하는 경우 경제적 또는 비경제적 이익이 있는지 여부를 재식별 의도의 세부지표 5개 중 하나로 정하고 있다. 해당 평가지표는 재식별가능성 평가로서 대지표로 1) 재식별의도, 2) 재식별능력, 3) 외부정보연계 가능성을 두고 있고, 1) '재식별의도'는 경제적 이익, 기존 신뢰관계 등 5개 세부지표를 살피며 2) '재식별능력'은 재식별 전문지식, 연계 데이터베이스 접근가능성 등 3가지 세부요소를 살피고, 3) '외부정보연계 가능성'은 평가대상 데이터와 결합 가능한 데이터의 유무를 살핀다. 각 세부지표의 점수를 매겨 합산하여 판단에 적용하고 있다.

'재식별 의도'의 세부지표 중 하나인 '경제적 유인' 여부는 정황적 참고요인이 될 수는 있어도, 식별가능성을 결정짓는 주요요소로 기준으로 삼기는 어렵다는 입장이다. 재식별 가능성이 있는 정보가 제공될 경우 식별 가능한 정보를 제3자에게 제공함으로써 개인정보보호법을 위반하

---

126) 국무조정실, 행정자치부, 방송통신위원회, 금융위원회, 미래창조 과학부, 보건복지부, '개인정보 비식별 조치 가이드라인' 2018, 42쪽 내지 44쪽.

게 되는 자는 제공자인 정보처리자이다. 그런데 정보처리자 입장에서 완벽히 파악하기 어려운, 데이터 이용자의 이익이나 동기 여부를 재식별 가능성 판단의 주요 기준으로 둔다면 수범자가 정확히 파악 및 조절할 수 없는 사유로 법률 위반여부가 달라져 자기책임의 원칙에 어긋날 수 있다. 뿐만 아니라 경제적 유인이 있더라도 추가정보와 결합이 용이하지 아니하여 재식별하지 않을 수도 있고, 데이터 이용자 입장에서 경제적 유인이 없더라도 재식별을 시도할 수 있다. 따라서 객관적으로 다른 정보와의 용이한 결합으로 식별이 되는지가 객관적 기준으로서 작용함이 타당하다.

3) 비식별처리자와 검토자의 분리

한편 행정안전부와 개인정보보호위원회는 2021년 1월 공동으로 '공공분야 가명정보 제공 실무안내서'를 발간함으로써 공공기관이 가명정보를 제3자에 제공할 경우에 관한 일종의 지침 역할을 하도록 하였다.[127] '가명정보처리자'를 '업무를 목적으로 개인정보를 가명처리 하여 활용 또는 제공하는 공공기관, 법인, 단체 및 개인 등'으로, '가명정보취급자'를 '가명정보를 처리하는 개인정보처리자의 지휘 감독을 받아 가명정보를 처리하는 임직원, 근로자 등'으로 분류·정의하여 마치 유럽연합 GDPR에서 컨트롤러(controller)와 프로세서(processor)를 구분하고 있는 것과 유사하다. 다만 우리나라는 가이드라인에서 실무적으로 구분하고 있을 뿐이고 양측간의 계약을 의무화하는 등의 법적 규율은 마련하고 있지 않다. 반면에 유럽연합의 컨트롤러와 프로세서는 GDPR에서 명시하고 있

---

127) 해당 실무안내서에서는 개인정보 보호법 제28조의2(가명정보의 처리 등) 및 관련 법령에 따라 공공기관이 보유 중인 데이터를 대상으로 가명정보 제공 신청이 있는 경우 기관담당자가 단계별로 참고할 사항들을 정하고 있다. 신청서 접수를 통해 가명정보 제공 신청이 있으면, 기관은 가명처리 후 적정성 검토를 하여 가명정보를 제공하고 사후 안전관리를 한다. '가명정보', '익명정보' 등 용어에 대한 정의를 개인정보보호법의 내용과 일치하게 제시하고 있다.

고, 양측의 권리와 의무, 이를 정하는 계약의 필수요건 등이 규율되고 있다는 점에서 국내의 처리자와 취급자와는 차이가 있다.

또한 실무안내서에서는 가명처리 관련 업무 담당자를 분리하도록 하고 있다. 가명처리를 수행한 자와 적정성을 검토하는 자를 관리적·기술적으로 권한을 분리하도록 하고 있다.[128] 이는 객관적인 적정성 검토를 통해 재식별 위험을 관리하고 비식별 조치의 적정성을 판단하게 하기 위함이다. 보건의료데이터의 경우 이러한 점에서 더 나아가, 데이터의 비식별화 처리 자체를 전담하는 별도의 기관을 두는 것이 바람직하다. 정보보유기관의 부담을 줄이고 보건의료데이터에 대한 전문적인 관리가 가능하도록 하기 위함이다. 관련하여 제3장에서 보건의료데이터의 비식별처리에 관한 특수성을 검토하고 제4장에서 개선방안을 연구하고자 한다.

4) 해외 비식별처리 개념과 방법

해외에서의 개념 논의를 살펴보자면 EU GDPR은 비식별화된 데이터를 크게 '익명정보(anonymous information)'와 '가명처리(pseudonymisation)를 거친 정보'로 나눈다.[129] 익명정보는 식별 가능한 데이터셋과 정보주체 간의 연계성을 제거하여 처리된 정보거나 애초에 개인 식별이 가능하지 않았던 정보를 포괄한다. GDPR Recital 제26조에 따르면, 익명정보

---

128) 행정안전부, 개인정보보호위원회, 공공분야 가명정보 제공 실무안내서, 2021, 10쪽.
129) GDPR Recital (26) To determine whether a natural person is identifiable, account should be taken of all the means reasonably likely to be used, such as singling out, either by the controller or by another person to identify the natural person directly or indirectly. To ascertain whether means are reasonably likely to be used to identify the natural person, account should be taken of all objective factors, such as the costs of and the amount of time required for identification, taking into consideration the available technology at the time of the processing and technological developments. (개인정보보호위원회, GDPR 관련용어집 참조) 〈https://www.pipc.go.kr/np/cop/bbs/selectBoardArticle.do?bbsId=BS221&mCode=D060000000&nttId=5857#LINK〉 (검색일: 2021. 4. 3.)

에는 개인정보 보호 원칙이 작용되지 않는다.[130] 한편 GDPR에서 가명처리는 추가적 정보의 사용 없이는 더 이상 특정 정보주체를 알아볼 수 없도록 개인정보를 처리하는 것을 의미한다.[131] GDPR은 재식별 우려를 방지하기 위하여 추가적 정보는 별도로 보관하도록 하며, 기술적 및 관리적 보호조치를 운용하도록 한다. 가명처리된 개인정보는 목적 외 이용이 정당화 된다.[132] 다만 ① 당초 목적과의 연관성, ② 개인정보가 수집된 맥락, ③ 개인정보의 성격, ④ 정보주체에게 초래할 결과, ⑤ 적절한 보호조치가 고려되어 당초 목적과 연관성이 있을 때 인정된다. 이는 국내 개인정보보호법 제15조 제3항[133]에서 정하고 있는 바와 유사하다.

EU의 제29조 작업반은 2014년 4월 10일 익명처리기법에 대한 의견서 (WP opinion on Anonymisation Techniques)를 채택하였다. 이에 따르면 주요 익명처리 기법으로서 무작위처리(randomization)와 일반처리(generalization)에 대해 기술하고, 잡음추가(noise addition), 치환(permutation), 차등정보보호(differential privacy), 총계처리(aggregation), k-익명성(k-anonymity), l-다양성(l-diversity), t-근접성(t-closeness)을 소개한다.[134] 각 기법의 안정성

---

130) GDPR Recital (26) The principles of data protection should therefore not apply to anonymous information, namely information which does not relate to an identified or identifiable natural person or to personal data rendered anonymous in such a manner that the data subject is not or no longer identifiable. This Regulation does not therefore concern the processing of such anonymous information, including for statistical or research purposes. (개인정보보호위원회, 위의 글 참조)

131) GDPR Recital (26) The principles of data protection should apply to any information concerning an identified or identifiable natural person. Personal data which have undergone pseudonymisation, which could be attributed to a natural person by the use of additional information should be considered to be information on an identifiable natural person. (개인정보보호위원회, 위의 글 참조)

132) 개인정보보호위원회, 위의 글.

133) 제15조(개인정보의 수집·이용) ③ 개인정보처리자는 당초 수집 목적과 합리적으로 관련된 범위에서 정보주체에게 불이익이 발생하는지 여부, 암호화 등 안전성 확보에 필요한 조치를 하였는지 여부 등을 고려하여 대통령령으로 정하는 바에 따라 정보주체의 동의 없이 개인정보를 이용할 수 있다.

은 (a) 여전히 개인을 식별하는 것이 가능한가(단일성), (b) 여전히 개인
기록부들을 서로 연결할 수 있는가(연결성), © 개인에 대한 정보를 유추
할 수 있는가(추론 가능성) 의 세 가지 기준을 근거로 평가한다.135) 의견

---

134) 익명화 기법

명칭	방식
무작위화(Randomization)	데이터와 개인 간의 밀접한 연관성을 없애기 위해 개인정보의 정확성을 변경시키는 기법
잡음 추가(Noise addition)	특히 어떤 속성이 개인에게 중대한 역효과를 미칠 때 유용하며, 데이터셋의 수정된 속성을 부정확하게 만들면서 전체적인 분포도는 유지하는 방식으로 처리
치환(Permutation)	일부 속성의 값이 서로 다른 정보주체들과 연결되게끔 인위적으로 속성값의 위치를 변경 특수한 형태의 잡음 추가라고 할 수 있다.
차등 정보보호 (Differential privacy)	개인정보 처리자가 익명 처리된 데이터셋을 생성하면서도 원본 데이터의 사본은 유지하고자 할 때 차등 정보보호 기법을 사용 필요한 정도의 프라이버시 보장을 위해 개인정보 처리자가 추가해야 하는 잡음이 어느 정도인지, 또한 어떤 형태라야 하는지를 알려주는 기법
일반화(Generalization)	축척 또는 자릿수를 수정함으로써(예를 들어, 마을 대신에 지역, 한 달 대신에 1년 등) 정보주체의 속성을 일반화 또는 희석하는 기법
k-익명성	동일한 속성을 가진 정보주체가 적어도 k번 나타나게 함으로써 정보주체가 식별되지 않도록 하는 방식
l-다양성	각 동질 집합 내에서 모든 속성이 적어도 서로 다른 1개의 값을 갖도록 함으로써 결정적 추론 공격이 불가능하도록 k-익명성을 확대
t-근접성	테이블 내에서 속성의 초기 분포를 닮은 동질 집합을 생성함으로써 l-다양성을 개선

Statistical Policy Working Paper 22 (Second version, 2005), Report on Statistical Disclosure Limitation Methodology, Federal Committee on Statistical Methodology, December 2005. p.27 / Cynthia Dwork, Differential Privacy, in ICALP, Springer, 2006 15, p.18, Ninghui Li, Tiancheng Li, and Suresh Venkatasubramanian 't-Closeness: Privacy beyond k-anonymity and l- diversity'. ICDE (Purdue University), 2007., Article 29 data protection working party, "Opinion 05/2014 on Anounymisation Techiques", 2014, p.12.
135) Article 29 data protection working party, "Opinion 05/2014 on Anounymisation

서에서는 널리 사용되는 가명처리에 대해서도 정하고 있다.[136]

한편 일본은 2019년 개인정보보호법 개정안을 마련하여, 기존의 '익명가공정보'에 더하여 '가명가공정보'의 개념을 창설하였다. '익명가공정보'는 제3자 제공이 허용되며, 목적 외 이용제한 규정도 적용되지 않는다. 반면에 '가명가공정보'의 일본 개정법상 정의는 다음과 같다. '개인식별부호를 포함한 개인정보에 대해서는 개인식별정보의 전부를 삭제하거나 복원할 수 없는 다른 정보로 대체하는 것에 의해, 그 이외의 개인정보에 대해서는 이름 등 특정 개인을 식별할 수 있는 정보를 삭제하거나 복원할 수 없는 다른 정보로 대체함으로써 다른 정보와 대조하지 않고는 특정 개인을 식별할 수 없도록 개인정보를 가공해서 얻은 개인에 관한 정보'를 '가명가공정보'로 정의하고 있다(제2조 제9항 제1, 2호).[137]

Techiques", 2014, p.10.

136) 가명화 기법

명칭	방식
비밀키 암호화 기법	비록 암호화된 형태이지만 여전히 데이터셋 내에 개인정보가 들어 있기 때문에 비밀키 소유자는 각 정보주체를 간단히 재식별할 수 있음.
해시 함수	임의의 크기를 가진 데이터를 입력받아서(입력은 단일 속성 또는 속성의 집합이 될 수 있음) 고정된 크기의 결과 값을 출력함으로써 다시 원래의 값으로 되돌릴 수 없는 함수 다만 해시 함수의 입력값의 범위가 알려질 경우 특정 개인기록에 대한 정확한 값을 추출하기 위해 해시 함수를 통해 그 입력값이 재전송될 수 있다.
저장된 키를 사용하는 키 해시 함수	비밀키를 추가 입력으로 사용하는 특별한 해시 함수 개인정보 처리자는 비밀키를 사용하여 속성 관련 키 해시 함수를 재전송할 수는 있으나, 키를 모르고서는 함수를 재전송하기가 훨씬 더 어렵다.
키 삭제를 통한 결정적 암호화 또는 키 해시 함수	데이터베이스 내 각 속성에 대한 가명으로서 난수를 선택한 뒤에 상응하는 테이블을 삭제 데이터셋 내 개인정보와 또 다른 데이터셋 내에서 가명이 사용된 동일인물 관련 개인정보 사이의 연결 위험을 줄여준다.
토큰화	개인정보를 난수화한 값(토큰)으로 치환하는 방식 보통 금융부문에서 카드 ID 번호를 공격자에게 유용하지 않은 값으로 대체하기 위해 사용

미국에서는 보건의료데이터에 대하여 '비식별 정보(de-identified infor
mation)'라는 개념을 도입하여 HIPAA 프라이버시 규칙 제164.514항에서
'개인을 식별하거나 개인을 식별할 수 있도록 한다는 합리적 근거가 없
는 보건의료데이터는 식별 가능한 개인 보건의료데이터가 아니'라고 정
하고 있다.138) 개인정보의 재식별 위험이 매우 작다고 판단되면 이 데이
터는 식별성이 없는 데이터로 간주되어 HIPAA의 규제 대상이 되지 않는
다.139) 미국에서 보건의료데이터의 비식별화 판단은 '전문가 판단 방식'
과 '세이프하버 방식' 두 가지에 의해 이루어질 수 있다. 자세한 사항은
제4장에서 관련 쟁점에 대한 개선방안과 함께 살펴보고자 한다.

미국의 국립표준기술연구소(NIST)에 따르면, '비식별화는 식별 데이
터셋과 정보주체간의 연결성을 제거하는 절차'로, '가명화'는 '익명화'의
특수 유형으로 정의한다. 미국은 '익명화'는 비식별화의 하위범주로서,
가명화와 달리 개인을 특정할 수 있는 추가 정보가 제공되지 아니하고
재식별이 불가한 개념으로 정의한다. 이러한 정의에 따르면 '비식별화'
는 '익명화'와 거의 유사한 개념이며, '가명화'는 이에 포함되면서도 특수
한 유형으로서 추가 정보와의 연계시 재식별이 가능한 경우를 뜻한다.

그러나 이러한 해석의 맹점은, 기술의 발달 및 데이터 맥락환경의 변
화로 익명화된 데이터가 재식별 가능한 경우가 발생한다는 점에서 한계
를 갖는다. 다만 이에 대한 완벽한 해결추구는 결국 개념 분류에 대한
포기로 귀결될 수 밖에는 없을 것이기 때문에, 완벽한 비식별화가 얼마
나 쉽지 않은 것이며 이를 위해 적절한 비식별 판단과 위험관리가 얼마
나 중요한지 사례를 통해 다시금 확인하고 논의를 계속하여 전개하고자
한다. 익명처리된 데이터로부터 특정개인이 재식별된 사례로 2006년
AOL사례가 있다.140) AOL은 개방된 연구 커뮤니티를 추구한다는 취지로

---

137) 이창범, 일본 개정 개인정보보호법의 주요 내용 및 시사점, 2020, 10쪽.
138) 고학수, 앞의 글, 76면.
139) 고학수, 위의 글, 78쪽.
140) 이대희, 개인정보 개념의 해석 및 범위에 관한 연구, 고려법학 제79호, 2015,

65만 여명의 이용자가 사용한 약 2,000만 개의 검색용어를 웹사이트를 통해 공개하였다. 이 공개 데이터는 이용자의 명칭이나 IP 주소와 같은 식별인자를 'No. 4417749'와 같은 번호로 대체하여 공개하였기 때문에 해당 번호의 당사자가 어떤 검색어를 사용하였는지는 알 수 있으나 그 당사자가 누구인지는 알 수 없을 거라고 여겨져 익명정보로 취급되었다. 그러나 뉴욕타임스는 이용자가 사용한 여러 검색어를 통하여 'No. 4417749'의 신원을 알아낼 수 있었다. 이러한 점에서 보면, 익명화, 가명화의 경계를 절대적으로 분리하기는 어려워 보이고 완벽한 익명화란 상당히 어려운 것으로 보인다. 위에 언급한 표에서 식별성의 정도가 연속적인 개념이듯이, 각 용어의 뜻은 분명히 하되, 상황에 따라 식별 가능성이 달라질 수 있음을 인지하는 것이 실무적인 측면에서는 최선일 것으로 보인다.

이와 같이 각 국가별로 용어는 조금씩 상이하지만, 비식별화하여 개인이 특정되지 않도록 가공한 데이터는 일반 개인정보에 비하여 데이터의 이용 및 제3자 제공이 가능하도록 하는 제도적 큰 틀은 동일하다. 이러한 점에서 비식별화 조치가 매우 중요한 요소이고, 재식별 위험성의 판단 및 관리가 중요하다는 것을 알 수 있었다. 관련 법령 및 준칙 등에 비식별 조치의 방법, 재식별 가능성의 판단에 관하여 명시될 필요가 있고 그 판단기준의 구체적인 정립이 필요하다.

2. 식별가능성의 판단

개인정보보호법 제2조 제1호 나목에 따르면 '특정 정보 그 자체만으로는 특정 개인이 식별될 수 없다고 하더라도 특정 정보가 다른 정보와 쉽게 결합해서 특정 개인이 식별될 수 있다면' 해당 특정 정보는 개인정보가 될 수 있는 바, 여기에서 '다른 정보와 쉽게 결합' 즉 '결합의 용이성'의 해석이 문제된다. 그 해석에 있어서 1) 추가정보의 입수용이성이

184쪽, 185쪽.

고려되는지 2) 판단 기준이 누구인지에 대한 논의가 있다.[141]

가. 추가 정보의 입수용이성

현행 개인정보보호법 제2조 제1호 나목에서는 '다른 정보와 쉽게 결합하여 알아볼 수 있는 정보'를 개인정보에 포함하면서, 이 때 '쉽게 결합할 수 있는지 여부'에 대하여 '다른 정보의 입수 가능성 등 개인을 알아보는데 소요되는 시간, 비용, 기술 등을 합리적으로 고려하여야 한다'고 동 조항에서 명시하고 있다. 추가정보의 적용에 있어서 적어도 입수용이성이 고려대상이라는 점은 법문상 명확해졌다. 개인정보보호위원회의 '가명정보 처리 가이드라인'에 기재된 해석도 맥을 같이 한다.[142] 가이드라인에 따르면, '개인정보'에 대한 판단기준은 개인정보처리자가 '보유한 정보 또는 접근 가능한 권한' 등 상황에 따라 달리 판단하여야 한다고 하고 있다. 따라서 개인정보처리자 입장에서 적어도 '보유하게 될' 가능성이 있는 경우로 한정하여 해석된다.

나. 식별가능성 판단 기준

1) 이론적 논의

정보처리자를 기준으로 결합의 용이성을 판단할 것인지 아니면 제3자를 기준으로 결합의 용이성을 판단하여야 하는지에 대한 논의를 더 자세히 살펴보고자 한다. 이는 개인정보의 식별 가능성에 대한 판단에 영향을 주며, 나아가 보건의료데이터의 보호 범주인 개인정보 여부의 판단에 영향을 미친다.

정보처리자를 기준으로 결합의 용이성을 판단하여야 한다고 보는 입

---

141) 박유영, 앞의 글, 63쪽 내지 68쪽.
142) 개인정보보호위원회, 가명정보 처리 가이드라인, 2020, 7쪽.

장은, 제3자를 기준으로 할 경우 개인정보 보호의 범위가 지나치게 확대되어 개인정보 이용의 활성화를 가로막는다는 우려에서 기인한다. 반면에 제3자의 입장에서 결합의 용이성을 판단하여야 한다는 입장은, 개인정보처리자가 누구인지에 따라 개인정보 여부에 대한 판단이 달라지는 것은 객관적 지표가 되기 어려워 모순이라고 주장한다.[143] 정보처리자를 판단 주체로 할 경우 정보처리자의 의도나 처리능력에 따라 결합의 용이성이 달라져 객관적 지표가 되기 어려우므로 제3자를 판단주체로 하되, 일반적이고 합리적인 기대가능성을 가진 제3자의 설정과 명확한 객관적 지표 확립이 필수적이라는 주장이다.[144]

그러나 자칫 제한 없는 제3자를 기준으로 판단하게 되면, 어딘가에 있을지 모르는 추가정보의 존재와 일일이 파악하기 어려운 제3자에 관한 여러 변수들을 판단기준에 내포함으로써 개인정보에 대한 범위를 너무 넓힐 수 있어 정보의 활용을 가로막는다. 이는 가명정보의 개념을 법개정을 통해 명시적으로 도입하는 등 개인정보 활용을 강조하고 있는 현 정책 방향과 맞지 않는다. 어떤 기준이 합리적인지 검토하기 위하여, 이론적 논의를 먼저 살펴보고자 한다. 유럽에서는 개인정보의 식별성 판단 기준과 관련하여 오랫동안 객관설·절대설(absolute/objective approach, objective criterion)과 상대설·주관설(relative/subjective approach, relative criterion)이 대립되어 왔다. 편의상 전자를 절대설, 후자를 상대설로 후술한다.

절대설은 개인정보처리자가 제3자로부터 추가정보를 입수할 수 있는 법적 수단이나 실질적 수단이 없어도 추가정보가 있다는 가정하에 객관적으로 식별이 가능하면 누구에게나 항상 개인정보여야 한다는 주장이다. 이러한 맥락에서 보면 추가정보를 입수할 가능성이 희박한 자의 경우에도 식별가능성이 있다고 보아 개인정보로 인정된다.[145] 개인정보

---

143) 박유영, 앞의 글, 67쪽.
144) 박유영, 위의 글, 67쪽.
145) 이창범, Breyer 판결의 의미와 개인정보 식별성 판단 기준, 2020, 9쪽 / 원문 :
     Martin Munz/Tim Hickman/Matthias Goetz, Court confirms that IP addresses are

여부에 대한 판단이 용이하고 예측 가능성과 법적 안정성이 크지만, 반면에 사례별로 유연하고 합리적인 판단이 어려워 개인정보의 범위를 지나치게 넓게 해석해버릴 위험이 있다는 점에서 정보의 활용 가능성을 제한하는 단점이 있다.

반면 상대설은 동일한 정보라도 그 정보를 보유하고 있는 사람에 따라 개인정보가 될 수도 있고 안 될 수도 있다는 입장이다. 개인정보처리자가 추가정보를 입수할 수 있는 법적 수단 또는 실질적 수단(legal or practical means)을 가지고 있다면 개인정보로 본다.[146] 이에 따르면 유연한 해석이 가능하지만 제3자로부터 식별 가능한 추가정보를 입수할 수 있는 법적 수단 또는 실질적 수단이 있는지 여부를 사례별로 일일이 살펴 판단해야 하고, 같은 사안에 대하여 정보처리자가 누구인지에 따라 식별가능성이 달라져 개인정보 여부가 달라진다는 점에서 법적 안정성이 떨어질 수 있다. 경우에 따라 개인정보로 보아야 할지, 아닌 것으로 보아야 할지 분명하지 않은 경우도 발생한다. 법적으로는 수집이 금지되어 있는 행위이지만 일반적으로 개인정보처리자가 이를 위반하여 정보를 수집하기 쉬운 경우 이러한 문제가 있을 수 있다. 예를 들어, 거짓이나 그 밖의 부정한 수단이나 방법으로 개인정보를 취득하거나 처리에 관한 동의를 받은 경우, 제3자가 추가정보를 제공할 수 있는 적법한 근거가 없거나 정보주체의 동의를 받지 아니하고 정보를 제공한 사정을 알면서 정보를 제공받은 경우 등 위법하지만 추가정보를 입수할 수 있는 경우 실질적인 수단이 존재한다고 보아야 할지 여부가 분명하지 않다.[147]

---

personal data in some cases, WHITE & CASE, 31 OCT 2016; Fabian Niemann/Lennart Schuβler, CJEU decision on dynamic IP addresses touches fundamental DP law questions, Bird & Bird, 10. 2016 ; Monika Kuschewsky, European Union court rules that IP addresses are personal data, Privacy Law & Business International Report, Dec 2016, p.10.

146) 이창범, 위의 글, 11쪽 / 원문 : Martin Munz/Tim Hickman/Matthias Goetz, 앞의 글, 2016; Fabian Niemann/Lennart Schuβler, 앞의 글, 2016.

147) 이창범, 위의 글, 12쪽.

2) 비교법적 검토

비교법적으로 살펴보기 위하여 해외의 현황을 살펴보고자 한다. EU 제29조 작업반은 '식별 가능' 요건에 관하여, '한 그룹의 사람 중에서 나머지 다른 구성원들과 구별(distinguished)되거나 구별될 수 있으면 (possible) 식별가능(identifiable)하다'고 서술하고 있다.[148] GDPR Recital 제26조를 보면 특별히 식별가능성(identifiable)에 대하여 "개인이 식별가능한지 여부는 모든 사용가능한 합리적인 요인들 (all the means likely reasoinably to be used), 그것이 컨트롤러에 의해 사용되든, 해당 개인을 식별하고자 하는 어느 누구에 의해 사용되든 고려되어야 한다."고 하고 있다.[149)150)] 다만 유럽연합법원(Court of Justice of the European Union, CJEU)

---

148) 제29조 작업반, Opinion 4/2007 on the concept personal data, 2007, p.12.
  "In general terms, a natural person can be considered as "identified" when, within a group of persons, he or she is "distinguished" from all other members of the group. Accordingly, the natural person is "identifiable" when, although the person has not been identified yet, it is possible to do it."

149) 해당 개인을 식별할 단일성(single out)에 대한 약간의 가정적인 가능성으로는 "식별 가능"하다고 취급되기 충분하지 않다고 본다. 만일, 그러한 가능성이 존재하지 않거나 무시할 정도의 가능성이라면, 식별가능하지 않은 것으로 취급되어야 할 것이고 따라서 개인정보에 해당하지 않는다고 서술하고 있다(제29조 작업반, Opinion 4/2007 on the concept personal data, 2007, p.15 "Recital 26 of the Directive pays particular attention to the term "identifiable" when it reads that "whereas to determine whether a person is identifiable account should be taken of all the means likely reasonably to be used either by the controller or by any other person to identify the said person." This means that a mere hypothetical possibility to single out the individual is not enough to consider the person as "identifiable". If, taking into account "all the means likely reasonably to be used by the controller or any other person", that possibility does not exist or is negligible, the person should not be considered as "identifiable", and the information would not be considered as "personal data").
  합리적으로 고려되어야 할 요인으로는 컨트롤러가 예상하는 이득, 개인정보와 관련하여 고려되는 발생 이익, 조직체의 장애발생(예컨대 정보유출과 같은 상황)의 가능성, 식별방지 장치의 유무 등을 고려해야 한다고 하고 있다.

은 Breyer 판결[151]에서 정보를 처리하는 자를 기준으로 판단하는 태도를 보이고 있다.

영국은 과거 개인정보보호법(Data Protection Act 1998, 'DPA')에서 제1조 제1항으로서, '다른 정보' 즉 추가정보에 해당하는 것은 컨트롤러 자신이 점유하고 있거나 그의 점유에 들어올 가능성이 있는 것이어야 한다고 명시적으로 규정하고 있었다.[152] DPA 2018에서는 해당 규정이 개정되어, 식별가능성을 판단하는데 있어 관련 추가정보의 입수를 정보처리자 기준으로만 판단하는지 여부가 규율되어 있지 않다. 판례의 태도를 보면, 데이터 컨트롤러가 개인을 식별할 수 있는 가능성을 보유하고 있는 경우라도, 완전히 익명화된 형식으로 데이터를 제공하여 이를 제공받은 자가 식별할 수 없다면 데이터 처리가 정당화 된다고 판단하고 있다. 컨트롤러에게 개인정보인 정보를 개인을 식별할 수 없도록 가공하여 제3자에게 전달하는 경우, 정보 수령자가 개인을 식별할 수 없다는 점이 충분히 확실하기만 하면 개인정보 제3자 제공에 해당하지 않는 것으로 취급한다.[153] 기본적으로 데이터처리자 기준으로 판단하고 있음을 알 수 있다.

일본은 개인정보의 '식별' 개념 관련하여, 일의성(개인과 부호가 1대1의 관계로 대응되는 것), 불변성(부호의 변경이 빈번하게 일어나지 않는 것), 본인도달성(부호에 기초해서 직접 개인에게 접근하는 것이 가능할

---

150) 제29조 작업반, Opinion 4/2007 on the concept personal data, 2007, p.18.
The intended purpose, the way the processing is structured, the advantage expected by the controller, the interests at stake for the individuals, as well as the risk of organisational dysfunctions(e.g. breaches of confidentiality duties) and technical failures should all be taken into account.

151) 재인용 : 이창범, 앞의 글, 3쪽 / 원문 :Court of Justice of the European Union, Patrick Breyer v Bundesrepublik Deutschland, Judgment in Case C-582/14, Luxembourg, 19 October 2016 (이하 'Breyer 판결').

152) 채성희, 앞의 글, 105쪽.

153) 채성희, 위의 글, 105쪽.

것)이라는 기준을 제시한다.[154] '식별 가능성'에 대해서는 개정 개인정보
보호법에서 제2조 제1항으로서 개인정보에 관하여 정의하면서,[155] '다른
정보와 용이하게 조합하는 것이 가능하여 그에 의하여 특정의 개인을
식별할 수 있게 되는 것'을 포함하고 있는 점에서, 마찬가지로 용이 조합
성 여부의 판단이 중요하다. 개인정보처리자를 중심으로, 그가 통상적·
일반적으로 수행하는 업무의 내용 및 방식에 비추어 용이하게 결합할
수 있는지를 검토하여 상대적·개별적으로 판단한다.[156] 다만 최근 개인
정보보호법 개정시 '개인관련정보(제공하는 자에게는 개인데이터에 해
당하지 않아도 제공받는 자에게는 개인데이터가 될 수 있는 정보)'라는
개념[157]을 신설하여, 이를 수집시 수집자에게 정보주체의 동의 획득 의
무를 규정하였다.[158]

대만의 경우는 법률조문에 수집자 입장에서 식별가능성이 없으면 된
다고 정함으로서 명확한 기준을 제시하고 있다.

제6조 제1항
병력, 의료, 유전자, 성생활, 건강검사와 범죄전과에 관련된 개인정보는 수
집, 처리하거나 이용할 수 없다. 다만 다음 각 호[159]의 어느 사정이 있는 경우

---

154) 채성희, 위의 글, 112쪽.
155) 일본 개인정보보호법 제2조 제1항 "개인정보란 생존하는 개인에 관한 정보로
   서, 개인식별부호를 제외하고 당해 정보에 포함된 성명, 생년월일 기타의 기
   술 등에 의하여 특정의 개인을 식별할 수 있는 것(다른 정보와 용이하게 조합
   하는 것이 가능하여, 그에 의하여 특정의 개인을 식별할 수 있게 되는 것을
   포함한다)과 개인식별부호가 포함되어 있는 것" - 채성희, 위의 글, 106쪽.
156) 채성희, 위의 글, 116쪽.
157) 이름 등과 연계되지 않은 인터넷 열람·검색 이력, 위치정보, 쿠키정보 등(이
   른바 행태정보, 기기정보 등)과 같이, 제공하는 자에게는 개인데이터에 해당
   하지 않아도 제공받는 자에게 개인데이터가 되는 정보가 이에 속한다 - 한국
   인터넷진흥원, '2021년 주요이슈전망', 2020 KISA REPORT Vol.11, 88쪽.
158) 한국인터넷진흥원, 위의 글, 78쪽.
159) 여기서 정하고 있는 각호의 사유는 다음과 같다.

에는 그러하지 아니하다.

- 중략 -

4. 공공기관이나 학술연구기관이 의료, 위생이나 범죄예방의 목적에 근거하여 통계나 학술연구를 위하여 필요가 있고 정보가 제공자의 처리를 거친 후 또는 수집자가 그 공개방법에 의하여 특정한 당사자를 식별할 수 없을 것

식별가능성 판단 기준에 있어 지금까지 살펴본 해외 각 기준을 정리해보자면 아래와 같다.

<표 7> 용이결합 추가정보의 판단기준

	추가정보의 용이 결합으로 인한 식별가능성 판단 기준
유럽연합	개인을 식별하고자 시도하는 어느 누구에 의해 사용되든 가능한 합리적 요인들 고려, 단 약간의 가능성만으로는 식별 가능성 부정(제29조 작업반 보고서) 정보처리자 기준으로 판단(판례)
영국	컨트롤러가 점유하고 있거나 그의 점유에 들어올 가능성이 있는 것 고려
일본	개인정보처리자를 중심으로 용이 결합가능성 검토. 다만 익명화의 경우 제3자 제공 가능
대만	법문에 수집자 기준으로 명시

유럽연합의 경우는 GDPR은 용이 결합 여부에 대하여 판단주체를 한정하지 아니하고 있는 것처럼 보이지만, 유럽연합법원에서 정보처리자 기준으로 판단을 하고 있다. 일본의 경우도 개인정보처리자의 입장에서

---

1. 법률에 명문규정이 있을 것
2. 공공기관이 법적 직무를 집행하거나 비공공기관이 법정의무를 이행하기 위하여 필요한 범위 내에서 사전이나 사후에 적당한 안전유지 조치가 있을 것
3. 당사자가 스스로 공개하거나 기타 이미 적법하게 공개된 개인정보일 것
4. 공공기관이나 학술연구기관이 의료, 위생이나 범죄예방의 목적에 근거하여 통계나 학술연구를 위하여 필요가 있고 정보가 제공자의 처리를 거친 후 또는 수집자가 그 공개방법에 의하여 특정한 당사자를 식별할 수 없을 것

- 후략

용이 결합 가능성을 판단하여 개인정보의 범위가 무한하게 넓어질 가능성을 차단하고 있다.

어떠한 기준이 바람직한지에 대해서는 각 개인정보 처리 환경과, 보호와 활용의 필요성 중 어느 점에 중점을 둘 것인지의 상황에 따라 다를 것이다. 계속하여 국내의 현황을 살펴 적절한 기준을 확인하고자 한다.

3) 국내 가이드라인과 판례

추가정보의 보유주체가 동일하여야 하는지 관련하여, 보유자 자신이 보유하거나 혹은 보유하게 될 가능성이 있거나 공지된 개인식별정보를 결합해서 개인을 식별할 수 있을 경우 개인정보에 해당한다는 견해와, 추가적인 정보를 반드시 동일인이 보유할 필요는 없다는 견해가 있다. 후자의 견해는, 개인정보보호법에서는 식별가능성 판단시 기준이 되는 주체를 한정하고 있지 아니하였기 때문에 정보처리자가 아닌 일반인을 기준으로 식별가능성을 판단하는 것이 법문의 태도에 부합한다고 설명한다.160)

과거 국내 판결 또한 후자의 견해를 취하고 있는 듯하였다.161) 스마트폰 증권 관련 앱 '증권통'의 로그인 절차를 간편하게 하기 위해 스마트폰 이용자의 동의 없이 'IMEI'(국제단말기인증번호)와 'USIM'(범용가입자식별모듈) 일련번호의 조합 정보, 또는 IMEI와 개인 이동전화번호의 조합 정보를 수집한 사건이 있었다.162) IMEI, USIM 일련번호를 다른 정보와

---

160) 김해원, 개인정보에 대한 헌법적 검토, 2019, 80쪽.
161) ID, PW 사례 (대전지방법원 논산지원 2013. 8. 9. 선고 2013고단17 판결)
    국내 법원은 ID와 PW가 개인정보인지 여부에 관하여 '행위자가 누구인지 명확하게 확인하기 어려운 가상공간에서 그 행위자의 인격이 표상된다'는 대법원 판례(대법원 2005. 11. 25. 선고 2005도870 판결)를 근거로 개인정보임을 인정하기도 하였다 - 이대희, 앞의 글, 179쪽 - 근거가 된 대법원 판례에서는 가상공간에서의 ID와 PW는 그 행위자의 인격을 표상하는 식별부호라고 보았다. 개인정보의 범위가 상당히 넓게 해석되는 경향을 보인다.
162) 서울중앙지방법원 2011. 2. 23. 선고 2010고단5343 판결.

쉽게 결합하여 개인을 식별할 수 있는 개인정보로 인정하였다. 해당 판결은 '쉽게 결합하여 알아볼 수 있다는 것은 쉽게 다른 정보를 구한다는 의미이기 보다는 구하기 쉬운지 어려운지와는 상관없이 해당 정보와 다른 정보가 특별한 어려움 없이 쉽게 결합하여 특정 개인을 알아볼 수 있게 되는 것을 말한다 할 것'이라고 하여 추가 정보를 구하기 쉬운지 어려운지와는 상관없고 동일인이 보유하고 있지 않은 다른 정보라도 포함하는 경향을 보였다.

이러한 과거 국내 판례의 태도는 유럽에서 논의되는 '식별성'에 대한 논의 중 '절대설'의 시각과 가깝다. 이러한 의견이 타당한가에 대해서는 견해가 엇갈리는데, 개인정보의 범위에 대하여 개인정보보호법 제2조 제1호 괄호 부분의 '쉽게 결합하여 알아볼 수 있다'는 문언의 의미를 지나치게 확장한 측면이 있다.163) 법적으로나 사실적으로 접근이 거의 불가능한 정보임에도, (구하기 쉬운지 어려운지와는 상관없이) 결합시 특정 개인을 알아볼 수 있게 되는지를 통해 개인정보로 판단하는 것은 논리적으로도 타당하지 않을 뿐만 아니라 지나치게 개인정보의 범위를 넓혀 정보의 활용을 가로막는 점이 있다. 어디엔가 보관되어 있을지 모를 개인정보와의 결합가능성 때문에 언제나 개인정보 침해의 위법자가 될 수 있다는 부담을 안고서야 정보의 활용과 제3자 제공이 가능하다면 데이터 활용을 활성화하기 매우 어려울 것이다.164) 과거 국내 법조문의 해석이나 판례의 경향은 개인정보의 보호를 보다 중요시하여 절대설에 가까운 판단을 하여 왔던 것으로 보인다. 개인정보의 활용 활성화가 시급한 과제인 현재 시대의 흐름상 바람직하다고 보기엔 어렵다.

비교적 최근 판례인 혈액 검체 사건165)을 살펴보면, 병원이 진단검사

---

163) 이인호, 개인정보 보호법 상의 개인정보 개념에 대한 해석론 - 익명화한 처방전 정보를 중심으로, 정보법학 19(1), 2015, 65쪽.
164) 구태언, 개인정보 정의조항, 동의제도 및 형사처벌의 합리화에 관한 연구, 2013, 98쪽.
165) 수원지방법원 2018. 4. 12. 선고 2017노7275 판결.

를 위해 환자의 혈액 검체를 수집한 후 실수로 검체번호, 채혈시간, 검사
항목, 검사결과, 바코드가 적힌 라벨지를 붙인 상태로 진단키트 개발업
체에 넘긴 사실에 대하여, 법원은 '어느 정보가 다른 정보와 쉽게 결합하
여 개인을 알아볼 수 있는 것인지 여부는 단순히 정보제공자를 기준으
로 판단할 것이 아니라 해당 정보가 담고 있는 내용, 정보를 주고받는
사람들의 관계, 정보를 받는 사람의 이용목적 및 방법, 그 정보와 다른
정보를 결합하기 위해 필요한 노력과 비용의 정도, 정보의 결합을 통해
상대방이 얻는 이익의 내용 등을 합리적으로 고려하여 결정하여야 한다'
고 설시하였다.

해당 사건에서 혈액 검체 용기 표면의 검체번호 등을 통해 환자의 구
체적인 인적사항 등을 확인하기 위해서는 병원의 전자의무기록 시스템
과 프로그램을 이용하여야 하는데 진단키트 업체가 병원으로부터 이를
입수할 가능성이 없다고 보아 개인정보보호법 위반이 아니라고 판시한
것이다.

또 다른 최근 판시를 보면 수사기관이 피고인의 수첩에 기재된 이메
일 아이디와 비밀번호를 이용하여 해당 이메일에 접속하여 메일발신 내
역 등을 파악한 사건이 있다. 형사 피고인은 수사기관의 위 행위가 타인
의 개인정보를 위법하게 수집·사용한 것이라고 주장하였다.[166] 법원은
'다른 정보와 쉽게 결합하여 알아볼 수 있다'는 것의 의미에 대하여, '개
인정보처리자 또는 임의의 다른 사람 등이 이미 보유하고 있거나 쉽게
얻을 수 있는 다른 정보를 바탕으로 해당 정보와 다른 정보를 특별한 어
려움 없이 결합하여 특정 개인을 알아볼 수 있게 되는 것을 말하는 것으
로서, 다른 정보의 취득 및 해당 정보와의 결합을 통한 특정 개인의 식
별이 모두 쉽게 이루어져야 하는 것을 의미한다'고 하였다. 또한 다른
정보와 쉽게 결합하여 특정 개인을 알아볼 수 있는 정보인지를 판단하

---

166) 서울고등법원 2017. 6. 13. 선고 2017노23 판결, 대법원 2017. 11. 29. 선고 2017
　　도9747 판결.

기 위해서는 개인정보처리자 또는 임의의 다른 사람 등이 합리적으로
사용할 가능성이 있는 모든 수단을 고려하여야 하고, 만약 특정 개인을
알아보기 위하여 불합리할 정도의 시간, 노력, 비용 등이 투입되어야 한
다면 해당 정보는 다른 정보와 쉽게 결합하여 특정 개인을 알아볼 수 있
는 개인정보에 해당한다고 볼 수 없다고 판시하였다.

위에서 살펴본 2011년 IMEI 사건에서는 해당 '다른 정보'를 구하기 용
이한지와 별개로 일단 '결합'이 용이하고 결합으로 인하여 개인이 특정
가능하면 개인정보로 인정하였다. 반면에 최근 판례에서는 해당 '다른
정보'의 입수가 쉬운지 여부를 개인정보처리자와 정보를 주고받는 맥락
과 환경을 종합적으로 고려하는 차이점을 보인다.

또한 가이드라인에서는 입수용이성 판단기준이 되는 주체를 '개인정보
처리자'의 관점에서 판단하는 것으로 설명하고 있다. 가이드라인 제17면
에서 식별가능정보에 대하여 '개인을 알아볼 수 있는지는 해당 정보를 처
리하는 자를 기준으로 판단하여야 한다'고 서술하고 있어 개인정보처리자
를 기준으로 식별가능성을 판단하도록 권고하고 있다. 여기에 더해, 가이
드라인 제9면에서는 가명처리에 대하여, '가명처리자가 보유한 다른 정보
등을 통해' 식별 가능한 경우 가명처리가 잘못된 것이라고 정하고 있는 것
이다. 절대설과 같이 임의의 누군가를 기준으로 판단하는 것은 가정의 사
실을 기반으로 하여 객관적인 판단이 어려운데, 개인정보 보호의 범위
를 지나치게 확장하여 데이터 활용을 상당히 저해할 수 있다. 이러한 점
에서 위에 살펴본 해외 현황의 흐름이나 최근 판례와 가이드라인의 해석
과 같이, 개인정보처리자의 입장으로 제한하여 해석하되 데이터 처리 환
경을 종합적으로 고려하여 판단하는 것이 합리적이라고 생각된다.

Ⅱ. 보건의료데이터의 활용과 보호의 균형

위와 같이 보건의료데이터의 보호 범위로서, 개인정보의 범주에 대하여 살펴보았다. 다음으로 '보호'의 의미에 대하여 법리적 관점에서 정리해볼 필요가 있다. 데이터의 활용을 촉진하면서 보호의 균형을 도모하여 '안전한 데이터 활용'을 이루는 데에 본 연구의 궁극적 목표가 있는 만큼, 글 전개에 있어 중요한 전제적 기준인 개인정보 '보호'의 개념과 의미에 대하여 정립하고자 한다.

1. 보호법익의 관점에서 개인정보보호

보호법익적 측면에서, 개인정보보호는 프라이버시권 및 개인정보자기결정권의 보호를 포함한다.[167] 프라이버시권은 내밀한 영역의 정보에 대한 인격적인 권리의 의미가 내포되어 있다면, 개인정보자기결정권은 정보주체가 보다 적극적으로 자신의 정보에 대해 활용, 제공, 개방 등을 결정할 수 있는 권리로서 재산적 가치의 의미를 내포하고 있다.

가. 프라이버시 보호의 관점에서 개인정보의 보호

프라이버시(Privacy)란 미국 연방대법원장 워런(Sammuel D. Warren)과 연방 대법관 브랜다이스(Louis D. Brandeis)의 1890년 'The Right to Privacy(프라이버시권)' 라는 논문에서 처음 등장한 개념이다.[168] 해당 논문에서는 프라이버시권에 대해서, '타인의 방해를 받지 않고 개인의 사적인 영역을 유지하고자 하는 이익 또는 권리'라고 설명하였다.[169] 본래 19세기

---

167) 김민호, 개인정보의 의미, 성균관법학(28-2) 2016, 2쪽.
168) 재인용 : 김민호, 위의 글, 13쪽 / 원문 : Warren and Vrandeis, "The Right to Privacy", Havard Law Review, Vol. IV No. 5, December 15, 1890.
169) 브랜다이스는 빅데이터에 대하여, "소비자에게 코닥 카메라가 널리 보급된

말 미국에서 언론을 통한 사생활 노출에 대항하는 사법상의 권리로 일명 '혼자 있을 권리(right to be alone)'로부터 시작되었으며, 개인의 사생활 보호를 목적으로 1974년 프라이버시보호법(Federal Privacy Act)이 제정되었다.[170] 미연방대법원은 프라이버시권이 두 가지 내용의 보호법익을 가지고 있는 것으로 해석한다. 하나는 "사적인 사항이 공개되는 것을 원치 않는 이익(interest in avoiding disclosure of personal matters)"이며, 다른 하나는 "자신의 중요한 문제에 대하여 자율적이고 독자적으로 결정을 내리고자 하는 이익(interest in independence in making certain kinds of importatn decisions)"이다.[171] 이에 따르면 프라이버시권에 개인정보자기결정권이 포함되는 것으로 보인다. 프라이버시권 중 적극적인 권리가 '개인정보 자기결정권'이라고 보는 견해도 있고, 프라이버시권이 '개인정보 자기결정권'으로 발전했다고 해석하는 견해도 있다.[172]

이러한 프라이버시권에 대응되는 국내 헌법상 권리는 헌법 제17조 사생활의 비밀과 자유가 있다. 헌법상의 사생활의 비밀과 자유는 사생활의 평온을 침해받지 아니하고 함부로 비밀을 공개당하지 아니할 권리라고 보는 견해(협의설)가 있고, 사생활을 함부로 공개당하지 아니하고 사생활의 평온과 비밀을 요구할 수 있는 법적보장(소극적)과 개인정보관리통제권 또는 개인정보자기결정권(적극적)을 포함하는 것으로 보는 견해(광의설)가 있으며, 사생활의 비밀과 자유뿐만 아니라 주거의 불가침, 통신의 불가침 등도 포괄하는 개념으로 파악하는 견해(최광의설)도 있다.[173] 국내 헌법학계에서는 헌법 제17조의 '모든 국민은 사생활의 비밀

것과 같은 최근의 발명품 및 비즈니스 방법"이라고 하면서, 이러한 변화로 인해 "손자 있게 내버려둬질 권리"가 필요하게 되었다고 우려하였다. - Joseph Jerome, BIG DATA:CATALYST FOR A PRIVACY CONVERSATION, 48 Ind. L. Rev. 213, 2014, p.1.

170) 조수영, 개인정보보호법에서의 정보주체의 동의와 기본권 보장에 관한 연구, 한국법학회 법학연구18권, 2018, 339쪽.

171) 재인용 : 김민호, 앞의 글, 14쪽 / 원문 : Whalen v. Roe, 429 U.S.589, 1977, pp.599-600.

172) 오병일, 개인정보를 활용한 빅데이터 활성화 정책의 문제점, 2017, 24쪽.

과 자유를 침해받지 아니한다.'의 규정을 전단과 후단으로 나누어, 전단의 "비밀 침해배제"는 프라이버시권의 근거가 되고, 후단의 "자유 침해배제"는 개인정보자기결정권의 헌법적 근거가 된다고 설명하기도 한다.174) 한편으로는 프라이버시권을 제1세대 프라이버시권으로, 개인정보자기결정권을 제2세대 프라이버시권이라고 나누는 견해도 있다. 전자는 사적 정보 내지 비밀정보만을 보호대상으로 하여 누설행위를 금지하는 것이 되 후자는 신원을 확인할 수 있는 개인에 관한 일체의 정보를 보호의 대상으로 하여 그것의 정당한 처리를 허용하되 오용 및 남용을 막기 위해 공정한 처리를 요구하는 것으로 구분한다.175)

어떠한 형태라 하더라도 보호하고자 하는 대상이 무엇인지는 뚜렷해 보인다. 개인의 내밀한 정보에 대하여 유출·침해받지 않도록 하는 것이다. 실무적인 측면에서 본다면 개인정보자기결정권은 이러한 내밀한 정보를 지키기 위한 수단이나 조치 중 하나로서, 즉 프라이버시권의 행사 형태 중 하나로서 해석될 수 있다.

이에 대해 헌법재판소는 '인간의 존엄과 가치, 행복추구권을 규정한 헌법 제10조 제1문에서 도출되는 일반적 인격권 및 헌법 제17조의 사생활의 비밀과 자유에 의하여 보장되는 개인정보자기결정권은 자신에 관한 정보가 언제 누구에게 어느 범위까지 알려지고 또 이용되도록 할 것인지를 그 정보주체가 스스로 결정할 수 있는 권리이다. 즉 정보주체가 개인정보의 공개와 이용에 관하여 스스로 결정할 권리를 말한다'고 하여 독자적 기본권으로서 개인정보자기결정권을 인정한 바 있다.176)177)

한편으로는 '개인정보'에서 '개인'의 의미를 어떻게 해석하느냐에 따

---

173) 재인용 : 조수영, 앞의 글, 330쪽 / 원문 : 권영성, 헌법학원론, 법문사, 2009, 448쪽 내지 449쪽.
174) 재인용 : 김민호, 앞의 글, 14쪽 / 원문 : 강경근, "프라이버시 보호와 진료정보", 헌법학연구 제10권 제2호, 2004, 187쪽.
175) 이인호, 변호사의 직업적 개인정보에 대한 이용과 보호의 법리, 2012, 68쪽.
176) 헌법재판소 2005. 5. 26. 선고 99헌마513 판결.
177) 조수영, 앞의 글, 330쪽.

라서 개인정보보호의 의미가 두 가지 관점으로 분류될 수 있다고 볼 수
도 있다.[178] 먼저 '개인'에 대한 해석을 '개인적' 정보로 이해하는 것과
'개인에 관한' 정보로 이해하는 것이다. 앞서 '개인정보의 정의'에서 살펴
보았던 '관련성'에 관한 견해 중 '관련한(related)'의 의미 또는 '관한
(about)'의 의미로 해석하는 견해와 각 연결된다. 앞서 설명한 바 있듯이
이도 결국 프라이버시권과 개인정보 자기결정권과 이어지는 개념인데,
'개인적' 정보로 이해하려는 관점에서는, 다시 말하자면 사적인 정보 혹
은 사적인 영역에 한하여 개인정보에 해당할 수 있을 것이고 이에 대한
보호는 위에 살펴본 프라이버시권 중 '사적인 영역에 대한 소극적 보호'
에 가깝다. 다음으로 '개인'에 대한 해석을 '개인에 관한' 정보로 파악하
는 관점에서는 개인정보를 '개인 관련 정보'로 파악하고, 이는 개인의 인
격적 주체성의 관점에서 바라보아 이에 대한 보호를 '정보에 대한 개인
의 통제권'에 보다 가깝게 파악하게 된다.

　이러한 관점에 대해 언급된 사례로는 국회의원A가 국정감사 자료를
수집하는 과정에서 취득한 초·중등학교 교원의 노동조합 가입 현황(교
원의 이름과 소속 학교 나열)을 자신의 인터넷 홈페이지를 통하여 공개
한 사안이 있다.[179] 법원은 헌법 제10조 제1문에서 도출되는 일반적 인
격권 및 헌법 제17조의 사생활의 비밀과 자유에 의하여 보장되는 개인정
보자기결정권의 보호대상이 되는 개인정보는 반드시 개인의 내밀한 영
역에 속하는 정보에 국한되지 아니하고 공적 생활에서 형성되었거나 이
미 공개된 개인정보까지 포함한다고 하였다. 이 사례에서 법원은 '개인
정보'를 개인에 '관한' 정보에 가까운 것으로 보아, 개인의 사적인 영역
에 대한 보호의 관점보다는 개인정보 자기결정권과 정보가 개방되었을
때의 이익을 형량하여 위법성을 따져 판단하였다. 개인정보에 관한 인격
권 보호에 의하여 얻을 수 있는 이익과 표현행위에 의하여 얻을 수 있는

---

178) 권건보, '개인정보자기결정권의 보호범위에 대한 분석', 공법학연구18(3), 2017,
　　204쪽.
179) 대법원 2014. 7. 24. 선고 2012다49933 판결.

이익을 비교 형량하여 위법성 여부를 판단하여야 한다고 설시한 것이다.

결과적으로 프라이버시권이 '사적인 영역을 유지하고자' 하는 권리라는 점에서부터 생각해본다면, 개인정보자기결정권은 이 프라이버시권을 유지하기 위하여 동원할 수 있는 적극적 수단 중 하나로 볼 수 있다. 이러한 시각에서 본다면 프라이버시권과 개인정보 자기결정권은 분리된 개념이기보다는 포함 혹은 중첩의 관계로 보인다. 계속해서 개인정보 자기결정권에 대한 논의를 살펴보고 본 연구에서 전제하고 자 하는 보건의료데이터 보호의 의미를 정립하고자 한다.

나. 개인정보 자기결정권의 관점에서 개인정보의 보호

우리나라의 개인정보 자기결정권 개념은 독일의 '정보 자기결정권 (informationelle Selbstbestimmung)'에서 비롯되었다.[180] 독일 기본법[181] 제2조 제1항에서 규정한 인격의 일반적 발현권(Recht auf die freie Entfaltung seiner Persönlichkeit)에 근거를 둔 일반적 인격권으로부터 도출 된다.[182] 독일 정보자기결정권의 핵심 내용은 개인정보에 관한 자기결정권이고, 자기 개인정보의 공개와 사용에 관하여 스스로 결정할 권리이다.[183] 정보의 종류에 상관없이 그것의 유용성(Nutzbarkeit)과 사용가능성(Verwendungsmöglichkeit)이 있을 수 있기 때문에 개인정보에 관한 한, 모든 형태의 수집, 저장, 사용 등이 정보자기결정권의 침해행위가 될 수 있다고 포

---

180) 권영준, 개인정보 자기결정권과 동의제도에 관한 고찰, 법학논총 제36권, 677쪽.
181) 독일은 1970년 헤센(Hessen)주에서 세계 최초로 개인정보보호법을 제정한 이래 각 주에서 개인정보보호법을 제정하여 실시하였고, 1977년에 연방차원의 개인정보보호법(Bundesdatenschutzgesetz, 약칭 'BDSG')이 제정되었다. 공공단체와 민간부문의 정보보호에 관한 기본법이다. - 채성희, 앞의 글, 50쪽.
182) 권영준, 앞의 글, 677쪽.
183) 채성희, 앞의 글, 51쪽 / 원문 : BVerfGE 65,1 (LS Nr.1), (43); Hoeren/Sieber/Holznagel, Multimedia-Recht, C.H.Beck, 2015, Rn. 22; Maunz/Durig, Grundgesetz-Kommentar, C.H.Beck, 2015, p.174.

괄적으로 보고 있는 것이 독일의 정보자기결정권이다.[184] 그러나 포괄
적인 자기결정권을 부여함으로써 개인정보보호가 마치 절대적 신성불가
침의 영역처럼 여겨지는 것은 바람직하지 않다. 이에 관한 국내외 논의
를 살펴본다.

오늘날 우리나라의 개인정보자기결정권은 헌법 제10조와 제17조의
인격권과 사생활의 비밀과 자유에 근거한 권리로서, 개인정보보호법에
따르면 국민의 사생활의 비밀을 보호하며 개인정보에 대한 권리와 이익
을 보장하는 권리[185]로 해석된다. 헌법재판소는 주민등록법 제17조의8
등 위헌확인 사건[186]에서 개인정보 자기결정권을 헌법에 명시되지 않은
독자적 기본권인 것처럼 설시하기도 하였다.[187] 그러나 이후 교육행정
정보시스템과 관련한 개인정보수집 등 위헌확인 사건[188]에서 '헌법 제10
조 제1문에서 도출되는 일반적 인격권 및 헌법 제17조의 사생활의 비밀

---

184) 채성희, 위의 글, 51쪽 / 원문 : BVerfGE 65,1 (LS Nr.1), (43); Hoeren/Sieber/Holzn
agel, Multimedia-Recht, C.H.Beck, 2015, Rn. 22; Maunz/Durig, Grundgesetz-Komme
ntar, C.H.Beck, 2015, p.176.

185) 개인정보보호법 제1조 이 법은 개인정보의 수집·유출·요용·남용으로부터 사
생활의 비밀 등을 보호함으로써 국민의 권리와 이익을 증진하고, 나아가 개
인의 존엄과 가치를 구현하기 위하여 개인정보 처리에 관한 사항을 규정함을
목적으로 한다.

186) 헌법재판소 2005. 5. 26. 선고 99헌마513 결정.

187) "개인정보자기결정권의 헌법상 근거로는 헌법 제17조의 사생활의 비밀과 자
유, 헌법 제10조 제1문의 인간의 존엄과 가치 및 행복추구권에 근거를 둔 일
반적 인격권 또는 위 조문들과 동시에 우리 헌법의 자유민주적 기본질서 규
정 또는 국민주권주의와 민주주의 원리 등을 고려할 수 있으나, 개인정보자
기결정권으로 보호하려는 내용을 위 각 기본권들 및 헌법원리들 중 일부에
완전히 포섭시키는 것은 불가능하다고 할 것이므로, 그 헌법적 근거를 굳이
어느 한두 개에 국한시키는 것은 바람직하지 않은 것으로 보이고, 오히려 개
인정보자기결정권은 이들을 이념적 기초로 하는 독자적 기본권으로서 헌법
에 명시되지 아니한 기본권이라고 보아야 할 것이다".

188) 헌법재판소 2005. 7. 21. 선고 2003헌마282 결정; 헌법재판소 2014. 8. 28. 선고
2011헌마28 등 결정.

과 자유에 의하여 보장되는 권리'라고 판시하였고, 대법원 또한 국군보
안사령부가 직무범위를 벗어나 민간인들을 감시·파악한 사안[189]에서 헌
법 제10조의 행복추구권과 제17조의 사생활의 비밀과 자유 규정을 근거
로 '오늘날 고도로 정보화된 현대사회에서 자신에 대한 정보를 자율적으
로 통제할 수 있는 적극적인 권리'로 인정한 바 있다.[190]

개인정보자기결정권은 정보주체가 '언제 누구에게 어느 범위까지 알
려지고 또 이용되도록 할 것인지를' 스스로 결정할 수 있는 권리로서, 개
인정보에 관한 인격적 가치와 재산적 가치를 보호한다. 따라서 인격권적
인 성격이 있으면서도 한편으로 재산적 법익의 측면이 존재하게 된
다.[191] 이러한 점에서는 개인정보 자기결정권이 프라이버시권의 발전
형태로 보이기도 한다.

개인정보 자기결정권은 정보주체가 자신에 관한 정보의 생성과 유통,
소멸 등에 주도적으로 관여할 법적 지위를 보장하는 방식으로 보호가
된다.[192] 따라서 개인정보에 대한 정보주체의 '자율적 통제'에 초점이 맞
춰진다. 이러한 측면에서 보면 정보주체의 동의 여부가 중요한 요소가
된다. 정보의 공개 또는 활용에 대한 사전동의 또는 사후철회와 같은 데
이터 통제권을 정보주체에게 부여한다.[193]

이러한 개인정보자기결정권 또한 헌법 제37조 제2항에 근거하여, 일
반적인 다른 권리들과 마찬가지로 법률유보원칙, 명확성의 원칙, 비례원
칙에 의한 제한이 가능할 것이다. 헌법재판소는 개인정보자기결정권의
제한은 명확성의 원칙에 따라야 하며, 제한의 정도는 개인정보의 종류와
성격, 정보처리의 방식과 내용 등에 따라 달라지며, 일반적으로 볼 때 개

---

189) 대법원 1998. 7. 24. 선고 96다42789 판결.
190) 채성희, 앞의 글, 7쪽, 8쪽.
191) 고수윤, 빅데이터 기술환경에서 개인정보자기결정권 침해판단방법론, 강원법
    학 55권, 2018, 408쪽.
192) 권건보, 앞의 글, 201쪽.
193) 김은수, 앞의 글, 10쪽.

인의 인격에 밀접하게 연관된 민감한 정보일수록 규범명확성의 요청이 더 강해진다고 하고 있다.[194]

　사례를 살펴보면, 종합적인 법률정보를 제공하는 사이트인 '로앤비'에서 정보주체의 사진, 성명, 성별, 출생연도, 직업, 학력, 경력 등의 개인정보를 수집하여 '법조인' 항목에 올린 다음 유료로 제3자에게 제공하였는데, 해당 정보들은 정보주체가 다닌 대학교 법학과 홈페이지나, 교원명부, 교수요람 등에 이미 공개되어 있는 정보인 사안이 있다.[195] 대법원은 이미 공개된 개인정보에 관한 사례에 있어서 '개인정보에 관한 인격권 보호에 의하여 얻을 수 있는 이익과 정보처리 행위로 얻을 수 있는 이익'을 비교 형량하여 후자가 더 우월하다면 그러한 정보처리 행위가 위법하지 않다고 보아 개인정보자기결정권을 침해한 것으로 볼 수 없다고 판단하였다. 개인정보보호의 이익과 정보활용에 따른 이익을 비교 형량하여 판단한 것이다.

　한편으로는 개인정보의 보호에 대하여, 사적인 내밀한 영역과 인격주체성과 관련이 있는 개인정보에 대해서는 정보주체의 권리를 보장함이 타당하되, 인격주체성과 관련이 없는 개인정보는 정보주체의 동의가 없어도 자유롭게 유통되도록 하고 다만 고유식별정보에 대한 보호는 유지하는 형태로 세분화하여 보호하는 것이 바람직하다는 의견도 있다.[196] 정보의 보호 필요성과 정보의 활용필요성(알권리, 표현의 권리)을 비교 형량하며, 데이터에서 인격주체성과 관련이 있는 부분을 소거함으로써 일종의 재산권적 개념으로 접근하고자 하는 시도로 보인다. 데이터의 활용을 통해 산업분야별 발전을 도모하는 현 시대적 흐름에서 이러한 경향은 점점 심화되고 있다. 이러한 필요성에서 더욱 주목되는 개념이 개인정보에서 인격주체성을 소거하기 위한 일련의 조치, 바로 앞서 살펴본

---

194) 헌법재판소 2005. 7. 21. 2003헌마282·425 결정.

195) 대법원 2016. 8. 17. 선고 2014다235080 판결.

196) 김현경, 개인정보의 개념에 대한 논의와 법적 과제, 미국헌법연구 제25권 제2호, 2014, 146쪽.

비식별화, 익명화, 가명화 개념인 것이다. 이와 같이 개인정보보호에 있어서 보호법익의 의미에 대하여 살펴보았다.

2. 개인정보의 활용과 보호

개인정보보호법익에 관하여 고려할 때 국내 과거 판례와 같이 지나치게 넓은 개인정보의 보호나, 과거 독일의 정보자기결정권과 같이 개인정보주체의 권리를 절대 불가침의 영역처럼 여기는 것을 경계할 필요가 있다. 개인정보의 보호뿐만 아니라 활용 또한 중요한 점과, 따라서 보호와 활용이 균형을 이루어야 하는 당위성에 대해 논의해 보고자 한다.

국내외 개인정보보호법의 법체계는 개인정보의 '보호'만을 도모하고자 하는 것이 아니고 '보호'와 '이용'의 균형을 도모하고자 하는 법이라고 보는 것이 바람직하다.197) 이는 '개인정보보호'와 '사생활비밀보호'를 엄밀히 구분해야 한다는 점에서 비롯된 다. 사생활비밀보호는 공개되지 않은 개인의 사적정보의 비밀을 널리 공개하는 행위를 금지하는 것인 반면에 개인정보보호는 개인정보처리자에게는 이미 공개된, 식별되었거나 식별 가능한 개인에 관한 일체의 정보를 보호하는 것이라는 점에서 양자가 구분된다.

개인정보는 '정보주체의 것'이므로 다른 사람은 원칙적으로 정보주체의 동의 없이 수집 및 활용할 수 없다는 인식도 있지만 이는 바람직하지 않다. 실상 '정보주체의 동의'는 처리의 적법성을 인정받기 위한 여러 가지 수단 중 하나이다. 이에 따르면 개인정보보호법은 개인정보의 수집 및 처리를 전제하고, 그 과정에서의 오남용을 방지하는 취지의 법이다. 개인정보보호법에서 보호되는 '개인정보자기결정권'은 정보주체에게 그 처리에 대한 전면적인 통제권을 주고자 하는 것이 아니라는 점을 환기할 필요가 있다. 오히려 안전한 '활용'에 방점이 있다.

---

197) 이인호, 앞의 글, 64쪽.

해외의 경우를 살펴 참고해보자면, 유럽연합의 GDPR 전문 제4조에서, '개인정보처리는 인류에 기여할 수 있도록 설계되어야 한다. 개인정보보호권은 절대적 권리가 아니며, 개인정보보호권은 사회에서의 개인정보보호 기능과 관련하여 고려되어야 하며 비례의 원칙에 입각하여 다른 기본권과 균형을 이루어야 한다'고 하여 입법취지를 명시하고 있다.[198] 정보의 보호 뿐 아니라 정보의 활용을 도모하는 취지를 가지고 있음을 알 수 있다.

일본의 '개인정보의 보호에 관한 법률' 제1조도 '이 법률은 고도정보통신사회의 진전에 따라 개인정보의 이용이 현저하게 확대되고 있는 점에 비추어, 개인정보의 적정한 취급과 관련하여 기본이념 및 정부에 의한 기본방침의 작성 기타 개인정보의 보호에 관한 시책의 기본이 되는 사항을 정하고, 국가 및 지방자치 단체의 책무 등을 명확히 함과 동시에, 개인정보를 취급하는 사업자가 준수하여야 할 의무 등을 규정함으로써 개인정보의 유용성을 배려하면서도 개인의 권리이익을 보호하는 것을 목적으로 한다'고 규정하여 정보의 활용을 전제하고 있다.

독일의 '개인정보보호법' 제1조에서도 '개인정보가 저장, 전달, 수정 및 처리되는 과정에서 잘못 이용되지 않도록 함으로써 보호되어야 할 다른 개인의 권리와 이익이 침해되는 것을 막기 위한 것'이 목적임을 밝히고 있다.[199] 미국의 경우, 연방대법원이 2011년, Sorrel v. IMS Health Inc. 판결에서 개별의사의 처방을 드러내는 처방전 정보를 의사의 동의 없이 마케팅 목적으로 판매하거나 이용하는 행위를 금지하는 버몬트

---

198) GDPR 전문 (4) The processing of personal data should be designed to serve mankind. The right to the protection of personal data is not an absolute right; it must be considered in relation to its function in society and be balanced against other fundamental rights, in accordance with the principle of proportionality. 원문 및 번역문 한국인터넷진흥원 사이트 참고: 〈https://gdpr.kisa.or.kr/gdpr/static/gdprProvision.do〉 (검색일: 2021. 9. 28.).

199) 이인호, 앞의 글, 67쪽.

(Vermont)주의 법률을 위헌으로 판결한바 있어 개인정보의 활용 측면도 보호만큼 중시하는 경향을 보이고 있다.[200]

　　이와 같이 개인정보보호법은 개인정보의 '보호'와 '활용'의 적절한 균형을 도모하는 법이다. 이는 국내 개정 개인정보보호법(법률 제16930호, 2020. 2. 4. 일부개정)의 개정 이유를 통해서도 알 수 있다. 해당 개정이유에서는 '4차 산업혁명 시대를 맞아 핵심 자원인 데이터의 이용 활성화를 통한 신산업 육성이 범국가적 과제'이며 이에 '신기술을 활용한 데이터 이용이 필요한 바, 안전한 데이터 이용을 위한 사회적 규범 정립'이 시급하다고 언급하고 있다. 또한, 이에 따라 '정보주체의 동의 없이 과학적 연구, 통계작성, 공익적 기록보존 등의 목적으로 가명정보를 이용할 수 있는 근거를 마련하되, 개인정보처리자의 책임성 강화 등 개인정보를 안전하게 보호하기 위한 제도적 장치'를 마련하기 위해 개정한다고 밝히고 있다. 이를 보더라도, 개인정보보호법의 궁극적 목적은 개인정보의 무조건적인 보호를 추구하는 것이 아닌, 안전한 활용에 있다는 점을 확인할 수 있다.

　　이와 같이, 이 글에서 논의하고자 하는 보건의료데이터의 보호는, 활용의 활성화(보건의료데이터 활용의 효용성과 필요성에 대해서는 제3절에서 자세히 살피고자 한다)에 방점을 두고, 그 과정에 있어서의 개인정보 침해 방지 및 위험관리의 면에 있고, 이는 현 국내의 법제취지 및 시대적 요청 사항이기도 함을 전제로, 논의를 계속하고자 한다.

---

200) 재인용 : 이인호, 앞의 글, 67쪽 / 원문 : Sorrel v. IMS Health Inc., 131 S.Ct. 2653 (2011).

제3절 보건의료데이터의 특수성

I. 보건의료데이터의 활용에 있어서 특수성

1. 보건의료데이터의 높은 효용가치

오늘날 보건의료데이터는 매우 유용하게 쓰일 수 있다. 질병관리본부 '한국인체자원은행네트워크'에서는 17개 병원을 통해 인체자원을 확보하여 질병지표를 발굴하고 질병조기 진단에 활용하고 있다. 또한 보건의료데이터는 민간기업이 활용할 경우 사기업의 영업이익 발생 등 경제적인 이득이 발생하고, 더불어 의약산업의 발전을 가져올 수 있다. 약학정보원 사례[201]의 경우, 약학정보원은 약 47억건의 처방정보를 IMS에 넘기고 약 16억원을 대가로 지급받았으며, IMS는 이 정보를 다시 가공하여 제약업체에 판매하고 약 70억원의 수익을 올렸다.[202] 이러한 막대한 대가가 오갔다는 것은 데이터의 최종 활용자인 제약업체 입장에서 그 이상의 활용가치를 향유하였다는 방증이기도 하다.[203]

---

201) 서울중앙지방법원 2017. 9. 11. 선고 2014가합508066 및 항소심 서울고등법원 2017나 2074963 판결.
202) 김진구, 전대미문 환자정보 유출 메머드 급 후폭풍, 중앙일보 2015. 7. 28.자 기사.
203) 민간 데이터에 대해서는 국내에서도 2020년 5월 '금융분야 데이터 거래소'가 출범하는 등 데이터 유통에 대한 실무적 논의와 실행이 활발한 태동단계에 있다. 해외의 경우를 참고로 살피자면 미국과 같은 경우는 2500개가 넘는 데이터 중개상이 데이터를 유통한다. - 송문호, 데이터의 법적 성격과 공정한 데이터거래, 2020, 227쪽.
반면에 이 글에서는 공공데이터의 활용시 그로 인한 이익의 향유에 있어, 경제적으로 발생하는 수익의 분배에 한정하여 논해 보고자 한다. 그러나 이러한 수익의 분배는 공공 보건의료데이터에 대한 권리가 누구에게 귀속되는지와 연관되어 있고, 데이터 유통도 권리자와 이용자 간의 거래라는 측면에서 제약기업은 보건의료데이터를 활용하여 상당한 이익 뿐 아니라 의약업 발전을 도모할 수 있다. 예를 들면 특정 주성분의 처방경향을 살피어 효율적인 제제 연구 개발전략을 도출할 수 있다. 가령 환자가 당뇨병 치료성분인 빌다글립틴 단독제제의 처방 후 평균적으로 얼마간의 기간 후에 병용처방을 하며, 병용처방시 어떠한 주성분과 주로 병용처방 되는지를 파악할 수 있다면, 두 주성분의 복합제를 개발하여 환자로 하여금 2알 복용하던 약을 1알만 복용하도록 복용편의성을 높일 수 있다. 또한 특정 약품의 처방이 하루 한번 복용(qd), 두 번 복용(bid), 세 번 복용(tid) 중 어떤 용법으로 주로 처방되는지 살피어, 세 번 복용(tid)이 주로 많은 경우 서방화제를 개발하여 하루 한 번만 복용해도 되도록 개발할 수도 있다.

또한 임상시험 설계시 활용할 수 있는 막대한 선행자료가 될 수 있다는 점에서 임상기간과 비용을 상당히 단축시킬 수 있다.[204] 국내 신약개발 비용은 약 1조에서 3조 내외로 10년 이상의 기간이 소요되는 바, 그 중 가장 상당한 기간과 비용을 차지하는 임상과정을 효율적으로 설계 및 수행할 수 있는 것이다. 또한 신약후보물질의 발굴이나 적응증(신약의 효능) 확대를 위한 연구에 있어서도 보건의료데이터를 활용하여 연구기간을 상당히 단축시킬 수 있고, 유전적 코드에 기초한 맞춤형 약품을 개발(정밀의약)[205]하는 것이 가능해진다.

결국에는 연결되는 쟁점이 아닌가 한다.

204) HK이노엔은 국립암센터 임 빅데이터 플랫폼 사업단, 전북대학교병원 전북빅데이터센터와 함께 '암 빅데이터 플랫폼 활용 기반의 신약개발을 위한 업무협약'을 체결하고 이를 통해 임상 실시기관 선정과 대상자 모집 등 임상개발 전략수립에 활용할 계획에 있다. - 노철중 기자, '제약업계 AI 빅데이터 활용 신약개발 기간 얼마나 줄어들까' 인사이트코리아 2021. 6. 24.자 기사 〈http://www.insightkorea.co.kr/news/articleView.html?idxno=89688〉 (검색일: 2021. 9. 28.).

205) 김민지 기자, '제약업계 AI활용 신약개발 속도 비용 시간 대폭 절감', 세계비즈 2021. 10. 04.자 기사 〈http://www.segyebiz.com/newsView/20211004506955〉 (검색일: 2021. 9. 28.).

해외의 경우 미국은 필박스(Pillbox) 프로젝트가 있다. 제조사와 사용자 간 상호작용을 통해 의약품 정보를 제공하는 필박스 프로젝트는 미국 국립의학도서관의 의약품에 대한 정보를 제공받아, 다양한 사용자의 질병에 대한 통계 데이터를 활용해 질병 분포와 추세를 예측하고 유행 질병의 발생 장소 및 전염속도를 파악한다(pillbox.nlm.nih.gov).[206] 한편 미국 퇴역군인국(U.S. Department of Veterans Affairs)에서는 퇴역군인의 전자의료기록 분석을 통한 맞춤형 의료서비스를 지원하는 빅데이터 분석과 전자의무기록을 분석하여 2,200만 퇴역군인에게 의료서비스를 제공하고 있다.[207] 영국의 경우 NHS Digital을 통해 환자에게 병원에 대한 정보를 제공하여 진료 예약 일정 등을 관리할 수 있고, 의사들로 하여금 환자와 상호작용할 수 있도록 전산 서비스를 지원한다. 환자의 전자기록에 접근 가능함으로써 알레르기 등 진료와 관련된 사항을 파악할 수 있고 응급의료서비스의 지연을 감소시킨다.

일본은 2016년 개인건강 데이터 통합플랫폼(Person centered Open Platform for well-being, 이하 'PeOPLe') 구축을 계획하여 진행 중이며 2025년 완료 예정이다.[208] 보건의료데이터를 통합하여 저장하고 환자, 의료서비스 제공자가 자유롭게 접속하여 치료이력 및 건강검진데이터를 활용할 수 있도록 하겠다는 계획이다. 대만의 경우 NHI MediCloud[209]는 의

206) 박세환, 보건의료 빅데이터 활용 의료산업 동향, 2019, 10쪽.

207) 박세환, 위의 글, 10쪽.

208) 김은영, 보건의료 데이터 활용에 대한 정보 보유자 구제방안 마련 필요, 〈청년의사〉 2021. 5. 18.자 기사 〈https://www.docdocdoc.co.kr/news/articleView.html?idxno=2010719〉 (검색일: 2021. 10. 5.).

209) 진료기록을 클라우드로 공유해 중복검사를 방지하는 방법이다. 보건의료재정 절감을 위해 IT를 활용한 사례로서 알려져 있다. 최근 3개월치 의료기록, 6개월치 수술기록과 검사기록, 24개월치 치아 치료기록, 검사결과, 퇴원내용, 재활기록, 등이 업로드 되며, 정보를 제출하는 의료기관에 인센티브를 제공한다.- '클라우드로 의료정보 공유하며 재정절감하는 대만' 청년의사 2018. 11. 24.자 기사 〈https://www.docdocdoc.co.kr/news/articleView.html?idxno=1062784〉 (검색일 2021. 12. 15.)

사들이 다른 병원과 시설에서 환자의 의료기록을 신속하게 불러와 약물 재사용 및 재검사를 예방할 수 있도록 해주며, My Health Bank는 환자의 개인건강 관리에 도움을 주는 전자 의료기록 저장소이다. 국립건강보험공단(National Health Insurance Administration, 이하 'NHIA')의 거대한 의료데이터베이스는 인구 전체의 건강과 질병 동향을 추적하는 데 유용한 자원으로, 2020년 초 국민건강보험(National Health Insurance, 이하 'NHI')과 출입국 및 관세 시스템의 데이터를 통합하여 코로나19 감염증 대확산 위기에 대응한 사례가 있다. 당시 대만은 이를 통해 고위험 지역으로 이동한 사람들의 기록에 대해 식별할 수 있었다.[210]

이와 같이 보건의료데이터는 인체의 건강과 관련된 정보로서 적절한 활용시 공중보건 산업의 발전에 크게 기여될 수 있고, 제약기업과 같은 민간기업으로 하여금 효율적인 영업전략 및 개발전략을 수립할 수 있도록 해준다. 이러한 점에서 효용가치가 특히 높은 분야라 할 수 있다.

공공 보건의료데이터의 경우 민간 보건의료데이터에 비하여 공공재적 시각이 반영되고 활용에 대한 당위성을 부여받는다. 이러한 요인으로는 두 가지가 있다. 첫째로 공공 보건의료데이터는 공공기관이 수집하여 보관·처리한다는 점에서, 이미 공공기관의 통제 하에 관리된다는 점이다. 물론 정보의 식별가능성과 유출 위험이 영구적으로 전혀 없다고 확정하기 어렵기 때문에 개인정보 보호의 필요성이 있고 이러한 점에서 여전히 정보주체의 권리가 보호될 필요가 있겠지만, 상대적으로 일반 개인정보에 비하여 공공기관의 정보 공개 의무 뿐 아니라 국민의 알 권리가 인정된다. 둘째로, 공공 보건의료데이터의 활용으로서 얻어지는 효용이 정책적인 수립, 산업 발전 등 공공적인 이득에 있고 이는 결국 국민 개개인, 정보주체에게도 그 이익이 돌아간다는 점이다. 데이터의 활용으

---

210) 한국보건산업진흥원, 대만헬스케어 산업가이드, 2021, 〈https://info.khidi.or.kr/board/view?pageNum=1&rowCnt=10&menuId=MENU02452&maxIndex=00488560519998&minIndex=00488411699998&schType=0&schText=&categoryId=&continent=&country=&upDown=0&boardStyle=&no1=555&linkId=48856051〉 (검색일: 2021. 10. 26.).

로 보건의료수준이 향상된다면 그에 따른 혜택이 정보주체를 포함한 국
민에게 돌아갈 것이다. 국민의 생명과 건강에 관련하여 영향이 있는 정
보란 점에서 이러한 특성이 기인한다. 이렇게 공공 보건의료데이터는 공
공적 필요와 가치를 구현하기 위해 이용될 수 있다는 혹은 이용이 활성
화 '되어야 한다는' 공적인 명분을 가지고 있다.

이러한 공익적 효용성을 근거로 데이터 공개의 활성화를 논의하자면
개인의 프라이버시와 개인정보자기결정권보다 데이터를 활용함으로서
얻어지는 공익적인 효과에 초점을 맞추게 된다. 이러한 점이 강조되어
더 나아가면 데이터에 대한 이타주의로 연결이 될 수 있다. 최근 유럽연
합은 데이터 거버넌스 법안(Data Governance Act)[211]을 발표하면서 데이
터 공유(Data Sharing)와 데이터 이타주의(Data Altruism)를 아예 명문화하
기도 하였다. '데이터 이타주의'란 '과학적 연구 목적 또는 공공 서비스
개선과 같은 공익을 위해 보상을 구하지 않고 정보주체가 자신과 관련
된 개인정보처리에 동의하거나 기타 정보 보유자가 자신의 비개인정보
를 사용할 수 있도록 허락하는 것'이라고 정하고 있다.[212]

이렇게 사회적으로 이미 '개인정보'란 과거 사생활의 자유로서 보호
되어야 하는 인격적 가치의 측면에서, 보호를 유지하면서도 어떻게 안전
하고 효율적으로 활용할 것인가를 고민하는 일종의 재화적 대상으로 인
식되고 있다. 이러한 시대적 흐름 속에서 국내의 보건의료데이터는 특히
나 더 활용하기에 좋은 환경인 국가보험체제라는 정보수집 시스템이 갖
춰져 있어 다양한 활용정책이 논의된다. 정부는 2017년 '4차산업혁명위

---

211) 유럽연합 집행위원회는 유럽 전역의 데이터거버넌스에 관한 공통된 규칙 및
관행을 수립하여 데이터 가용성을 높이기 위한 데이터거버넌스법안(Data Gov
ernance Act)을 발표하였다. 유럽연합 회원국 및 회원국 시민에게 직접적인 구
속력을 부여하는 규정(regulation)형식으로 제안되었다. - 김경훈·이준배·윤성욱,
EU 데이터거버넌스 법안(Data Governance Act) 주요내용 및 시사점, 2021, 1쪽.
212) EU Data Governance Act article2(10) 〈https://eur-lex.europa.eu/legal-content/EN/TX
T/PDF/?uri=CELEX:52020PC0767&from=EN〉 (검색일: 2021. 7. 1.).

원회'를 발족하고 2021년 2월 민관합동 데이터 거버넌스의 역할을 담당할 '데이터특별위원회'를 구성하였다. 보건의료 데이터 관련해서는 정부가 의료계·학계·환자단체·산업계 등이 참여하는 '보건의료 데이터 정책심의위원회'를 구성하였다.213)

2. 국내 공공 보건의료데이터의 높은 비중과 활용

국내 보건의료데이터는 보건복지부 산하의 기관들이 법적인 설립 근거와 기능에 적합한 자료들을 보유하게 되어 전 국민의 다양하고 내밀한 보건의료데이터가 집약적으로 수집 및 관리되고 있다. 국민건강보험법이 2000년에 제정되면서 국민건강보험공단을 단일 보험자로 하는 관리운영체계를 갖추고,214) 국민건강보험공단과 건강보험심사평가원 등 담당 공공기관에 거의 전 국민의 건강검진기록, 의약품처방기록, 보험자격을 포함한 막대한 양의 정보가 수집되고 있다.215) 데이터의 수집과 체

---

213) 정현정, 보건의료 데이터 거버넌스 정책심의위원회 확대운영, 전자신문, 2021, 8. 26.자 기사.

214) 의료보장제도는 크게 사회보험 방식과 국민보건서비스 방식으로 분류될 수 있다. 사회보험방식은 보험의 기전을 이용하여 국민들의 질병, 상해 등으로 인한 생활의 위협으로부터 보호하기 위해 국가가 법으로 보험가입을 의무화하여 보험료나 기금을 갹출하고 급여내용을 규정하여 실시하는 제도 이다 (예: 한국, 대만). - 재인용 : 한국보건산업진흥원, 보건산업 동향조사 및 이슈 발굴 분석, 2016, 40쪽 / 원문 : 백승기, 한국과 대만의 의료보험 통합정책에 관한 비교 분석, 한국행정학보 제44권 제4호, 2010, 233쪽.
반면에 국가보건서비스 방식은 조세로 재원을 조달하여 전국민에게 의료서비스를 제공하는 것이다(영국). 결국 보건의료에 있어서 국가가 비용을 지원하느냐 용역을 지원하는 시스템이냐의 차이이고 이를 담당하는 국가기관으로 보건의료데이터가 수집되는 점에 있어서는 유사하다.

215) 국민건강보험공단은 보험자로서 가입자 자격관리, 보험료 징수, 급여비용 지급 등의 업무를 담당한다. 건강보험심사평가원은 병원과 같이 민간의료기관이 청구한 의료급여비용을 심사하고 평가하는 업무를 담당한다. - 김은수, 앞의 글, 35쪽.

계적인 관리가 가능하다는 점에서 데이터 활용에 있어 유리한 여건에 있다.

해외에서도 보건의료데이터를 활용하기 위한 다양한 정책과 법제정비가 이루어지고 있지만 각 국가 체제별 한계를 지니고 있다. 예를 들어 민간보험으로 운영되는 미국의 경우, 우리나라 국민건강보험공단과 같이 정확하고 상세한 처방정보의 집약이 이루어지지 않을 것이다. 우리나라는 국가보험체계라는 시스템을 가지고 있어 막대한 양의 유용한 공공 보건의료데이터가 집약되는 만큼, 발 빠르게 대응한다면 보건의료 데이터 선진국으로서 도약하기에 충분하다. 국내 보건의료데이터 활용에 있어서 특히 공공 데이터에 대한 활용에 대한 논의와 추진이 활발한 이유 중 하나일 것이다.[216]

국내 개인정보보호법 제19조에 따르면 '다른 법률에 특별한 규정이 있는 경우' 개인정보를 제공받은 목적 외의 용도로 이용하거나 이를 제3자에게 제공할 수 있고, 의료기관 등으로부터 보건의료데이터를 제공받은 공공기관의 경우 '다른 법률'로서 '공공데이터의 제공 및 이용 활성화에 관한 법률'(법률 제17344호, 2020. 6. 9., 타법개정, 약칭: 공공데이터법)이 적용될 수 있다. 공공데이터법은 공공데이터에 대한 국민의 이용권을 보장하고 민간 활용을 활성화하기 위해 제정되었다(제1조). '공공데이터'란 '데이터베이스, 전자화된 파일 등 공공기관이 법령 등에서 정하는 목적을 위하여 생성 또는 취득하여 관리하고 있는 광(光) 또는 전자적 방식으로 처리된 자료 또는 정보'이다(제2조).

이 법의 취지에 따라, 공공 보건의료데이터의 경우 국민의 알 권리와 건강권을 보장하기 위하여 데이터의 공개와 활용이 권장된다. 실제 동법 제17조에서는 공공기관이 보유·관리하는 공공데이터를 국민에게 제공 '하여야 한다'고 정하고 있다. 공공 보건의료데이터는 그 활용시 보건의

---

216) Mckinsey(2013)는 글로벌 보건의료 분석시장이 연평균 25%('14~'19) 정도 성장할 것으로 전망하였으며, 미래 경제 성장을 견인하는 유망 분야가 될 것으로 예측한 바 있다. - 박순영, 국내외 보건의료 빅데이터 정책현황, 2018, 2쪽.

료산업에 유용하게 쓰여 국민의 건강증진에 기여할 수 있다는 점에서 공익적으로 유용하게 쓰일 수 있기 때문에 법익적 측면에서 국민의 건강권[217) 보장을 위하여 공공 보건의료데이터의 올바른 활용이 도모된다. 행정안전부는 이 법 제21조(공공데이터포털의 운영)를 근거로 하여 '공공데이터포털'[218)을 운영하고 있기도 하다.

이러한 공공 보건의료데이터의 활용으로 인한 개인정보 침해 위험을 관리하기 위하여 사생활 침해 위험이 있는 정보는 공개하지 못하도록 하고 있다. '공공기관의 정보공개에 관한 법률(법률 제17690호, 일부개정 2020. 12. 22. 약칭: 정보공개법)' 제9조[219)에 따른 비공개대상정보를 제외하도록 하고 있는 것이다. 공공데이터법 제17조 제2항으로서 위 비공개대상정보가 해당 정보에서 기술적으로 분리할 수 있을 때는 이 부분을 제외하여 제공'하여야 한다'고 하여, 비공개대상정보를 제외하는 처리를 하면 정보가 공개될 수 있도록 하였다. 또한 공공데이터법 제28조 제1항 제2호에서는 '제3자의 권리를 현저하게 침해하는 경우에는 해당 공공데이터의 제공을 중단할 수 있다'고 정하여 개인정보 침해의 위험을 규제하고 있다. 이외에는 특별히 개인정보 보호를 감안한 조항이 동법에 존재하지 아니하여, 개인정보보호법이 적용될 것이다.[220) 개인정보보호

---

217) 헌법 제35조 제1항 모든 국민은 건강하고 쾌적한 환경에서 생활할 권리를 가지며, 국가와 국민은 환경보전을 위하여 노력하여야 한다.

218) 공공데이터포털 사이트 참조: ⟨https://www.data.go.kr/ugs/selectPortalInfoView.do⟩ (검색일: 2021. 9. 28.).

219) 공공기관의 정보공개에 관한 법률 제9조에서 정하고 있는 '비공개대상정보'에는 제1항 제6호로서 '개인에 관한 사항으로서 사생활의 비밀 또는 자유를 침해할 우려가 있다고 인정되는 정보'를 포함하고 있다. 다만 이에 해당되어도, 법령에서 정하는 바에 따라 열람할 수 있는 정보이거나, 공공의 이익을 위해 필요하다고 판단되는 등 일정한 경우에는 (제9조 제1항 제6호 가목 내지 마목) 비공개대상정보에 해당되지 않는다는 예외규정을 두고 있다.

220) 한편 행정안전부와 개인정보보호위원회는 2021년 1월 공동 발간한 '공공분야 가명정보 제공 실무안내서'를 마련하여 법규를 보완하고 있다. 본래 행정안전부가 2013년 발간한 '공공정보 개방·공유에 따른 개인정보보호 지침'이 있

법 제6조에서는 '개인정보보호에 관하여는 다른 법률에 특별한 규정이 있는 경우를 제외하고는 이 법에서 정하는 바에 따른다'고 하고 있기 때문이다.

즉 각 공공기관의 업무(ex. 국민건강보험공단의 보험급여 업무) 수행을 위하여 의료 관계 특별법으로서 공공기관으로 하여금 개인의 의료정보를 수집할 수 있도록 하고, 공공복리의 증진을 위한 목적으로 각 공공기관 수집 정보를 공공데이터법으로서 개방하도록 하되, 사생활 침해 우려가 있어 헌법상의 자유와 권리의 본질적인 내용을 침해할 염려가 있는 경우에는 개방하지 못하도록 동법 제17조로서 제한하여 사생활 보호의 본질적인 내용을 침해할 수 없도록 정하고 있는 것이다.

공공 보건의료데이터는 공공기관에 집약적으로 수집되어 관리되고, 그 활용을 통해 정책적 개선이나 산업 발전이라는 공공적 이익이 수반될 수 있으므로 공공데이터법과 같이 법제적으로도 그 개방과 활용에 대하여 권장하고 있는 부분이 있다. 관련법을 요약하여 살펴보자면 다음과 같은 법이 있다.

〈표 8〉 공공데이터 활용 관련 법률

법률명	주요내용
전자정부법 (법률 제18207호 일부 개정 2021. 6. 8.)	행정업무의 전자적 처리를 위한 기본원칙, 절차 등을 규정하여 전자정부를 효율적으로 구현하는 것을 목적으로 제정되었다(제1조). 개인정보 보호에 관해서는 제4조 제1항에서 전자정부 구현을 위하

었으나, '비식별화'에 대하여 '다른 정보와 쉽게 결합하여도 특정 개인을 식별하기 어렵도록 하는 일련의 조치'라고 정의하는 등 개정된 개인정보보호법과 상이한 부분이 있어 개선되었다. - 공공데이터포털 사이트 참고 : 〈https://www. data.go.kr/bbs/rcr/selectRecsroom.do?pageIndex=1&originId=PDS_0000000000739+++& atchFileId=FILE_000000002364269&searchCondition3=&searchCondition2=&cndCtgryLaw ord=Y&cndCtgryEdc=Y&cndCtgryBigdata=Y&cndCtgryStd=Y&cndCtgryNews=Y&cndCt gryEtc=Y&bindCndCtgry=&sort-post=2&searchKeyword1=&Laword=PDTY01&Edc=PDT Y02&Bigdata=PDTY03&Std=PDTY04&News=PDTY05&Etc=PDTY06〉 (검색일: 2021. 10. 24.).

법률명	주요내용
	여 개인정보 및 사생활보호(제4호)에 필요한 대책을 마련해야 한다는 선언적 조항을 가지고 있다. 제36조에서는 제1항으로서 행정 기관 등의 장은 수집·보유하고 있는 행정정보를 필요로 하는 다른 행정기관 등과 공동으로 이용하여야 한다고 정함으로써 공공기관간의 데이터 공유 및 융합에 관하여 시사하고 있다.[221]
데이터기반행정 활성화에 관한 법률 (법률 제17370호 신규제정 2020. 6. 9., 약칭: 데이터기반행정법)	제1조에 따르면 데이터를 기반으로 한 행정의 활성화에 필요한 사항을 정하여 공공기관의 신뢰성을 높이기 위해 제정되었다. '데이터기반행정'이란 공공기관이 생성하거나 다른 공공기관 및 법인·단체 등으로부터 취득하여 관리하고 있는 데이터를 수집·저장·가공·분석·표현 등의 방법으로 정책 수립 및 의사결정에 활용함으로써 수행하는 행정을 말한다(제2조 2호). 제3조 제5항에서 데이터기반행정을 수행하는 과정에서 개인정보보호를 우선적으로 고려하고 그에 필요한 대책을 마련하도록 정하고 있고, 제4조 제3항으로서 데이터에 개인정보가 포함된 경우 해당 부분에 대해서는 '개인정보보호법'에 따르도록 하고 있다.
지능정보화 기본법 (법률 제17344호 전부 개정 2020. 6. 9.)	제1조에 따르면 지능정보화 관련 정책의 수립·추진에 필요한 사항을 규정함으로써 지능정보사회를 구현하는 것을 목적으로 제정되었다. 제3조 제3항으로서 국가 및 지방자치단체와 국민 등 사회의 모든 구성원은 지능정보기술을 개발·활용하거나 지능정보서비스를 이용할 때 개인정보의 보호, 사생활의 자유·비밀을 보장하도록 하고 있다. 제18조 제2항으로서 국가기관 등은 지능정보화의 추진을 통하여 생성되는 각종 지식과 정보가 사회 각 분야에 활용될 수 있도록 기반을 마련하면서 개인정보를 보호하여야 한다고 정하고 있고, 제61조 제1항으로서 지능정보기술을 개발 또는 활용하는 자와 지능정보서비스를 제공하는 자, 지능정보기술이나 지능정보서비스를 이용하는 자는 다른 이용자 또는 제3자의 사생활 및 개인정보를 침해하여서는 아니 된다고 하고 있다.
국가지식정보 연계 및 활용 촉진에 관한 법률 (법률 제18197호, 2021. 6. 8. 제정, 약칭 '국가지식정보법')	국가 지식의 상호 융합을 통해 지식[222]이 공유 및 확산될 수 있는 장을 마련하여 국민 누구나 쉽게 접근하여 활용할 수 있도록 하려는 취지에서 제정되었다. 해당 정보의 개인정보보호에 관한 규정을 동법에 별도로 정하고 있지는 아니하여, 이에 대해서는 개인정보보호법이 적용된다. 주요내용은 국가기관 등이 보유한 과학기술 정보 중에서 디지털화

법률명	주요내용
	된 또는 디지털화될 필요성 있는 정보로서 국가지식정보위원회의 지정을 받은 정보의 분야별 전문기관을 지식정보센터로 지정하는 것이다.223)224)

위 표에 기재된 법률 중 2개의 법이 2020년 및 2021년에 제정으로 이 글 작성시를 기준으로 최근에 신규 제정되었다. 그만큼 공공데이터의 활용에 대한 정책당국의 의지와 사회적 필요성이 대두되고 있음을 엿볼 수 있다.

반면 이러한 공공 보건의료데이터와 달리 민간 보건의료데이터는 의료법, 약사법 등 관련법률에 따라 관련 종사자로 하여금 환자가 아닌 다른 사람에게 환자에 관한 기록을 공개하지 못하도록 엄격히 금하고 있고, 생명윤리법에 따라 연구목적의 경우에만 정보주체의 동의 및 익명화를 거쳐 IRB 심의 후 활용이 가능하여 제한적이다. 따라서 국내의 경우 막대한 양의 공공 보건의료데이터의 수집과 집약적 관리가 이루어지고 있고 민간 보건의료데이터에 비하여 공공데이터법으로서 그 활용이 권

---

221) 이외에도 행정정보의 공동이용 조항(제36조 내지 제44조), 전자적 시스템의 상호연계 및 통합 조항(제30조의2), 데이터활용공통기반시스템(제30조의3), 정보자원 통합관리(제54조) 등의 조문을 둠으로써 공공데이터의 융합에 관하여 규율하고 있다.

222) '국가지식정보'란 국가기관, 지방자치단체 및 공공기관이 생산·보유·관리하고 있는 과학기술, 교육학술, 문화예술, 사회경제, 행정 등에 관한 정보 중 지식의 활용 및 교육을 목적으로 국가적 이용가치가 있는 디지털화된 정보나 디지털화의 필요성이 인정되는 정보로서 제9조에 따라 국가지식정보위원회의 지정을 받은 정보를 말한다(제2조 제1호).

223) 최미연, 보건의료데이터 국내 법제도 현황과 문제점 분석, 2021, 26쪽.

224) 동법을 근거로 '디지털 집현전 통합 플랫폼 정보화전략계획'(ISP)을 진행 중이며, 2022년부터 2023년까지 '디지털 집현전 통합 플랫폼' 구축이 추진된다. 이를 통해 우선적으로 25개 국가기관의 48개 사이트 약 4억 4000건의 국가지식정보를 연계해 2024년부터 대국민 서비스가 제공될 예정이다 - 김승준, 국가지식정보를 한 곳에서 '디지털 집현전', 운영법 국무회의 통과, 2021. 6. 1.자 뉴스원 기사.

장되는 법률적 근거가 명확한데다, 공공의 이익에 부합한다는 공적인 명분이 있는 만큼, 개인정보 침해의 위험이 적절하게 관리가 된다면 활용이 권장되는 환경에 있다. 그리하여 이에 대한 안전성 관리와 활용 촉진에 대한 국가 정책적 논의와 시범사업(ex. 보건의료 빅데이터 플랫폼 사업) 시행이 활발하게 된 특징이 있다.

Ⅱ. 보건의료데이터의 민감성과 처리에 있어서의 전문성

보건의료데이터는 의료진과 같은 전문가에 의해 생성되는 경우가 대부분이기 때문에 그 생성과정과 분석과정에서 의료전문가의 해석과 판단이 작용하게 되어[225] 정보 처리에 있어 전문지식을 요한다. 환자의 개별 특성으로 인해 여러 환자 사이에서 동일한 데이터라도 개인별 해석이 달라질 수 있고, 의료진의 전문 분야와 경험에 따라 해석이 달라질 가능성도 있다.[226] 뿐만 아니라 텍스트, 사진, 동영상 등 형태가 다양하며, 정형과 비정형이 혼재된 비구조적인 형식으로 통일성이 결여되어 있다(예를 들면 CT, MRI, 3D, 초음파, X-ray 등). 데이터 처리가 법제적으로뿐 아니라 기술적으로도 어려워 고도의 전문성이 필요하고 중요한 분야이다.

보건의료데이터는 이러하듯 그 처리에 있어 전문적인 기술을 요하면서도 한편으로는 사적이고 내밀한 정보가 포함될 수 있어 유출시 피해가 막대할 수 있다는 특징이 있다. 보건의료데이터는 주로 진료행위가 일어나는 특수한 상황에서 생성되기 때문에, 환자는 진료에 필요한 정보에 대하여 설사 아무리 내밀한 정보라 하더라도 제공을 거절하기가 사실상 어렵다. 따라서 보건의료데이터에는 개인의 신체에 관한 내밀한 정

---

225) 장석천, 앞의 글, 429쪽.
226) 박재호, 보건의료 분야의 인공지능 개발·활용 동향, HIRA 빅데이터 브리프, 건강보험심사평가원, 2019, 13쪽.

보가 포함되어 있기가 쉽다. 건강검진 결과정보 등의 구체적인 예를 생각해 보았을 때에도, 매우 사적인 정보가 포함될 수 있음을 용이하게 파악할 수 있다.

개인정보보호법에서 건강에 관련된 정보를 민감정보에 포함하고 있는 점도 이 때문일 것이다. 개인정보보호법 제23조에서는 '개인정보처리자는 사상·신념, 노동조합·정당의 가입·탈퇴, 정치적 견해, 건강, 성생활 등에 관한 정보, 그 밖에 정보주체의 사생활을 현저히 침해할 우려가 있는 개인정보로서 대통령령으로 정하는 정보(이하 '민감정보'라 한다)를 처리하여서는 아니 된다.'고 하면서, 민감정보에 대하여 일반개인정보에 비해 보다 엄격하게 보호하고 있다. 특히 우리나라는 전 국민이 주민등록번호를 부여받기 때문에 보건의료데이터의 제공과정에서 주민번호가 함께 유출되면 사실상 개인의 모든 민감정보가 유출될 위험에 놓여 유출에 대한 불안감 또한 특히 높다는 실무적 특징도 있다.[227]

해외의 경우를 살펴보면, EU GDPR은 Recital 제53조에서 '더 높은 수준의 보호를 받아야 하는 특정범주의 개인정보는 건강관련 목적에 한해 처리되어야 하며, 개인과 사회 전체의 이익을 위해 해당 목적을 성취하는데 필요한 경우 그러하다'고 정하고 있다.[228] 이에 따라 유럽평의회 (Council of Europe, COE)는 2018년 2월 '보건관련 데이터 보호에 대한 권고(Draft Recommendation on the protection of Health-Related Data)'를 마련하였다.[229][230] 보건시스템의 효율성 및 보안성을 증진시킬 수 있는 상호

---

227) 시민사회단체는 2017년 11월 "현 정부 '보건의료 빅데이터' 추진 전략의 문제점"을 주제로 토론회를 개최하였는데 한국은 모든 국민이 개인식별번호인 주민등록번호를 부여받기 때문에 비식별화 조차에 따라 주민등록번호와 이름을 삭제한다고 해도 보건의료데이터 결합 과정에서 생성되는 키가 그 자체로 주민등록번호와 1:1 매칭이 된다는 지적이 있었다. - 최지혜·남태우·조민효, '보건의료 빅데이터 및 의료 플랫폼의 사회적 쟁점', 국정관리연구 제15권 제2호, 2020, 161쪽.

228) KISA 한국인터넷진흥원, GDPR 조문 자료 참조: 〈https://gdpr.kisa.or.kr/gdpr/static/gdprProvision.do〉 (검색일: 2021. 04. 05.).

통용되는 데이터 시스템 개발의 중요성을 강조하고 있다.[231]

　GDPR의 개인정보처리원칙과 비교하여 '보건관련 데이터 보호에 대한 권고'는 적법성, 공정성, 투명성의 원칙 등에 대해서 유사하게 기술하고 있다. 특히 이 부분에 대하여 권고에서 별도로 재차 정하고 있는 것은 그만큼 보건의료데이터의 개인정보보호가 중요하기 때문이라는 점에서, 우리나라에서 '보건의료데이터 활용 가이드라인'을 별도로 두고 있는 것과 구조적으로 유사한 점을 보인다.[232]

　유럽평의회 권고에서 의료정보는 가급적 개인정보주체로부터 수집하도록 하고 있다. 의료정보를 가능한 한 개인정보주체로부터 수집하도록 하는 것은 원칙적으로 정보주체의 동의를 받거나, 제3자에 의한 제공보다는 직접 수집하도록 하여 향후 발생할 수 있는 문제들을 최소화하기 위한 조치이다.[233] 그러나 이는 국내에는 그대로 적용되기 어려운 원칙일 수 있다. 우리나라와 같이 국가가 보험자인 국민건강보험 체계를 가

---

229) 이한주, 가명정보 개념 도입을 통한 의료정보 활용 활성화 가능성의 법적 검토, 한국의료법학회지 제28권, 2020, 110쪽.

230) 이 권고 제1장 제1조(목적)에 따르면, '모든 개인의 권리와 기본적 자유를 보장하기 위하여 회원국에게 보건 관련 데이터 처리 규제에 대한 지침을 제공하기 위한 것으로, 유럽인권보호조약(the European Convention on Human Rights) 제8조에 따라 프라이버시권과 개인 데이터의 보호권을 보장하기 위해' 마련되었다.

231) 개인정보보호위원회 발간 "Draft Recommendation on the protection of Health-Related Data" 번역문 참조: ⟨https://www.pipc.go.kr/np/cop/bbs/selectBoardArticle.do?bbsId=BS221&mCode=D060000000&nttId=5981⟩ (검색일: 2021. 4. 5.).

232) 앞서 살핀 바와 같이 이외에도 GDPR과 국내 개인정보보호법은 특히 가명정보에 대한 개념과 익명정보에 대한 취급 등 유사한 면을 많이 가지고 있다. 이러한 이유는 세계의 정보보호 동향이 EU GDPR을 중심으로 재편되고 있고 우리나라 개인정보보호법과 신용정보법 역시 GDPR의 가명처리에 관한 규정을 모델로 한 것이기 때문이다. - 김희정, 가명정보 미동의 처리의 기본권 침해 검토, 2021, 40쪽.

233) 김용민, 보건의료 빅데이터 활성화 방안에 관한 연구 - 핀란드의 사례를 중심으로, 의생명과학과법 22, 2019, 18쪽.

지는 경우는, 대부분의 보건의료 정보 수집이 의사의 처방, 약국의 급여 청구, 그로 인한 국민건강보험공단 및 건강심사평가원으로의 정보 집약일 것이기 때문이다. 따라서 국내의 경우 정보주체로부터 직접 정보가 수집되도록 하는 것은 상대적으로 개인정보보호 및 활용에 큰 영향을 끼치기 어렵고, 방대하게 정보가 집약되는 공공분야 보건의료데이터에 대한 활용을 활성화하면서도 개인정보를 충분히 보호할 수 있는 방안에 대하여 강구하는 방향이 효율적일 것이다. '비식별화를 통한 안전조치와 재식별 가능성 판단'에 대한 부분에 초점을 맞추는 것이 국내 실정에 맞을 것으로 생각된다. 이를 통해 데이터 활용의 안전성이 확보되고 이에 대한 사회적 신뢰가 구축되어야 정보주체에게 직접 동의를 받는 방안도 현실적으로 고려해볼 수 있게 된다.

Ⅲ. 식별성에 있어서의 특수성

1. 보건의료데이터의 비식별처리

앞서 살펴본 바와 같이, 비식별처리에 있어 단일성, 연결성, 추론가능성 중에서 특히 연결성을 제거하는 작업이 중요하며 보건의료데이터의 경우 더욱 그러하다. 단일성을 제거한다면 통계데이터와 같이 활용가치가 낮아 효용성이 적을 것이며 추론가능성의 제거만으로는 개인정보보호가 충분히 이뤄지기 어렵다. 따라서 회색지대이면서도 정교한 작업인 연결성을 제거하기 위한 비식별 조치가 주로 문제가 된다.

예를 들어, 홍길동이라는 사람이 희귀질환에 걸렸고 이에 대한 수년간의 추적연구가 필요하다고 가정해본다. 익명의 누군가가 어떠한 신체적 특징과 보건적 환경 하에 희귀질환에 걸렸다는 점(단일성)만 유지된다면 그 사람이 홍길동이라는 사실로 연결(연결성)되지 않고 주거지역이나 성별 등으로 범주가 좁혀지지(추론가능성) 않는다면 개인정보가 침해 되지 않으면서도 연구에 활용할 수 있는 데이터가 생성될 수 있을 것이 다. 희귀질환이라고 하여도 2만 명[234]의 환자가 있기 때문에 적절한 가 명화를 거친다면 이러한 작업이 가능하다. 희귀질환에 대한 연구는 제약 기업 뿐만 아니라 의약계에서 오히려 일반질환에 비해 연구의 필요성이 높은 분야이다. 그런데 만일 이러한 정보에 홍길동의 거주 지역, 성별, 진료 받는 병원 등의 추가 정보가 결합될 수 있다면 추론가능성과 연결 성이 증가하여 재식별의 위험이 높아진다.

　　앞서 소개하였던 비식별 방법의 측면에서 고려해보자면 식별성을 제 거하기 위하여 데이터의 분리·삭제·대체 등을 어느 정도 하여야 하는지 판단하는 것이 상당히 정교하고 전문적인 작업이라는 의미이기도 하다. 처리하고자 하는 데이터의 성질과 민감성의 지대한 영향을 받기 때문이 다. 예를 들어, A대학 출신 B과 졸업생 중 키 185cm를 넘는 남성이 2000 년도 졸업생에서는 1명이고, 2000년~2005년 졸업생 중에는 15명, 여성까 지 고려한다면 20명일 경우를 가정하여 보고자 한다. 'A대학교 B과를 2000년에 졸업한 키 185cm 초과 남성이 대머리로 가발을 착용한다'고 한 다면 누가 대머리인지 식별이 용이할 수 있다.

　　따라서 이 때에는 위에 살펴봤던 비식별 기법 중 k-익명성의 방법을 고려한다면 '2000년도 졸업생' 대신 '2000년~2005년 졸업생'으로 변경하여 동질집합을 넓히는 가명처리를 시도해볼 수 있다. 나아가 l-다양성 방식 을 고려한다면 'A대학교 2000~2005년도 졸업생 키 185cm 초과인 사람 중 1명은 대머리, 10명은 아토피, 5명은 위암'으로 다양한 민감속성을 가지 도록 가명처리 할 수 있다. 또한 t-근접성의 방식을 고려한다면 'A대학교 2000~2005년도 졸업생 키185cm 초과인 사람 중 1명은 대머리, 1명은 시각 장애인, 1명은 ADHD이다.'로 변경하여 분포가 크게 차이 나지 않도록 가

---

234) 희귀질환관리법 제2조 1. "희귀질환"이란 유병(有病)인구가 2만 명 이하이거 나 진단이 어려워 유병인구를 알 수 없는 질환으로 보건복지부령으로 정한 절차와 기준에 따라 정한 질환을 말한다.

명처리 할 수도 있다.

결국 어떠한 가명처리 방식을 이용하여 어느 정도 가명처리를 해야 하는지는 정보의 민감성과 식별성의 접점에서 정하여 짐을 알 수 있다. 정보에 담긴 요소들이 민감할 수록 식별위험이 높아지기 때문이다. 보건 의료데이터의 경우 민감한 속성의 정보들이 대부분이기 때문에 비식별 처리에 있어 이러한 판단이 특히 더 난해하고, 데이터 환경과 맥락을 고 려한 정교하고 전문적인 처리와 투명한 관리가 필요한 이유이기도 하다.

개인정보보호위원회는 2020. 12. 23. '보건의료데이터 활용 가이드라 인'을 개정하여 게시하였다.235) 보건의료 데이터 활용 가이드라인의 관 련 법령으로는 개인정보보호법 제2조, 제3절 가명정보 처리에 관한 특례 (제28조의2 내지 6), 개인정보보호법 시행령 제4장의2 가명정보의 처리에 관한 특례(제29조의2 내지 제29조의6), 생명윤리법 시행규칙 제13조 제1 항이 있다. 가명정보 처리 가이드라인에서 '특정 산업 분야의 개인정보 가명처리에 관하여 보호위원회와 소관 부처가 공동으로 발간한 분야별 가이드라인이 있는 경우, 분야별 가이드라인을 우선하여 활용할 수 있으 며'라고 정하고 있어, 보건의료분야의 개인정보 가명처리 및 결합·활용 절차 등에 관해서는 본 가이드라인이 가명정보 처리 가이드라인보다 우 선적으로 적용된다. 보건의료데이터 활용 가이드라인에서는 비식별화 방법에 대하여 상세히 제시하고 있다. 데이터를 '식별자'와 '속성값'으로 분류하여 '식별자'는 '개인 또는 개인과 관련된 사물에 고유하게 부여된 값 또는 이름'으로 설명하고 있다. 예로는 개인정보 보호법령상 고유식 별번호(주민등록번호 등)가 있고 삭제 또는 일련번호로 대체해야 한다고 정하고 있다.

가이드라인에서 이렇게 권고하고는 있지만, 앞서 살펴본 바와 같이 정형, 비정형의 다양한 보건의료데이터가 있기 때문에 일일이 적합한 비

---

235) 개인정보보호위원회 사이트 참조: 〈https://www.pipc.go.kr/np/cop/bbs/selectBo
ardArticle.do?bbsId=BS217&mCode=D010030000&nttId=7023〉 (검색일: 2021. 4. 9.).

식별조치가 일률적으로 정해져 있기는 불가능하다. 보건의료데이터는 다양한 정형, 비정형 데이터가 존재하고, 특히 영상의 형태로 저장되는 의료기록은 비식별화가 까다롭다. 의료영상 데이터는 앞서 언급한 바와 같이 DICOM 방식으로 표준화하여 저장된다. 보통의 경우 DICOM Tag에 저장된 메타데이터의 식별자 혹은 준식별자(환자의 이름, 성별, 나이 등)를 비식별처리한다. 여기까지는 가이드라인에도 소개되어 있고, 방법 또한 명확하겠으나236) 경우에 따라 영상에서 혹시 보여질 수 있는 개인정보, 예를 들어 환자의 얼굴이 찍힌다거나, 뼈나 기관의 형태, 피부 등에 특이속성이 존재하여 개인과 연결가능성이 있는 경우 문제가 된다.237)

일부 대학병원의 경우에는 의료 이미지나 동영상에 있는 개인정보는 DICOM 표준을 따르는 CT나 MRI 이미지의 경우 해당 표준을 이용하여 마스킹하고, 초음파처럼 DICOM 표준을 따르지 않는 동영상들은 OCR 기술(Optimal Character Recognition, 광학 문자 인식 기술)을 이용하여 마스킹하는 기술을 원내 자체 개발하여 처리하며, 비식별화 성능평가를 1년

---

236) 보건의료 가이드라인은 내시경, X-ray, 맘모그램, 일반적인 초음파 영상 등 체내를 촬영한 영상정보의 경우 영상 상에 환자번호, 성명 등 식별자를 표시한 것을 삭제 또는 마스킹하고, DICOM 헤더 등 메타데이터 상의 식별자를 삭제하도록 하고 있다 - 윤호상, 의료데이터의 활용: 데이터3법 개정 후의 쟁점, 2020, 77쪽.

237) 한편 이에 대하여 '개인정보에 해당하는가'하는 면에서부터 의문이 발생할 가능성도 있다. 개인정보보호법 제2조 제1호 가목에서는 '영상 등을 통하여 개인을 알아볼 수 있는 정보'를 개인정보에 포함하고 있고, 영상 속 신체 등에 특이속성이 있어 특정 개인과 연결될 수 있다면 개인정보에 해당하여 보호의 대상이 된다고 생각된다.

해당 정보의 입수자에 따라, 특이속성을 개인과 연결할 정보가 없는 자 입장에서는 개인정보가 아니지 않은가 하는 측면을 생각해볼 수 있으나, 이러한 가변성이 있다고 하더라도 실무선에서는 이를 비식별처리하지 않은채 데이터를 처리 및 제공할 데이터 처리자는 존재하기 힘들다. 개인정보 유출의 상당한 위험을 안고 범법자가 될 부담을 지게 되기 때문이다. 따라서 적절한 비식별처리 방식을 논의하고 제시하는 것은 보건의료데이터의 안전하고 실질적인 활용 활성화를 위하여 필요하다.

마다 IRB에 보고하여 검증받고 있다.[238] 해외에서도, 의료 영상의 DICOM 정보 중 픽셀(이미지 정보)은 개인을 분간할 수 있는 기타 생체인증 정보가 있을 수 있는데, 이를 통해 직접 개인이 식별가능할 수도 있고, 픽셀에 있는 정보를 수학적으로 처리하여 생체인증 정보를 생산할 가능성도 있다. 따라서 이를 처리하기 위한 알고리즘이나 기법이 필요하지만 DICOM 표준은 이를 명시하고 있지는 못하다.[239] 각각의 이미지 생성 방식에 따라 처리 방식도 다를 것이기 때문이다. 일부 연구자들은 이러한 비식별처리를 하기 위한 오픈 소스 소프트웨어 세트를 개발하기도 하였다.[240]

이러한 비식별화가 까다로운 또다른 보건의료데이터 유형으로 유전정보도 있다. 유전정보는 본인의 정보뿐만 아니라 유전이 되는 대상의 모든 정보도 식별이 가능하기 때문에 민감도가 높은 정보이다. 유전자 정보의 효율적인 비식별화 처리는 뚜렷한 성과가 없는 실정이다.[241]

보건의료데이터는 이렇게 유형이 다채롭고 비식별화가 기술적으로 어려우면서도 민감성이 높은 특성이 있어, 사전에 일률적인 방식을 규제해놓기란 쉽지가 않은 분야이다. 이러한 점에서 가이드라인에서는 데이터 심의위원회의 검토를 거쳐 비식별 판단을 하도록 권고하고 있다. 개

---

238) 신수용, 개인정보보호를 위한 헬스케어 데이터 익명화, 2017, 20쪽.
　　　가명처리 가이드라인은 기본적으로 특이정보의 경우에는 추가적인 가명처리가 필요함을 전제로 설명하고 있다. 한편 보건의료 가이드라인은 "데이터 유형별 가명처리 후, 지나치게 특이한 개인의 정보 전체를 삭제하거나, 일부 속성을 삭제, 마스킹하는 작업 반드시 필요, 다만, 이는 개별 데이터 유형, 속성, 분포, 기술특성 등을 고려하여 실시되어야 하는 작업이므로, 원 개인정보처리자 자체 규정 및 심의위원회의 검토에 따라 실시"라고 설명하고 있다 - 윤호상, 앞의 글, 77쪽.

239) Simson L. Garfinkel, NISTIR8053, 개인정보의 비식별처리, NIST 국립표준기술연구소, 2015, 49쪽.

240) John B. Freymann, Justin S. Kirby, et al., Image Data Sharing for Biomedical Research.Meeting HIPAA Requirements for De-Identification, J. Digit Imaging, 2012, 25:14-24.

241) 김주영·조남수·장구영, 활용성 강화 데이터 프라이버시 보호 기술 동향, 2020, 91쪽.

별 조치 및 판단의 필요성이 높기 때문에 전문적이고 객관적인 비식별 판단 조직, 즉 심의위원회의 역할이 중요하다.

비교법적으로 참고하기 위하여 해외의 경우를 살펴보고자 한다. 미국의 경우 HIPAA는 PHI의 이용 또는 제공을 원칙적으로 금지하면서 예외적인 경우(치료 목적, 공공안전 또는 범죄예방 등)에만 활용할 수 있도록 규정하고 있는데, 전문가 판단(다른 정보와 결합하여 비식별화하는 방안) 또는 세이프하버(식별정보 등 일정정보를 제거하여 비식별화 하는 방안)를 통한 비식별 조치를 거쳐 비식별 정보(de-identified information)로 재분류하여 공개할 수 있다.

또한 미국 CMS(Centers for Medicare and Medicaid Services, 노인의료보험과 저소득층 의료보호를 위한 센터)는 의료정보를 연구목적으로 활용하는 것을 지원하기 위하여 이른바 'LDS' 정책을 운영한다.[242] 연구목적으로 데이터를 사용하는 경우에 한하여 일정 수준의 재식별 가능성이 있는 데이터를 공개하는 것이다. 이 공개되는 데이터를 LDS(Limited Data Set, 제한된 데이터 세트)라 한다.[243] LDS의 정의는 '표면적 식별자(facial identifier)를 삭제한 정보'로서, 정보이용자가 데이터의 재식별 금지 합의서를 제출하고 특정목적(연구·공중·보건·의료서비스 제공)에 활용되는 경우 IRB를 거쳐 정보주체의 동의 없이 활용 가능하다(45 C.F.R. § 164.530 (i)).[244] 다만 종국적으로 노인건강보험제도의 발전에 관련된 것이어야 한다는 목적의 제한이 있다.[245] 마치 우리나라에서 생명윤리법에 따라 보건의료데이터를 가명처리한 후 IRB를 거쳐 연구목적으로 사용하는 것과 유사하다.

---

242) CMS 홈페이지 〈https://www.cms.gov/Regulations-and-Guidance/Legislation/EHRI ncentivePrograms/DataAndReports〉 (검색일: 2021. 4. 3.).

243) 고학수, 앞의 글, 101면.

244) 김재선, 미국의 보건의료데이터 분류체계 및 법제화 방안, 2021, 13쪽.

245) 이하 LDS, PUF, RIF에 관한 사항은 [고학수, 위의 글, 103쪽]을 참고 하여 작성 되었다.

LDS를 사용하고자 하는 자도 정보이용계약에 의하여야 하나 CMS의 개인정보위원회의 심사를 거치지는 않는다. PUF (Public Use Files, 공개적인 이용을 위한 정보)와 RIF (Resarch Identifiable File, 연구를 위한 식별 가능한 정보)도 있는데 PUF는 일반 공개를 염두에 두고 개인을 식별할 수 있는 모든 정보를 삭제한 데이터이고, RIF는 개인의 정보를 담고 있다. RIF 정보이용희망자는 정보이용계약서를 이용해야 하며, CMS의 개인정보위원회 심사를 거쳐 개인의 사생활에 관한 정보를 제한하여 제공한다.

정리해보자면 RIF, LDS, PUF 순으로 뒤로 갈수록 비식별화가 강하여 식별가능성이 감소하고 활용에 제한이 줄어든다. PUF는 거의 식별가능성이 없는 정보에 가깝다. RIF, LDS의 경우, 비록 이용 목적에 상당한 제한이 있다고는 하지만 일정한 재식별 위험이 있는 데이터를 제공할 수 있다는 점이 주목된다. 국내 보건의료데이터 관련 정책에 빗대어 보자면, 공공데이터법에 따라 비식별화한 공공 보건의료데이터를 제공요청자의 신청과 심의위원회 심의를 거쳐 제공하는 경우와 다소 유사하다. 다만, 국내는 별도의 보건의료데이터 관련 법제가 아닌 공공데이터법에서 일반 공공정보와 같은 맥락에서의 규율하고 있다는 점에서 미국과 차이가 있다.

미국 실무에서 활용되는 보건의료 정보관련 지침으로는 미국 국립의학연구소(National Academy of Medicine)에서 2015년에 펴낸 임상시험자료 비식별화의 개념 및 방법에 관한 지침(concepts and Methods for De-identifying Clinical Trial Data, 이하 'NAM 지침')이 있다. 특히 NAM 지침은 보건의료 데이터 중 특히 임상시험데이터의 처리방법 전반과 유의사항을 정하고 있다.[246) NAM 지침은 비식별화의 과정에서 맥락에 따른 접근을 중시한다. 따라서 어떤 요소들이 영향을 주고 어떻게 결합되는지에 따라 관리방안이 달라진다고 본다. 데이터의 유형은 크게 세 가지로 분류된다. i) 식별자-직접 식별이 가능하게 하는 변수, ii) 준식별자-간접적으로

---

246) 고학수, 앞의 글, 91쪽.

식별이 가능하게 하는 변수, iii) 기타 속성정보-개인의 정체성 판별이나 식별과는 무관한 변수이다. 이에 대해서는 국내 보건의료데이터 활용 가이드라인에서도 식별자, 준식별자, 속성자를 나누고 있는 것과 유사하다. NAM 지침에서 준식별자의 재식별위험성을 측정하는 일반적인 통계 방식은 동등집단의 크기를 파악한 뒤 그 역수를 위험성 수치로 보는 것이다.

유럽 GDPR에서는 앞서 살펴본 바와 같이 보건의료 정보에 대하여 별도로 정의하여 명시(제4조)하고 있고 민감정보로 분류하여(제9조) 이에 대한 처리 규정{제9조 (2)(j)}을 두고 있다. GDPR Recital 제35조에서 보건의료정보에 해당하는 개별 데이터의 예시를 나열하고 있다. 예를 들면 유전자 정보와 생물학적 샘플 등, 신체의 일부분 또는 신체 물질에 대한 테스트나 검사에서 얻은 정보뿐만 아니라 질병, 장애, 질병 위험성, 의료 내역, 임상치료에 대한 정보 또는, 내과의사 혹은 다른 의료계 종사자, 병원, 의료기기나 시험관 진단검사에서 얻은 정보주체에 대한 생리학적 상태 혹은 진료정보 등을 포함한다.247)

유럽평의회(COE)는 앞서 언급했던 바와 같이, 2018년 2월 보건관련 데이터 보호에 대한 권고를 마련하여 가명처리(pseudonymisation)에 대해서 '개인정보가 별도로 보관되는 추가 정보의 사용 없이는 더 이상 특정 개인정보주체에게 연계될 수 없는 방식으로, 그리고 식별된 또는 식별가능한 개인에 연계되지 않도록 하는 기술 및 관리적 조치의 적용을 받아 처리되는 것'으로 정의하였다. 이는 GDPR에서의 가명처리 정의와 거의 동일하고 가명처리된 정보도 개인정보라고 정하고 있다.

영국의 경우 의학연구위원회(Medical Research Council, MRC)248)는 영

---

247) 한국인터넷진흥원, GDPR 조문 번역본 GDPR recital 제35조, 한국인터넷진흥원 사이트 참조: 〈https://gdpr.kisa.or.kr/gdpr/static/gdprProvision.do〉 (검색일: 2021. 10. 4.)

248) 영국 의학연구위원회(MRC)는 Medical Research Committee and Advisory Council 을 전신으로 1918년 제1차 세계대전 이후 영국보건부(Ministry of Health)가 설립되는 과정에서 보건부와 병합되지 않고 분리되어 설립된 영국 최대 바이오

국 ICO와 함께 '연구를 위한 데이터 익명처리 등에 관한 지침'을 발간하였다.[249] 연구 활동 중 개인정보의 식별가능성, 익명처리, 가명처리에 관한 지침이다. 지침에서는 익명정보에 대하여, '합리적으로 사용 가능한 수단'을 결합하여 식별가능한 데이터가 된다면 충분히 익명화가 되지 않은 것으로 판단 한다.[250] 또한 가명처리된 데이터는 식별 가능성이 중간인 영역에 속한다고 하고 있으며, 만일 동일한 기업 내에서 키와 키 코드화된 데이터를 모두 보유 중인 경우 그 기업은 여전히 개인정보를 처리하는 것이 된다고 명시하였다.[251] MRC와 ICO가 합동으로 지침을 마련한 것은, 의료분야라는 특수성을 반영하여 전문 기관과 협력하여 도출된 지침이라는 점에서 의미가 있다. 보건의료데이터는 전문적인 분야인 만큼 이에 관련된 개인정보보호 정책 마련에 있어 민·관 협력 이 중요할 것이다. 국내에도 가령 생명윤리위원회와 개인정보보호위원회가 협력하여 보건의료정보 관련 지침을 마련하는 등의 방안을 생각해볼 수 있다 (현재 마련되어 있는 '보건의료 데이터 활용 가이드라인'의 경우는 개인정보보호위원회에서 마련하였다).

일본의 경우 개인정보보호법 제23조에서 '법령에 의거한 경우와 사람의 생명이나 신체, 재산을 보호하기 위하여 필요한 경우로 본인에게서

헬스 R&D 관리 전문기관이다. 의료연구과제의 선정 및 연구비 지원 결정, 연구과정 점검 등의 역할을 한다.

249) 개인정보보호위원회 사이트 참조, '국외개인정보보호동향 20년 2월 4주' ⟨https://www.pipc.go.kr/np/cop/bbs/selectBoardArticle.d··o?bbsId=BS105&mCode=D060030000&nttId=6597#LINK⟩ (검색일: 2021. 4. 5.)

250) 개인정보보호위원회 사이트 참조, '국외개인정보보호동향 20년 2월 4주' ⟨https://www.pipc.go.kr/np/cop/bbs/selectBoardArticle.do?bbsId=BS105&mCode=D060030000&nttId=6597#LINK⟩ (검색일: 2021. 4. 5.)
지침 원문은 ⟨https://mrc.ukri.org/documents/pdf/gdpr-guidance-note-5-identifiability-anonymisation-and-pseudonymisation/⟩ (검색일: 2021. 4. 5.)

251) 개인정보보호위원회 사이트 참조, '국외개인정보보호동향 20년 2월 4주' ⟨https://www.pipc.go.kr/np/cop/bbs/selectBoardArticle.do?bbsId=BS105&mCode=D060030000&nttId=6597#LINK⟩ (검색일: 2021. 4. 5.)

동의를 구하는 것이 어려울 때'를 제외하고 반드시 개인의 사전동의가 필요한 옵트인(Opt-in)방식을 정하고 있다.[252] 이러한 가운데, 건강·의료에 관한 연구 개발 및 신산업 창출을 촉진하여 일본 국민의 권리를 증진하는 동시에 익명 가공된 의료정보를 안전하게 활용하게 하고자 2017. 5. 12. '의료분야의 연구 개발에 이바지하기 위한 익명 가공 의료정보에 관한 법률'(次世代医.療基盤法 이하 '차세대의료기반법')을 제정하여 2018년 5월부터 시행하였다.[253]

일본 차세대의료기반법은 치료이력 등의 의료정보를 개인을 식별할 수 없도록 익명가공하여 의료기관 외에 익명가공 의료정보취급 사업자(이하 줄여서 '인정사업자')에게 제공할 수 있도록 하였다.[254]

높은 정보보안기술과 익명가공기술을 보유한 사업자에 대해 일본 정부가 인증하고, 그 개인정보보호 안전기준을 충족하여 인증 받은 '인정사업자'는 환자 본인이 정보 제공에 대한 동의를 거부하지 않는 한 정보 이용이 가능한 옵트아웃(Opt-out) 방식을 채택하여 의료 정보 활용이 가능하다.[255] 개인이 거부의 의사표시를 하지 않는 한 '인정사업자'는 비식별처리된 의료정보를 의료정보작성사업자에게 제공할 수 있는 것이다.

다만 그렇다 하더라도 장애, 병력, 건강진단결과 등의 정보는 요배려정보(인종, 신분, 의료, 범죄 등)에 속하여 결국 개인정보보호법상 옵트아웃이 인정되지 아니하다는 일부 주장과, '인정사업자'의 수가 2021년 5월 기준으로 2개뿐이라는 점에서 실무상 한계를 보이고 있다.[256] 그러나

---

252) 정애령, 보건의료데이터 활용의 헌법적 근거와 해외입법동향, 한국부패학회보 제25권 제1호, 2020, 136쪽.

253) 한국인터넷 진흥원, 일본의 익명가공정보 활용 관련 차세대 의료기반법의 주요내용, 2018, 81쪽.

254) 이승현·오정윤, 보건의료 빅데이터 활용을 위한 일본의 법제동향: 차세대의료기반법을 중심으로, 보건산업브리프 제267호, 한국보건산업진흥원, 2018, 6쪽.

255) 정승모, 일본의 개인의료데이터 현황 및 정책적 시사점, 정보통신방송정책 제3권 제3호, 정보통신정책연구원, 2019, 6쪽.

256) 정원준, 가명처리를 통한 보건의료데이터 보호 및 활용 방안의 법제적 쟁점,

데이터의 활용에 있어서 옵트아웃 방식의 정보처리는 활용의 편의성을 대단히 증진할 수 있다는 점에서 보건의료데이터 활용을 활성화하고자 하는 의지가 엿보인다. 지금까지 살펴본 차세대의료기반법의 내용은 익명정보에 대해서만 규율하고 있는데, 일본 개인정보보호법이 최근 개정되어 가명정보 개념이 도입되었으므로 이에 맞추어 차세대의료기반법도 가명정보에 대한 내용이 신설될 것으로 예상되고 있다.257) 인정사업자 제도에 대해서는 법제개선방안에 대한 별도 항에서 더 자세히 살펴 비교법적으로 참고하고자 한다.

이와 같이 살펴본 바에 따르면, 해외의 경우도 미국의 전문가 판단, 일본의 인정사업자와 같이 보건의료데이터 비식별화에 대하여 개별 판단을 전담하는 별도의 기구를 마련하고 있으며, 영국과 같은 경우 의료전문가와의 협업을 통해 상세 지침을 마련하는데 힘쓰고 있다.

2. 비식별처리의 판단

보건의료데이터의 경우 다양한 정형·비정형의 정보가 존재하고 고도한 분야이기 때문에 일률적 기준을 제시하기가 쉽지 않다. 또한 개인정보의 안전한 활용 측면에 있어서 재식별 가능성을 감소시키고 관리하는 것이 중요하다. 따라서 앞서 살펴본 다양한 비식별처리 기술의 발달과 적용 뿐 아니라, 개별적 사안에서 구체적 타당성을 고려하여 비식별화 조치에 대한 판단을 하기 위한 법제도적 장치(ex. 심의위원회)의 보완적인 역할이 중요한 분야라고 할 수 있다.

국민건강보험공단 등 공공기관에서 정보제공 신청을 받은 후 이에 대해 심의하는 기관 내 심의위원회의 전문성과 구성의 법적근거가 미비하고, 보건의료 빅데이터 플랫폼의 정책심의위원회 또한 내부 운영규정

한국법제연구원, 2021, 41쪽.
257) 정원준, 위의 글, 41쪽.

에 해당하는 훈령으로 정하고 있어 법규성이 없는 상황이다. 앞서 살펴본 바에 따르면, 기관 내 심의위원회와 보건의료 빅데이터 플랫폼의 정책심의위원회는 방대한 양의 공공 보건의료 빅데이터의 비식별화 조치에 대한 판단 및 이를 통한 제3자 제공 여부를 심의하는 중대한 역할을 하고 있다. 그럼에도 내부 규정과 훈령으로서 운영규정을 정하고 있는 것이 적절한 것인지 살펴볼 필요가 있다. 이에 대하여 별도 항에서 국내 심의위원회 현황을 자세히 살피고 개선 방안을 살펴보고자 한다.

우리나라 개인정보보호법의 경우 최근의 개정으로 이제 막 가명정보의 활용가능성을 명시하였고 활용목적에도 제한이 있는 바, 앞으로는 그 활용 가능성을 높이고, 개인정보보호와의 균형을 추구하는 것이 바람직하다. 다만 이는 적절한 비식별 조치에 관한 기술적, 실무적 경험의 축적 및 기술 발달을 통한 일정 이상의 안전성 예측이 가능한 경우에 제도적 뒷받침이 가능할 수 있을 것이다. 이러한 면에서 국내 보건의료데이터의 비식별화 방법에 대한 논의와 적절한 비식별처리 판단에 대한 제도적 장치의 강화가 중요한 시점이다.

미국의 경우 HIPAA 프라이버시 규칙 제164.514항은 '개인을 식별하거나 개인을 식별할 수 있도록 한다는 합리적 근거가 없는 보건의료정보는 식별가능한 개인 보건의료 정보가 아니'라고 규정하고 있다. 앞서 언급한 바와 같이 HIPAA 프라이버시 규칙 제164.514(b)항은 두 가지 방식에 의해 보건의료정보가 비식별화된 것으로 인정된 것으로 판단할 수 있다고 정하고 있다.

164.514(b)(1) 전문가 판단방식(Expert determination method) : 개인 사안별로 전문가가 판단하도록 하는 방식

164.514(b)(2) 세이프하버 방식(Safe harbor method) : HIPAA 프라이버시 규칙에서 나열한 18가지 식별자(identifiers) 또는 준식별자(quasi-identifiers)가 데이터에서 제거되면 비식별화된 것으로 간주하는 방식

미국의 비식별화 판단 방식에 관하여 특히 전문가 판단방식은 국내에서 심의위원회의 판단에 주로 의지하고 있는 상황과 상응한다는 점에서 비교법적으로 참고가 된다. 하기 제4장에서 국내 개선방안 연구와 함께 자세히 살펴보고자 한다.

세이프하버 방식의 경우 식별자와 준식별자의 제거로서 비식별화를 하는 방식이다. NIST 보고서는 일반적으로 '식별자'는 직접적으로 개인을 식별 가능하게 하는 데이터를 말한다고 한다. 예를 들어, 이름, 사회보장번호, 이메일 주소가 이에 해당한다. 식별자를 처리하는 방식에는 다섯 가지가 제시된다.

① 식별자의 제거, ② 명백하게 일반적인 데이터나 범주 명칭으로 대체, ③ 임의적 표시들로 대체, ④ 무작위 수치로 대체, ⑤ 일정한 체계 하에서 가명으로 대체

이러한 방식은 수범자로 하여금 데이터를 어떻게 비식별화 해야 활용가능한지 구체적이고 명시적으로 판단할 수 있게 해주는 점에서 장점이 있지만, 이러한 처리를 하였을 경우 그 효용성이 떨어지는 정보의 경우에는 현실적으로 활용이 어렵다는 단점이 있다. 또한 데이터 처리 환경 및 맥락에 따라 재식별 위험성이 가변적일 수 있어 개별 사안에 대한 융통적인 적용이 어려울 수 있다. 가령 날짜 식별자 중, 89세 이상을 암시하는 날짜는 삭제하여야 한다고 제시하고 있는데, 88세까지는 식별가능성이 낮아서 과연 안전하고 89세부터 식별이 용이하다고 완벽하게 확신할 수는 없을 것이다.

환경 변화에 따른 식별가능성 변화가 있을 수 있고, 사는 지역 등 다른 정보와 결합하여 식별이 용이해질 수도 있어 데이터 환경과 맥락을 고려하여야 한다. 특히 보건의료데이터와 같은 경우는 유형이 다양하고 분석이 고도하여 획일적인 방법으로 비식별 판단을 하기가 어렵다. 따라

서 세이프하버 방식을 활용한다고 하더라도 전문가나 심의위원회와 같은 개별 판단이 가능한 절차가 보완적으로 운용되는 것이 필요할 수 있다.

Ⅳ. 보건의료데이터 통합관리 체계로서 거버넌스

국내 보건의료데이터 활용 정책의 하나로서 2018년 '보건의료 빅데이터 플랫폼' 시범사업이 시행되었다. 데이터 거버넌스의 체계를 활용한 것으로서, 최근 국내외에서 안전한 데이터 활용을 위한 시스템적 방안으로 주목되고 있다. OECD는 디지털 거버넌스 전략을 통해 데이터 활용 촉진을 위해 데이터기반문화 형성, 개인정보보호, 표준화된 디지털기술, 데이터 법규정과 규제 등이 조성되어야 한다고 강조한 바 있다.258)

1. 국내외 현황

데이터 거버넌스가 원활하게 작동하기 위해서는 데이터, 거버넌스 조직, 관리 및 규제 수단의 세 가지 구성이 필요하다.259) 국내에서 보건의료데이터 활용을 위한 거버넌스로는 대표적으로 '보건의료 빅데이터 플랫폼'이 있다. 데이터는 각 공공기관에 보유되어 있고, 거버넌스 조직은 현재로서는 한국보건산업진흥원과 한국보건의료연구권을 사무국으로 하는 보건의료 빅데이터 플랫폼이 있다. 마지막으로 관리시스템 및 규제 수단은 보건복지부 훈령 제183호 '보건의료 데이터 정책심의위원회 운영 규정260)이 기준 규정이 되고 있다.261) 이러한 규정에서는 거버넌스의 역

---

258) 재인용 : 윤건·김윤희, 공공데이터 융합의 영향요인과 매개효과에 관한 탐색적 연구, 2020, 4쪽 / 원문 : OECD. Digital government review of Sweden, 2019.
259) 양천수, 데이터법 형성과 발전 그리고 과제, 2021, 226쪽.
260) 본래 훈령 제2018-121호 '보건의료 빅데이터 정책심의위원회 운영규정'이었다가, 2021. 8. 31. 제명이 변경된 현재 운영규정으로 개정·발령되었다.

할과 권리, 의무, 의사결정 절차 등을 규율할 필요가 있다. 훈령은 행정 규칙으로서 법규성을 갖지 못한 바, 공공데이터법에 위임규정을 두고 관련 시행령 등에서 마련될 수도 있고, 유럽연합의 데이터 거버넌스 법안(Data Governance Act)과 같이 독립된 법제 마련을 고려해볼 수도 있을 것이다.

영국은 대표적인 국가보건서비스(National Health Service, NHS) 운영 국가로서, 전 국민에게 포괄적 의료서비스를 무료 혹은 저가로 제공한다.[262] 국내와 마찬가지로 담당기관에 보건의료데이터가 집약된다는 특징이 있고, 개인정보보호 관련 규율 내용이 우리나라나 영국 모두 GDPR과 유사하게 구성된 경향이 있어, 비교법적으로 참고하기에 적절하다.

영국의 보건의료시스템은 병원의 비용이 NHS[263]에 제출되는 정보에

보건복지부 사이트 참조: 〈http://www.mohw.go.kr/react/jb/sjb0406vw.jsp?PAR_MENU_ID=03&MENU_ID=030406&page=1&CONT_SEQ=367067〉 (검색일: 2021. 10. 24.)

261) 제1조(목적) 이 운영규정은 보건의료 빅데이터 시범사업을 추진함에 있어 주요 의사결정 사항을 논의하고, 심의·의결하기 위하여 구성된 보건의료 빅데이터 정책심의위원회의 운영에 관한 사항을 규정함을 목적으로 한다.

262) 영국의 의료보험체계를 간단히 살펴보면, 국가보건의료서비스법(National Health Service Act 1946)에 의해 1948년에 설립된 NHS는 '모든 국민은 지불능력에 상관없이 의료 욕구에 따른 의료서비스를 받을 수 있어야 한다.'는 설립 원칙 아래 오늘에 이르기까지 무상 의료를 실현하고 있다 NHS는 책임 정도에 따른 수준별 1차 의료 집단을 지역별로 운영하고 있는데, 영국 거주민들은 주소지에서 가장 가까운 1차 의료진으로 일반의(GP)를 등록하도록 되어 있다. NHS는 재원의 대부분을 일반재정으로 충당하며, 일부(2015년 약 12%)는 민간의료보험과 사용자 부담금으로 충당한다.

263) NHS 법(National Health Service Act 2006) 제251조에서는 보건부 장관으로 하여금 특정한 목적으로 기밀정보인 보건의료정보의 유지의무 예외를 둘 수 있도록 하고 있다.

HRA(Health Research Authority)는 기밀성자문그룹 CAG(Confidentiality Advisory Group)를 설립하여 위 제251조와 관련된 자문을 하도록 하였다(보건복지부 의료정보정책과, 제2차 보건의료 빅데이터 정책심의위원회 입법 토론 워크샵, 2018, 65쪽). 영국의 임상시험연구데이터링크 CPRD(Clinical Practice Research Datalink)는 정보제공신청자의 목적이 공공보건연구 목적인 경우, (데이터를 합법적으로 수집할 권한을 가지고 있는) NHS Digital로부터 이 제251조를 근거

기반하여 충당되기 때문에, NHS에 광범위한 병원진료정보가 수집된다. 영국은 보건복지법(Health and Social Care Act 2012, 이하 'HSCA')[264]을 제정하여 보건의료 데이터의 연계 및 활용을 위한 'Health and Social Care Information Centre(HSCIC, 2016년에 'NHS Digital'로 명칭 변경)'의 설립근거를 명시하고(제252조), 환자에 관한 보건의료데이터를 저장, 분석, 가공하며, 이를 제3자 및 일반에 제공 및 공개하는 역할을 하도록 규정하였다.[265] NHS Digital은 영국 보건부(Department of Health) 산하의 기관으로서 보건의료데이터 인프라 구축, 보건의료데이터를 수집 및 활용, 보안까지 담당하는 전담기구이다.

다음에서 살펴본 영국의 보건의료데이터 관장 조직은 다음과 같이 정리해 볼 수 있다.

로 익명화된 연계 데이터를 받아서 신청자에게 제공할 수 있게 된다.

264) 동법에서는 해당 데이터와 관련된 사람이 식별되는 경우는 '기밀정보(confidential information)'라고 별도로 정의하면서(제256조), 이에 대한 수집 요청은 제한적으로만 가능하도록 정하고 있다. 주무기관이 요청하거나, 요청 기관이 보건 서비스에 관한 직무 수행과 관련하여 보유할 필요가 있는 정보이거나, 기타 법령에 의해 공개를 요구할 수 있는 정보인 경우에 한하여 요청할 수 있다(제257조).

NHS Digital은 데이터 제공 정책을 수립하고 이를 공표해야할 의무를 가진다(제257조). 동법에 따른 데이터의 개방이나 기타 제공에 관한 직무 수행에 있어서, NHS Digital은 보살핌법(Care Act 2014) 부칙 제7호 제8조 제1항에 따라 HRA(Health Research Authority)가 임명한 위원회의 조언에 따라야 한다(제262A조).

265) 정현학·장보은, 보건의료 빅데이터 관련 각국의 법체계, 보건산업브리프 vol.208 2015, 5쪽. (Health and Social Care Act 2012 제250조 내지 제277조)

〈그림 4〉 영국의 데이터 관리 조직

국내의 경우 개인정보보호법에 따라 설립된 독립 중앙행정기관으로 개인정보보호위원회가 있어 ICO와 대응되고, 한국보건산업진흥원과 한국보건의료연구원을 사무국으로 하는 보건의료 빅데이터 플랫폼이 있어 데이터의 관리·감독을 전담하는 컨트롤타워로서 NHS Digital에 대응된다. 그러나 독립된 자문기구인 HRA(Health Research Authority)와 대응하는 조직이 부재한 것으로 파악된다. 또한 각 조직의 역할과 권한, 구성에 대하여 영국은 근거법률이 명확함에 비하여 국내 정책심의위원회의 구성과 조직은 법규성이 약하다는 차이가 있다.

2. 데이터 거버넌스의 개념

거버넌스(Governance)는 행정학에서 등장한 용어로서, 1993년 Gavery의 연구에서 언급한 시장이론과 이해관계의 네트워크에 의해 형성되는 새로운 이론에서 시작되었다.[266] '거버넌스'에 대하여 명시적으로 확정된 정의는 없지만, 민·관이 네트워크로 연결되는 열린 조직으로 해석된

---

266) 장경애·김우제, 데이터거버넌스 구성요소의 개발과 중요도 분석 2016, 47쪽.

다.[267] 전통적인 거버먼트의 개념이 의사결정기구 및 관리 시스템을 중심으로 이루어졌다면, 정보화 시대의 도래로 시장의 참여형 네트워크가 중요해지면서 시장기능과 정부기능의 절충선이 필요하여 도출된 개념으로, 조직간의 수평적인 네트워크를 기반으로 하고 있다는 특징을 갖는다. 따라서 거버넌스에서는 상호 소통과 협력을 기반으로 하는 수평적 소통이 중심이 된다.

먼저 거버넌스를 조직, 사회체제, 또는 국가 전체 등과 관련된 문제를 해결하는 다양한 방법을 포괄하는 개념으로 보는 Rhodes의 최광의론이 있다.[268] 거버넌스 논의의 출발은 '해당 거버넌스 차원에서는 구성원 모두가 주어진 규정에 따라 행동한다'는 가정이 존재하나, 여기서의 규정은 하달식 명령과 통제가 아니라 구성원들끼리의 협의에 의한 일종의 약속과 유사하다. 다른 한편으로는 거버넌스를 정부와 관련된 문제 해결기제로 파악하는 Pierre의 광의론이 있다. 공적인 관심사에 관하여 권력이 행사되고, 시민들의 의견이 제시되며, 의사결정이 이루어지는 방법을 결정하는 일종의 절차로 본다. 이에 따르면 거버넌스는 본질적으로 정치적인 성격을 가지고 다양한 이해관계자들의 협상과 타협이 이루어진다. 사회전체적인 방향 또는 지도로 보기도 하고, 통합조직의 관리방법으로 정의되기도 한다. Stoker의 협의론은 거버넌스에 있어서 시민의 역할을 수동적이 아닌 적극적인 존재, 즉 정부서비스 공급과정에 참여하는 '주인'으로서의 역할을 강조하고 정부의 한계에 대한 인식을 내포한다. 상호의존적인 다양한 행위자들 사이에 존재하는 수평적인 자치 조직으로서의 거버넌스로 파악하여, 협의론에 있어서 거버넌스의 가장 중요한 특징은 '네트워크'이다.

거버넌스의 의미에 있어서 공통적으로 내포하고 있는 주요 요소는

---

267) 양천수, 앞의 글, 225쪽.
268) 해당 단락의 거버넌스에 대한 선행연구의 정리는 이명석, '거버넌스의 개념화: 사회적 조정으로서의 거버넌스', 한국행정학보 36(4), 2002, 322쪽 내지 325쪽을 참고하여 작성되었다.

'상호협력', '네트워크'인 것으로 보인다. 그 유형에 따라 도구적 네트워크, 상호작용적 네트워크, 제도적 네트워크로 나뉘기도 하는데, 도구적 관점에서 네트워크는 방향을 잡는 방법이 되고, 상호작용적 관점에서 네트워크는 집합적 행동의 결과를 낳는 반면, 제도적 관점에서의 네트워크는 네트워크 그 자체에 절차적 의의를 둔다. 결국 거버넌스는 '다양한 구성원간의 관계를 맺고 네트워크가 어떻게 형성, 변화되는가' 하는 것이 핵심요인이 된다.

'데이터 거버넌스'는 데이터의 전반적인 관리 및 통제와 데이터 품질을 높임으로서 활용가치를 증진하고 가치창출에 기여하는 참여형 활동을 의미하며,[269] 참여자들의 적극적인 상호작용이 중요하다. 이러한 점은 이 글에서 개선 방안 연구시에 중요하게 반영되었다.

---

[269] 한편 보건의료 빅데이터 활용에 있어서 아예 동의 모델에서 합의 모델로 전환함이 바람직하다는 논의도 있어왔다. (가령 목광수, 보건의료 빅데이터의 윤리적 활용을 위한 방안 모색: 동의가 아닌 합의 모델로의 전환, 2019) 이 글에서는 '동의 방식'에 대한 논의보다는 공공 보건의료데이터를 비식별화함으로써 정보주체의 동의를 받지 않고 정보를 활용할 수 있는 방안에 대하여 논의하는 글이므로 소개에 그치고자 한다.

제3장
보건의료데이터의 활용과 보호

제1절 보건의료데이터 활용 촉진 법제 현황

Ⅰ. 공공 보건의료데이터 개방

1. 국내 현황

앞서 살핀 바, 우리나라는 공공 보건의료데이터의 비중이 높고 그 효용가능성 또한 민간 보건의료데이터에 비해 높은 편이다. 이에 국내 공공 보건의료데이터의 개방 수준과 개선 필요점에 대하여 알아보고자 한다. 보건의료데이터의 개방에 있어 개인정보보호 조치가 충분하지 않다는 사회적 불안감으로 인해 공공기관을 고발하는 등 시민단체를 중심으로 비난의 목소리가 높아지자,[1] 공공기관 입장에서는 정보공개에 대한 부담을 크게 느낄 수밖에 없다. 더구나 공공기관은 본연의 담당업무가 있는 행정기관이기 때문에 공공 보건의료데이터 개방에 있어 정보의 효용성을 극대화하면서도 개인정보를 보호할 수 있는 비식별 정도를 정교하게 판단할 여력이 부족하다. 이러한 현실적인 제약은 필요 이상의 비식별화와 관행적인 처리로 이어지기 쉽다. 앞서 살핀 바와 같이 보건의료데이터는 그 유형이 다양하고, 분석 및 가공 방법에 따라 재식별 가능성의 정도와 정보의 효용성이 크게 달라질 수 있는 바, 이에 대한 절차 수행을 각 공공기관 내부의 인력이 도맡아 하기에는 역부족이다.

정부에서 나서서 보건의료 빅데이터 플랫폼 등 데이터 개방 시스템을 구축하고 있지만 통계 데이터를 기반으로 한 표본 데이터셋에 불과하여 정보의 효용성이 매우 저조하다. 앞서 살펴본 바와 같이 민간 활용

---

[1] 조선비즈 신문기사, 4차산업혁명 시대에 빅데이터 활용, 적폐로 몰려 중단위기, 2017. 11. 18. 〈https://biz.chosun.com/site/data/html_dir/2017/11/18/2017111800202.html〉 (검색일: 2021. 11. 22.).

지원과 정보의 품질수준이 미흡한 상황이다.[2]

2. 해외 현황

가. 미국

미국의 경우에는 우리나라와 같이 통합된 공보험제도가 아니고 여러 민영의료보험사들이 운용되는 시스템이어서, 의료정보가 정확하게 수집되지 못하는 사례가 빈번하여 보험사들로 하여금 병원으로부터 정확한 의료정보를 제공받을 수 있도록 하기 위하여 1996년 HIPAA 법이 제정되었다.[3] 동법에서는 의료정보라 하더라도 예외적으로 보험요율 책정 또는 학술연구 등 공익적 필요가 있는 경우 정보를 활용할 수 있다고 명시하고 있다.

나. 영국

영국의 경우 앞서 언급한 바와 같이 전 국민에게 무료로 의료서비스를 제공하는 조세 기반 국가보건의료서비스(NHS)를 운영하고 있어, 국가보험체계를 갖춘 우리나라와 유사하여 보다 자세히 살펴 참고하고자 한다. 영국의 NHS Digital은 NHS의 운영에 필요한 보건의료데이터 부문의 서비스들이 의존하는 기술적 인프라를 제공하고, 정보공유 인프라를 구축한다.[4] 그 일환으로 'Data Security Centere'를 운영하여 정보보안을 위

---

2) 이병철, 앞의 글, 88쪽.
3) 김재선, 의료정보의 활용과 개인정보보호, 행정법연구 (44), 2016, 278쪽.
4) 영국은 'Health and Social Care Act 2012 (HSCA)'를 제정하여 보건의료 데이터의 연계 및 활용을 위한 'Health and Social Care Information Centre(HSCIC, 2016년에 'NHS Digital'로 명칭 변경)'의 설립근거를 명시하고, 환자에 관한 보건의료 정보를 저장, 분석, 가공하며, 이를 제3자 및 일반에 제공 및 공개하는 역할을 하도

한 일들을 하는데,5) 보건의료 관련 조직들로 하여금 데이터 보안 지침을 자체 점검하고 사고에 대응할 수 있도록 지원하며 보안 정책 및 지침과 교육을 제공한다.6) 보건복지법(HSCA)7)에는 NHS Digital의 기밀정보(confidential information)에 대한 수집권한이 명시적으로 부여되어있다. 이에 따라 개인의 비밀정보를 포함하는 국가의 보건의료, 사회복지 데이터의 수집, 저장 및 분석이 NHS Digital에 전담되어 있으며, 의료정보의 수집 및 이용에 관한 독립된 별도 기구로서 기능하는 것이다.

또한 NHS 법(National Health Service Act 2006) 제251조에서는 보건부장관으로 하여금 특정한 목적으로 기밀정보인 보건의료정보의 유지의무 예외를 둘 수 있도록 하여 보건의료데이터 처리에 대한 법적 근거가 명확하다. 아울러 시스템적인 측면에서는, 영국 HRA8)는 기밀성자문그룹

록 규정하였다(Health and Social Care Act 2012 제250조 내지 제277조) - 정현학·장보은, 앞의 글, 5쪽.

5) 이태훈, 영국 보건의료정보 담당기구 NHS Digital의 기능과 역할, 정책동향 13(1), 2019, 79쪽.

6) 이 외에도, 악의적인 활동이 감지되면 조치를 취하도록 통지하고 NHS Digital 응용 프로그램 및 서비스의 사용을 모니터링하고 각 기관들이 보안상 문제를 감지하면 NHS Digital에 전화, 메일 등을 통해 알릴 수 있도록 한다. 또한 국민들에게 개인정보보호에 대한 신뢰를 얻기 위하여 NHS Digital 홈페이지를 통해 보건의료정보를 수집하는 법적권리를 설명하며 정보공유 거부 권리 및 거부절차를 안내한다.

7) 보건복지법은 제7장(Chpater 7)에서 국민보건서비스운영위원회(National Health Service Commissioning Board)와 임상위원회(Clinical Commissioning groups)를 설치하고, 보건복지정보연구소(HSCI, 현재 NHS Digital)를 설치하도록 정하고 있다. 이하의 조문 내용은 영국의 Health and Social Care Act 2012 법률 원문(https://www.legislation.gov.uk/ukpga/2012/7/contents/enacted) 및 국회도서관에서 발간한 번역본(http://www.nanet.go.kr)을 참고로 하였다. (검색일: 2021. 10. 28.). 또한 주무기관을 포함하여, 누구든지 데이터 수집이나 분석을 위한 체계를 확립하도록 NHS Digital에 요청할 수 있다(제255조).

8) 영국 보살핌법(Care Act 2014) 제2장 부칙 제7호에서 HRA의 구성 및 기능에 대하여 정하고 있다. 보건 사회복지 연구에 관한 규정의 집행에 있어서 표준화된 규율을 관리하는 것이 HRA의 주된 업무이다 이하의 조문 내용은 영국의 Care

CAG(Confidentiality Advisory Group)을 설립하여 위 제251조와 관련된 자문을 하도록 하여 관리·감독이 이루어질 수 있도록 하였다.[9] 또한 영국의 임상시험연구데이터링크 CPRD(Clinical Practice Research Datalink)는 정보제공신청자의 목적이 공공보건연구 목적인 경우 (데이터를 합법적으로 수집할 권한을 가지고 있는) NHS Digital로부터 이 제251조를 근거로 익명화된 연계 데이터를 받아서 신청자에게 제공할 수 있다.

한편 영국의 정보자유법(Freedom of Information Act 2000(FOI))[10]은 공공기관 또는 공공기관에 서비스를 제공하는 자의 정보 공개에 대하여 규율하고 있다. 동법 제40조에서는, 'DPA[11] 원칙을 위반하는 개인정보의 공개는 FOI의 적용을 받지 않는다'고 정하고 있고 제41조에서는 '기밀하게 제공된 정보는 FOI의 적용을 받지 않으며 건강관리·치료를 받기 위한

Act 2014 법률 원문을 참고하였다. 〈https://www.legislation.gov.uk/ukpga/2014/23/contents/enacted〉 (검색일: 2021. 10. 28.). HRA는 장관의 임명으로 회장이 정해지고, 장관이 지명한 적어도 세 명 이상의 구성원과, 그 구성원들이 지목한 의장 및 2명 이상의 구성원으로 조직된다. 장관으로부터 지목된 회장과 구성원은 HRA의 피고용자일 수 없도록 하고 있다.

9) 보건복지부 의료정보정책과, 제2차 보건의료 빅데이터 정책심의위원회 입법 토론 워크샵, 2018, 65쪽.

10) 본 항의 내용은 동법에 대한 규정을 요약 제시한 영국 지침을 번역하여 참고하였다. 'Guidance for Access to Health Records Requests' 〈https://www.nhs.uk/chq/documents/guidance%20for%20access%20to%20health%20records%20requests.pdf〉 (검색일: 2021. 10. 27.).

11) 영국은 1984년 정보보호법 제정 후, 1998년 개정 이래 독립행정관청인 정보위원회[(Information Commissioners Offices, ICO ICO(Information Commissioner Office)는 데이터 보호에 대한 책임을 가진 독립된 공공 기관이다. 〈www.ico.gov.uk〉 (검색일: 2021. 10. 30.))]에 의해 개인정보보호에 관한 정책과 집행이 이루어지고 있다(홍선기, 고영미, 앞의 글, 323쪽). 영국은 EU 회원국이었으나, 2020. 1. 31. EU를 탈퇴(BREXIT)하면서 영국의 유럽연합 탈퇴조건을 정한 협정안(Withdrawal Agreement)에 따라 2020. 12. 31.까지의 전환기간 동안 GDPR을 포함한 EU법을 준수하였다(개인정보보호위원회, 개인정보보호 연차보고서, 2020. 333쪽). GDPR을 반영한 개인정보보호법(Data Protection Act 2018; 이하 'DPA')을 2018년 5월 25일부터 시행해왔다.

목적으로 제공되는 정보는 기밀하게 취급된다는 통상의 동의가 있다'고 정하고 있다. 이에 따른다면 식별이 가능한 보건의료 데이터는 정보자유법의 적용에서 벗어나, 공공기관 및 공공기관에 서비스를 제공하는 자가 이를 공개할 의무가 없게 된다. 이때에는 다시 DPA가 적용되어, 비식별화된 정보의 제공만이 가능하다. 국내 공공데이터법과 정보공개법에서 규율하고 있는 바와 유사하다.

다. 대만

대만의 경우는 한국과 마찬가지로 사회보험방식의 의료보장제도를 실시하고 있다. 이에 따라 보험자인 중앙건강보험서(NHIA)에 진료비 청구를 위한 데이터 전송이 진행 된다[12]는 점에서 국내 사정과 유사한 바, 살펴보고자 한다. 대만은 공공기관의 개인정보 수집·처리에 대해서 개인정보보호법[13] 제16조에서 정하고 있다.

제16조

공공기관이 개인정보에 대하여 하는 이용은 제6조 제1항의 규정의 정보를 제외하고는 법정직무의 집행에 필요한 범위 내에서 이를 하여야 하고 수집의 특정한 목적과 서로 부합하여야 한다. 다만 다음 각 호[14]의 어느 사유가 있는

---

12) 한국보건산업진흥원, 보건산업 동향조사 및 이슈 발굴 분석, 2016, 45쪽.
13) 대만의 현행 개인정보보호법은 본래 1995년 '컴퓨터 개인정보처리 보호법'이라는 이름으로 제정되었다가 2010년 법률명을 '개인정보보호법'으로 개정하였고 현행법은 총칙(제1장), 공공기관의 개인정보에 대한 수집·처리와 이용(제2장), 비공공기관의 개인정보에 대한 수집·처리와 이용(제3장), 손해배상과 단체소송(제4장), 벌칙(제5장)과 부칙(제6장)의 총 6장 45개의 조로 되어 있다(김성수, 앞의 글, 21쪽).
14) 여기서 정하고 있는 각 호의 사유는 다음과 같다.
   1. 법률에 명문규정이 있을 것
   2. 국가안전보장이나 공공의 이익의 증진을 위하여 필요한 것일 것

경우에는 특정목적 외의 이용을 할 수 있다.

　- 중략 -

　5. 공공기관 또는 학술연구기관이 공공의 이익에 근거하여 통계 또는 학술
연구를 위하여 필요하고 정보가 제공자의 처리를 거친 후에 또는 수집자가 그
공개방법에 의하여 특정한 당사자를 식별할 수 없을 것

의료정보에 대하여 공공기관이나 학술연구기관이 의료, 위생이나 범
죄예방의 목적에 근거하여 통계나 학술연구를 위해 필요가 있을 경우
비식별처리를 거쳐 이용할 수 있도록 하고 있으며, 제20조에 따르면 공
공의 이익에 기초하여 통계 또는 학술연구를 위하여 필요가 있고 비식
별처리를 거치면 특정목적 외 이용도 가능하도록 규율하고 있다.

대만은 의무적인 의료보장 프로그램과 국제적으로 인정받는 고성능
의료 시스템을 보유하고 있다.[15] 정부가 운영하는 국민건강보험(NHI) 제
도를 통해 환자들은 대부분의 의료 서비스에 쉽게 접근할 수 있다.[16] 모

---

　3. 당사자의 생명, 선체, 자유 또는 재산상의 위험을 면하기 위한 것일 것
　4. 타인의 권리의 중대한 위해를 방지하기 위한 것일 것
　5. 공공기관 또는 학술연구기관이 공공의 이익에 근거하여 통계 또는 학술연
　　구를 위하여 필요하고 정보가 제공자의 처리를 거친 후에 또는 수집자가
　　그 공개방법에 의하여 특정한 당사자를 식별할 수 없을 것
　6. 당사자의 권익에 유리할 것
　7. 당사자의 동의를 얻을 것

15) 한국보건산업진흥원, 대만헬스케어 산업 가이드, 2021. 4. 26. 〈https://info.khi
　　di.or.kr/kohes/board/view?pageNum=1&rowCnt=10&no1=556&linkId=48856051&menuI
　　d=MENU02452&maxIndex=00488560519998&minIndex=00488411699998&schType=0&sc
　　hText=&schStartDate=&schEndDate=&boardStyle=&categoryId=&continent=&country=〉
　　(검색일: 2021. 9. 25.).

16) 보건지출은 2018년 GDP의 6.6%로 OECD 평균인 8.8%보다 낮으며 NHI는 총 지
　　출의 53%를 차지하고 가계의 현금 외 지출이 33%를 차지한다. 1995년 3월 전
　　국민을 대상으로 하는 위 NHI가 시행되면서 오늘날 인구의 96%이상이 NHI에
　　가입되어 있고 대만 인구의 약 4%이하를 차지하는 보험 미가입자는 크게 수감
　　자와 실종자들이다. 의사들에 의해 제공되는 거의 모든 의료서비스를 보장받

든 건강보험 가입자에게는 신용카드 크기의 NHIA 스마트카드(IC 내장카드)가 발급된다. 이 카드는 개인을 식별하고 간단한 의료 기록 보관 및 NHI에 의료비를 청구할 때 사용된다. 환자는 의료서비스를 이용할 때마다 카드를 제시해야 하고 의료 서비스 제공자는 환자 방문 및 제공되는 서비스를 24시간 기준으로 NHIA에 보고해야 하기 때문에 (이는 사실 NHI 서비스의 과도한 사용자를 적발하고 관리하는 목적으로 시작되었던 시스템이다) 거의 실시간으로 개인의 진료 이용 데이터 추적이 가능하다. 대만은 이러한 시스템을 활용하여 다방면에서 보건의료데이터를 활용할 수 있도록 정책을 추진하고 있다.[17] 2020년 12월 NHIA가 보유한 환자 및 의료기관 데이터 외 개인건강데이터를 관리하는 빅데이터 플랫폼 구축 계획을 제시하고 특히 산·관·학계의 연계를 강조하고 있다.

뿐만 아니라 대만은 사법적 해석에 있어서도 공공 데이터의 활용을 넓게 인정하는 경향을 보인다. TAHR v. NHIA 사건[18]에서 대만 고등행정법원은 NHI 연구 데이터베이스와 건강데이터가공협작센터에 개인건강

는다. 대만 보건복지부(MOHW)는 보건사회복지 분야별로 질병관리청(the Centers for Disease Control), 식품의약품안전처(Food and Drug Administration), 건강증진청(Health Promotion Administration), 국립건강보험공단(National Health Insurance Admi nistration, NHIA), 국립중의학연구원(National Research Institute of Chinese Medicine), 사회가족청(the Social and Family Affairs Administration) 등 6개 산하기관을 두고 있다. NHIA는 NHI로 알려진 의무적인 국민건강보험 프로그램을 담당하고 있으며, 이 프로그램은 모든 국민들에게 보편적 보험을 제공한다.

17) NHIA는 2016년 '정보통합신청 서비스 센터'를 개설하고 동 센터를 통해 필요한 신청을 하여 승인을 받은 적격 기관은 질병 데이터를 분석할 수 있도록 하였다. 2019년에는 빅데이터 인공지능 산업 육성을 위한 '아시아 실리콘벨리 샌드박스'를 추진하고, 보험회사를 포함한 민간기업에 한시적으로 신청을 허용하였다. 2020년에는 고객의 수요를 충족시킬 수 있는 보험상품의 제공을 위해 NHI의 일부 데이터를 민간 보험회사에게 공개하기로 결정하고 생명보험회사와 협의에 들어가기도 하였다.

18) Taiwan Association for Human Rights (TAHR) v. National Health Insurance Administration (NHIA), 2012. - 김은수·박제인·정종구, '보건의료 빅데이터의 이용과 한계', 2017, 272쪽.

보험자료를 제공한 것19)은 공공기관의 개인정보 사용에 해당한다고 하면서 직무상 필요한 범위 내의 행동이라고 판단하였다. 공공기관이 해당 자료에 일정 조치를 취하여 연구단체에 제공함으로써 질병데이터를 분석하고 인공지능 의료산업 육성 등에 활용하는 것이 공공의 이익을 위한 목적이라고 해석한 것이다. 또한 비식별 조치에 대하여도, 대만 고등행정법원은 재식별의 위험성이 지속적으로 통제되고 관리됨으로써 개인정보를 비식별화하는 방식을 통해 일반 시민이 가질 수 있는 불안감을 합리적으로 낮추는 정도이면 된다고 하여 비교적 데이터 활용을 넓게 인정하는 경향을 보인다.

3. 소결

위와 살펴본 바와 같이, 영국의 경우 개인의 정보 대부분이 NHS(National Health Service)에 집약된다.20) 이렇게 공공기관에 집약되는 보건의료데이터의 경우 정보자유법(FOI)의 적용을 받으며, 보건의료데이터 중 식별가능한 경우는 긴밀한 데이터로서 공개가 제한된다. 이는 국내 공공데이터법에서 개인의 사생활을 침해할 위험이 있는 정보는 비공개대상으로서 활용이 제한되는 점과 유사하다. 다만 국내의 경우는 국민건강보험공단, 건강심사평가원, 질병관리청 등 다양한 보건의료 담당 기관이 각 보유한 데이터를 관리 및 처리하고 있다는 점이 상이하다.

---

19) 이 사건에서, 대만정부는 NHI를 통해 수집된 개인들의 의료정보를 학술연구단체에 제공하기 위한 '국민건강보험연구 자료집'이라는 데이터 센터를 만들었고 데이터들 간의 공유를 활성화하기 위해 '건강자료가공협작센터'를 만들어 이를 통해 내부적으로 처리된 자료들을 외부에 공개하였다. 대만인권협회(TAHR)는 2012년 경 보건복지부가 수집한 건강보험정보를 제3자에게 업무 이외의 목적으로 제공하지 않을 것을 요구하며 NHIA를 상대로 행정소송을 제기하였다.

20) 네이버 개인정보보호 블로그, '미국과 영국에서의 Opt-in과 Opt-out의 제도적현황', 〈https://blog.naver.com/n_privacy/221509405876 2019. 4. 10.〉 (검색일: 2021. 4. 27.).

위에 살핀 영국 등 해외의 상황을 보면, 국내 공공 보건의료데이터가 각 기관별로 수집되고 비식별 조치에 대한 수행 또한 각 기관 내부 조직에서 해결되고 있는 국내 상황과 차이가 있다. 각 공공기관의 보건의료데이터가 한 곳으로 집약되어 관리되는 공공 보건의료데이터 전담기구에 대한 구체적 규율이 마련된다면, 각 공공기관 입장에서는 개인정보보호 책임 및 유출위험에 대한 부담을 상당부분 덜 수 있다. 또한 막대한 양의 공공 보건의료데이터의 전문적인 관리와, 정보제공 신청자의 요구에 맞는 정보의 분석 및 제공이 가능하게 하는데 상당히 도움이 되며 데이터의 연계에도 상당히 도움이 될 것으로 생각된다.

또한 국내 공공데이터법 및 정보공개법에서는 영국처럼 개인정보보호법에 따라 비공개한다고 규정하는 것이 아니라, 정보공개법 제9조 비공개대상정보로서 '해당 정보에 포함되어 있는 성명·주민등록번호 등 개인에 관한 사항으로서 공개될 경우 사생활의 비밀 또는 자유를 침해할 우려가 있다고 인정되는 정보'라고 별도로 명시하고 있어 그 범위의 해석에 있어 개인정보보호법과의 정합성에 관한 논의가 발생한다. 대만과 같은 경우 아예 개인정보보호법에서 공공 의료데이터의 활용 가능성을 명확하게 규정하고 있는 것과도 대조된다. 국내의 경우는 앞서 살핀 바와 같이 공공데이터법에 따라 공공데이터를 처리 및 제공할 수 있지만 보건의료데이터와 같은 민감정보에 대하여 별도로 규율하고 있지는 아니하여 비공개 정보의 범위에 대한 해석의 문제가 발생한다. 또한 제3자 제공 이전에 거치는 비식별화 처리에 대한 방법과 비식별 판단에 대한 규정이 법률에 명시되지 아니하고 가이드라인 등에 권고되고 있어 이에 대한 보완도 필요하다.

정리해 보자면, 국내 공공 보건의료데이터의 안전한 활용을 위하여, 공공 보건의료데이터 통합관리 시스템이 필요하고, 공공 보건의료데이터를 가명화하여 활용할 명확한 법적 근거가 필요하며, 공공데이터법 및 정보공개법에 따라 비공개대상인 정보의 범위 해석이 명확해지기 위하여 관계법과 개인정보보호법간의 정합성 보완이 필요한 것으로 보인다. 이에 대하여, 보다 자세한 검토와 비교법적인 분석을 통하여 구체적인 개선 방안을 제4장에서 연구하고자 한다. 우선 국내 데이터 활용현황을 계속하여 살피고자 데이터 표준화 및 연계성 현황에 대하여 알아보고자 한다.

Ⅱ. 보건의료데이터의 연계

1. 데이터 연계의 의미

'데이터 연계'에 대해서는 다양한 용어가 사용되고 있다. 국내 용어로는 연계, 융합, 통합, 결합 등의 용어가 혼용되고 있고 해외 용어로는 'fusion', 'integration', 'linkage', 'matching' 등이 있는 것으로 알려져 있다.[21] 'fusion'의 경우 '다양한 소스로부터의 데이터와 정보를 활용하여 감지하고 분석하여 정보의 질을 향상시키는 과정 및 방법'으로 통용되어[22] 보다 거시적인 개념이며, 'linkage'는 '데이터의 질을 향상시키고 기존 데이터를 재사용하도록 하여 비용과 노력을 줄여주는 기술로서 정보를 통합하는 기술 및 수단'을 의미하여[23] 연결의 측면이 강조된다. 'matching'의 경우는 서로 다른 데이터셋을 상호 융합 가능하도록 도움을 주는 수단 중 하나로서 인식되는 경향이 강하다.[24] 반면에 'intergration'은 '서로 다

---

21) 이 단락의 영문 용어 개념은 [윤건, 데이터기반행정 강화 방안 연구 : 공공데이터 융합을 중심으로, 2019, 29쪽, 30쪽]에서 언급된 문헌들을 바탕으로 하였다.

22) Wald, L. "Fusion of Earth Data: merging point measurements, raster maps and remotely sensed images" Data fusion: a conceptual approach for an efficient exploitation of remote sensing images. In 2nd International Conference 1998, pp.17 내지 24.

23) Christen, P., & Goiser, K. "Quality and complexity measures for data linkage and deduplication. In Quality measures in data mining" 2007, pp.127 내지 151.

24) Zhang, M., & Meng, L. "An iterarative road-matching approach for the integration of

른 소스에 있는 데이터를 연결하여 의미 있고 가치 있는 정보를 만들어 내는 이슈 또는 그 프로세스의 조합'의 의미로 통용된다.[25] 한편 이를 국내용어로 번역함에 있어, 비교적 추상적 의미를 지닌 '통합'이나 상호연결의 과정에 중점을 두는 '연계' 혹은 수단으로서의 '매칭'과 같은 용어에 비해서, '상이한 특성의 데이터들을 상호 결합하여 다양한 연계 방식으로 발생할 수 있는 장애요인을 완화하고 데이터의 질을 높이는 것'의 의미로서의 '융합'[26]이라는 용어가 적절하다는 의견이 있다.[27] 법문에서는 데이터 '연계'라는 용어를 주로 사용하고 있고(가령 데이터기반행정법 제3조 제4항, '공공기관은 데이터의 제공, 연계 및 공동 활용을 적극적으로 수행하고, 그 성과가 유용하게 활용될 수 있도록 노력하여야 한다.'), '결합'(개인정보보호법 제28조의3 '가명정보의 결합 제한'), '통합'(보건의료기술진흥법 제26조 제3항 '자료의 통합작업') 등의 단어 또한 사용하고 있다. '연계'의 사전적 의미는 '이따라 맴, 관계를 맺음'의 의미가 있는 바[28] 데이터 융합을 위한 과정 또는 수단으로서 하위 개념으로 인식되는 경향이 있다. '상이한 소스로부터의 데이터 간 상호 결합을 통해 목적에 맞는 보다 높은 질의 데이터를 도출하는 것'의 의미로서 '데이터 융합'이란 용어가 적확한 것으로 생각된다. 다만 이는 법문에서 사용되고 있는 '데이터 연계'의 실질적 의미를 되새기는 데에 의미를 두고 이하 이 글에서는 법문을 기준으로 '연계'라는 용어를 주로 사용하면서 '결합', '통합' 등의 용어를 혼용하고자 한다.

---

postal data" 2007, p.597.

25) IBM 사이트 참조: 〈https://www.ibm.com/analytics/data-integration〉 (검색일: 2021. 9. 18.)

26) 사전적인 의미로는 "다른 종류의 것이 녹아서 서로 구별이 없게 하나로 합하여지거나 그렇게 만듦. 또는 그런 일" - 표준국어대사전, 〈https://ko.dict.naver.com/#/search?query=DBDGKQ〉.

27) 윤건, 데이터기반행정 강화 방안 연구 : 공공데이터 융합을 중심으로, 2019, 12쪽.

28) 표준국어대사전 〈https://ko.dict.naver.com/#/search?query=%EC%97%B0%EA%B3%84〉.

2. 국내 현황

우리나라의 데이터 연계 수준은 그렇게 높지 않은 편으로 평가되고 있다[29]. 개인정보보호의 이슈, 데이터 보유기관의 폐쇄성, 법규정의 미흡 등이 그 이유로 지적되고 있다.[30] 하나의 데이터 소스로는 실효성 있는 결과를 얻어내지 못할 가능성이 커 데이터 융합을 통해 빅데이터를 생성하고 분석하는 경향이 강화되는 만큼, 데이터 연계의 중요성이 대두되고 있다. 일예로, 서울시는 교통카드 이용량과 KT의 통화데이터 결합을 통하여 심야버스 노선 설계에 활용하였고, 미국 미시건 주정부는 21개 기관의 데이터를 통합하여 의료보험 부정수급을 적발하였다.[31]

국내 보건의료데이터 연계의 대표사례로 '로밍 빅데이터를 활용한 해외유입 감염병 차단 서비스'가 있다. 감염병예방법 제76조의2 정보제공 요청 조항에 따라 KT 가입자의 해외 로밍데이터를 활용할 수 있었다. 통신사 고객이 감염병 오염국가에 방문하여 로밍을 하면, KT에서는 감염병 오염국가 방문정보를 질병관리청에 제공하고 고객에게 감염병 안내 문자를 전송한다. 감염병 증상으로 의료기관에 방문하게 되면 건강보험심사평가원과 국민건강보험공단에서는 질병관리청이 보유한 오염국가 방문이력정보를 해당 의료기관으로 전달하여 진료시에 조회할 수 있도록 하였다. 이를 통해 개인은 감염병 안내 문자를 받아볼 수 있고, 질병관리청에서는 오염국가 방문자 통계를 기반으로 검역 정책 수립 등에 활용하고, 의료기관에서는 환자의 감염병 오염국가 방문 이력정보를 진료에 활용하였다.

---

29) 한국발명진흥회에서 수행하는 연구보고서에 따르면, 공공데이터 융합의 수준은 5점 만점에서 2.6점으로 보통보다 낮은 수준이다. - 윤건, 앞의 글, 194쪽.

30) 한국발명진흥회에서 수행하는 연구보고서에 따르면, 공공데이터 융합의 제약조건으로 개인정보보호 문제의 심각성이 5점 만점에 4.0점, 데이터 보유 기관의 이기주의 문제가 3.9점, 법규정 미흡의 심각성이 3.7점으로 상위 제약요건으로 평가되고 있다. - 윤건, 위의 글, 195쪽.

31) 윤건, 위의 글, 4쪽.

국내 보건의료데이터 가명정보의 결합은 개인정보보호법 제28조의3
에 따라 지정된 결합전문기관에서 수행된다. 동조 제3항에 따라 전문기
관의 지정 기준, 절차 등은 개인정보보호법 시행령 제29조의2 내지 4에
따르며 결합전문기관의 결합·반출 업무 절차, 담당 조직 구성 등에 대한
구체적인 기준은 보호위원회가 정하여 고시하는 바에 따르도록 시행령
에서 정하고 있다. 따라서 결합전문기관의 가명정보 결합절차는 '가명정
보의 결합 및 반출 등에 관한 고시(개인정보보호위원회 고시 제2021-4호,
2021. 10. 5. 일부개정)'에 따른다. 해당 고시에서는 결합전문기관 및 가
명정보의 결합신청 절차, 가명정보의 결합, 결합된 정보의 분석 및 반출
에 관하여 상세히 정하고 있다. 보건의료분야 결합전문기관으로는 국민
건강보험공단, 건강보험심사평가원, 한국보건산업진흥원, 국립암센터가
지정되어 있다.[32]

위 고시는 2021. 10. 5. 개정으로 제11조의2가 신설되었다.

제11조의2(결합전문기관의 지원)

① 결합전문기관은 다음 각 호의 업무를 지원할 수 있다.

1. 결합 전 가명처리

2. 제10조제1항에 따른 처리 또는 같은 조 제2항에 따른 분석[33]

---

32) 개인정보보호법 제28조의3 제1항에 따르면 결합전문기관은 개인정보보호위원
회 또는 관계 중앙행정기관의 장이 동법 시행령, 고시에 따라 지정한다.
보건복지부는 2020. 10. 29. 건강보험심사평가원, 국민건강보험공단, 한국보건
산업진흥원을 국내 최초 가명정보 결합전문기관으로 지정하였다. - 보건복지
부 사이트 참조: 〈https://www.mohw.go.kr/react/al/sal0301vw.jsp?PAR_MENU_ID=04&
MENU_ID=0403&CONT_SEQ=360480〉 (검색일: 2021. 12. 1.)
한편 보건복지부는 2021. 9. 2. 국가암데이터센터로 국립암센터를 지정하였다.
암관리법 제18조의2에 따라 국가암데이터센터는 결합전문기관으로 지정받은 것
으로 간주한다 - 보건복지부 사이트 참조: 〈http://www.mohw.go.kr/react/al/sal030
1vw.jsp?PAR_MENU_ID=04&MENU_ID=0403&page=1&CONT_SEQ=367088&SEARCHKEY=
TITLE&SEARCHVALUE=%EC%95%94%EC%84%BC%ED%84%B0〉 (검색일: 2021. 12. 1.).
33) 제10조(결합된 정보의 반출 전 처리)

　　3. 제11조에 따라 반출한 정보의 분석

　　4. 가명정보를 반출하려는 결합신청자에 대한 개인정보 보호 교육

　② 제1항제1호부터 제3호까지의 업무를 수행하는 담당자는 제8조제1항, 제9
　　조제2항, 제9조의3제3항에 따른 업무에 참여하여서는 아니 된다.

　이에 따라 결합전문기관에서 결합대상정보의 가명처리와 결합 후 가명처리를 맡아서 할 수 있게 되었다.

　한편 보건의료기술진흥법 제26조 제3항에 따르면 보건의료데이터 플랫폼의 사무국인 한국보건의료연구원에서도 연구에 필요시 두 개 이상의 공공기관이 보유한 자료를 통합하여 분석할 수 있다. 보건의료 빅데이터 플랫폼 사이트에서도 이를 토대로 데이터 결합절차를 안내하고 있다. 그러나 이는 위 결합전문기관에 관한 고시와 같이 구체적으로 정하고 있는 규정이 없어 법적근거에 대한 논란이 있을 수 있고, 데이터 결합에 관한 내용에 있어서 시행령 및 고시와 보건의료기술진흥법의 내용상 상이한 점이 있어 혼란이 있을 수 있다.

　결합전문기관에 의한 결합의 경우 통계작성, 과학적 연구, 공익적 기록보존 목적으로 가명정보를 결합할 수 있고(개인정보보호법 제28조의3), 한국보건의료연구원에 의한 결합의 경우 연구목적으로 공공기관 자료를 통합할 수 있다고 하며 이 때는 개인식별이 가능한 부분을 포함한 자료를 통합 후 개인식별가능 부분을 '삭제'하도록 정하고 있다(보건의료기술진흥법 제26조). 특히 공공기관 보유데이터 결합의 경우 양쪽 모두에 의해 규율될 가능성이 있고 다만 그 수행기관이 결합전문기관인지, 한국보건의료연구원인지에 따라 적용 법규와 내용이 상이하게 된다.

---

　① 결합신청자는 결합된 정보를 영 제29조의3제3항에 따른 안전성 확보에 필요한 기술적·관리적·물리적 조치가 된 공간에서 가명정보 또는 법 제58조의2에 해당하는 정보로 처리할 수 있다.
　② 결합전문기관은 결합신청자의 요청이 있는 경우 결합신청자가 제1항의 공간에서 결합된 정보를 분석하도록 할 수 있다.

또한 국내 공공기관의 가명정보 결합에 대해서는 앞서 살핀 법 제28
조의3과 시행령 제29조의3에 따라 개인정보보호위원회 고시 제2020-11호
로서 2020. 12. 2. 제정된 '공공기관의 가명정보 결합 및 반출 등에 관한
고시'에서 별도로 정하고 있다.[34]

'공공기관의 가명정보 결합 및 반출 등에 관한 고시' 제4조에 따르면
공공결합전문기관은 '제3자에게 제공하려는 경우' 결합을 직접 수행할
수 있다고 정하고 있어 자체 보유하고 있는 데이터를 결합하여 활용하
기 위해서는 다른 결합전문기관에 맡겨야만 가능한 것으로 해석될 수
있다.[35] 공공기관은 제3자에게 결합결과를 제공할 때에만 보유데이터를
결합할 수 있게 되어, 자체 보유한 데이터의 결합에 있어 효율성이 문제
가 된다.

공공기관 보유데이터 결합의 경우 수행기관에 따라 적용규율이 다르
고 양 규율에서 정하고 있는 바가 약간씩 상이하여 해석상의 혼란이 있
는 부분이 있다. 이에 대한 정합성 개선이 요구되며, 공공기관 자체 보
유 데이터에 대한 결합에 있어 효용성이 저하되는 과도한 규제가 있어
개선이 요구된다.

---

34) 다만 동 고시에서 규정한 것을 제외하고는 '가명정보의 결합 및 반출 등에 관
   한 고시'가 정하는 바에 따른다(제3조).
35) 제4조(공공결합전문기관의 가명정보 결합)
   ① 공공결합전문기관은 자신이 보유한 가명정보와 다른 개인정보처리자가 보유한
      가명정보를 결합하여 가명정보의 결합을 신청하는 다른 개인정보처리자 등 제
      3자에게 제공하려는 경우 가명정보의 결합을 직접 수행할 수 있다.
   ② 공공결합전문기관은 제1항에서 허용하는 바에 따라 가명정보를 결합하는 경우
      다음 각 호의 사항을 준수하여야 한다.
      1. 공공결합전문기관과 이해관계가 없는 외부전문가 3인이 결합고시 제8조제2
         항에 따른 업무를 수행하도록 할 것. 이때 외부전문가는 결합고시 제11조제2
         항 각 호에 해당하는 사람으로 구성하여야 한다.
      2. 공공결합전문기관은 자신이 보유한 가명정보와 제1항에서 허용하는 바에 따
         라 결합한 가명정보를 물리적으로 분리하여 보관하고, 각 정보에 대한 접근
         권한을 통제·관리할 것
   ③ 공공결합전문기관은 제2항 각 호에 관한 사항을 기록하여 보관하여야 한다.

3. 해외 현황

한편 우리나라 국민건강보험제도와 유사하게 공공의료서비스를 제공하고 있고 그에 따라 데이터 집약이 이루어지고 있는 영국의 경우는 어떠한지 살펴보는 것은 참고가 될 것이다.[36] 영국은 국가보건서비스 운영 국가로서 국내와 마찬가지로 담당기관에 보건의료데이터가 집약된다는 특징이 있고, 개인정보보호 관련 규율 내용이 우리나라나 영국 모두 GDPR과 유사하게 구성된 경향이 있어(우리나라는 개인정보보호법 개정 시 GDPR을 모델로 하였고, 영국은 EU 회원국이다가 BREXIT 이후로는 GDPR의 대부분의 내용을 반영한 DPA로 규율되고 있다),[37] 비교법적으

---

[36] 영국의 의료보험체계를 간단히 살펴보면, 국가보건의료서비스법(National Health Service Act 1946)에 의해 1948년에 설립된 NHS는 '모든 국민은 지불능력에 상관없이 의료 욕구에 따른 의료서비스를 받을 수 있어야 한다.'는 설립 원칙 아래 오늘에 이르기까지 무상 의료를 실현하고 있다. NHS는 책임 정도에 따른 수준별 1차 의료 집단을 지역별로 운영하고 있는데, 영국 거주민들은 주소지에서 가장 가까운 1차 의료진으로 일반의(GP)를 등록하도록 되어 있다. NHS는 재원의 대부분을 일반재정으로 충당하며, 일부(2015년 약 12%)는 민간의료보험과 사용자 부담금으로 충당한다.

[37] DPA는 GDPR 제9조(민감정보 처리), 제23조(정보주체의 권리; 제한), 제85조(특정 정보처리 상황에 관한 규정; 개인정보 처리 및 표현과 정보의 자유), 제89조(공익을 위한 유지보존의 목적, 과학이나 역사 연구의 목적 또는 통계 목적에서의 개인 정보처리에 적용되는 안전조치 및 적용의 일부 제외) 등 대부분의 GDPR 내용을 반영하고 있다. GDPR 제8조(정보사회 서비스에 관한 아동의 동의에 적용되는 조건), 제9조(민감정보 처리), 제10조(범죄경력 및 범죄행위에 관한 개인정보의 처리), 제23조(정보주체의 권리; 제한), 제37조(개인정보보호 담당관의 지정), 제49조 (제3국 및 국제기구로의 개인정보 이전; 특정 상황을 고려한 적용의 일부 제외), 제83조(행정 과태료 부과에 관한 일반 조건), 제85조(특정 정보처리 상황에 관한 규정; 개인정보 처리 및 표현과 정보의 자유), 제89조(공익을 위한 유지보존의 목적, 과학이나 역사 연구의 목적 또는 통계 목적에서의 개인 정보처리에 적용되는 안전조치 및 적용의 일부 제외)는 DPA 제16조~제25조에, GDPR 제58조(독립적인 감독기관; 권한) 제4~6항은 DPA 제5장(Part 5)에, GDPR 제77조(감독기관에 민원을 제기할 권리), 제78조(감독기관에

로 참고하기에 적절하다.

영국의 데이터 수집 및 연계처리 체제는 잉글랜드, 웨일즈, 스코틀랜드 등 지역별로 별도로 구성되어 있다.[38] 그러나 '신뢰할 수 있는 제3자 (Trusted Third Party, TTP)'를 매개로 한다는 점은 각 지역들 모두가 갖고 있는 공통점이다. 즉, 지역별 담당조직이 정보제공요청자(ex. 연구자)로부터 신청을 받아, 목적이 정당한지 승인 후 TTP인 NHS Digital로부터 암호화된 키를 받아 데이터를 연계, 비식별화하여 요청자에게 제공하는 것을 기본으로 한다. 대표적으로 잉글랜드의 경우 정보제공절차를 살펴보면 아래 그림과 같다.

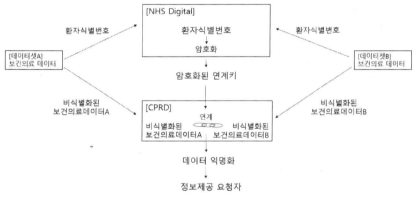

〈그림 5〉 잉글랜드의 보건의료데이터 제공절차[39]

대한 효과적인 사법구제권), 제79조(정보처리자나 수탁처리자를 상대로 한 효과적인 사법구제권)은 DPA 제6장(Part 6)에 반영되었다 - 홍선기·고영미, 앞의 글, 324쪽.

38) 잉글랜드는 CPRD, 웨일즈에서는 SAIL Databank, 스코틀랜드는 ISD Scotland가 데이터 제공을 담당한다. - 보건복지부 의료정보정책과, 제2차 보건의료 빅데이터 정책심의위원회 입법 토론 워크샵, 2018, 63쪽.

39) 해당 그림은 영국 CPRD 홈페이지 〈https://www.cprd.com/safeguarding-patient-data〉 (검색일: 2021. 11. 17.)에 게시된 그림을 바탕으로, 번역하여 만들었다.

　　상기 그림에서 각 데이터셋은 보건의료데이터를 생성하여 보관하는 의료기관이며, 이로부터 환자식별번호가 NHS Digital로 수집되는 것은 NHS 법 제251조를 근거로 한다. 또한 CPRD[40])에서 데이터를 익명화하여 요청자에게 제공하는 것은 독립된 기관인 ISAC의 승인을 받아야 행해질 수 있다.[41]) ISAC는 2006년 보건부 장관에 의해 설립된 독립적 과학자문위원회로서, 정보제공신청자는 연구계획서를 작성하여 ISAC로부터 승인을 받아야 한다. 이 때, 앞서 살펴본 기밀성자문그룹 CAG[42])가 정보의 기밀성과 관련하여 ISAC에 조언을 한다.

　　영국의 위와 같은 연계절차 구조는 국내 보건의료 빅데이터 플랫폼에서 결합을 수행하는 것과 얼핏 유사하다. 식별번호와 별도로 비식별화된 각 데이터셋이 제공됨으로써 결합을 수행한다는 점에서도 국내와 유사하다. 다만 독립된 기관인 ISAC의 승인을 받는 절차나 CAG의 자문을 받는 등의 독립된 관리·감독 기구가 국내에는 없다. 이에 대한 비교·분석 및 국내 연계절차 및 그 근거 규제에 대한 구체적인 개선방안에 관하여 제4장에서 자세히 연구하고자 한다.

---

40) 영국의 임상시험연구데이터링크 CPRD(Clinical Practice Research Datalink)는 정보제공신청자의 목적이 공공보건연구 목적인 경우, (데이터를 합법적으로 수집할 권한을 가지고 있는) NHS Digital로부터 이 제251조를 근거로 익명화된 연계데이터를 받아서 신청자에게 제공할 수 있다.

41) 보건복지부 의료정보정책과, 제2차 보건의료 빅데이터 정책심의위원회 입법토론 워크샵, 2018, 68쪽.

42) 영국 HRA(Health Research Authority-영국 보살핌법(Care Act 2014) 제2장 부칙 제7호에서 HRA의 구성 및 기능에 대하여 정하고 있다. 보건 사회복지 연구에 관한 규정의 집행에 있어서 표준화된 규율을 관리하는 것이 HRA의 주된 업무이다)는 기밀성자문그룹 CAG(Confidentiality Advisory Group)을 설립하여 제251조와 관련된 자문을 하도록 하였다(보건복지부 의료정보정책과, 위의 글, 65쪽).

Ⅲ. 보건의료데이터의 표준화

앞서 살펴 본 바와 같이, 보건의료데이터는 텍스트, 사진, 동영상 등 형태가 다양하며, 정형과 비정형이 혼재된 비구조적인 형식으로 통일성이 결여되어 있다. 데이터 표준화와 연계가 법제적으로 뿐 아니라 기술적으로도 어려워 고도의 전문성이 필요하고 중요한 분야이기도 하다.

현재 정부차원에서 추진하고 있는 보건의료 데이터 표준화 활동은 헬스케어 분야 공통 데이터 모델(Common Data Model, CDM) 사업이 있다.[43] 이러한 공통 데이터 모델은 국제표준 용어체계를 기반으로 각 데이터의 용어들을 표준용어체계로 매핑하는 작업을 통해 이루어진다.[44] 의료기관별로 가지고 있는 전자의무기록, 환자질병 등록정보 등의 포맷을 일치시키고 구조화된 형태로 변환하는 데에 초점이 맞춰져 있다.[45] 의료법 제22조 제4항[46]에서 '보건복지부장관은 진료기록부 등의 서식 및 세부내용에 관한 표준을 마련하여 고시하고 의료인 또는 의료기관 개설자에게 그 준수를 권고할 수 있다'고 정하고 있고, 시행령 제42조에서 이를 전문성을 갖춘 기관에 위탁할 수 있도록 정하고 있다. 이에 따라 재단법인 한국보건의료정보원(https://www.k-his.or.kr)이 보건복지부장관의 위탁을 받아 보건의료데이터 표준 개발 및 관리 업무를 하고 있다. 데이

---

43) 이는 보건의료 데이터 통합과 연계하여 의료기관별로 가지고 있는 보건의료 빅데이터 분석을 위해 각 데이터를 공통 데이터 모델(CDM)로 변경하여 포맷을 일치시키고 구조화된 형태로 변환할 수 있도록 공통 데이터 구조와 저장 방식을 정의한 표준을 개발하는 사업이다.

44) 권태혁·정유성·이도영, 보건의료빅데이터의 표준화와 품질평가, 보건산업브리프 vol.290, 2019, 7쪽.

45) 권태혁·정유성·이도영, 위의 글, 7쪽.

46) 의료법 제22조(진료기록부 등)
④ 보건복지부장관은 의료인이 진료기록부등에 기록하는 질병명, 검사명, 약제명 등 의학용어와 진료기록부등의 서식 및 세부내용에 관한 표준을 마련하여 고시하고 의료인 또는 의료기관 개설자에게 그 준수를 권고할 수 있다.

터의 이동 및 연계의 활성화를 위한 기본이 데이터 표준화일 것이기 때문에, 이러한 데이터 표준을 관장하는 기관이 있다는 것은 중요하다. 미국의 경우에도 국가 의료정보 네트워크 구성 및 정책수립을 위한 주도기관으로 '국가보건의료정보기술조정실(Office of the National Coordinator for Health Information Technology, ONC)'을 두고 보건의료 데이터 표준 활성화를 추진하고 있다.47)

보건복지부는 보건의료표준화 사업의 일환으로 2014년부터 의료법 제22조 제4항에 근거하여 국가보건의료용어표준을 개발해 매년 고시하고, 2018년부터 진료정보교류 사업에 참여하는 병원을 중심으로 용어 표준을 적용하였다. 또한 데이터 공유·연계·활용 생태계 조성을 위한 '보건의료데이터 표준화 로드맵(2021~2025년)'을 마련해 2021. 4. 27. 발표하였다.48)

한편 국가 참조표준 제정 및 보급을 위한 실행기관으로 한국표준과학연구원 내에 국가참조표준센터가 2006년 설립되었다.49) '참조표준'이

---

47) 재인용: 이병철, 앞의 글, 57쪽 원문 : 경북대학교, '보건의료정보표준 발전방향연구, 2014. 12.

48) 연구 수요가 높은 분야에 우선적으로 국제용어표준(SNOMED-CT) 기반 표준참조용어세트 및 용어 매칭 가이드라인을 개발해 확산시키고, 2025년까지 심뇌혈관질환, 만성질환 등으로 단계적으로 확대해 현장용어와 국제용어표준이 잘 연결될 수 있도록 추진한다는 계획이다. 2022년부터 표준화 선도 의료기관을 지정하여 운영할 계획이며, 거버넌스 측면에서 표준화 논의기구 확대, 전담인프라 구축, 전문인력 양성 등 표준화 기반을 마련한다는 계획이다 - 방영식, 국가보건의료데이터 표준화 거버넌스 구축하고 활용 생태계 조성한다, 보건복지부 경제정책해설, 2021. 6., 45쪽.

49) 국가참조표준센터는 국가표준기본법 제16조 제1항 제16조(참조표준의 제정 및 보급 등) 및 국가표준기본법시행령 제14조 제2항 제14조에 근거하여 설치된 센터로서 참조표준 제정 및 보급에 관한 운영요령' 고시 제3조에 '산업통상자원부장관은 참조표준의 제정 및 보급의 원활한 수행을 위하여 표준원에 국가참조표준센터를 설치한다'고 정하고 있다.
국가표준기본법 제16조 제1항 제16조(참조표준의 제정 및 보급 등)
① 정부는 산업과학기술과 정보화 사회에 필요한 참조표준을 제정·평가하고

란 국가표준기본법(법률 제15643호, 2018. 6. 12., 일부개정)에 따라, 측정데이터 및 정보의 정확도와 신뢰도를 과학적으로 분석·평가하여 공인함으로써 국가사회의 모든 분야에서 널리 지속적으로 사용되거나 반복사용이 가능하도록 마련된 자료(예를 들면 반도체 가스물성, 고속물성, 한국인 인체치수, 원자력 등 첨단기술데이터 등이 있다)를 의미한다(제3조 제7항). '국가참조표준센터는 물리, 환경, 보건의료 등 분야별 31개 데이터센터를 지정하여 4만 6천여 건의 표준데이터를 개발하고 이를 국가참조표준센터 홈페이지(www.srd.re.kr)를 통해 개방, 공유하고 있다.[50] 보건의료 관련해서는 '한국인 내분비 호르몬 데이터센터'로서 원주 연세대 세브란스 기독병원, '한국인 호흡기능 데이터 센터'로서 연세의료원 등이 지정되어 있다.

위와 같이 국내의 보건의료데이터 표준화 진행에 대하여, 범부처 차원의 통합된 표준화 계획이 마련되어 장기적이고 집중적으로 추진될 필요가 있다는 지적이 있다.[51] 해외 주요국들은 국가단위의 보건의료정보화 정책을 수립하여 총괄기관을 독립적으로 운영하면서 컨트롤타워 역할을 맡고 있는데,[52] 우리나라의 경우는 위에 살펴본 바와 같이 보건복

이를 과학기술계, 산업계 및 관련 기관 등에 체계적으로 보급하여야 한다. 국가표준기본법시행령 제14조 제2항 제14조(참조표준의 제정 및 보급)
  ① 삭제
  ② 산업통상자원부장관은 법 제16조 제2항에 따른 참조표준의 제정 및 보급 사업을 효율적으로 추진하기 위하여 표준원으로 하여금 참조표준에 관한 측정데이터의 수집·축적 및 평가에 관한 사업을 하게 할 수 있다.

50) 국가참조표준센터 홈페이지 〈https://www.srd.re.kr:446/main/page.do〉.
51) 이병철, 앞의 글, 58쪽.
52) 경북대학교, 보건의료정보표준 발전방향 연구, 2014. 12.

	주도기관	추진 목표
미국	ONC	국가 의료정보 네트워크 구성 및 정책수립
유럽	EuroRec	EHR 시스템 인증, EU내 EHR 시스템 도입
	COCIR	유럽의 의료영상, 전자의료, 헬스 IT산업의 경쟁력 강화, 의료정보 교류

지부, 국가기술표준원, 식품의약품 안전처 등으로 분산되어 추진되고 있다. 중장기 로드맵의 수립과 이에 대한 추진을 위해서는 주요국의 표준화 체계를 검토하여 국가차원의 체계적인 사업 추진을 검토할 필요가 있으므로, 범부처 차원의 컨트롤타워를 지정하여 개선하는 것이 바람직할 것으로 생각된다.

Ⅳ. 보건의료데이터의 활용 용이성 촉진

비식별 처리한 데이터의 활용 필요성이 부각되고 데이터3법의 개정으로 가명정보의 개념이 명시되는 등 제도적 뒷받침이 진행되고 있는 상황에 따라, 데이터 경제 활성화가 화두로 떠오르게 되었다. 이러한 변화의 실질적인 효과를 위해서는 제3자의 개인정보 활용에 대하여 정보주체가 동의 여부를 선택하는 수동적인 선택권뿐만 아니라, 자신의 정보를 다른 개인정보처리자 혹은 기관 등에 전송할지 여부를 선택하는 능동적인 선택권이 주어질 필요가 있다. 앞서 살펴본 마이데이터[53] 사업의 추진 또한 개인정보의 활용에 있어서 정보주체의 능동적인 참여를 바탕으로 한다. 이는 정보주체의 권리를 확장할 뿐만 아니라, 개인정보처리자 입장에서 정보주체의 동의를 구하는 절차를 이행하지 아니하여도 되므로(정보주체 스스로 전송한 것이므로 당연할 것이다), 정보의 활용에 있어서도 편의가 증진될 수 있어 원활한 데이터 유통에 도움이 된다. 이러한 점을 반영하여 최근 개인정보보호법 2차 개정안에 개인정보

	주도기관	추진 목표
일본	후생노동성	보건의료정보 분야 표준 채택 및 제정, 의료정보표준 관련 사업 추진
	JAHIS	보건의료복지정보시스템에 관한 기술 향상, 품질 및 안전성 확보, 표준화 추진

53) 4차산업혁명위원회 및 관계부처 합동, 국민 건강증진 및 의료서비스 혁신을 위한 마이 헬스웨이(의료분야 마이데이터) 도입방안, 2021. 2., 2쪽.

의 전송 요구에 대한 조문안이 포함되었다.[54]

> 제35조의2(개인정보의 전송 요구)
> ① 정보주체는 매출액, 개인정보의 규모 등을 고려하여 대통령령으로 정하
> 는 개인정보처리자에 대하여 다음 각 호의 요건을 모두 충족하는 경우에
> 개인정보처리자가 처리하는 자신의 개인정보를 자신, 다른 개인정보처리
> 자 또는 제35조의3 제1항에 따른 개인정보관리 전문기관에게로 전송할
> 것을 요구할 수 있다.

개정 이유에 따르면, 개인정보 전송권을 개인정보보호법에 규정하여
일원화된 거버넌스를 확립하고 일관성 있는 정보주체 권리 강화를 모색
하기 위함이라고 밝히고 있다. 일반 개인정보보호법에 이러한 전송 요구
권이 명문화된다면, 더욱 상세하게는 분야별로, 특히 의료데이터의 전송
권을 실현하기 위한 제반 규정들에 대한 논의의 단초가 될 수 있다. 현
행법상으로는 환자가 자신의 보건의료데이터를 열람할 수는 있으나 의
료법이나 개인정보보호법 어디에도 이를 제3자에게 전송하도록 요구할
권리에 대하여 규율하는 바가 없었다. 보건의료데이터 전송권이 인정된
다면 의료분야 마이데이터 사업의 활성화를 도모할 수 있다. 예를 들어,
환자들이 자신의 의료정보를 의료인에게 전송하여 알레르기에 관한 정
보 등을 의료인이 사전에 파악할 수 있다면 이를 통해 의료행위의 정밀
도를 높이고 약물 재사용 등의 부작용을 줄일 수 있을 것이다. 또 다른
면으로는 의료기관 예약 및 신속한 응급실 이송 등 의료서비스의 개선
이 가능할 수 있다.

아울러, 참고적으로 개인정보보호위원회는 2021. 1. 6. 개인정보보호

---

54) 법제처, 개인정보보호법 일부개정법률(안) 입법예고, 공고번호 제2021-1호, 2021. 1. 6.
⟨https://www.moleg.go.kr/lawinfo/makingInfo.mo?lawSeq=62160&lawCd=0&&lawType=
TYPE5&mid=a10104010000⟩ (검색일: 2021. 10. 27.).

법 일부개정법률안을 입법예고(개인정보보호법 2차 개정안)하였다. 개정안의 신설조항인 제35조의3에서 규정하고 있는 '전문기관'의 경우 안전성 확보조치 수준과 기술적 능력을 고려하여 안전하게 업무를 수행할 전문성을 갖춘 기관이다. 동조 제2항을 살펴보면 정보를 처리하여 정보주체의 전송요구권 등 행사에 대한 지원을 하는 기관으로, 마이데이터 사업 등에 도움이 될 것이다.

> 제35조의3(개인정보관리 전문기관)
> ① 보호위원회 및 관계 중앙행정기관의 장은 정보주체의 권리행사를 효과적으로 지원하고 개인정보를 통합·관리하기 위하여 안전성 확보조치 수준, 기술적·재정적 능력 등을 고려하여 안전하고 신뢰할 수 있게 제2항의 업무를 수행할 전문성을 갖춘 자를 전문기관(이하 "개인정보관리 전문기관"이라 한다)으로 지정할 수 있다.
> ② 제1항에 따라 지정된 개인정보관리 전문기관은 다음 각 호의 업무를 수행할 수 있다.
>> 1. 제35조의2에 따른 개인정보의 전송 요구권 행사의 지원
>> 2. 개인정보의 통합·관리·분석 및 정보주체에 대한 지원
>> 3. 제1호 및 제2호의 업무에 준하는 경우로서 대통령령으로 정하는 업무

한편 최근 기술의 발달로 다양한 형태로 보건의료데이터 활용의 편의성 증진이 시도되고 있다. 2020년 데이터3법의 개정이유를 보면, '4차 산업혁명시대를 맞아 핵심자원인 데이터의 이용 활성화를 통한 신산업 육성이 범국가적 과제로 대두되고 있고, 특히 신산업육성을 위해서는 인공지능, 클라우드, 사물인터넷 등 신기술을 활용한 데이터 이용이 필요한 바, 안전한 데이터 이용을 위한 사회적 규범 정립이 시급한 상황임'을 서두에서 강조하고 있다.

인공지능 관련하여 지능정보화 기본법(법률 제17344호 전부개정 2020.

6. 9.)에서 전자적 방법으로 학습·추론·판단 등을 구현하는 기술, 데이터를 전자적 방법으로 수집·분석·가공 등 처리하는 기술에 대하여 규율함으로써 법적 근거를 마련하고 관련 분야의 활성화가 진행되고 있다. 법 제44조에서 사생활의 비밀·자유와 개인정보의 보호가 이루어지도록 노력해야 한다고 정하고 있으며 제61조 제1항으로서 지능정보기술을 개발 또는 활용하는 자와 지능정보서비스를 제공하는 자, 지능정보기술이나 지능정보서비스를 이용하는 자는 다른 이용자 또는 제3자의 사생활 및 개인정보를 침해하여서는 아니 된다고 하고 있다. 또한 클라우드 관련하여서는 의료법 시행규칙의 2016. 2. 5.자 개정으로 전자의무기록(EMR)의 클라우드 보관과 외부업체 위탁보관이 가능하여졌고[55], 개인정보보호와 보안을 위하여 '전자의무기록의 관리 보존에 필요한 시설과 장비에 관한 기준'이 보건복지부 고시로서 마련되어 있다.[56]

해외의 현황은 어떠한지 살펴보고자 한다. 미국의 iBluebutton 제도,[57] 영국의 NHS Digital[58]을 통한 정부 주도적 PHR[59] 정책, 대만의 My Health Bank[60]가 있다.

---

55) 의료법 시행규칙 제16조
   ① 의료인이나 의료기관의 개설자는 법 제23조제2항에 따라 전자의무기록(電子醫務記錄)을 안전하게 관리·보존하기 위하여 다음 각 호의 시설과 장비를 갖추어야 한다.
56) 전자의무기록의 관리·보존에 필요한 시설과 장비에 관한 기준
   제1조(목적) 이 기준은 「의료법」 제23조제2항, 같은 조 제4항 및 같은 법 시행규칙 제16조에 따라 전자의무기록을 안전하게 관리·보존하기 위한 시설과 장비에 관한 기준의 구체적인 내용을 정하는 것을 목적으로 한다.
57) 미국 DMS 보훈청 iBluebutton 앱을 통해 보훈병원 등 진료기록의 조회·저장이 가능하다. iBluebutton 앱은 여러 의료기관간의 환자정보 교류를 원만히 하여 진단에러를 줄이는 것이 목적이었다. 당시 미국 통계상으로는 한 명의 환자가 1년간 7명의 서로 다른 의사로부터 진료를 받는다는 통계가 있었다.
58) 이 글 제6장 제4절 참조.
59) 개인의 건강기록을 한데 모아 관리하는 방식을 포괄적인 용어로 PHR(Personal Health Record, 개인건강기록)이라고 한다.
60) 이 글 제6장 제6절 II. 참조 - My Health Bank는 환자의 개인건강 관리에 도움을

　　미국의 경우 앞서 언급한 바 있듯이 보훈청 iBluebutton 앱을 통해 보훈병원 등 진료기록의 조회·저장이 가능하다. 당초에는 여러 의료기관 간의 환자정보 교류를 원만히 하여 진단에러를 줄이는 것이 목적이었다.[61][62] 당시 미국 통계상으로는 한 명의 환자가 1년간 7명의 서로 다른 의사로부터 진료를 받는다는 통계가 있었다. 미국의 iBluebutton 시스템을 살펴보면 의사도 환자에 대한 정보를 직접 다운 받을 수 있다는 점이 눈에 띈다. 이는 개인정보보호법 측면에서 생각해보자면 (비록 의료인이지만) 환자 이외의 자도 환자에 대한 건강정보를 직접 다운받을 수 있다는 것이기 때문에 개인정보 유출 방지를 위한 장치가 필요하다. 미국의 경우 HITECH Act로 규율이 되고 있다. HITECH Act는 전자의무기록의 활용방안에 대하여 규율하고 있는 법이다. PHI 관리와 관련된 업무를 대신하여 수행하거나 PHI 관리 관련된 서비스를 해당 사업자에게 제공하는 조직 또는 개인에게까지 HIPAA 준수를 요구한다. 이러한 의무자에는 클라우드 제공업체를 포함하여 PHI를 생성, 유지 또는 전송하는 하청업체도 포함된다.[63]

주는 전자 의료기록 저장소이다.

61) KESHAVAN M. Company Offers Mobile Patient-Controlled Health Record Access. San Diego Business Journal. 2013;34(19):4-38. 〈http://search.ebscohost.com.libproxy.snu.ac.kr/login.aspx?direct=true&db=f5h&AN=89157083&site=eds-live〉 (검색일: 2021. 4. 27.).

62) 이러한 PHR 서비스는 국내외에서 여러 시도가 있었지만 실패한 사례도 있었다. 예를 들면 구글은 2008년 병원과 연계해 증상을 입력하여 처방을 제공하는 '구글헬스' 서비스를 선보이고 2009년 휘트니스 중심으로 개편하면서 서비스를 강화했지만 보험회사와 병원, 정부 등과 헬스케어 통합시스템을 구축하지 못하고 환자와 의료인의 참여를 끌어들이지 못해 2012. 1. 서비스를 종료했다 (전자신문, 'PHR 기반 헬스케어 서비스 시장, 표준화 등 과제 해결해 선점해야', 2015. 10. 20.). 인터넷 기반으로 PHR을 무료로 제공한 영국 NHS 헬스스페이스도 2007년 출시되어 2010년 중반까지 사용률이 0.13%에 불과하여 실패하였다. 등록절차가 복잡하였고 유저인터페이스가 좋지 않았던 점 등이 실패원인으로 꼽는다. (전자신문, 'PHR 기반 헬스케어 서비스 시장, 표준화 등 과제 해결해 선점해야', 2015. 10. 20.).

63) 재인용 : 손영화, 앞의 글, 456쪽 / 원문 : Daniel Solove, The HIPAA-HITECH

영국에서는 NHS Digital을 통해 보건의료정보 인프라 구축을 비롯한 정부 주도적 PHR 정책이 추진되고 있다. 'NHS Digital'은 국민들의 의료서비스 선택을 위한 정보 제공의 차원에서 2015년 'NHS Electronic Referral Service'를 도입하여 병원에 대한 정보와 서비스 범위를 제공하여 적합한 병원 선택에 도움을 주고, 진료 예약 장소 및 일자에 대한 정보를 의사들에게 제공하여 대기시간을 감소시키는 편의를 증진하였다. 의료 전문가를 위한 정보 제공의 차원에서는 GP들이 온라인과 디지털 환경에서 환자와 상호작용할 수 있도록 전산 서비스를 지원한다.

뿐만 아니라 NHS 홈페이지에는 개인이 자신이나 타인의 건강기록에 접근하기 위한 절차를 안내하고 있다.[64] 이에 따르면 영국의 건강기록은 GP기록,[65] SCR(Summary Care Record),[66] PHR, 통합 디지털 기록 이렇게 네 가지 유형으로 나뉜다. 미리 거부 결정을 하지 않는 한 알레르기 반응 등 이전 의약품 및 치료에 대한 반응이 요약된 기록이 보관·관리된다. 영국은 GP 진료소에 등록되는 환자들이 기본적으로 SCR에 정보를 제공하는 것에 동의한다는 전제를 하고, 만약 정보제공을 원하지 않는 경우 옵트아웃(Opt-out) 양식을 작성하여 정보제공을 거부할 수 있다.[67] 정보주체인 환자와 의료진의 보건의료데이터에 대한 접근 편의성이 눈

Regulation, the Cloud, and Beyond, 2013. 1. 26. 〈https://teachprivacy.com/the-hipaa-hitech-regulation-the-cloud-and-beyond/〉.

64) NHS 홈페이지 참조: 〈https://www.nhs.uk/using-the-nhs/about-the-nhs/how-to-access-your-health-records/〉 (검색일: 2021. 10. 28.).

65) GP 기록에는 의학, 알레르기, 예방접종, 이전 질병 및 검사 결과, 병원 입·퇴원 요약에 대한 정보가 포함된다. GP 온라인 서비스에 등록하면 NHS Digital 앱을 통해 자신의 데이터에 접근할 수 있다.

66) SCR은 GP 의료기록에서 작성된 환자 정보의 전자기록으로서, 환자가 현재 복용하고 있는 약물, 알레르기 및 의약품 부작용, 환자의 기본정보(이름, 주소, 생년월일, NHS 번호)를 포함한다. SCR을 얻고자 하는 개인은 온라인으로 얻을 수 없고 GP에게 요청하여야 한다.

67) 이태훈, 영국 보건의료정보 담당기구 NHS Digital의 기능과 역할, 정책동향 제13권 제1호, 2019, 81쪽.

에 띄며, 절차에 관한 적극적인 안내와 투명한 관리를 통하여 정보주체의 거부권을 보장하고 있다는 점이 특징이다.

일본의 경우에는 2017. 5. 12. 차세대의료기반법을 제정하여 높은 정보보안기술과 익명가공기술을 보유한 기업에게 '인정사업자' 인증을 해주고 의료정보를 활용할 수 있도록 하고 있다. 이러한 정부 인증을 받은 사업자는 진료기록 등을 익명화한 가공 의료정보를 수집할 수 있고, 의료기관은 정보주체에게 사전통지 후 거부의사 표시가 없는 한 보건의료정보를 비식별 처리하여 이러한 사업자에게 제공할 수 있다. 이러한 인증을 받은 사업자 중에 일례로서 의료데이터센터(JMCD)가 있다. JMCD는 의료기관, 건강보험조합으로부터 비식별화된 검진 데이터, 의료 데이터, 보험금 지급 데이터 등을 받아 가공하여 보험회사에게 데이터 분석 서비스를 제공한다. 일본 민간보험회사는 JMCD로부터 받은 건강정보를 기반으로 보험상품 개발에 활용한다.[68] 이렇게 인증된 인정사업자가 2021년 5월 기준으로 2개 업체에 그쳐 활용도가 높지 않다는 실무적인 한계를 가지고 있기는 하지만 일본 정부의 보건의료데이터의 활용 의지를 엿볼 수 있다.

대만의 경우 앞서 살펴본 바와 같이 개인정보보호법에서 공공 보건의료데이터의 활용 가부에 관한 명시와 활용을 비교적 폭넓게 인정하는 사법적 경향을 기반으로 보건의료데이터 활용이 활발하다. NHI MediCloud[69]는 의사들이 다른 병원과 시설에서 환자의 의료기록을 신속하게 불러와 약물 재사용 및 재검사를 예방할 수 있도록 해주며, My Health Bank는 환

---

68) 손재희·이소양, 앞의 글, 13쪽.
69) 진료기록을 클라우드로 공유해 중복검사를 방지하는 방법이다. 보건의료재정 절감을 위해 IT를 활용한 사례로서 알려져 있다. 최근 3개월치 의료기록, 6개월 치 수술기록과 검사기록, 24개월치 치아 치료기록, 검사결과, 퇴원내용, 재활기록, 등이 업로드 되며, 정보를 제출하는 의료기관에 인센티브를 제공한다. - '클라우드로 의료정보 공유하며 재정절감하는 대만' 청년의사 2018. 11. 24.자 기사 〈https://www.docdocdoc.co.kr/news/articleView.html?idxno=1062784〉 (검색일: 2021. 12. 15.).

자의 개인건강 관리에 도움을 주는 전자 의료기록 저장소이다. NHIA는 2016년 '정보통합신청 서비스 센터'를 개설하고 동 센터를 통해 필요한 신청을 하여 승인을 받은 적격 기관은 질병 데이터를 분석할 수 있도록 하였다. 2019년에는 빅데이터 인공지능 산업 육성을 위한 '아시아 실리콘벨리 샌드박스'를 추진하여 보험회사를 포함한 민간기업에 한시적으로 신청을 허용하였고, 2020년에는 NHIA가 보유한 환자 및 의료기관 데이터 외 개인건강데이터를 관리하는 빅데이터 플랫폼 구축 계획을 제시하였다.

이와 같이 해외는 경우에 따라서 환자 자신이 아닌 제3자인 의료인도 데이터에 접근이 가능하기도 하고, 경우에 따라 데이터 앱을 유료화 하여 비용을 지급받기도 하는 적극적인 데이터의 처리와 중개의 양태를 보이고 있다. 이에 비해 국내의 경우 환자가 선택적으로 의사에게 정보를 전달하는 의료정보 전송권조차도 아직 법안발의 중에 있을 따름이다. 의료 진단의 오류를 줄여 환자의 의료복지에 증진하고자 하는 정책 취지를 달성하기 위해서는 의료인의 접근이 가능하면 더욱 그 효용성이 개선될 것이라는 점은 부정할 수 없을 것이다. 제도적으로 이와 같은 의료인의 환자정보 접근이 개인정보 유출로 이어지지 않도록 안전하게 정보를 활용할 수 있는 관련 법제적 개선과 사회적 신뢰 구축이 필요하다.

이를 통해 정보주체가 자신의 정보를 전송하는 상황이 많이 발생하여야 실효성 있는 제도 운영이 가능할 것이다. 예를 들면 구글은 2008년 병원과 연계해 증상을 입력하여 처방을 제공하는 '구글헬스' 서비스를 선보이고 서비스를 강화했지만 보험회사와 병원, 정부 등과 헬스케어 통합시스템을 구축하지 못하고 환자와 의료인의 참여를 끌어들이지 못해 2012. 1. 서비스를 종료했다.[70] 따라서 이러한 데이터 전송권의 원활한 행사와 이를 통한 데이터 이동이 활성화되려면 우선 개인정보의 안전에 대

---

70) 전자신문, 'PHR 기반 헬스케어 서비스 시장, 표준화 등 과제 해결해 선점해야', 2015. 10. 20.

한 사회적 신뢰가 있어야 하고 관련 논의와 이행이 성숙될 필요가 있다.

정리하자면, 보건의료데이터의 안전한 활용을 위한 장치를 고안하고 투명하게 운영함으로써 사회적 신뢰를 확보하여 데이터 개방의 기조를 구축함과 동시에, 데이터 활용에 있어 필요한 허용 근거들을 법령에 마련하여 활발한 데이터 이동이 일어날 수 있도록 추진하여야 한다. 이를 실무현황에 발맞추어 신속하고 효과적으로 진행할 수 있는 컨트롤타워와 그에 대한 관리·감독 시스템의 구축이 필요할 것이다. 상세한 개선 방안을 제4장에서 살펴보고자 하며, 현시점의 보건의료데이터의 안전한 활용을 위한 법제 현황과 개선 필요점을 계속하여 알아보고자 한다.

V. 보건의료데이터 활용 수익의 분배

1. 데이터 제공에 대한 대가의 지급

'보건의료 데이터 활용 가이드라인' 제19면에 따르면 데이터를 제공하고 대가를 지급받는 것은 인정함을 전제로, 사회적인 통념 등을 고려하여 과도한 대가는 지양할 것을 권장하고 있다. 이러한 개인정보에 대한 대가 지불의 개념은 '개인정보 유통'과 연결된다. 해외의 경우는 정보주체인 개인에게 정보활용의 대가를 지불하도록 중개해 주는 회사도 있다. 미국의 'Datacoup'은 2012년에 설립되어 개인정보를 판매할 수 있는 사이버 공간을 제공하는 기업으로서, Facebook 과 같은 사회관계망 계정 정보와 신용카드 정보 등을 제공하는 대가로 해당 소비자에게 매월 8달러를 지불한다. 또한 영국에는 데이터 공급자와 수요자를 연결해주고 데이터 공급자와 수요자가 개인정보 가격에 대해 직접 협상할 수 있도록 하는 데이터 브로커(플랫폼)인 'Handshake' 라는 기업도 있다.71) 국내 가

---

71) 이순호, 금전적 보상에 기반한 개인정보유통 활성화 방안 검토, 2018, 1쪽.

이드라인에서 적절한 수준의 대가지급은 합당하다고 명시한 것은 위 해외 사례와 같은 '개인정보 유통' 산업의 단초가 될 수 있다.

데이터 활용으로 인하여 발생하는 이득의 귀속에 대한 논의의 출발점은 우선 개인정보의 귀속주체가 누구인가에 대한 논의에서부터 시작될 것이다.[72] 이렇게 데이터를 일종의 재화의 개념으로 바라보는 시각은 그동안 데이터를 주로 지켜져야 할 신성한 사적영역으로 취급하여 보호를 중시해온 전통적인 시각과는 다소 다르다. 국내 개인정보보호법은 데이터가 각 정보주체에게 귀속된다는 전통적인 전제하에, 개인정보 자기결정권을 보호하는 취지에서 주로 해석되어 왔다. 대표적으로 정보의 이용과 제3자 제공에 있어 정보주체의 동의를 요하는 옵트인(Opt-in) 방식을 취하고 있는 점에서 이러한 시각을 엿볼 수 있다. 그런데 데이터 3법의 개정으로 가명정보의 개념을 도입하고 가명정보를 일정한 목적하에 정보주체의 동의 없이도 활용 가능하도록 규정하면서, 데이터에 대한 권리가 누구에게 귀속되는지에 대한 논의가 다양하게 전개되고 있다.

뿐만 아니라 국내 법제도적으로도 데이터를 재화나 자산의 일종으로 인식하여 데이터 산업을 육성하기 위한 제도 마련의 의지를 보이고 있다. 민간 데이터의 경제·사회적 생산, 거래 및 활용 등을 위한 기본법제를 마련하고 국내 데이터산업 발전의 기반을 조성하기 위하여, '데이터산업진흥 및 이용촉진에 관한 기본법(법률 제18475호, 2021. 10. 19. 제정, 약칭: 데이터 산업법)'이 2022. 4. 20. 시행예정이기도 하다. 주요내용으로는 데이터산업의 기반 조성을 위하여 3년마다 관계 중앙행정기관의 장과의 협의를 거쳐 데이터산업 진흥 기본계획을 수립하도록 하였고(제4조), 데이터 자산 부정사용 등 행위에 관한 사항은 부정경쟁방지 및 영

---

72) 보건의료 빅데이터와 관련된 최근 연구들을 검토한 미텔스탓(Brent Daniel Mittelstadt)과 플로리디(Luciano Floridi)도 이러한 관점에서 보건의료 빅데이터의 소유권에 관한 논의는 중요하다고 지적하였다. - 재인용 : 목광수, 빅데이터의 소유권과 분배 정의론, 2020, 161쪽 / 원문 : Mittelstadt, Brent Daniel & Luciano Floridi, "The Ethics of Big Data: Current and Foreseeable Issues in Biomedical Contexts" 2016.

업비밀보호에 관한 법률(법률 제17727호 일부개정 2020. 12. 22., 약칭 : 부정경쟁방지법)에서 정한 바에 따르도록 하였다(제12조). 데이터에 포함된 저작물 등의 보호와 이용에 관해서는 저작권법에 따르도록 하였고(제13조), 데이터의 합리적 유통 및 공정한 거래를 위하여 공정거래위원회와 협의를 거쳐 데이터거래 표준계약서를 마련하고 권고할 수 있도록 하며(제21조), 데이터 생산, 거래 및 활용에 관한 분쟁을 조정하기 위하여 데이터분쟁조정위원회를 두도록 하였다(제34조). 데이터를 일종의 자산 속은 재화로서 접근하여 그 활용의 활성화와 거래시 일어날 수 있는 여러 제반사항(거래사, 표준계약, 분쟁조정 등)에 대하여 규율하고 있다.

이러한 가운데, 데이터의 개방성을 높이고 이를 통해 데이터의 품질 제고 및 데이터 활용을 활성화하기 위한 인센티브의 개념에서 대가지급의 대상과 기준에 대하여 논의해보는 것은 의미가 있다. 보건의료데이터의 활용 후 발생하는 이득에 대하여, 누구에게 귀속이 되며 어떻게 분배됨이 바람직한지 살펴보고자 한다.

2. 대가 지급 대상

앞서 언급한 약학정보원 사건의 경우, 약학정보원은 약국으로부터 입수한 데이터를 IMS에 제공하고 금전을 지급받았다. 이러한 사례와 같이 정보제공의 대가가 정보주체가 아닌 자에게로 지급될 경우 과연 타당한 가의 문제, 즉 정보제공의 대가를 지급받을 대상이 누구인가에 대한 논의가 있다. 이는 즉 데이터 귀속의 문제와 연결된다. 우선 권리의 형태를 막론하고 '데이터의 활용으로 발생하는 수익 분배의 대상에 누가 포함되어야 할 것인지'의 측면에서 논의를 전개하기 위해서 이하 편의상 '데이터권'이라 기재하고자 한다.

가. 선행연구의 적용

데이터 생산자와 데이터 처리자의 경우, 존 로크(John Locke)의 노동 가치설에 따라 데이터에 대한 권리가 인정될 수 있다.[73] 정보주체인 환자 개인의 권리보다는 이를 가공·관리하여 이용 가능하고 효용성 있게 변형한 데이터처리자의 권리를 중시한다. 민법 제259조[74] 가공 법리를 데이터에 적용하여, 가명처리를 한 경우 해당 처리를 한 데이터 처리자에게 가명정보가 귀속된다고 보는 입장이다.

유사한 맥락으로, 일반적인 소유권의 법리에서 그 객체를 만든 자에게 귀속되어야 하므로 데이터를 생성한 자에게 원시적인 데이터권이 귀속된다는 견해가 있다.[75] 이러한 견해는 데이터가 전송되는 도중에는 전기신호로서 물건으로 볼 수 있으며 소유권 인정이 가능하다고 주장하기도 하고,[76] 민법상 소유권이 아닌 다른 형태의 배타적 권리를 부여하는 방식으로 권리를 인정할 수 있다는 주장도 있다.[77] 지배가능성을 확보해주는 기술과 결합한 데이터는 소유권의 객체가 가능하다고 보아 가령 블록체인 기술과 같이 물건으로서의 요건을 충족시키는 조치가 취하여진 경우에는 소유권 대상일 수 있다는 견해도 있다.[78]

다른 측면에서 가명정보도 여전히 정보주체의 소유라고 보는 입장도 있는데 이는 로크(John Locke)의 자기소유 이론에 충실한 해석이다.[79] 보

---

73) 송문호, 데이터의 법적 성격과 공정한 데이터거래, 2020, 229쪽.
74) 민법 제259조 제1항 타인의 동산에 가공한 때에는 그 물건의 소유권은 원재료의 소유자에게 속한다. 그러나 가공으로 인한 가액의 증가가 원재료의 가액보다 현저히 다액인 때에는 가공자의 소유로 한다.
75) 박진아, '데이터의 보호 및 유통 법제 정립 방안', 2020, 34쪽.
76) 재인용 : 손경한, '데이터 거래, 활용 활성화를 위한 법제도 개선방안', 2020, 71쪽 / 원문 : 오병철, '디지털정보거래의 성립에 관한 연구', 2001, 16쪽.
77) 이상용, 데이터 거래의 법적 기초, 2018, 19쪽.
78) 최경진, 데이터와 사법상의 권리, 그리고 데이터 소유권, 2019, 235쪽.
79) 양천수, 앞의 글, 235쪽.

건의료데이터를 통해서 얻게 되는 상당한 이익이, 이를 가공·처리한 의료기관 혹은 제약사에게만 귀속되는 것이 과연 정당한가에 대한 논의가 있어왔다.[80][81] 어떤 경우라도 정보주체인 환자 개인의 지분이 인정되어야 한다는 이와 같은 견해는 '온실가스 배출권 할당 및 거래에 관한 법률'에 따른 배출권의 거래를 근거 예시로 든다. 특별한 노동력을 투입한 것이 아니라 할지라도, 기존에는 상품으로 생각되지 않았던 것에 대한 필요성이 발생하여 거래시장이 마련되면 개별 주체의 재산권으로 인정될 필요가 있다는 것이다.[82]

반면에 정보활용으로 인해 발생하는 경제적 이득에 대하여 원 데이터 제공자의 몫을 부정하는 견해는 노동가치설의 입장에서 정보의 생성에 있어 정보주체가 어떠한 도출이나 창작에의 노력을 들인 것이 없다는 점을 지적한다. 원 데이터 제공자의 데이터권을 부정하는 견해는 여러 가지 측면에서 다양한 논거를 제시한다. 기술이 발전할수록 식별가능성이 커지므로 개인정보의 범위가 확대되고 개인정보의 범위를 확정하기 어려워 권리의 대상을 특정하기가 곤란하다는 지적도 있다.[83] 정책적인 면에서 데이터의 공공재적 특성을 생각해 보았을 때 정보주체에게 별도의 권리를 인정하면 데이터 이용 활성화에 장해가 될 수 있다는 점도 있다. 공익목적을 위하여 대가에 상관없이 비식별정보를 개방하는 방향이 바람직하다는 주장이다.[84] 법률적인 측면에서는 데이터의 복제가

---

80) 김화, 보건의료산업 관련 데이터 이용의 쟁점, 2020, 350쪽.

81) 가령, 개인정보의 경우 개인을 알아 볼 수 없는 개인식별자의 삭제 처리가 되었다고 하더라도 그 정보의 출처가 환자 개인이라면 이를 상업적으로 이용하여서 획득된 이득에 대해서도 분배될 수 있도록 하는 것이 바람직하다는 의견(김화, 위의 글, 363쪽)도 있고, 개인의 데이터에 대해 이윤의 분배청구를 포함한 배타적 지배권을 반대하는 견해(김수정, 데이터 소유권 도입 논의와 빅데이터, 2020, 143쪽)도 있다.

82) 김화, 위의 글, 364쪽.

83) 재인용: 손경한, 앞의 글, 69쪽 / 원문 : Nadezhda Purtova, "Do Property Rights in Personal Data Make Sense after the Big Data Turn? Individual Control and Transparency", Tilburg Law School Legal Studies Research Paper Series No. 21, 2017.

용이하고 널리 공유될수록 그 가치가 발휘된다는 점, 비경합성을 가진다
는 점에서 민법상의 소유권과 같은 배타적 지배권능을 인정하기가 불가
능하다는 면도 있다. 국내 민법상 소유권의 객체는 물건인데 데이터는
물건과 같은 물리적 요소가 없어 현행 법률상 데이터 소유권을 인정하
기가 어렵다는 것[85]이다.

이에 반해 존 롤즈(John Rawls)의 분배 정의론에 따르면, 일(work)의
개념을 임금 노동으로만 한정할 것이 아니라, 의미 있는 활동(meaningful
work)으로서 사회적 기여에 포함될 수 있는 것으로 탄력적으로 해석하
고 있다[86](페이스북 사례를 보자면, 2000년에 벌어들인 광고 수익이 3억
5,500만 달러이고 이를 페이스북 이용자들의 창출분으로 환산하면 1인당
연간 0.7 달러만큼의 잉여가치 창출 노동시간에 토대를 둔 것이라는 분
석이 있다).[87][88] 이에 따른다면 예를 들어 현대사회에서 개인적 취미로
서의 유투브 촬영을 통한 수익의 귀속이 설명될 수 있다. 정보주체가 데
이터를 생성하기 위하여 인위적인 노력을 들이지 않았다고 하더라도, 사
회발전이나 경제적 이득의 창출에 기여한 바가 있다면 권리를 인정할
수 있다는 주장의 토대가 된다.

정보주체가 데이터를 보유하기 위한 어떤 노동력을 투여하지 않았더
라도, 헌법상 권리로서 개인정보자기결정권과 프라이버시권이 인정되고
이러한 전제하에 개인정보보호 관련 법제가 운용되고 있으며, 동의권,

---

84) 손경한, 위의 글, 70쪽.
85) 이동진, 데이터 소유권, 개념과 그 실익, 2018, 135쪽.
86) 목광수, 빅데이터의 소유권과 분배 정의론, 2020, 165쪽.
87) 재인용: 목광수, 위의 글, 169쪽 / 원문: 이항우, 정통 자본주의와 자유노동의
    보상, 2017, 135쪽.
88) 스위니 교수는 2015년 논문에서 비식별화되어 안전하다고 간주되었던 한국 처
    방전 데이터의 주민번호가 재식별화될 수 있음을 보임으로써 비식별화 방식의
    취약함을 보여준 바 있다. - 재인용: 목광수, 빅데이터의 소유권과 분배 정의론,
    2020, 168쪽 / 원문 LatanyaSweeney, JiSuYoo, "De-anonymizing South Korean Resident
    Registration Numbers Shared in Prescription Data," 2015. (https://techscience.org/a/20150
    92901/ 2020년 4월 28일 방문).

삭제요구권 등이 인정되는 점에는 이론의 여지가 없을 것이다. 그러나 인격권적인 측면에서 이러한 권리를 인정하는 것과, 정보의 활용으로 인한 수익의 분배 여부는 별개의 사안이라는 점을 상기할 필요가 있다. 거래시장이 마련되면 재산권으로 인정될 필요가 있다는 점이 수긍 가능하다고 하더라도, 이는 사적 거래를 통해 해결될 수 있는(혹은 해결돼야할) 부분이고, 예를 들어 공공 데이터의 개방에 대한 대가로 정보주체에게 수익을 분배하도록 규율하느냐의 문제는 이와는 다른 쟁점인 것이다. 데이터의 올바른 활용으로 인한 산업 분야의 발전 이익은 데이터 활용자뿐만 아니라 정보주체에게도 돌아갈 이득이라는 측면도 있다. 오히려 올바른 활용을 위해 정책과 장치를 마련하고 그 절차에 따라 활용성과를 창출한 정책당국과 활용자의 노력이 크게 평가될 여지도 있다.

　관련하여 제3의 견해로서 민법상 가공의 법리를 적용하여 원데이터 제공자에게 데이터권이 귀속되나 다만 민법 제259조에 따라, 가공으로 인한 가액의 증가가 원데이터의 가액보다 현저히 다액인 때에는 가공자에게 귀속된다는 견해도 있다.[89) 또는 데이터의 공공성을 강조하면서 가명처리된 공공데이터에 대하여 사회 공동자산으로 볼 수 있다는 입장도 있다. 이는 개인의 정보도 사회 안에서 이용되어야 그 효용이 있다는 실효성을 강조한, 공리주의적 시각이 작용한 것이다. 실제로 에스토니아 같은 경우, 블록체인 기술을 응용하여 전자의무기록을 국가 전체적으로 공유 및 관리하며 환자가 어디에서든 의무기록을 볼 수 있게 하고 있다. 공공 데이터에 한하여 이러한 입장이 일견 근거를 가질 수 있다고는 보이나, 공공 데이터라고 하더라도 데이터 생산자와 원데이터 제공자가 모두 사인인데다 그 활용으로 인한 수익이 민간 기업의 영리적 이익인 경우, 과연 공공성만을 지닌다고 할 수 있을지 논쟁의 여지는 있다.

---

89) 박진아, 앞의 글, 34쪽.

나. 검토의견

노동가치설에 따르자면 정보주체의 권리는 인정하기 어려워지는 측면이 있다. 정보주체에게 데이터는 원래부터 내재되어 있는 것이지, 이를 도출하거나 창작하기 위해 정보주체가 어떠한 노력을 들인다고 보기는 힘들기 때문이다(가령 환자의 주민등록번호, 질병 증세 등). 데이터에 대한 통제권이라 볼 수 있는 개인정보자기결정권은 헌법상 보장되는 사생활의 자유 및 보호를 위하여 강구되는 수단으로서 주어지는 권리이지 데이터의 원천적인 귀속을 인정하거나 정보주체의 소유권을 전제하여 도출되는 것이 아니다. 이러한 측면에서 보자면 식별성이 배제된 가명정보의 경우에는 더욱이 (혹시 있을 재식별화로 인한) 정보주체의 내밀한 사생활이 침해될 위험에 대한 보호의 차원에서 권리가 인정될 뿐이다. 이렇게 보자면 가명정보에 대한 정보주체의 적극적인 권리 귀속은 비식별화 이후 단절될 수 있다. 그러면 일종의 무주물처럼 취급이 되어 발생하는 이득에 대한 분배 대상에서 정보주체가 배제될 수 있다.

이러한 시각은 데이터의 가치창출에 있어서 데이터를 수집하고 처리·가공하는 자의 노동력을 상대적으로 높게 평가하게 된다. 각각의 흩어져 있는 데이터는 가치가 없으며, 이를 수집하여 처리·가공하였을 때에 일정 가치를 갖게 되는 것이므로 흩어져 있는 데이터의 상태에서 이를 내재하고 있을 뿐이었던 정보주체의 권리를 인정하는 것은 불합리하다고 보는 것이다.

정리하자면, 데이터 제공으로 인해 정보주체가 감당해야 할 리스크에 대하여 간과하는 것은 물론 경계해야 한다는 입장이다. 그러나 이는 데이터 재식별화 위험에 대한 철저한 관리와 제도적 뒷받침에 대한 노력으로 보상함이 적절한 방향일 것으로 생각된다. 데이터 활용 결과로 인한 복리후생의 발전 또한 정보주체에게로 돌아갈 것인 측면이 있고, 정보주체를 적극적으로 수익의 분배 대상에 포함한다면 데이터에 대한 인식이 지나치게 사유화되거나 데이터 활용에 장해가 될 염려가 있어 현 정책방향에 부합하지 않는다. (그렇다고 하여 사적 거래에 있어서 대가 지급을 금지하는 것은 아니므로 실무상 적절하게 운용이 가능할 것이라 생각되고, 다만 그 금액의 적절한 범위를 권고하는 수준의 규율이 바람 직하지 않을까 생각된다.)

데이터 개방과 활용에 있어 정보주체의 권리는 보호하되, 정보귀속을 적극적으로 인정하고자 하는 취지는 아닌 것이다. 다만 이러한 사항들을 포함한 수익의 분배 방식과 정도에 있어서 사회적 합의를 통해 현실적 인 방안을 강구하는 것이 중요할 것으로 생각된다. 어떠한 분배 방식을 선택하든, 그 과정에 있어서 적절한 절차와 참여자들 간의 네트워크를 거치지 않는다면 데이터 개방에 대한 불신은 계속될 것이기 때문이다. 현재 국내의 현황은 공공데이터에 대하여 국내의 '보건의료 빅데이터 플 랫폼'이 데이터를 판매하여 대가를 받고는 있지만 이 매출은 데이터를 제공한 센터로 배분되고 있다. 별도의 유통수수료를 받거나 하지 않으므 로 플랫폼 자체 내 수익은 없고 정부의 지원으로 플랫폼별로 10억 원의 예산이 지원되어 시스템 유지 보수 등에 쓰인다.[90] 즉 사적으로 유통되 는 데이터가 아니라면 공공기관에서 세수를 통해 데이터 처리가 이루어 지고 있는 만큼, 이를 활용하여 수익을 내는 민간기업이 있다면 세금을 납부하는 방식으로 순환이 이뤄지도록 하는 방안도 있을 것이다.

데이터 이용 수익의 분배는 잘 활용하면 데이터 개방을 촉진함으로 써 올바르게 데이터가 활용될 수 있도록 증진하는 역할을 할 수 있다. 이러한 측면에서 일종의 인센티브 부여의 시각에서 접근할 필요가 있다. 구체적인 방식과 대가 지급의 정도에 대해서는 제4장 개선방안에 관한 연구 항목에서 더 자세히 살펴보고자 한다.

---

90) 국회입법조사처, 빅데이터 플랫폼의 운영 실태와 개선과제, 2020, 29쪽.

제2절 보건의료데이터 보호 법제 현황

Ⅰ. 개인정보보호법상의 보건의료데이터 보호

1. 가명정보와 익명정보

가. 해외 현황

미국의 경우 HIPAA는 PHI의 이용 또는 제공을 원칙적으로 금지하면서 예외적인 경우(치료 목적, 공공안전 또는 범죄예방 등)에만 활용할 수 있도록 규정하고 있다. PHI는 전문가 판단(다른 정보와 결합하여 비식별화하는 방안) 또는 세이프하버(식별정보 등 일정정보를 제거하여 비식별화하는 방안)를 통한 비식별 조치를 거쳐 비식별 정보(de-identified information)로 재분류하여 공개할 수 있다.

또한 앞서 언급한 바와 같이 CMS는 의료정보를 연구목적으로 데이터를 사용하는 경우에 한하여 일정 수준의 재식별 가능성이 있는 데이터를 공개하는 이른바 'LDS' 정책을 운영하였다.[91] LDS(Limited Data Set, 제한된 데이터 세트)[92]의 정의는 '표면적 식별자(facial identifier)를 삭제한 정보'로서, 정보이용자가 데이터의 재식별 금지 합의서를 제출하고 특정목적(연구·공중·보건·의료서비스 제공)에 활용되는 경우 IRB를 거쳐 정보주체의 동의 없이 활용 가능하다(45 C.F.R. § 164.530(i)).[93] 다만 종국적으로 노인건강보험제도의 발전에 관련된 것이어야 한다는 목적의 제한이 있다.[94] 마치 우리나라에서 생명윤리법에 따라 보건의료데이터를 가

---

91) CMS 홈페이지 〈https://www.cms.gov/Regulations-and-Guidance/Legislation/EHRIncentivePrograms/DataAndReports〉 (마지막 검색일: 2021. 4. 3.).
92) 고학수, 앞의 글, 101면.
93) 김재선, 앞의 글, 13쪽.

명처리한 후 IRB를 거쳐 연구목적으로 사용하는 것과 유사하다.

유럽의 경우 GDPR은 비식별화된 데이터를 크게 '익명정보(anonymous information)'와 '가명처리(pseudonymisation)를 거친 정보'로 나눈다.[95] 익명정보는 식별 가능한 데이터 세트와 정보주체 간의 연계성을 제거하여 처리된 정보거나 애초에 개인 식별이 가능하지 않았던 정보를 포괄하며 GDPR Recital 제26조에 따라 개인정보 보호 원칙이 작용되지 않는다.[96] 한편 GDPR에서 가명처리는 추가적 정보의 사용 없이는 더 이상 특정 정보주체를 알아볼 수 없도록 개인정보를 처리하는 것을 의미한다.[97] 재식별 우려를 방지하기 위하여 추가적 정보는 별도로 보관하도록 하며, 기술적 및 관리적 보호조치를 운용하도록 한다. 가명처리된 개인정보는 목적 외 이용이 정당화 된다.[98]

영국의 경우 DPA는 GDPR 제9조(민감정보 처리), 제23조(정보주체의 권리; 제한), 제85조(특정 정보처리 상황에 관한 규정; 개인정보 처리 및

---

94) 이하 LDS, PUF, RIF에 관한 사항은 [고학수, 앞의 글, 103면]을 참고 하여 작성되었다.

95) GDPR Recital (26) To determine whether a natural person is identifiable, account should be taken of all the means reasonably likely to be used, such as <u>singling out, either by the controller or by another person to identify the natural person directly or indirectly.</u> To ascertain whether means are reasonably likely to be used to identify the natural person, account should be taken of all objective factors, such as the costs of and the amount of time required for identification, taking into consideration the available technology at the time of the processing and technological developments.

96) 개인정보보호위원회, GDPR 관련용어집 참조: ⟨https://www.pipc.go.kr/np/cop/bbs/selectBoardArticle.do?bbsId=BS221&mCode=D060000000&nttId=5857#LINK⟩ (검색일: 2021. 4. 3.)

97) 개인정보보호위원회, GDPR 관련용어집 참조: ⟨https://www.pipc.go.kr/np/cop/bbs/selectBoardArticle.do?bbsId=BS221&mCode=D060000000&nttId=5857#LINK⟩ (검색일: 2021. 4. 3.)

98) 개인정보보호위원회, GDPR 관련용어집 참조: ⟨https://www.pipc.go.kr/np/cop/bbs/selectBoardArticle.do?bbsId=BS221&mCode=D060000000&nttId=5857#LINK⟩ (검색일: 2021. 4. 3.)

표현과 정보의 자유), 제89조(공익을 위한 유지보존의 목적, 과학이나 역사 연구의 목적 또는 통계 목적에서의 개인 정보처리에 적용되는 안전조치 및 적용의 일부 제외) 등 대부분의 GDPR 내용을 반영하고 있다.[99] 데이터 사용시 비식별조치를 취하도록 정하고 있으며, 병원, 대학 연구 및 제약사의 신약 개발시 사용가능하나 원칙상 마케팅 목적, 보험 목적으로는 데이터 사용이 불가한 것으로 해석되고 있다.[100]

일본의 경우는 앞서 언급한 바와 같이 2019년 개인정보보호법 개정을 통해 가명가공정보의 개념을 창설하였다. 개정 전 일본 현행법은 복원이 불가능한 '익명가공정보'에 대해서만 규정하고 있었다. 익명가공정보는 제3자 제공이 허용되며, 목적 외 이용제한 규정도 적용되지 않는다. 일본 '가명가공정보'의 개정법상 정의는 '개인식별부호를 포함한 개인정보에 대해서는 개인식별정보의 전부를 삭제하거나 복원할 수 없는 다른 정보로 대체하는 것에 의해, 그 이외의 개인정보에 대해서는 이름 등 특정 개인을 식별할 수 있는 정보를 삭제하거나 복원할 수 없는 다른 정보로 대체함으로써 다른 정보와 대조하지 않고는 특정 개인을 식별할 수 없도록 개인정보를 가공해서 얻은 개인에 관한 정보(제2조 제9항 제1, 2호)'라고 정하고 있다.

일본은 가명가공정보를 다시 둘로 나누어, '개인정보인 가명가공정보(제35조의2 제3, 5, 9항)'와 '개인정보가 아닌 가명가공정보(제35조의3 제1, 3항)'이 있다. 다른 정보와 쉽게 대조할 수 있고 특정 개인을 식별할 수 있는 가명가공정보가 전자에 속하고(주로 개인정보취급자가 이용하는 가명가공정보), 다른 정보와 쉽게 대조할 수 없고 특정 개인을 식별할 수 없는 가명가공정보가 후자에 속한다(주로 수탁자, 공동이용자 등이 이용하는 가명가공정보).[101] '개인정보가 아닌 가명가공정보'는 개인

99) 홍선기·고영미, 앞의 글, 324쪽.
100) 최미연, 보건의료데이터 국내 법제도 현황과 문제점 분석, 2021, 39쪽. 〈https://www.nhs.uk/your-nhs-data-matters/where-confidential-patient-information-is-used/〉 (검색일: 2021.9.27.)

정보가 아니므로 이용 목적 특정 및 통지·공표 의무, 목적외 이용금지 의무가 적용되지 않으며(제15조), 보유개인데이터에 관한 사항의 공표 (제27조), 본인의 청구권(제28조 내지 제34조) 등에 관한 규정도 적용되지 않는다.102) 일본은 2017. 5. 12. 차세대의료기반법을 제정하여103) 치료 이력 등의 의료정보를 개인을 식별할 수 없도록 익명가공하여 인정사업자에게 제공할 수 있도록 하였다.104) 개인정보보호 안전기준을 충족하여 인증 받은 '인정사업자'는 환자 본인이 정보 제공에 대한 동의를 거부하지 않는 한 정보이용이 가능하다.105)

대만의 경우 개인정보보호법에서 병력, 의료, 건강검사와 관련된 개인정보는 법률에 명문규정이 있거나, 공공기관이 법적 직무를 집행하거나 비공공기관이 법정의무를 이행하기 위하여 필요한 범위 내에서 사전이나 사후에 적당한 안전유지 조치가 있을 경우, 공공기관이나 학술연구기관이 의료, 위생이나 범죄예방의 목적에 근거하여 통계나 학술연구를 위하여 필요가 있고 정보가 제공자의 처리를 거친 후 또는 수집자가 그 공개방법에 의하여 특정한 당사자를 식별할 수 없을 경우, 공공기관의 법정직무의 집행이나 비공공기관의 법정의무의 이행의 협조를 위하여 필요한 범위 내에서 사전 또는 사후에 적당한 안전유지조치가 있을 경우 등에만 수집 및 처리가 가능하다고 정하고 있다. 비식별정보의 정의에 대하여, 법 제55조에 따르면 법무부로 하여금 시행령을 정하도록 위임하고 있고, 이에 따른 개인정보 보호법 시행령 제17조에서는 비식별정

---

101) 한국인터넷진흥원, '2021년 주요이슈전망', 2020 KISA REPORT Vol.11. 2020, 13쪽.
102) 정원준, 한국법제연구원, '가명처리를 통한 보건의료데이터 보호 및 활용 방안의 법제적 쟁점', 2021, 40쪽.
103) 한국인터넷 진흥원, 일본의 익명가공정보 활용 관련 차세대 의료기반법의 주요내용, 2018, 81쪽.
104) 이승현·오정윤, 보건의료 빅데이터 활용을 위한 일본의 법제동향 : 차세대의료기반법을 중심으로, 보건산업브리프 제267호, 한국보건산업진흥원, 2018, 6쪽.
105) 정승모, 일본의 개인의료데이터 현황 및 정책적 시사점, 정보통신방송정책 제3권 제3호, 정보통신정책연구원, 2019, 6쪽.

보에 대하여 다음과 같이 정하고 있다.

제17조

이 법 제6조 제1항 단서 제4호, 제9조 제2항 제4호, 제16조 단서 제5호, 제19조 제1항 제4호와 제20조 제1항 단서 제5호가 말하는 특정한 당사자를 식별할 수 없다는 것은 개인정보를 코드, 익명, 일부정보의 은닉 또는 기타 방법으로 해당 특정개인을 식별할 수 없는 경우를 말한다.

나. 국내 현황

개정된 개인정보보호법(법률 제16930호, 2020. 2. 4. 일부개정)은 '개인정보'의 개념을 보다 명확히 하였으며, '가명정보'의 개념을 명시적으로 기재하였고(제2조, 제17조, 제28조의2) '가명정보' 또한 이 법의 '개인정보' 에 속함을 명확히 하였다. 앞서 약학정보원 사례106)에서, 당초 원심 법원은 2, 3기 암호화된 정보는 비식별 조치로 개인정보로 보지 않는다고 하면서 한편으로는 구 개인정보보호법 제18조(개인정보의 목적 외 이용·제공 제한)를 적용하여 모순이 있었다. 법률의 개정으로 가명정보 또한 개인정보에 포함됨이 명시되어 이러한 혼란이 더 이상 발생하지 않게 되었다.

또한 개정 개인정보보호법에서는 '다른 정보를 사용하여도 더 이상 개인을 알아볼 수 없는 정보'에 대해서는 이 법의 적용대상이 아니라는 점을 분명히 함으로써 이른바 '익명정보'의 개념을 규정하였다(제58조의2). 개인정보보호법에서 '익명정보'라는 단어를 명시적으로 기재하고 있지는 아니하지만 개인정보보호위원회가 정한 '가명정보 처리 가이드라인'에서 '시간·비용·기술 등을 합리적으로 고려할 때 다른 정보를 사용

---

106) 서울중앙지방법원 2017. 9. 11. 선고 2014가합508066 및 항소심 서울고등법원 2017나 2074963 판결.

하여도 더 이상 개인을 알아볼 수 없는 정보'를 '익명정보'로 기재하고 있다.

개인정보보호법 제23조 '민감정보의 처리 제한'에서는 사상, 신념, 정치적 견해, 건강 등에 관한 정보 및 사생활을 현저히 침해할 우려가 있는 개인정보에 대하여 예외사유에 해당하지 아니하는 한 처리를 금지함으로써 보호하고 있다. 건강에 관한 정보가 이에 포함됨으로써, 보건의료데이터 또한 개인정보에 해당하는 범위 내에서는 민감정보로서 일반 개인정보에 비하여 엄격히 보호된다. 이에 따라, 제23조의 예외사유로 해석되는 경우에 대한 논의와, 보건의료데이터의 가명정보 활용의 법적 근거에 대한 논의가 있다.

2. 가명정보 파기 등 정보주체의 권리

현행 개인정보보호법상으로는 가명정보에 대하여 목적 달성 후 파기 의무가 없기 때문에 이러한 경우 가명정보 제공 계약에 따른 민사상 책임만을 물을 수 있다. 현행 개인정보보호법에서는 제21조[107]로서 개인정보의 목적 달성 등 더 이상 정보가 불필요하게 되었을 때에 지체 없이 파기하도록 정하고 있지만, 제28조의7에서 가명정보에 대해서는 제21조를 적용하지 아니한다고 정하고 있기 때문이다. 가명처리한 보건의료데

---

107) 제21조(개인정보의 파기)

　① 개인정보처리자는 보유기간의 경과, 개인정보의 처리 목적 달성 등 그 개인정보가 불필요하게 되었을 때에는 지체 없이 그 개인정보를 파기하여야 한다. 다만, 다른 법령에 따라 보존하여야 하는 경우에는 그러하지 아니하다.

　② 개인정보처리자가 제1항에 따라 개인정보를 파기할 때에는 복구 또는 재생되지 아니하도록 조치하여야 한다.

　③ 개인정보처리자가 제1항 단서에 따라 개인정보를 파기하지 아니하고 보존하여야 하는 경우에는 해당 개인정보 또는 개인정보파일을 다른 개인정보와 분리하여서 저장·관리하여야 한다.

　④ 개인정보의 파기방법 및 절차 등에 필요한 사항은 대통령령으로 정한다.

이터에 대하여 이를 공급받은 제3자가 당초 데이터 제공 계약에서 정한 목적을 이루고 계약상의 이용기한을 도과하였음에도 가명정보를 파기하지 않는 경우 발생할 수 있는 위험에 대한 문제가 제기 된다.[108] 이에 대해 개인정보보호위원회는 2021. 1. 6. 개인정보보호법 일부 개정법률안을 입법예고(개인정보보호법 2차 개정안)하여 '가명정보 처리 특례정비'로서 제28조의7에 있는 제21조 예외조항을 삭제하고 가명정보의 경우에도 파기의무가 부여되도록 하였다. 개정안이 통과되어 시행되면 가이드라인 또한 이를 반영하여, 정보제공 계약서에서만 파기의무를 명시할 것이 아니라 법률상 파기 의무가 있음을 제시하여 가명정보에 대한 사용목적을 달성하거나 계약상 협의한 기한이 도과하면 파기의무를 이행할 수 있도록 수정하는 것이 바람직할 것이다.

개인정보보호법은 제35조 내지 제37조에서 위와 같은 파기의무 뿐만 아니라 개인정보주체의 권리를 정하고 있다. 제35조에서는 개인정보의 열람요구권을, 제36조에서는 개인정보의 정정, 삭제를 요구할 권리를, 제37조에서는 개인정보의 처리정지를 요구할 권리를 정하고 있다. 그런데 제28조의7[109)에서는 가명정보에 대하여 제35조부터 제37조까지의 규정을 적용하지 아니하도록 하고 있다. 가명처리된 정보라고 하여 개인 식별이 어렵다고 하더라도 여전히 개인정보로 포함된다고 규율하고 있는만큼 정보주체의 권리를 보호할 필요성이 있음을 이유로 이러한 조항들까지도 가명정보에 적용되도록 해야 한다는 견해가 있다.

그러나 앞서 살펴보았듯이 자기정보결정권은 어떠한 경우에든 지켜져야 하는 신성불가침의 영역이라기 보다는, 정보의 활용으로 얻어지는 가령 국민의 알 권리, 건강권 등과 비교형량의 대상으로서 개인정보의

---

108) 정상태, 보건의료 데이터 활용과 개인정보보호법, HIRA 빅데이터 프리프 제4권4호, 2020, 18쪽.

109) 제28조의7(적용범위) 가명정보는 제20조, 제21조, 제27조, 제34조 제1항, 제35조부터 제37조까지, 제39조의3, 제39조의4, 제39조의6부터 제39조의8까지의 규정을 적용하지 아니한다.

보호와 활용이 균형을 맞추어 규율되어야 할 대상이다. 열람청구나 삭제, 중지요구권의 경우는 가명정보의 활용을 현저히 저해하여 이를 신설한 데이터3법의 개정 취지를 무색하게 만들 여지가 있다. 물론 가명처리된 정보의 경우 시간이 지날수록 기술의 발달이나 다른 정보와의 연계 등으로 식별가능성이 높아질 위험이 있지만, 한편으로 정보의 유용성 또한 수명이 존재하기 때문에 시간이 지날수록 상쇄될 것이다. 비식별화 조치를 거쳤음에도 정보주체가 열람요구권과 삭제, 중지요구권을 제한 없이 행사하여 삭제나 중지를 요구할 수 있다면 가명정보의 활용가능성에 상당한 제약이 될 수 있다.

반면에 통지에 대해서는, 법 제28조의4 제2항에 따르면 '개인정보처리자는 가명정보를 처리하고자 하는 경우 가명정보의 처리목적 등 대통령령으로 정하는 사항에 대하여 기록을 작성하여 보관'하여야 하도록 정하고 있다. 이에 따라 작성하여 관리하고 있는 사항들을 정보주체자의 요구에 따라 경우에 따라서는 온라인송신의 방법 등으로 알리는 것은 크게 부담이 되지 않을 수 있다. 용이성을 최대화한다면 개인정보자기결정권을 보호하면서도 가명정보의 활용에 장해가 되지 않을 절충적 방안이 될 수 있다.

3. 개인정보보호에 관한 일부규정의 의무주체

가. 개인정보의 국외 이전

데이터의 유통 및 이동 활성화로 인하여 국제적으로도 데이터의 이동이 발생하자 이에 대한 개인정보 보호와 관련된 규율 마련의 논의와 필요성이 부각되었다. 개인정보보호법 개정으로 제39조의12, 13[110])에 국

---

110) 제39조의13(상호주의) 제39조의12에도 불구하고 개인정보의 국외 이전을 제한하는 국가의 정보통신서비스 제공자등에 대하여는 해당 국가의 수준에 상응

외 이전에 관한 상세한 조문이 신설되었다.

제39조의12(국외 이전 개인정보의 보호)

① 정보통신서비스 제공자등은 이용자의 개인정보에 관하여 이 법을 위반하는 사항을 내용으로 하는 국제계약을 체결해서는 아니 된다.

② 제17조제3항에도 불구하고 정보통신서비스 제공자등은 이용자의 개인정보를 국외에 제공(조회되는 경우를 포함한다)·처리위탁·보관(이하 이 조에서 "이전"이라 한다)하려면 이용자의 동의를 받아야 한다. 다만, 제3항 각 호의 사항 모두를 제30조 제2항에 따라 공개하거나 전자우편 등 대통령령으로 정하는 방법에 따라 이용자에게 알린 경우에는 개인정보 처리위탁·보관에 따른 동의절차를 거치지 아니할 수 있다.

③ 정보통신서비스 제공자등은 제2항 본문에 따른 동의를 받으려면 미리 다음 각 호의 사항 모두를 이용자에게 고지하여야 한다.

1. 이전되는 개인정보 항목

2. 개인정보가 이전되는 국가, 이전일시 및 이전방법

3. 개인정보를 이전받는 자의 성명(법인인 경우에는 그 명칭 및 정보관리책임자의 연락처를 말한다)

4. 개인정보를 이전받는 자의 개인정보 이용목적 및 보유·이용 기간

④ 정보통신서비스 제공자등은 제2항 본문에 따른 동의를 받아 개인정보를 국외로 이전하는 경우 대통령령으로 정하는 바에 따라 보호조치를 하여야 한다.

⑤ 이용자의 개인정보를 이전받는 자가 해당 개인정보를 제3국으로 이전하는 경우에 관하여는 제1항부터 제4항까지의 규정을 준용한다. 이 경우 "정보통신서비스 제공자등"은 "개인정보를 이전받는 자"로, "개인정보를 이전받는 자"는 "제3국에서 개인정보를 이전받는 자"로 본다.

하는 제한을 할 수 있다. 다만, 조약 또는 그 밖의 국제협정의 이행에 필요한 경우에는 그러하지 아니하다.

정보통신망 이용촉진 및 정보보호 등에 관한 법률(법률 제18201호, 2021. 6. 8., 일부개정, 약칭: 정보통신망법)에서 이관되어온 특례조항이며, 조문의 의무주체를 보면 일반적인 국외이전과 정보통신망을 통한 국외이전을 구분하고 있다. 이에 대하여 정보통신서비스 제공자를 포함하는 모든 개인정보처리자에 적용될 수 있는 일반적인 조항으로 개정할 필요가 있다는 지적이 있다.[111]

이에 최근 개인정보보호법 2차 개정안[112]에서는 제28조의8, 9를 신설하여, 개인정보처리자에게 적용되는 일반적인 국외 이전 규제를 추가하였고(제28조의 8), 개인정보의 충분한 보호가 이루어지지 않는 경우의 등에는 개인정보보호위원회에서 국외이전 중지를 명할 수 있도록 하였다(제28조의 9). 정보통신망법의 일부 특례조항이 개인정보보호법으로 이관되는 개정이 추진되면서, 일부 조항에 대한 의무주체 변경의 필요성이 제기되었다. 정보통신제공자의 개인정보 이용시 동의의무 등에 대한 규정에서도 유사한 논의가 있어 아래에 살펴보고자 한다.

나. 정보통신서비스 제공자 등의 개인정보처리 등 특례

정보통신망법 제26조의2의 경우 최근 개인정보보호법의 개정으로 동법 제39조의3으로 신설되었다. 이에 관해 그 의무주체로서 '정보통신 서비스 제공자'만으로 한정할 것이 아니라 '개인정보처리자'도 포함되어야 한다는 지적이 제기되어 왔다. 관련 사례를 살펴보고 개선 방안을 검토해 보고자 한다.

개정 정보통신망법은 구 정보통신망법상에 있던 개인정보 보호관련

---

111) 안정민, 개인정보보호법상의 국외이전 개정방안의 연구, 경제규제와 법 13(1), 2020, 70쪽.

112) 개인정보보호위원회 공고 제2021-1호, 법제처 사이트 참고: 〈https://www.mo leg.go.kr/lawinfo/makingInfo.mo?lawSeq=62160&lawCd=0&&lawType=TYPE5&mid=a 10104010000〉.

조항을 삭제하고 개인정보보호법에 '제6장 정보통신서비스 제공자 등의 개인정보 처리 등 특례'를 신설하여 개인정보보호법에서 규율하도록 일원화하였지만 현재까지는 의무 주체를 여전히 '정보통신서비스 제공자'로 한정하고 있다. '정보통신서비스 제공자'가 아닌 '개인정보처리자'도 의무를 이행하여야 하는 경우가 있기 때문에 이를 보완할 필요가 있다. 해당 특례조항의 내용은 아래 〈표 9〉와 같다.

〈표 9〉 개인정보보호법에서 정보통신서비스 제공자 등에 대한 특례조항의 요약

	의무 주체	규율 내용
제39조의 3	정보통신서비스 제공자	정보주체의 동의를 구할 의무
제39조의 4	정보통신서비스 제공자 등*	개인정보의 분실, 도난, 유출시 신고 등의 의무
제39조의 5	정보통신서비스 제공자	개인정보 처리자를 최소한으로 제한할 의무
제39조의 6	정보통신서비스 제공자	1년 동안 이용하지 아니하는 이용자의 개인정보를 파기할 의무
제39조의 7	정보통신서비스 제공자 등	이용자는 언제든지 정보통신서비스 제공자 등에 대해 언제든지 동의를 철회 가능
제39조의 8	정보통신서비스 제공자	이용자의 개인정보 이용내역을 주기적으로 이용자에게 통지
제39조의 9	정보통신서비스 제공자 등	손해배상책임을 이행하기 위한 보험 가입 등 조치 의무
제39조의 10	정보통신서비스 제공자	이용자의 개인 정보가 공중에 노출되지 않도록 할 의무
제39조의 11	정보통신서비스 제공자 등	국내에 주소 또는 영업소가 없을 경우 국내 대리인을 지정할 의무
제39조의 12	정보통신서비스 제공자 등	이 법을 위반하는 내용의 국제계약을 체결해서는 아니 됨
제39조의 13	정보통신서비스 제공자 등	개인정보의 국외 이전을 제한하는 국가에 대해서는 해당 국가의 수준에 상응하는 제한 가능

	의무 주체	규율 내용
제39조의 14	정보통신서비스 제공자 등	방송사업자 등이 시청자의 개인정보 처리시 정보통신서비스 제공자 등에 대한 규정을 준용
제39조의 15	정보통신서비스 제공자 등	과징금의 부과 등에 대한 특례

* '정보통신서비스제공자 등'은 '정보통신서비스 제공자와 그로부터 개인정보를 제공받은 자'를 가리킨다.

의무주체를 정보통신서비스 제공자 등으로 한정할 필요가 없을 것으로 보이는 내용들이 포함되어 있다. 또한 개인정보처리자로 설정하여 통일하는 것이 조문의 명확한 해석 면에서나 규율의 필요성 측면에서 타당한 측면도 있다. 이에 대해서 제4장에서 개선방안 연구시 자세히 살피고자 한다.

Ⅱ. 보건의료데이터 보호 규율

국내의 경우 보건의료 관련법에서 보건의료데이터의 개인정보보호에 관한 특수성으로 인하여 요구되는 규율들을 포함하고 있으며, 가이드라인 등으로 보완하고 있다.

〈표 10〉 국내 보건의료데이터 보호관련 법률 현황

	법제명*	규율 내용
공공데이터 관련	공공데이터법	공공데이터에 대한 국민의 이용권 보장
	정보공개법	공공데이터에 대한 공공기관의 공개의무 규정
	전자정부법	전자정부의 효율적 구현목적, 사생활 보호 조항
	데이터기반행정법	데이터 기반의 행정활성화, 개인정보보호보호법 준수 조항
	지능정보화 기본법	지능정보기술을 활용한 정책 추진 목적, 개인정보보호 및 사생활 보호 조항

	법제명*	규율 내용
	국가지식정보법	국가 지식의 공유 및 확산 활성화
보건의료데이터 관련	생명윤리법	인간대상 연구시 인간의 존엄성과 가치 보호, 개인정보 보호 조항
	보건의료기본법	보건의료에 관한 국민의 권리 및 의무 규율, 사생활 보호 조항
	국민건강보험법	공단, 심사평가원 등 업무 수행시 취득 개인정보 누설 금지 조항
	암관리법	암관리사업에 종사자는 업무상 취득 개인정보 누설 금지 조항
	의료법	의료종사자 업무상 취득 개인정보 누설 금지 조항
	약사법	약사, 한약사 업무상 취득 개인정보 누설 금지 조항
데이터 관련	개인정보보호법	일반 개인정보에 대한 보호 규율, 민감정보 특례, 익명화 및 가명화 규율
	신용정보법	신용정보 산업 건전 육성 목적, 신용정보 이용 관련 사생활 비밀 등 보호 조항
	정보통신망법	정보통신서비스 제공자 및 소비자 등의 개인정보 보호 조항(개인정보보호법으로 이관)
2022. 4. 20. 시행예정	데이터산업법	민간 데이터의 생산, 거래 및 활용을 위한 기반 조성

* 약칭으로 기재하였다.

1. 생명윤리법에서의 보건의료데이터 보호

보건의료데이터의 활용시 개인정보 보호에 관하여 정하고 있는 관련 법은 대표적으로 생명윤리 및 안전에 관한 법률(법률 제17783호 일부개정 2020. 12. 29. 약칭: 생명윤리법)이 있다.[113] 개인정보보호법에 가명정

---

113) 생명윤리 및 안전에 관한 법률(법률 제17783호 일부개정 2020. 12. 29. 약칭: 생명윤리법)은 2004년 제정되었다. 제1조에 따르면 이 법은 '인간과 인체유래물 등을 연구하거나, 배아나 유전자 등을 취급할 때 인간의 존엄과 가치를 침해하거나 인체에 위해를 끼치는 것을 방지함으로써 생명윤리 및 안전을 확보하고 국민의 건강과 삶의 질 향상에 이바지함'을 목적으로 한다. 동 법의 '연

보에 대한 조항이 명시적으로 신설되기 전의 보건의료데이터의 활용은 생명윤리법을 근거로 정보주체의 동의 및 IRB의 심의를 거쳐 익명화하여 연구목적으로 활용하는 것이 거의 유일한 방법이었다. 생명윤리법 제18조에서는 개인정보를 제공하는 것에 대하여 연구대상자로부터 서면동의를 받은 경우 기관위원회(IRB)의 심의를 거쳐 개인정보를 제3자에게 제공할 수 있다고 하면서, 이 때 정보는 식별정보를 포함하는 것에 대한 연구대상자의 동의가 없는 한 익명화하여 제공해야 한다고 정하고 있다. 심의와 익명화를 거침에도 연구대상자의 서면동의가 있어야 한다는 점에서 개인정보보호법에서 규율하는 가명정보의 활용과 상이한 점이 있다. 또한 생명윤리법에서 '익명화'란 '개인식별정보를 영구적으로 삭제하거나, 개인식별정보의 전부 또는 일부를 해당 기관의 고유식별기호로 대체하는 것(제2조 제19호)'으로 정의하고 있다. 개인정보보호법 제58조의2에서 '시간·비용·기술 등을 합리적으로 고려할 때 다른 정보를 사용하여도 더 이상 개인을 알아볼 수 없는 정보'로 정하고 있는 것과 문언적으로 상이하다. 여기에서 생명윤리법 제2조 제19호 후단의 '고유식별기호로 대체하는 것'은 개인정보보호법에 따르면 익명화가 아닌 가명화 방법 중의 하나로 보인다. 어찌보면 개인정보보호법에 가명정보 개념이 명시되기 이전부터, 생명윤리법상에는 고유식별기호로 대체한 비식별조치가 된 정보에 대해서는 인간 대상 연구의 경우 IRB심의를 거쳐 활용할 수 있도록 함으로써, 제한적 목적에 한하여 (동의를 요하지만) 가명정보의

구'는 '사람을 대상으로 물리적으로 개입하거나 의사소통, 대인 접촉 등의 상호작용을 통하여 수행하는 연구 또는 개인을 식별할 수 있는 정보를 이용하는 연구로서 보건복지부령으로 정하는 연구'를 말하는데(제2조 제1호), 대부분의 인간대상 연구가 이에 속하게 된다. 개인정보의 보호에 관해서는 동법 제3조 제3항에서 연구대상자의 사생활을 침해할 수 있는 개인정보는 당사자가 동의하거나 법률에 특별한 규정이 있는 경우를 제외하고는 비밀로서 보호되어야 한다고 정하고 있다. 또한 제16조 제1항에서 인간대상연구를 위해서 연구대상자로부터 사전에 서면동의를 받아야할 사항으로 1호 내지 8호를 정하고 있고 이 중 제4호로서 '개인정보 보호에 관한 사항'이 포함되어 있다.

활용이 가능하도록 이미 운용되고 있었던 셈이다. 데이터3법의 개정으로 가명정보에 대한 규정이 개인정보보호법에 명문화된 바, 이를 마치 익명정보의 일부로 표현하고 있는 생명윤리법의 제2조 제19호 후단은 혼란을 야기한다. 생명윤리법과 개인정보보호법 간의 법률정합성에 대하여, 제4장에서 보다 면밀히 살펴 구체적인 개선 방안을 제시하고자 한다.

2. 보건의료기본법 등에서의 보건의료데이터 보호

이하 앞으로의 논의에 있어서 살펴보게 될 국내 보건의료데이터 보호 관련 조항들에 대하여 살펴보고 나서 계속하여 논의를 전개하고자 한다.

보건의료기본법(법률 제17966호 일부개정 2021. 3. 23.)[114] 제20조에서는 보건의료에 관한 주요 시책을 심의하기 위하여 보건복지부장관 소속으로 보건의료정책심의위원회를 두도록 하고 있고, 제13조로서 '모든 국민은 보건의료와 관련하여 자신의 신체상·건강상의 비밀과 사생활의 비밀을 침해받지 아니한다'고 정하고 있다.

암관리법(법률 제17967호 일부개정 2021. 03. 23.)[115]은 제18조의2 제1항에서 보건복지부장관은 암데이터사업의 효율적인 수행을 위한 국가암데이터센터를 지정할 수 있으며, 이 경우 국가암데이터센터는 개인정보보호법 제28조의3 제1항[116]에 따른 가명정보결합 전문기관으로 본다고

---

114) 제1조에 따르면 보건의료에 관한 국민의 권리·의무와 국가 및 지방자치단체의 책임을 정하고 보건의료의 수요와 공급에 관한 기본적인 사항을 규정하는 것을 목적으로 시행되었다. 이 법에서 보건의료의 정의는 다음과 같다(제3조 1호 제3조). "보건의료"란 국민의 건강을 보호·증진하기 위하여 국가·지방자치단체·보건의료기관 또는 보건의료인 등이 행하는 모든 활동을 말한다. 또한 동법은 보건의료발전계획의 수립과 시행에 관한 조항을 두고 있기도 하다.

115) '국가가 암의 예방과 진료 및 연구 등에 관한 정책을 종합적으로 수립·시행함으로써 암으로 인한 개인적 고통과 피해 및 사회적 부담을 줄이고 국민건강 증진에 이바지함을 목적으로(제1조)' 제정되었다.

하고 있다. 이에 따라 보건복지부장관은 2021. 9. 2. 국립암센터를 국가
암데이터센터로 지정하였다. 따라서 국립암센터는 데이터 결합 전문기
관으로서 기능하고 있다. 또한 제49조에서 암관리사업에 종사하거나 종
사하였던 사람은 개인정보보호법 제18조 제2항[117])에 따른 경우를 제외

---

116) 제28조의3(가명정보의 결합 제한)
  ① 제28조의2에도 불구하고 통계작성, 과학적 연구, 공익적 기록보존 등을 위
     한 서로 다른 개인정보처리자 간의 가명정보의 결합은 보호위원회 또는
     관계 중앙행정기관의 장이 지정하는 전문기관이 수행한다.
117) 제18조(개인정보의 목적 외 이용·제공 제한)
  ① 개인정보처리자는 개인정보를 제15조제1항 및 제39조의3제1항 및 제2항에
     따른 범위를 초과하여 이용하거나 제17조제1항 및 제3항에 따른 범위를
     초과하여 제3자에게 제공하여서는 아니 된다.
  ② 제1항에도 불구하고 개인정보처리자는 다음 각 호의 어느 하나에 해당하
     는 경우에는 정보주체 또는 제3자의 이익을 부당하게 침해할 우려가 있을
     때를 제외하고는 개인정보를 목적 외의 용도로 이용하거나 이를 제3자에
     게 제공할 수 있다. 다만, 이용자(「정보통신망 이용촉진 및 정보보호 등에
     관한 법률」 제2조제1항제4호에 해당하는 자를 말한다. 이하 같다)의 개인
     정보를 처리하는 정보통신서비스 제공자(「정보통신망 이용촉진 및 정보
     보호 등에 관한 법률」 제2조제1항제3호에 해당하는 자를 말한다. 이하 같
     다)의 경우 제1호·제2호의 경우로 한정하고, 제5호부터 제9호까지의 경우
     는 공공기관의 경우로 한정한다.
     1. 정보주체로부터 별도의 동의를 받은 경우
     2. 다른 법률에 특별한 규정이 있는 경우
     3. 정보주체 또는 그 법정대리인이 의사표시를 할 수 없는 상태에 있거나
        주소불명 등으로 사전 동의를 받을 수 없는 경우로서 명백히 정보주체
        또는 제3자의 급박한 생명, 신체, 재산의 이익을 위하여 필요하다고 인
        정되는 경우
     4. 삭제
     5. 개인정보를 목적 외의 용도로 이용하거나 이를 제3자에게 제공하지 아
        니하면 다른 법률에서 정하는 소관 업무를 수행할 수 없는 경우로서
        보호위원회의 심의·의결을 거친 경우
     6. 조약, 그 밖의 국제협정의 이행을 위하여 외국정부 또는 국제기구에
        제공하기 위하여 필요한 경우
     7. 범죄의 수사와 공소의 제기 및 유지를 위하여 필요한 경우

하고는 업무상 알게 된 개인정보를 타인에게 누설하거나 목적 외의 용
도로 사용해서는 안 된다고 정하여 개인정보보호를 강조하고 있다.

의료법(법률 제17787호 일부개정 2020. 12. 29.)[118]은 제19조에 따르면
의료인이나 의료기관 종사자는 법령에 특별히 규정된 경우 외에는 업무
를 하면서 알게 된 다른 사람의 정보를 누설하거나 발표하지 못한다.[119]
약사법(법률 제17922호 일부개정 2021. 3. 9.) 제87조 제1항에서는 약사,
한약사는 법령에 규정된 경우 외에는 의약품을 조제·판매하면서 알게
된 타인의 비밀을 누설하여서는 안 된다고 정하고 있다. 국민건강보험법
(법률 제18211호 일부개정 2021. 06. 08.)도 제102조에서 '공단, 심사평가
원 및 대행청구단체에 종사하였던 사람 또는 종사하는 사람은 업무를
수행하면서 알게 된 정보를 누설하거나 직무상 목적 외의 용도로 이용
또는 제3자에게 제공하는 행위를 하여서는 안 된다'고 정하고 있다.

이와 같이 대부분의 민간 보건의료데이터는 관련 업무종사자로 하여
금 누설하지 못하도록 엄격히 금지하고 있는 규율이 관련법에 명시되어
있다. 따라서 국민의 알권리를 위하여 공공데이터법에 따라 공개가 일정
부분 의무화되어 있는 공공 보건의료데이터와 상황이 다르고 데이터 활
용에 있어서 비교적 상당한 제약이 따른다고 볼 수 있다.

대부분의 국가 정책이 공공 보건의료데이터의 활용 활성화에 우선적
으로 초점을 맞추고 민간 데이터로 확대되어가는 것을 목표로 하고 있
는 것도 이 점에서 기인한 것으로 보인다. 한편으로는 앞서 살펴보았던

---

8. 법원의 재판업무 수행을 위하여 필요한 경우

9. 형(刑) 및 감호, 보호처분의 집행을 위하여 필요한 경우

118) 모든 국민이 수준 높은 의료 혜택을 받을 수 있도록 국민의료에 필요한 사항
을 규정하고 있다(제1조).

119) 또한 법 제21조에 따르면, 환자는 본인에 관한 기록의 전부 또는 일부에 대하
여 열람 또는 그 사본의 발급 등 내용의 확인을 요청할 수 있고 의료인, 의료
기관의 장 및 의료기관 종사자는 환자가 지정하는 대리인 등 예외로 지정된
경우를 제외하고는 환자가 아닌 다른 사람에게 환자에 관한 기록을 열람하게
하거나 그 사본을 내주는 등 내용을 확인할 수 있게 하여서는 아니 된다.

데이터 전송권에 관한 개정안, 데이터산업법의 제정 등 민간 데이터의 이동과 활용을 활성화하기 위한 근거 법률도 마련되고 있다. 본 논문이 글의 보건의료데이터 활성화 개선 방안을 통하여 공공 분야 뿐 아니라 민간 분야의 보건의료데이터 또한 활용이 더욱 촉진될 수 있도록 계속하여 살펴보고자 한다.

3. 가이드라인에서의 보건의료데이터 보호

가. 가명화한 보건의료데이터의 보호

앞서 언급한 바 있듯이, 보건의료데이터에 관한 가이드라인으로서 '보건의료데이터 활용 가이드라인'과 '개인정보보호 가이드라인(의료기관편)'이 있다. 개인정보보호위원회는 2020. 12. 23. '보건의료데이터 활용 가이드라인'을 개정하여 게시하였다.[120] 가명정보 처리 가이드라인에서 '특정 산업 분야의 개인정보 가명처리에 관하여 보호위원회와 소관부처가 공동으로 발간한 분야별 가이드라인이 있는 경우, 분야별 가이드라인을 우선하여 활용할 수 있으며'라고 정하고 있으므로 보건의료분야의 개인정보 가명처리 및 결합·활용절차 등에 관해서는 본 가이드라인이 우선적으로 적용된다. 보건의료데이터 활용 가이드라인에서는 보건의료데이터의 비식별처리 후 활용이 가능함을 전제로 비식별화 방법에 대하여 상세한 제시를 하고 있다.

반면 '개인정보보호 가이드라인(의료기관편)'에서는 개인정보보호법 제15조 제1항 제2호의 '법률에 특별한 규정이 있거나 법령상 의무를 준수하기 위하여 불가피한 경우' 개인정보를 수집하여 그 수집 목적의 범위에서 이용할 수 있다고 정한 부분에 대하여 상세히 정리하고 있다.[121]

---

120) 개인정보보호위원회 사이트 참조: 〈https://www.pipc.go.kr/np/cop/bbs/selectBoardArticle.do?bbsId=BS217&mCode=D010030000&nttId=7023〉 (검색일: 2021. 4. 9.).
121) 개인정보보호위원회, 의료기관 개인정보보호 가이드라인, 2020. 12., 12쪽.

그런데 "'개인정보처리자는 통계작성, 과학적 연구, 공익적 기록보존 등을 위하여 정보주체의 동의 없이 가명정보를 처리할 수 있다'고 정하고 있는 개인정보보호법 제28조의2 제1항에도 불구하고, 민감정보를 제3자에게 제공하는 경우에는 정보주체의 동의를 받거나 법령에 구체적인 근거가 있어야 한다"고 기재하고 있다.[122] 이에 따른다면 얼핏 가명처리를 하여도 (공공데이터법상 이용이 가능한 경우와 같이 별도의 법령에 정하고 있지 않은 이상) 정보주체의 동의 없이 활용할 수 없는 것으로 해석될 여지가 있다. 이와 달리 '보건의료 데이터 처리 가이드라인'은 비식별처리된 보건의료데이터의 활용이 가능함을 전제로 모든 상세 규정이 서술되어 있고 실질적으로 보건의료데이터의 가명정보 활용이 필요하다는 점에서 위 가이드라인(의료기관편)에 대한 검토와 개선이 필요하다. 하기 개선방안에 관한 별도 항에서 보건의료데이터의 가명정보 활용의 당위성과 법적근거, 그에 맞는 가이드라인의 정비에 관해 자세히 살펴보고자 한다.

---

122) 라. 고유식별정보. 민감정보의 수집
  ⅰ 고유식별정보(주민등록번호 제외) 또는 민감정보를 수집.이용하는 경우에는 해당 정보주체(환자, 의료인, 직원)의 동의를 별도로 받거나 법령에 구체적인 수집.이용 근거가 있는지 확인 필요
  ⅱ 주민등록번호는 법률, 대통령령, 국회 규칙, 대법원 규칙, 헌법재판소 규칙, 중앙선거관리위원회 규칙, 감사원 규칙에 구체적 근거가 있거나 정보주체 또는 제3자의 급박한 생명, 신체, 재산의 이익을 위하여 명백히 필요한 경우, 보호위원회가 고시로 정하는 경우에만 처리 가능
  - 개인정보보호위원회, 의료기관 개인정보보호 가이드라인, 2020. 12., 17쪽.

나. 데이터 이용 계약의 권장

'보건의료 데이터 활용 가이드라인'에서는 원 개인정보처리자와 가명정보를 제공받은 자 간에 계약 등을 통해 의무 관계를 명시할 것을 권장하고 있고, 붙임자료4로서 계약서(안)을 제시하고 있다. 해당 계약에서는 제공자가 수령자에게 가명정보와 함께 추가정보를 제공하여서는 안 된다고 명시하고 있다.

비교법적으로 해외의 경우를 보면, 유럽연합의 GDPR을 살펴보면 컨트롤러[123]와 프로세서를 구분하여 계약을 체결함으로써 의무관계를 명시하도록 의무화하고 있다는 점이 있다. 컨트롤러는 개인정보 처리의 목적·수단을 결정하는 주체이고, 프로세서는 컨트롤러를 대신하여 개인정보를 처리하는 주체이다. 컨트롤러와 프로세서는 국내의 개인정보처리 위탁자와 수탁자의 관계로 비유되기도 한다. 그러나 개인정보처리 위탁의 경우 처리대상 정보를 위탁자가 수탁자에게 제공하지만, GDPR의 컨트롤러는 정보를 제공하지 않고 프로세서에게 개인정보처리의 목적과 수단을 규정하여 프로세서에게 전하기만 하면 된다는 차이가 있다. 컨트롤러와 프로세서를 구분하는 GDPR의 취지는 컨트롤러가 반드시 구속력

---

123) GDPR에서는 데이터 처리 관련 당사자를 컨트롤러와 프로세서로 나누고 있다. '컨트롤러(controller)'는 '개인정보의 처리 목적 및 수단을 단독 또는 공동으로 결정하는 자연인 또는 법인, 공공기관, 기타 단체'를 의미한다. 개인정보보호 최적화 설계 및 기본 설정 등 GDPR 준수를 보장하고 입증할 수 있는 적절한 기술적, 관리적 조치 이행의 의무가 있다(개인정보보호위원회, GDPR 관련용어집 참조: 〈https://www.pipc.go.kr/np/cop/bbs/selectBoardArticle.do?bbsId=BS221&mCode=D060000000&nttId=5857#LINK〉 (검색일: 2021. 4. 3.)). 반면 프로세서(processor)는 '컨트롤러를 대신하여 개인정보를 처리하는 자연인 또는 법인, 공공기관, 에이전시, 기타 단체'로서, 원칙적으로 컨트롤러의 서면 지시사항에 의해서만 개인정보를 처리할 수 있다. 개인정보 유출에 대한 책임은 1차적으로 컨트롤러에게 있다(개인정보보호위원회, GDPR 관련용어집 참조: 〈https://www.pipc.go.kr/np/cop/bbs/selectBoardArticle.do?bbsId=BS221&mCode=D060000000&nttId=5857#LINK〉 (검색일: 2021. 4. 3.).

있는 서면계약에 따라 프로세서를 지정하도록 하여 개인정보 처리를 위한 개별 준수사항 외에도 개인정보의 처리에 대한 책임을 지도록 한다는 점에서 구분의 의의가 있다.[124] 국내 개인정보보호법에서는 제28조로서 '개인정보를 처리함에 있어서 개인정보가 안전하게 관리될 수 있도록 임직원, 파견근로자, 시간제근로자 등 개인정보처리자의 지휘·감독을 받아 개인정보를 처리하는 자'를 '개인정보취급자'로 정의할 따름이고 의무관계 명시나 계약체결을 의무화하고 있지는 아니하다.[125]

한편 국내 '공공분야 가명정보 제공 실무안내서'에서는 '가명정보처리자'를 '업무를 목적으로 개인정보를 가명처리 하여 활용 또는 제공하는 공공기관, 법인, 단체 및 개인 등'으로, '가명정보취급자'를 '가명정보를 처리하는 개인정보처리자의 지휘 감독을 받아 가명정보를 처리하는 임직원, 근로자 등'으로 분류하여 정의하고 있다. 마찬가지로 컨트롤러와 달리 처리자는 취급자에게 정보를 제공하면서 지휘·감독한다는 점에서 상이하고, 실무안내서의 정의는 일종의 지침으로 제시되고 있을 뿐 법규성이 없다는 차이가 있다.

GDPR에서 컨트롤러와 프로세서를 구분하여 양자 간에 서면계약으로서 개인정보보호책임을 규율하도록 하고 있는 점은 보호의 책임 대상과 범주를 명확히 하는 장점이 있다. 앞서 미국의 경우도 개인정보 제공시 계약을 체결하도록 규율하고 있는 바, 사적 계약에 따른 보호책임의 명시가 데이터의 올바른 활용에 도움이 될 수 있다.

관련하여 국내는 데이터산업진흥 및 이용촉진에 관한 기본법(법률

---

124) 이한주, 앞의 글, 112쪽.
125) 제28조(개인정보취급자에 대한 감독)
  ① 개인정보처리자는 개인정보를 처리함에 있어서 개인정보가 안전하게 관리될 수 있도록 임직원, 파견근로자, 시간제근로자 등 개인정보처리자의 지휘·감독을 받아 개인정보를 처리하는 자(이하 "개인정보취급자"라 한다)에 대하여 적절한 관리·감독을 행하여야 한다.
  ② 개인정보처리자는 개인정보의 적정한 취급을 보장하기 위하여 개인정보취급자에게 정기적으로 필요한 교육을 실시하여야 한다.

제18475호, 2021. 10. 19. 제정, 약칭: 데이터 산업법)이 2022. 4. 20. 시행 예정이다.[126] 데이터의 합리적 유통 및 공정한 거래를 위하여 공정거래 위원회와 협의를 거쳐 데이터거래 표준계약서를 마련하고 권고할 수 있도록 정하고 있다(제21조). 이는 비록 컨트롤러-프로세서 간의 계약과는 성격이 다르지만, 데이터 제공시 계약 체결을 통해 개인정보보호의 의무와 책임관계에 대하여 보다 명확히 할 수 있도록 도모할 수 있을 것으로 보인다.

4. 보건의료데이터 비식별화 관련 보호기구로서 심의위원회

개인정보보호법의 개정으로 가명정보의 활용이 가능해지면서(자세한 조항의 내용들에 대해서는 보건의료데이터의 가명정보 활용에 관한 개선 방안 검토 항에서 자세히 검토하고자 한다), 생명윤리법에 따른 IRB 심의뿐만 아니라 보건의료데이터 비식별조치에 대한 판단을 하는 심의위원회에 관한 관련 규율이 마련되었다. 가명화된 보건의료데이터에 대한 비식별판단을 심의하도록 하여 개인정보를 보호하는 장치로서의 역할을 하는 것이다. 이러한 심의위원회는 각 정보보유 기관 내 심의위원회와 보건의료 빅데이터 플랫폼 내 정책심의위원회가 있다.

---

126) 제정이유에 따르면 민간 데이터의 경제·사회적 생산, 거래 및 활용 등을 위한 기본법제가 부재한 상황에 국내 데이터 산업 육성 의지를 대외적으로 표명하고 데이터산업 발전의 기반을 조성하기 위하여 제정되었다. 주요내용으로는 데이터산업의 기반 조성을 위하여 3년마다 관계 중앙행정기관의 장과의 협의를 거쳐 데이터산업 진흥 기본계획을 수립하도록 하였고(제4조), 과학기술정보통신부장관과 행정안전부장관은 데이터 간의 결합을 통해 새로운 데이터의 생산을 촉진하기 위하여 필요한 시책을 마련하도록 하였다(제10조).
또한 데이터 자산의 보호를 위해 이에 대한 부정취득행위와 정당한 권한 없이 데이터생산자가 데이터 자산에 적용한 기술적 보호조치를 무력화하는 행위를 하지 못하도록 하며, 데이터 자산 부정사용 등 행위에 관한 사항은 부정경쟁방지법에서 정한 바에 따르도록 하였다(제12조). 데이터에 관한 권리의 형태에 대한 논의와 연결되는 쟁점으로, 하기 별도 항에서 자세히 살핀다.

먼저 각 기관 내 심의위원회에 대하여 알아보고자 한다. 개인정보보호위원회는 2020. 12. 23. '보건의료데이터 활용 가이드라인'을 개정하여 게시하였고,[127] 2021. 1. 개정이 있었다. 가이드라인에서는 상세한 비식별화 방법에 대해 제시하면서 '식별력을 충분히 낮추었는지 여부'에 관하여 가이드라인에 정해진 기준이 없는 유형의 정보의 경우 데이터 심의위원회 검토를 거치도록 하고 있다. 가이드라인 제12면에서는 '데이터 심의위원회'에 대하여 '가명정보의 기관 내 활용, 기관 외 제공, 결합신청, 가명처리 적정성 검토 등을 실시할 수 있는 독립 위원회'라고 정하고 있다. 심의위원회의 설치 및 운영에 대하여 5인 이상 15인 이하의 위원으로 구성하되 해당 기관에 소속되지 않은 위원이 과반수를 차지해야 한다고 정하고 있다. 심의위원회 업무를 내부위원회 또는 외부기관에 위탁할 수 있고, 최근 2021년 개정으로 IRB에 위탁할 수 있도록 하여 편의를 도모하였다. 가이드라인의 제20면에서는 보건의료데이터를 가명처리하여 활용하고 제공하는 가상사례에 대하여 설명하고 있는데 모든 사례가 심의위원회의 판단을 필수적으로 포함하고 있을 만큼, 보건의료데이터의 비식별화 판단에 있어서 심의위원회에 의지하고 있는 부분이 상당하다.

이와 같은 보건의료데이터의 비식별조치에 대한 심의 조직으로는 앞서 살펴봤던 보건의료 빅데이터 플랫폼 내 정책심의위원회도 있다. 보건복지부는 2018년 12월 훈령 제2018-121호로서 보건의료 빅데이터 시범사업을 추진함에 있어 주요 의사결정 사항을 논의하고 심의·의결하기 위하여 '보건의료 빅데이터 정책심위위원회 운영규정'을 제정·발령하였고, 2021. 8. 31. 명칭을 '보건의료 데이터 정책심의위원회 운영규정'으로 변경, 일부개정하여 훈령 제183호로서 발령하였다. 위 훈령에서는 제1조로서, '의료정보 및 보건의료 데이터 정책을 추진함에 있어 주요 의사결정

---

127) 개인정보보호위원회 사이트 참조: 〈https://www.pipc.go.kr/np/cop/bbs/selectBoardArticle.do?bbsId=BS217&mCode=D010030000&nttId=7023〉 (검색일: 2021. 4. 9.).

사항을 논의하고, 심의·의결하기 위하여 구성된 보건의료 데이터 정책심
의위원회의 운영에 관한 사항을 규정함을 목적으로 한다'고 하고 있다.

보건복지부에 보건의료 빅데이터 정책심의위원회를 두도록 하여 그
심의사항을 명시하고 있으며, 보건복지부 보건산업정책국장을 포함한
20명 이내(개정 전에는 16명이었다)의 위원을 두도록 하고 위원은 전문
기관, 전문가단체 등의 추천을 받아(개정 전에는 전문기관만 명시되었었
다) 보건복지부장관이 임명하거나 위촉한다. 위원회 운영과 관리업무를
총괄하는 간사를 두되 보건복지부 소속 4급 이상 공무원 중에서 임명하
도록 하고(개정 전에는 의료정보정책과장이 하였다) 정책협의체를 두어
보건의료 데이터의 보호 및 활용에 관한 사업의 효율적 수행을 위한 협
의가 가능하도록 하는 조항(제11조)을 신설하였다.[128] 뿐만 아니라 위원
의 자격요건을 정하고 있는 별표 1에 '보건산업계'를 신설하여 관련 산
업분야에서 보건의료 데이터 관련 경험 및 식견을 보유한 자를 포함하
였다. 정책위원회를 강화하고 공공기관 뿐 아니라 전문기관과 민간 전문
가와의 협력 증진을 도모한 것으로 보인다.

이와 같이 마련되어 있는 훈령에 따르면 정책심의위원회의 기능은
크게 두 가지로 정리될 수 있다. 하나는 보건의료데이터에 관련된 정책
및 개선현안 등에 대한 심의이고, 다른 하나는 보건의료 빅데이터 플랫
폼을 통해 제3자에게 제공하는 데이터의 비식별조치 및 심의이다. 연구
자들이 '보건의료 빅데이터 플랫폼' 홈페이지에서 '데이터 편람(카탈로
그)'을 내려 받아 필요한 데이터를 신청하면,[129] 플랫폼 내에 구성되어
있는 연구평가소위원회에서 1차로 연구의 공공성 등을 심의하고 정책심
의위원회에서 1차 심의 결과를 검토하여 데이터 제공범위를 협의한 후
데이터 연계와 비식별 조치를 진행한다. 다시 연구평가 소위원회에서 2

---

128) 보건복지부, 보건의료 데이터 정책심의위원회 운영규정 일부개정안, 2021, 9
    쪽 내지 12쪽.
129) 보건의료빅데이터 플랫폼 사이트 참조: 〈https://hcdl.mohw.go.kr/BD/Portal/Enter
    prise/DefaultPage.bzr〉 (검색일: 2021. 10. 13.).

차로 비식별조치 결과를 검토하여 폐쇄망을 통해 데이터를 제공한다.

이렇게 보건의료데이터 비식별 판단을 수행하는 심의위원회 및 정책심의위원회는 그 역학의 중요성에도 불구하고 이에 대해 규율하고 있는 가이드라인과 훈령은 법적 강제성이 없다는 점에서 개선 필요점이 있다. 생명윤리법에서 IRB에 대한 규정을 두고 있고,[130] 보건의료기본법에서 보건의료정책심의위원회에 대한 규정을 두고 있듯이[131] 데이터 심의위원회도 법률상의 위임조항을 두고 시행령이나 고시로서 자세한 사항을 정하여 법규성을 갖도록 하는 방안을 강구될 필요가 있다. 한편 이러한 심의위원회의 역할은 앞서 언급하였던 미국의 비식별 판단 방식 중 전문가 판단방식과 일본의 인정사업자제도와 유사한 기능을 담당하고 있기도 하다. 국내 보건의료데이터 심의위원회에 대하여 규율되고 있는 내용을 하기 별도 항에서 자세히 살피고, 개선 방안에 대하여 비교법적인 검토와 함께 자세히 살펴보고자 한다.

---

130) 제10조(기관생명윤리위원회의 설치 및 기능)

① 생명윤리 및 안전을 확보하기 위하여 다음 각 호의 기관은 기관생명윤리위원회(이하 "기관위원회"라 한다)를 설치하여야 한다.

1. 인간대상연구를 수행하는 자(이하 "인간대상연구자"라 한다)가 소속된 교육·연구 기관 또는 병원 등
2. 인체유래물연구를 수행하는 자(이하 "인체유래물연구자"라 한다)가 소속된 교육·연구 기관 또는 병원 등
3. 제22조제1항에 따라 지정된 배아생성의료기관
4. 제29조제2항에 따라 등록한 배아연구기관
5. 제31조제3항에 따라 등록한 체세포복제배아등의 연구기관
6. 제41조제1항에 따라 보건복지부장관의 허가를 받은 인체유래물은행
7. 그 밖에 생명윤리 및 안전에 관하여 사회적으로 심각한 영향을 미칠 수 있는 기관으로서 보건복지부령으로 정하는 기관

131) 보건의료기본법 제20조 보건의료에 관한 주요 시책을 심의하기 위하여 보건복지부장관 소속으로 보건의료정책심의위원회(이하 "위원회"라 한다)를 둔다.

제3절 소결

앞서 살펴본 바와 같이, 국내는 '보건의료 빅데이터 플랫폼' 시범사업이 2018년 시행되고 데이터3법이 2020년 개정되어 가명정보의 개념을 명시적으로 도입하여 정보주체의 동의 없이도 데이터 활용이 가능하도록 하는 등, 법제 및 정책적으로 보건의료데이터의 활용을 촉진하기 위한 노력이 있어 왔다. 그러나 이러한 노력에 비하여, 국내 보건의료데이터 활용의 정도는 그리 우수하지 않은 것으로 보인다. '보건의료 빅데이터 플랫폼'에의 데이터 신청은 2019년 37건이었으며 이 중 승인은 16건, 2020년에는 신청 9건, 승인은 3건에 그쳤다. 제공된 데이터 대부분은 각 기관이 각자 보유한 데이터로서, 기관 간 데이터를 연계하여 제공한 건수는 2020년에 3건에 불과하였다.[132] 실질적인 데이터 활용이 활발하게 이루어지고 있지 않을 뿐만 아니라, 기관 간 정보의 결합 또한 원활하지 않은 실정이다.

또한 국내 보건의료 빅데이터 분석 및 활용 경험이 있는 공공기관은 16.4%, 민간기업은 7.9%에 불과하여 데이터 활용 비율이 높지 않다.[133] 이러한 활용이 저조한 요인으로는, 개인 보건의료데이터 관리 시스템의 공정성에 대한 인식이 부정적인 비율이 높고(58.2%), 정부 정책과 사회 시스템에 대한 신뢰 또한 부정적(53.6%)일 뿐 아니라, 보건의료데이터의 활용으로 인한 연구개발 성과와 이익을 사회공공 이익으로 공유하지 않고 기업에 편중된다는 인식(51.8%)이 작용한 것으로 분석되고 있다.[134] 또한 국내의 공공데이터 관리체계는 양호한 반면[135] 민간 활용지원 수

---

132) 박소영, 앞의 글, 17쪽, 23쪽.
133) 이병철, 앞의 글, 14쪽.
134) 최윤희, 데이터 AI 기반 바이오경제에 대한 한국의 사회적 수용성 현황과 과제, ISSUE PAPER, 2019, 458쪽.
135) 한국정보화진흥원, 해외 세금(기업)·의료 데이터 개방 현황 및 데이터 거버넌

준과 정보의 품질수준이 미흡한 것으로 나타났다.[136]

앞서 살펴본 보건의료데이터의 특성과 국내 법제 현황을 비교법적으로 검토하여, 이와 같이 국내 보건의료데이터 활용이 저조한 이유를 살펴 개선 필요점을 확인하고자 한다.

먼저, 법제적인 개선 필요점이 있다. 우리나라 개인정보보호법의 가명처리에 관한 특례 조항인 제15조 제3항,[137] 제17조 제4항,[138] 제28조의2[139]이 민감정보인 보건의료데이터에도 적용되어 가명처리를 거치면 환자의 동의 없이 활용이 가능할 것인가에 대하여 다소 불분명한 측면이 있다. 이는 민감정보에 대하여 일반 개인정보에 비해 엄격하게 보호하고 있는 제23조[140]와의 해석에 관한 문제로서, 민감정보의 가명처리를 허용하는 별도의 규정을 두고 있지 아니하여 발생하게 된 혼란이다. 또한 나

스 현황, 2020, 20쪽.

136) 이병철, 앞의 글, 88쪽.

137) 개인정보처리자는 당초 수집 목적과 합리적으로 관련된 범위에서 정보주체에게 불이익이 발생하는지 여부, 암호화 등 안전성 확보에 필요한 조치를 하였는지 여부 등을 고려하여 대통령령으로 정하는 바에 따라 정보주체의 동의 없이 개인정보를 이용할 수 있다.

138) 개인정보처리자는 당초 수집 목적과 합리적으로 관련된 범위에서 정보주체에게 불이익이 발생하는지 여부, 암호화 등 안전성 확보에 필요한 조치를 하였는지 여부 등을 고려하여 대통령령으로 정하는 바에 따라 정보주체의 동의 없이 개인정보를 제공할 수 있다.

139) 개인정보처리자는 통계작성, 과학적 연구, 공익적 기록보존 등을 위하여 정보주체의 동의 없이 가명정보를 처리할 수 있다.

140) 제23조(민감정보의 처리 제한)
   ① 개인정보처리자는 사상·신념, 노동조합·정당의 가입·탈퇴, 정치적 견해, 건강, 성생활 등에 관한 정보, 그밖에 정보주체의 사생활을 현저히 침해할 우려가 있는 개인정보로서 대통령령으로 정하는 정보(이하 "민감정보"라 한다)를 처리하여서는 아니 된다. 다만, 다음 각 호의 어느 하나에 해당하는 경우에는 그러하지 아니하다.
      1. 정보주체에게 제15조제2항 각 호 또는 제17조제2항 각 호의 사항을 알리고 다른 개인정보의 처리에 대한 동의와 별도로 동의를 받은 경우
      2. 법령에서 민감정보의 처리를 요구하거나 허용하는 경우

아가, 만일 이를 인정한다고 하더라도 가명화의 방식에 대하여 법률로서 규율하고 있는 바가 없어 정보처리자 입장에서 어떠한 조치와 절차를 거치면 개인정보 보호의 책임을 다한 것이 되고 유출의 위험에서 면책될 수 있을지 명확하지가 않다.

법률에 가명정보를 활용할 수 있다는 취지의 개정이 이루어졌음에도, 결과적으로 실무선에 있어서는 '보건의료데이터의 경우도 과연 그러한지', '어떠한 절차를 어느 정도 거쳐야 그 가능 대상에 해당하는 것인지' 명확히 파악하기가 어려워 데이터 처리 및 활용에 여전히 소극적이 되는 결과를 낳았다. 앞에서 살펴본 보건의료데이터의 생성 및 수집 현황을 통해 알 수 있듯이, 보건의료데이터를 처리하기 위하여 정보주체인 환자의 동의를 일일이 얻기란 실질적으로 불가능하다. 따라서 이러한 가명정보 처리에 관한 규율은 보건의료데이터를 처리·활용하려는 입장에서 실질적으로 거의 유일한 방법이기 때문에 대단히 중요하게 작용한다. 따라서 익명화 및 가명화 기술과 절차에 관한 규율이 명확할 필요가 있다.

게다가 보건의료데이터 특유의 민감성과 그 처리에 있어서 높은 전문성을 요하는 특성이 더해져 가명화를 통한 '정보주체 동의 불요'의 요건을 달성하기가 더욱 난해하다는 점도 있다. 보건의료 데이터는 가명처리 조치가 충분하지 않을 경우 다른 개인정보와의 결합이나 다양한 추론기법 등을 통해 개인정보가 식별될 우려가 있어 매우 엄밀한 적정성 평가가 수반될 필요가 있다.[141]

그러나 현재 정부의 가이드라인에는 가명처리 절차와 방법이 예시되어 있기는 하지만 행정규칙[142]으로 법적 구속력이 없다. 따라서 위 가이드라인에 상관없이 법원은 오로지 개인정보보호법상의 개인정보 개념의 해석에 따라서만 비식별화 여부를 판단하게 된다. 다시 말해, 가이드라인에 제시된 바를 참고하여 비식별화된 것으로 적정성 평가를 받았더라

---

141) 이병철, 앞의 글, 13쪽.
142) 최계영, 의료 분야에서의 개인정보보호, 경제규제와 법 9권 2호, 2016, 219쪽.

도 법원의 재판에서는 개인정보보호법 위반으로 판단될 소지가 남아있는 것이다. 이는 정보처리자로 하여금 범법자가 될 위험을 안게 되는 것으로서 상당한 부담이 되어 데이터 활용을 위축시킨다. 즉, 가이드라인 형식의 규정으로 정보의 안정적인 이용을 보장하는 데에는 한계가 있고, 적어도 법률에 위임 근거를 둔 법규명령의 형식으로 비식별화 방식과 판단에 관하여 규정을 마련할 필요가 있다.

미국의 경우에는 비식별화된 의료정보(Deidentified Health Information)의 경우 정보주체의 동의 없이 활용이 가능한데,[143] 이 비식별화된 의료정보인지 여부에 대하여 전문가 판단방식 또는 세이프하버 방식에 의하여 판단을 받으면 되는 것으로 법률상 명시되어 있다(HIPAA 프라이버시 규칙 제164.514(b)항). 일본은 개인정보보호법의 개정으로 익명가공정보를 도입한 이후 바로 후속 법령 개정작업에 착수하여 차세대의료기반법을 2017년 5월 12일 제정하고 2018년 5월 10일 시행하였는데, 여기에는 의료분야에서도 익명가공의료정보 활용이 가능하다는 점을 명시할 뿐만 아니라, 옵트아웃제도를 도입하여 인정사업자(자세히 후술)로 하여금 익명가공된 의료데이터를 활용할 수 있도록 법으로써 규율하였다.[144]

우리나라는 제도적으로 개인정보 활용을 매우 엄격하게 규율하고 있는 편으로 옵트아웃 방식을 인정하지 않을 뿐만 아니라, 개인정보 침해에 있어 형벌규정을 적용하고 있고, 마케팅 직접 이용 가능성을 제한하는 등 개인정보 보호 수준이 높은 국가로 꼽힌다.[145] 최근에서야 가명정보 개념을 명시적으로 도입함으로써 제한된 목적 하에서 정보주체의 동의 없이 활용이 가능하도록 물꼬를 튼 바, 적어도 위와 같은 점들에 대하여 법률로서 명확히 규율하여 가명정보 활용을 활성화할 필요가 있다.

---

143) 전승재·권헌영, 개인정보 가명정보 익명정보에 관한 4개국 법제 비교분석, 2018, 196쪽.
144) 손형섭, 한국 개인정보보호법과 일본 개인정보보호법의 비교분석, 2019, 45쪽.
145) 김용일·김유정, 일본의 개인정보보호법제에 관한 연구, 국제법무 제13권, 2021, 95쪽.

　　다음으로, 국민 공감대 마련의 필요성이 있다. 양질의 데이터 수집을 위한 효과적인 관리제도 마련과 데이터 활용 정책의 필요성에 대한 국민적 공감대 형성의 노력이 필요하다.146) 정부는 보건의료데이터 활용의 필요성과 목적 등에 대하여 국민들의 공감대를 형성하기 위해 보다 적극적으로 알릴 필요가 있다. 과거 2017년 보건복지위원회 국정감사에서 건강보험심사평가원이 2014년부터 2017년 8월까지 보험상품개발 및 보험가입차별 등에 이용될 가능성이 있는 표본데이터셋 52건(6,420만 명분)을 민간보험사에 제공하였다는 점이 지적된 사례가 있다. 국정감사 이후 건강보험심사평가원은 데이터 제공을 중단했지만 시민단체가 비식별 정보를 활용한 24개 기업 등을 개인정보보호법 위반으로 고발(2017년 11월)하였고, 최종 불기소 처분 결정(2019년 6월)이 내려졌던 사례도 있다.147)

　　적극적인 홍보와 데이터 관리의 투명성 제고가 수반되어야 할 것이며, 관련 법률이나 정책 입안시 관련 각계 의견취합의 절차를 거칠 필요가 있다. 가령 비식별 제도의 집행에 관한 세부사항을 향후 행정규칙으로 정할 시에는 행정절차법에 따른 행정입법예고 및 행정규제기본법에 정해져 있는 절차를 거치고,148) 전문가와 시민단체 등의 적극적 참여를 유도하여 사회적 합의에 충분히 이를 수 있도록 하여야 할 것이다. 또한 이렇게 정하여진 규율을 수행하는 과정에 있어서 각계의 적극적인 참여와 네트워크가 가능하도록 데이터 거버넌스의 구축과 시스템을 활용할 필요가 있다.

　　또 한편으로 국내 보건의료데이터 활용이 저조한 요인으로는, 보건의료데이터의 활용으로 인한 연구개발 성과와 이익을 사회공공 이익으로 공유하지 않고 기업에 편중된다는 인식(51.8%)이 작용한 점도 있다.149)

---

146) 이병철, 앞의 글, 8쪽.

147) 보건복지위원회, 2017년도 국정감사결과 보고서, 2018.

148) 전승재·주문호·권헌영, 개인정보 비식별조치 가이드라인의 법률적 의미와 쟁점, 정보법학 제20권, 2016, 286쪽.

149) 최윤희, 데이터 AI 기반 바이오경제에 대한 한국의 사회적 수용성 현황과 과

이는 데이터 활용에 따른 수익의 적절한 분배에 대한 논의와, 데이터 활용으로 인해 발생하는 공공적 복리의 향상에 있어 국민적 공감대 형성이 부족함에 따른 것으로 보인다. 수익의 분배 방식과 절차에 관하여 사회적 논의가 충분히 진행될 필요가 있다.

마지막으로, 법제적 정비 필요성의 검토가 필요하다. 이러한 현상은 다소 중첩되고 다원화되어 있는 법체계와도 관련된다. 우리나라는 개인정보보호법을 통해 수평적 규제로서 개인정보를 보호하고 있음에도 불구하고, 보건의료데이터에 관하여 규율하고 있는 법조항이 다수의 법에 산재되어 있음으로써 수범자의 혼란과 법률 정합성에 있어서의 개선 필요점 등을 보이고 있다. 이는 보건의료데이터에 대하여 HIPAA와 HITECH Act로 규율하고 있는 미국, GDPR이 적용되는 유럽연합, 개인정보보호법과 차세대의료기반법이 적용되는 일본, 개인정보보호법에 보건의료데이터에 대하여 명시적 규정을 포함하고 있는 대만 등과 대비된다(하기 별도 항에서 상세히 살펴보고자 한다). 국내 관련법들의 정합성 개선과 통일된 해석 등의 작업을 개선해 나가도록 노력할 필요가 있다.

위와 같은 문제의식을 확인하고, 이하 구체적인 개선방안을 제시하고자 한다. 다원화되어 있는 법체계 관련하여 수직적 규제의 필요성 여부에 대하여 검토해보고, 현재 관련법 사이의 정합성 개선이 필요한 내용들에 대하여 구체적인 개선 방안을 제시하고자 한다. 가명 보건의료데이터의 활용가능성에 대하여 법률 해석을 면밀히 살펴볼 것이다. 비식별조치와 판단기준의 명확화와 관련하여 심의위원회를 강화하고 그 구성의 근거규정을 법규화하는 방안을 제안하고자 한다. 데이터 활용에 대한 국민적 공감대 형성과 투명성 제고를 위하여 데이터 거버넌스 구축에 대하여 논의할 것이다.

제, ISSUE PAPER, 2019, 458쪽.

제4장
안전한 보건의료데이터
활용을 위한 개선방안

제1절 개관

'보건의료 빅데이터 플랫폼'에의 데이터 신청은 2019년 37건이었으며 그 중 승인은 16건, 2020년에는 신청 9건, 승인은 3건에 그쳤다. 제공된 데이터 대부분은 각 기관이 각자 보유한 데이터로서, 기관 간 데이터를 연계하여 제공한 건수는 2020년에 3건에 불과하였다.[1]

한국발명진흥회에서 수행한 연구보고서를 살펴보면, 공공데이터 융합의 제약조건으로 개인정보보호 문제의 심각성이 5점 만점에 4.0점, 데이터 보유 기관의 이기주의 문제가 3.9점, 법규정 미흡의 심각성이 3.7점으로 개인정보 보호 이슈와 데이터 폐쇄성, 관련 법규의 미비가 상위 제약요건으로 평가되고 있다.[2]

Ⅰ. 보건의료데이터보호 법률에 대한 논의

국내에서 보건의료데이터를 별도로 관장하는 개별법은 없고, 관계법과 산업분야별 가이드라인 및 지침을 마련하여 보완하고 있는 것이다. 산업분야별 규제가 아닌 통합된 개인정보보호법으로 규율하는 방식으로서 수평적 규제방식(horizontal regulation)을 취하고 있다.

기술의 발달로 보건의료데이터의 활용 형태가 다양해지고 그 효용성이 높아지며 앞서 살펴본 약학정보원 사례처럼 개인정보 유출 우려도 커지자 보건의료데이터 보호에 관한 독립법제 마련에 대한 논의가 대두되었다. 2012년 신경림 의원 법률 제정안으로 보건의료데이터 보호에 대한 개별법 입법이 제안된 바도 있었다. 해당 입법안에서는 '보건의료정

---

1) 박소영, 가명정보 결합전문기관 운영실태와 개선과제, 2021, 17쪽, 23쪽.
2) 윤건, 데이터기반행정 강화 방안 연구 : 공공데이터 융합을 중심으로, 2019, 195쪽.

보화의 급속한 변화에 따라 개인정보 공격에 대응하기 위하여 개인의료
정보의 정의, 의료기록 열람권, 동의권 등과 현 개인정보보호위원회에
대응되는 독립된 의료정보보호위원회의 설립 등'을 제안하고 있다.[3]

이렇게 산업분야별 독립법제를 마련하는 방식은 수직적 규제방식으
로 볼 수 있다. 즉 개인정보를 활용하는 측(ex. 개인정보처리자)과 개인
정보의 보호이익을 향유(유지)하는 측(ex. 개인정보주체)으로 분리하여
권리와 의무를 규율하는 방식이 수평적 규제방식이라면, 정보가 활용되
는 산업분야별로 나누어 규율하는 방식이 수직적 규제방식(vertical regula
tion)이다.

〈표 11〉 데이터분야의 수직적 규제방식과 수평적 규제방식

수직적 규제방식	수평적 규제방식
보건의료데이터	정보처리 ↔ 정보주체
신용데이터	
etc.	

국내에서 수직적 규제체계로서 특정 산업분야에 대한 개인정보보호
를 위한 법제를 따로 둔 예를 찾아보면 신용정보의 이용 및 보호에 관한
법률(법률 제17799호, 2020. 12. 29. 타법개정, 약칭: 신용정보법)이 있다.
신용정보법은 1995년에 제정되었는데 그 제정 이유를 살펴보면 '신용정
보업을 건전하게 육성하고 신용정보의 효율적 이용과 체계적 관리를 기
하는 한편, 신용정보의 오용·남용으로부터 사생활의 비밀 등을 적절히
보호함으로써 건전한 신용질서를 확립하기 위하여' 제정되었다.[4] 개인
정보보호법이 일반법으로서 정보의 보호를 꾀하고 있음에도 신용정보법
을 별도로 두고 있는 것은 당시 개인정보보호법이 마련되기 전에(개인

---

3) '개인의료정보보호법안' (의안번호 1900932).
4) 신용정보의 이용 및 보호에 관한 법률 (제정 1995. 1. 5 법률 제4866호) 제정이유
〈https://www.lawnb.com/Info/ContentView?sid=L000053B9FE03E4E〉 (검색일: 2021. 5. 29.).

정보보호법은 2011년 제정되었다) 신용정보에 대한 이용이 활성화되고 그에 따른 보호의 필요성이 커지면서, 본래 있었던 신용조사업법을 폐지하고 마련된 것이다.5)

금융업의 발달로 신용 조사업에 대한 규율과 그에 뒤따른 신용정보 보호에 대한 규율이 발생한 것이 보건의료데이터에 대한 지금의 활성화된 논의보다 시기적으로 먼저 발생하였을 뿐, 현재의 보건의료데이터에 대한 활용과 그에 따른 정보보호의 필요성은 과거 신용정보보호에 대한 규율의 필요성과 마찬가지로 커졌다는 점에서 보건의료데이터를 통일적으로 관장하는 독립법제가 필요하다는 의견이 있을 수 있다. 마치 신용분야에서 마이데이터 사업의 활성화 이후로 보건의료분야에서 이와 유사한 마이헬스웨이 사업이 뒤따라 대두된 것과 유사한 흐름이기도 하다. 그러나 신용정보법이 제정되던 당시와 달리 현재는 수평적 규제체계로서 개인정보보호법이 제정된지 10년 이상이 되어 제도가 안정적으로 시행되고 통일된 개인정보보호법을 통한 규율로도 보건의료데이터의 보호가 (비록 개선 필요점이 있을지라도) 실현되고 있다는 점이 있다.

수평적 규제방식과 수직적 규제방식의 전환 여부에 대하여, 유사한 논의가 있었던 다른 분야의 경우는 어떠하였는지 참고해 보고자 한다. 2000년대 초 방송·통신 분야에서 기술 발달로 다양한 융합 서비스가 출현하자, 지금의 논의와는 오히려 반대로 수직적 규제 방식에서 수평적

---

5) 신용정보에 관해서는 '국가의 안보 및 기밀에 관한 정보, 기업의 경영비밀, 개인의 정치적 사상이나 종교적 신념 기타 신용정보와 무관한 사생활에 관한 정보 등의 수집·조사를 제한'하고, '재무부장관은 금융기관 등이 보유하고 있는 신용정보를 집중관리·활용하게 하기 위하여 신용정보집중기관을 지정하거나 신용정보집중기관으로 등록'하게 하였고, '금융기관·백화점·할부판매회사 등 신용정보 제공·이용자가 비밀보장의 대상이 되는 금융거래정보·개인질병정보 등을 신용정보업자 등에게 제공하고자 하는 경우에는 당사자인 개인으로부터 사전에 서면에 의한 동의를 얻도록' 하고, '신용정보주체는 신용정보업자등에게 본인의 신용정보에 대한 열람을 청구할 수 있으며 본인의 신용정보가 사실과 다른 경우에는 정정을 청구할 수 있도록'하여 신용정보의 보호를 꾀하고 있다.

규제방식으로 전환해야 한다는 의견이 있었다. OECD는 2004년 기존 방송·통신의 수직적 분할체계를 개편하여 전송부문에 대하여 단일한 규제를 적용할 것을 내용으로 하는 보고서를 발표하였는데 OECD가 권고하는 수평적 규제는 방송과 통신의 경계를 없애고 전송(carriage)과 콘텐츠(contents)로 이원화하여 규제하자는 것 이었다.[6] 수직적 규제는 시장이 융합되어 다양한 서비스[7]가 제공되고 있는(ex. IPTV등 영향, 음성, 데이터 융합서비스) 현실과 점점 더 격차가 커지고 있다는 점이 문제가 되었던 것이다.[8]

수직적 규제체계는 새로운 산업이 발생할 때마다 기존 규제체계 개편에 드는 시간과 비용의 문제가 있고, 신규 서비스에 대한 규제체계로서 한계가 있어, 발전과 변화의 속도가 빠른 산업분야에 있어서 적합하지 않은 측면이 있다. 또한 수직통합의 지배적 사업자 규율이 어렵고 백화점식 규제로 흘러 과잉규제로 인한 산업분야의 경직성을 불러올 수 있다. 수직적 규제로 인한 지나친 법적 경직성은, 기업들 입장에서 더 높은 진입 비용으로 반영되어 저해요인으로 작용하기도 한다.[9] 임시적이고 반복적인 규제안으로 행정비용이 증가하고 규제의 일관성을 감소시킴으로서 산업계에 불확실성을 높여 산업발전에도 저해요인으로 작용할 위험이 있다.[10] 따라서 융합 산업에 대한 합리적인 규제가 어려워질 뿐 아니라, 규제 기관 간 마찰이나 법률 정합성의 문제가 발생할 수 있다.

---

6) OECD(2004a). The Implications of Convergence for Regulation of Electronic Communications. DSTI/ICCP/TISP(2003)5/FINAL. p.20.

7) Werbach, K. (2002). A "Layered Model for Internet Policy." Journal of Telecommunications and High-Tech Law. 1, p.38.

8) Niloufer Selvadurai, THE CONVERGENCE OF BROADCASTING AND TELECOMMUNICATIONS THE NEED TO SHIFT FROM A VERTICAL 'SILO' MODEL TO A HORIZONTAL 'LAYERED' MODEL OF REGULATION, 66.1.

9) Klapper, L., L. Laeven & R. Rajan (2005). "Entry Regulation as a Barrier to Entrepreneurship." Journal of Financial Economics 82(3) p.31.

10) 이상우·황준호·김성환·정은옥·신호철·오수민·송정석·김원식, 통신방송 융합 환경하의 수평적 규제체계 정립방안에 관한 연구, 2007, 31쪽.

반면에 수평적 규제 체제는 사업자 간의 자율적인 경쟁이 보장되고 게이트웨이의 통제가 일어나지 않도록 하는 네트워크가 강조되었다.[11] 또한 시장환경 변화에 유연하고 빠른 대처가 가능하고, 동일기능 동일규제의 원칙이 적용되어 유사한 서비스 사이에 규제차별이 없다. 이를 통해 기업들은 산업 진출에 있어 법률적 진입장벽에 차이가 없고 계층간 규제 일관성이 유지되어 활발한 산업분화가 가능하다. 데이터 산업 또한 그 발전 속도와 기술의 다양성이 상당하여, 분야별로 법률을 마련하기엔 적절하지 않은 면이 존재한다.

데이터 산업의 빠른 변화와 다양성을 고려하였을 때, 분야별 독립법제를 마련하는 수직적 규제를 전면적으로 도입하기 보다는 현 규제체계를 유지하되 개인정보보호법과 다른 보건의료관련 법률 간의 보건의료 데이터 보호에 관한 내용의 정합성을 보완하고, 행위준칙의 형태로 규율되어 있는 내용 중에 법규성이 필요한 내용은 관련 상위법령에 위임조항을 마련하는 등의 방법으로 법규성을 갖추도록 하는 개선 방향이 적절한 것으로 보인다. 해외 현황을 비교법적으로 살펴보고 국내 상황에 맞는 보건의료데이터 보호 규율 체제에 대하여 다시 한번 자세히 살펴보고자 한다.

Ⅱ. 해외 법제에 대한 비교법적 검토

해외의 경우 보건의료데이터의 개인정보보호를 위하여 미국의 HIPAA 와 같은 독립법제를 마련한 국가들도 있다. 비교법적으로 참고하기 위하여 해외의 보건의료데이터 관련 독립법제 유무를 아래 표와 같이 정리해본다.

---

11) OECD(2004a). The Implications of Convergence for Regulation of Electronic Com munications. DSTI/ICCP/TISP(2003)5/FINAL. p.19.

〈표 12〉 해외 국가별 보건의료데이터 관련 독립법제 현황

국가	보건의료데이터에 관한 독립법제	보완 규정
미국	HIPAA	·
유럽	·	유럽 평의회 '보건관련 데이터 보호에 대한 권고' 마련
영국	Care Act 2014	·
일본	차세대의료기반법	·
대만	·	개인정보보호법에서 의료정보에 대하여 명시하여 규정

보건의료데이터 개별법으로서 미국의 HIPAA, 영국의 보살핌법[12](Care Act 2014, 이하 'Care Act'), 일본의 차세대의료기반법이 있다.

미국의 경우 포괄적으로 적용되는 개인정보보호 법률을 가지고 있지는 않고 사안별 또는 분야별로 규제가 이루어지는 수직적 규제방식이다.[13] 금융, 통신, 의료 등 분야별로 개별 법령을 제정하여 규율하고 있다는 점에서 우리나라와 차이가 있다.[14] 보건의료 분야에 대해서는 연방법으로서 HIPAA가 있고, 주법으로서 건강정보의 수집·저장·이용·공개를 규제하는 법률을 제정·시행하고 있는 주도 있다.

국내와 미국의 이러한 규제방식의 차이는 의료서비스 시스템의 차이가 크게 작용한다. 미국은 민간 보험사들을 중심으로 운영되기 때문에 다양한 정보 플랫폼이 활성화되도록 국가 의료정보 네트워크 구성 및 정책수립을 위한 주도기관으로 보건복지부(HHS)의 '국가보건의료정보기술조정실(ONC)'을 두었다.[15] 국가 건강보험으로는 메디케어(medicare, 65

---

12) 해당법 제명의 국문명은 법제처 세계법제정보센터 사이트를 참고하였다.
   〈https://world.moleg.go.kr/web/wli/lgslInfoReadPage.do;jsessionid=z41tXG07kP0jIa4t
   WGOycQUr0kluMmkNvSbsODqi89Dt1uJ90EOu0RIISNaYMuC1.eduweb_servlet_engine6
   ?1=1&searchPageRowCnt=50&A=A&AST_SEQ=2041&searchType=all&CTS_SEQ=35022&
   pageIndex=23&ETC=1103&searchTy=4〉 (검색일: 2021. 10. 27.)
13) 김은수, 앞의 글, 124쪽.
14) 윤혜선, 앞의 글, 68쪽.
15) 앞서 보건의료데이터 표준화 관련하여 한차례 언급되었던 미국내 기관이다.

세 이상 노인 대상)와 주·정부 관장의 의료보호제도인 메디케이드(medi caid, 저소득 대상)가 있고 이를 제외하고는 대부분 민간의료 시장에 의존하고 있다.

유럽은 GDPR을 통해 개인정보 보호에 대하여 규율하고 미국과는 달리 보건의료정보만을 규율하는 독립법제를 마련하고 있지 않다. 다만 유럽 평의회는 '보건관련 데이터 보호에 대한 권고'를 마련하여 회원국에게 보건의료데이터 처리 규제에 대한 지침을 제공한다. 우리나라에서 개인정보보호법을 두고 보건의료데이터 관련 가이드라인과 지침들을 두어 보완하고 있는 구조와 유사하다.[16]

일본의 경우 2018년 시행된 차세대의료기반법을 통해 보건의료데이터 활용에 있어서 옵트아웃제를 도입한 점을 제외하면, 개인정보보호법에서 최근에 가명가공정보의 개념을 명시하였다는 점 등에서 우리나라와 다소 제도현황이 비슷하고, 의료보험 체계 또한 유사하다.[17] 일본의 개인정보 감독기구인 개인정보보호위원회는 개인정보보호법을 포함하여 아래와 같은 시행령 등을 소관하고 있다.[18]

〈표 13〉 일본의 관련 법체계

구분	제 명
법률	개인정보보호법
기본방침	개인정보보호 기본방침

---

16) 김희정, 가명정보 미동의 처리의 기본권 침해 검토, 2021, 40쪽.
17) 일본의 경우, 아기부터 노인까지 반드시 공적 의료보험에 가입해야 한다. 이는 일본에서 근로하거나 장기간 학교에 다니는 외국인도 포함된다. 직장 및 근로 형태에 따라 사회보험, 국민건강보험으로 가입 보험의 종류가 달라진다. 회사에 근무하고 있는 사람과 그 가족은 사회보험으로서 전국 건강보험협회, 일본 사립학교 진흥·공제사업단, 건강보험 조합 중에 하나에 가입하고, 자영업자, 퇴직자, 외국인 유학생은 지방단체가 운영하는 국민건강보험에 가입한다.
18) 한국인터넷진흥원, 일본 개인정보보호 법·행정체계 현황 및 주요 위반사례, 2020, 3쪽.

구분	제 명
시행령	개인정보보호법 시행령
규칙	개인정보보호법 시행령 규칙
	행정기관 개인정보보호법 제4장의2 규정에 의한 행정기관 비식별 가공정보 제공에 관한 규칙
	독립행정법인 개인정보보호법 제4장의2 규정에 따른 독립행정법인 등 비식별가공정보 제공에 관한 규칙
보완 규정	개인정보보호법에 관한 EU 및 영국 역내로부터 적정성 인정에 의해 이전받은 개인정보의 취급에 관한 보완적 규정
가이드라인	개인정보보호법 가이드라인
	행정기관 개인정보보호법 가이드라인
	독립행정법인 개인정보보호법 가이드라인
	고용관리 분야 개인정보 중 건강정보 취급 시 유의사항
	금융 관련 분야 가이드라인
	의료 관련 분야 가이드라인
	기타 특정 분야 가이드라인

대만의 경우는 우리나라와 마찬가지로 사회보험방식의 의료보장제도를 실시하고 있다. 이에 따라 보험자인 중앙건강보험서(NHIA)에 진료비 청구를 위한 데이터 전송이 진행 된다.[19) 보건의료데이터에 관한 개별법 대신 일반 개인정보보호법에서 의료정보에 대하여 명시적으로 규정을 두고 있다.

Ⅲ. 소결

산업분야별 개인정보보호에 관한 독립법제를 마련하는 방안에는 장단점이 존재한다. 장점으로는 앞서 살펴본 미국의 HIPAA, 일본의 차세대 의료기반법처럼 해당 개별 분야를 표적으로 한 실무적 기준이 명확하게

---

19) 한국보건산업진흥원, 보건산업 동향조사 및 이슈 발굴 분석, 2016, 45쪽.

마련될 수 있다는 점이다. 보건의료데이터의 특수성을 반영한 구체적이고 현실적인 법령이 마련될 수 있고 관련 법령에 산재해 있는 관련 조항들의 해석의 상충이나 혼란을 방지할 수 있다. 반면에 단점으로는 상당한 행정비용이 투입되고, 산업분야의 변화에 따라 법률을 정비해야 한다는 점에서 유연한 대처가 어렵다는 점이 있다. 자칫 과도한 규제로 이어져 보건의료데이터 처리자로 하여금 범법자가 되기 쉬울 수 있어 사회적 경직성을 불러올 수 있다. 이는 오히려 데이터 폐쇄성을 야기하여 실무상 데이터 활용을 어렵게 만드는 요인이 될 가능성이 있다. 이러한 점에서 독립법제의 마련은 신중한 논의가 필요한 부분이며, 국내 보건의료데이터 관련 제도 현황을 고려하여 바람직한 실무적 기준을 마련할 수 있는 방안에 대해 살펴 정해야 할 것이다.

앞서 살폈던 바와 같이 우리나라는 보건의료데이터에 관한 독립된 법제는 없고 '보건의료데이터 활용 가이드라인' 등 관련 지침을 마련하여 보완하고 있다. 이러한 지침은 법적 강제성은 없지만 유연한 해석과 사회적 합의에 도움이 된다. 국가기관의 판단 재량이 넓어지고 탄력적인 정책집행이 가능하며, 다양한 법체계와 조화를 이룰 수 있고 광범위한 개인 및 집단의 참여가 가능하다는 장점이 있다.[20] 데이터 산업과 같이 변화가 빠르고 다양한 융합서비스가 발생할 수 있는 첨단 분야에 보다 적절한 규율 방식이다. 현재 개인정보보호 분야에서의 빠른 기술발전과 데이터 환경의 변화는 가이드라인과 같은 행위규범이 활용될 여지가 많은 분야이다. 또한 앞서 국내 현황을 살피면서 인지할 수 있었듯이, 보건의료데이터 활용시 관련하여 검토 대상인 법률이 이미 많은 상황이다.

〈표 14〉 국내 데이터 관련 법률 현황

	법제명*	규율 내용
공공데이터	공공데이터법	공공데이터에 대한 국민의 이용권 보장

---

20) 위준석, 연성규범의 새로운 양상, 2018, 111쪽.

	법제명*	규율 내용
관련	정보공개법	공공데이터에 대한 공공기관의 공개의무 규정
	전자정부법	전자정부의 효율적 구현목적, 사생활 보호 조항
	데이터기반행정법	데이터 기반의 행정활성화, 개인정보보호보호법 준수 조항
	지능정보화 기본법	지능정보기술을 활용한 정책 추진 목적, 개인정보보호 및 사생활 보호 조항
	국가지식정보법	국가 지식의 공유 및 확산 활성화
보건의료데이터 관련	생명윤리법	인간대상 연구시 인간의 존엄성과 가치 보호, 개인정보 보호 조항
	보건의료기본법	보건의료에 관한 국민의 권리 및 의무 규율, 사생활 보호 조항
	국민건강보험법	공단, 심사평가원 등 업무 수행시 취득 개인정보 누설 금지 조항
	암관리법	암관리사업에 종사자는 업무상 취득 개인정보 누설 금지 조항
	의료법	의료종사자 업무상 취득 개인정보 누설 금지 조항
	약사법	약사, 한약사 업무상 취득 개인정보 누설 금지 조항
데이터 관련	개인정보보호법	일반 개인정보에 대한 보호 규율, 민감정보 특례, 익명화 및 가명화 규율
	신용정보법	신용정보 산업 건전 육성 목적, 신용정보 이용 관련 사생활 비밀 등 보호 조항
	정보통신망법	정보통신서비스 제공자 및 소비자 등의 개인정보 보호 조항(개인정보보호법으로 이관)
2022. 4. 20. 시행예정	데이터산업법	민간 데이터의 생산, 거래 및 활용을 위한 기반 조성

* 약칭으로 기재하였음

이러한 법제도적 상황에서 또다시 독립법제를 만든다면 불필요한 중복규제가 발생할 수 있고 행정비용의 낭비를 가져온다. 또한 법률 간의 적용 순위와 용어의 정리가 더욱 어려워지게 되고 산업분야에 혼란과 경직성을 가져올 수 있다. 개인정보보호법에서 일반적인 규율을 마련하고 필요에 따라 관련법에 구체적인 규정을 두고 있으며 관련 시행령과 고시 등을 활용하는 방식으로 법제가 마련되어 있다. 각 법에 산재된 조항들의 법률정합성을 갖추고 가이드라인 등의 내용을 법률의 내용에 부합하게 정비하는 것이 국내 보건의료데이터 상황에 맞는 개선방향으로 보인다. 지침의 내용 중에서 산업 발전과 사례축적에 따라 결과가 예측되고 이미 널리 받아들여지는 규율은 점차 법규성을 갖추도록 법령에 편입시켜 수직적 규제를 가미하고, 행위준칙에 대해서는 정기적인 점검과 변화되는 환경 반영으로 실무에 맞는 기준을 제시함이 바람직하다.

만일 법의 사각지대가 있어 개인정보보호가 충분하지 않다면 강제성을 띤 독립법제의 마련이 보다 시급할지도 모를 일이나, 본 논문이 글에서 지금까지 살펴본 현황과 아래에 이어서 살필 개선점을 보면, 비록 관계 여러 법령에 산재해 있거나 법규화가 필요할지언정 보건의료데이터 처리에 있어서 개인정보 보호에 필요한 규정들은 대부분 존재하는 것으로 보인다. 국내 보건의료데이터는 민감정보에 포함되어 개인정보보호법상 엄격한 보호를 받고 있고, 공공데이터에 있어서도 정보공개법상 비공개대상에 포함되어 취급되고 있다. 독립법제가 있는 미국 HIPAA에서 규율하고 있는 전문가 판단 절차의 경우 국내 심의위원회의 심의절차가 있고, 세이프하버의 경우 비공개정보의 분리·제외와 유사하다. 영국의 Care Act에서 보건의료데이터의 제3자 제공에 있어 목적을 제한하고 있는 규정(영국은 Care Act를 제정하여, HSCA의 제정 이후 개인정보 보호가 부족하다는 지적을 보완하여 개인정보 열람 가능 범위를 제한하는 등의 규정을 두었다. Care Act으로 인하여, NHS Digital이 보유하는 보건의료정보는 연구나 신약 개발, 치료방법 개발 등을 위해 제3자 제공은 가능하나 상업적인 보험회사들이 업무 목적으로 환자의 개인정보를 제공받는 것은 제한되게 되었다)[21]도 국내 개인정보보호법에서 민감정보를 포

---

21) 정현학·장보은, '보건의료 빅데이터 관련 각국의 법체계', 보건산업브리프 vol.208

함한 가명정보의 제3자 제공 목적을 제한하고 있는 것과 유사하다. 개인정보 보호의 사각지대가 발생하기 보다는, 오히려 일본의 차세대의료기반법에서 정하고 있는 인정사업자와 옵트아웃 제도와 같이 개인정보 활용에 중점을 둔 규정이 부족한 상황이다. 이에, 기존의 국내 법률 간의 정합성을 보완하고, 정보의 안전한 활용을 확대할 수 있는 규정들을 행위규정에 마련하여 그 사례가 축적되어 검증된 규율들은 점차 법규화하는 방향이 적절한 방향으로 보인다.

위에서 살펴본 바와 같이 데이터와 관련된 법문이 여러 법령에 산재해 있고, 그 중에서도 산업분야 별로 규제의 내용이 상이하여 관련 법률이 상당수 존재하는 바, 가이드라인 등이 올바른 행위준칙으로서 기능하려면 이러한 법령과 일관성을 유지하면서도 현실을 잘 반영하는 것이 필요하다. 즉, 보건의료데이터 보호에 있어서 개인정보보호의 일반성을 갖춘 부분은 기존 개인정보보호법으로 규율이 가능하도록 하고(수평적 규제), 보건의료데이터 특유의 성질에서 비롯된 규율 필요점들은 법규화하여(수직적 규제) 행정비용과 사회적 경직성을 방지하되 보건의료데이터의 특수성을 반영한 규율이 가능하도록 도모하는 방안이다.

더욱 구체적으로 살피자면 수평적 규제로서 현 개인정보보호법을 통해 민감정보로서 보건의료데이터를 보호하고 가명정보를 활용하되, 수직적 규제로서 보건의료데이터 특수성을 반영한 법규 마련을 제안하고자 한다. 앞서 살펴본 바와 같이 보건의료데이터는 정보의 민감성이 높고 이로 인한 비식별화의 어려움 및 유출시의 높은 위험성이 있다는 특징을 감안하여, 가명 보건의료데이터의 보호를 위해서 비식별 심의위원회를 강화하고 이에 대한 법규성을 갖출 필요가 있다. 심의위원회의 조직과 구성에 관한 권고의 경우 관련 실무예와 규정 필요성이 상당히 커진 바, 법령에 위임규정을 두어 법규성을 갖추도록 도모할 필요가 있다. 또한 앞서 살펴본 보건의료데이터의 또 다른 특징으로 데이터 처리의

2015, 6쪽 {Care Act 2014 section 122(3)}.

투명성 요구와 각 참여자들의 적극적인 네트워크 구성으로 개인정보보호에 대한 사회적 신뢰 구축과 데이터 개방을 유도해야 한다는 점을 반영하여, 보건의료데이터 거버넌스의 구축과 관리·감독을 강화하기 위한 규율을 마련할 필요가 있다.

제2절 보건의료데이터 활용 촉진 법제의 개선방안

I. 보건의료데이터 활용 근거 법규의 명확화

보건의료데이터의 안전한 활용이 실현되기 위해서는, 개인정보에 해당하는 보건의료데이터를 목적에 맞게 활용할 수 있도록 허용하는 법적 근거부터 명확할 필요가 있다. 명확한 법적 근거를 제시하여 줌으로써, 데이터 보유자(ex. 공공기관, 의료기관)로 하여금 데이터 개방에 대한 부담을 덜 수 있도록 하여 데이터 폐쇄성이 개선될 수 있고, 법적 안정성을 도모하여 데이터 처리자로 하여금 원활하게 데이터를 처리하고 활용할 수 있도록 촉진할 수 있다.

1. 민감정보의 가명정보 활용 근거 법규의 명확화

개인정보보호법의 민감정보에 대한 조항인 제23조에서는 '개인정보처리자는 사상·신념, 노동조합·정당의 가입·탈퇴, 정치적 견해, 건강, 성생활 등에 관한 정보, 그 밖에 정보주체의 사생활을 현저히 침해할 우려가 있는 개인정보로서 대통령령으로 정하는 정보(이하 '민감정보'라 한다)를 처리하여서는 아니 된다.'고 하면서, 민감정보에 대하여 일반개인정보에 비해 보다 엄격히 보호하고 있다.

제23조(민감정보의 처리 제한)

① <u>개인정보처리자</u>는 사상·신념, 노동조합·정당의 가입·탈퇴, 정치적 견해, <u>건강</u>, 성생활 등에 관한 정보, 그밖에 정보주체의 사생활을 현저히 침해할 우려가 있는 개인정보로서 대통령령으로 정하는 정보(이하 "민감정보"라 한다)를 처리하여서는 아니 된다. 다만, 다음 각 호의 어느 하나에

해당하는 경우에는 그러하지 아니하다.

1. 정보주체에게 제15조제2항 각 호 또는 제17조제2항 각 호의 사항을 알
리고 다른 개인정보의 처리에 대한 동의와 별도로 동의를 받은 경우
2. 법령에서 민감정보의 처리를 요구하거나 허용하는 경우

결국 민감정보에 대한 특례조항인 제23조로서 보다 엄격하게 보호하
도록 규율하면서 민감정보에 대해서도 가명처리하여 활용할 수 있는 명
시적인 예외 조항을 두고 있지 아니하여, 민감정보의 가명처리 후 사용
가능 여부에 대한 해석이 모호한 측면이 발생하였다. 이에 대하여, 제23
조 제1항 제2호의 '법령'에 동법인 개인정보보호법의 '가명정보의 처리에
관한 특례'도 포함되는 것으로 해석하여 민감정보의 가명정보 활용이 가
능하다고 구성하는 견해가 있다.[22]

이와 관련된 사안에 있어서 헌법재판소의 판단을 살펴보고자 한다.
헌법재판소의 결정례로서 '국민건강보험공단의 서울용산경찰서장에 대
한 요양급여내역 제공행위 위헌확인 사건'이 있다.[23] 해당 사례에서 수
사기관이 피의자들의 동선을 추적하기 위해 이들이 어느 병원에 방문하
였는지 등에 관한 정보를 국민건강보험공단에 요청하였고 국민건강보험
공단은 개인정보의 제3자 제공에 대한 예외허용 사유로서 구 개인정보
보호법 제18조 제2항 제7호 '범죄의 수사와 공소의 제기 및 유지를 위하
여 필요한 경우'를 근거로 민감정보가 포함된 정보를 제공하였다. 헌법
재판소는 이에 대하여, 민감정보에 대한 제23조 제1항 제2호와 위 제18
조 제2항 제7호에 따른 '범죄 수사를 위해 불가피한 경우'라고 보아 합헌
으로 판단하였다. 이와 같은 헌법재판소의 결정은 민감정보에 관한 특례
조항에서 제2호로 정하고 있는 '법령에 정하고 있는 경우'에 동법의 조

---

22) 전승재, 개인정보, 가명정보 및 마이데이터의 활용 범위, 선진상사법률연구 91
　　호, 2020, 269쪽.
23) 헌법재판소 2018. 8. 30. 2014헌마368 결정.

항들도 포함된다고 보아 동법 제18조 제2항을 제23조의 예외 사유에 포함하여 해석한 것이다. 즉, 민감정보에 관한 특례조항인 제23조의 예외 사유로 '법령에 정하고 있는'의 해석시 동법인 개인정보보호법 내의 다른 조항도 법령으로 인정하는 태도를 보이고 있다.

법문으로 돌아와 유사한 문구를 가진 조항들의 기재사항을 비교하여 보면 다음과 같다.

제15조(개인정보의 수집·이용)

① 개인정보처리자는 다음 각 호의 어느 하나에 해당하는 경우에는 개인정보를 수집할 수 있으며 그 수집 목적의 범위에서 이용할 수 있다.

  1. 정보주체의 동의를 받은 경우

  2. 법률에 특별한 규정이 있거나 법령상 의무를 준수하기 위하여 불가피한 경우

  3. 공공기관이 법령 등에서 정하는 소관 업무의 수행을 위하여 불가피한 경우

제24조(고유식별정보의 처리 제한)

① 개인정보처리자는 다음 각 호의 경우를 제외하고는 법령에 따라 개인을 고유하게 구별하기 위하여 부여된 식별정보로서 대통령령으로 정하는 정보(이하 "고유식별정보"라 한다)를 처리할 수 없다.

  1. 정보주체에게 제15조제2항 각 호 또는 제17조제2항 각 호의 사항을 알리고 다른 개인정보의 처리에 대한 동의와 별도로 동의를 받은 경우

  2. 법령에서 구체적으로 고유식별정보의 처리를 요구하거나 허용하는 경우

제32조(개인정보파일의 등록 및 공개)

① 공공기관의 장이 개인정보파일을 운용하는 경우에는 다음 각 호의 사항을 보호위원회에 등록하여야 한다. 등록한 사항이 변경된 경우에도 또한 같다.

  1. 개인정보파일의 명칭

-중략-

② 다음 각 호의 어느 하나에 해당하는 개인정보파일에 대하여는 제1항을
적용하지 아니한다.

　1. 국가 안전, 외교상 비밀, 그 밖에 국가의 중대한 이익에 관한 사항을
기록한 개인정보파일

-중략-

　5. 다른 법령에 따라 비밀로 분류된 개인정보파일

제36조(개인정보의 정정·삭제)

① 제35조에 따라 자신의 개인정보를 열람한 정보주체는 개인정보처리자에
게 그 개인정보의 정정 또는 삭제를 요구할 수 있다. 다만, 다른 법령에
서 그 개인정보가 수집 대상으로 명시되어 있는 경우에는 그 삭제를 요
구할 수 없다.

② 개인정보처리자는 제1항에 따른 정보주체의 요구를 받았을 때에는 개인
정보의 정정 또는 삭제에 관하여 다른 법령에 특별한 절차가 규정되어
있는 경우를 제외하고는 지체 없이 그 개인정보를 조사하여 정보주체의
요구에 따라 정정·삭제 등 필요한 조치를 한 후 그 결과를 정보주체에게
알려야 한다.

위와 같이 법문을 비교해보면, 법령에 정한 바를 예외로 규정하고자
한 조문의 경우 '법령'과 '다른 법령'을 구분하여 기재하고 있는 것을 알
수 있다. 그렇다면 제23조 민감정보의 특례조항 2호에서 '다른 법령'이
아닌 '법령'으로만 정하고 있는 것은 동법인 개인정보보호법에 정하고
있는 가명정보 특례 조항도 포함된다고 해석하는 것이 타당할 수 있다.

그런데, 이렇게 제23조 제1항 제2호의 '법령'에 동법을 포함하여 해석
하여도 '처리'에 대한 정의조항과 법률의 취지를 살폈을 때 여전히 의문
이 남을 수 있다. 법조문을 다시 자세히 살펴보면, 제23조(민감정보의 처
리 제한)의 경우 개인정보처리자는 민감정보에 대하여 정보주체에게 동

의를 받거나 법령에서 민감정보의 처리를 요구하거나 허용하는 경우가 아니면 '처리'하여서는 아니 된다.

　제2조(정의) 조항에 따르면 '처리'란 개인정보의 수집, 생성, 연계, 연동, 기록, 저장, 보유, 가공, 편집, 검색, 출력, 정정, 복구, 이용, 제공, 공개, 파기, 그 밖에 이와 유사한 행위를 말하고 '가명처리'란 개인정보의 삭제, 대체 등의 방법으로 추가 정보의 사용 없이 개인을 알아볼 수 없도록 '처리'하는 것을 말한다. 제28조의2(가명정보의 처리 등) 조항에서, 개인정보처리자는 일정목적으로 동의 없이 가명정보를 처리할 수 있다고 정하고 있는데, 민감정보에 대해서는 위 제23조에서 특례로서 '처리'를 금하고 있는 바, 제28조의2가 적용되기 위한 가명 '처리'부터 허용되지 아니하는 것이라고 본다면(개인정보보호법에는 민감정보의 가명 '처리'를 허용하는 별도 조항이 없다) 법문상으로는 가명처리를 포함한 정보 활용이 금지되는 것으로 해석될 여지가 있다.

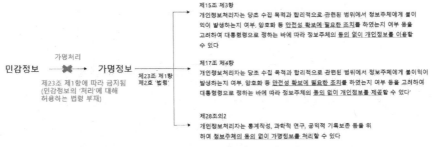

〈그림 6〉 민감정보의 가명정보 활용 관련 조문

　민감정보에 대한 특례 조항을 둔 것은 일반 개인정보에 비하여 보호법익이 중대하여 특히 엄격하게 제한하겠다는 취지인데, 위 그림과 같이 각 조문을 엄격하게 문언적으로 해석해 본다면 가명처리에 대한 가부를 정하고 있는 조문이 부재한 것으로 해석될 여지가 있다. 실무적으로 살펴보면, 위 헌법재판소 결정례 뿐만 아니라 개인정보보호위원회가 2020. 12. 23. 개정하여 발령한 '보건의료데이터 활용 가이드라인'[24]에서도 보건의료데이터를 비식별화하여 활용할 수 있는 것을 전제하고 관련 세부사항을 규정하고 있다.[25]

　이렇게 가이드라인, 사법적 판단을 통해서 이미 확인된 기준에 대하여 굳이 법령에 명시할 필요가 있을지, 판례의 해석과 가이드라인으로 정한 연성규범의 형태로 두는 것은 어떠한지에 대한 측면을 검토해본다. 이러한 고민은 반대로, 실무적 사례 축적이 충분히 되었고 관련 분야가 성숙되었다는 방증이기도 하다. 그렇다면 연성규범의 예비 법률적 성격을 고려해 보았을 때 법규성을 갖도록 법령에 편입하는 것이 바람직할 것이다. 보호의 필요성이 높다고 인정되어 민감정보의 특례규정이 있음에도 불구하고, 보건의료데이터의 활용에 있어서 그 절차를 완화하는(정보주체의 동의 면제) 요건을 법규성 없이 사법적 해석과 가이드라인에만 맡겨두는 것은 혼란과 논쟁의 여지를 남겨두는 이외에 실익이 없다고 생각된다. 이러한 점을 그대로 둔다면, 데이터 처리자 입장에서는 자칫 법문언적으로만 해석하면 위법한 행위일지도 모를 상황에서 보건의료데이터의 가명처리 및 활용을 수행하는 상황으로 몰리게 되는 것이고, 이는 데이터 활용에 있어 장해로 작용한다.

　관련하여 비교법적인 측면에서 해외의 경우를 살펴보고자 한다. 유

---

24) 개인정보보호위원회 사이트 참조: 〈https://www.pipc.go.kr/np/cop/bbs/selectBoardArticle.do?bbsId=BS217&mCode=D010030000&nttId=7023〉 (검색일: 2021. 4. 9.).

25) 이에 관해 해당 가이드라인조차 법률적 근거 없이 정해진 것이라며 보건의료데이터의 활용 자체를 원천적으로 부정하는 견해도 있다. 그러나 이는 정보활용의 시대적 흐름에 상당히 역행할 뿐만 아니라, '정보의 안전한 사용'이라는 법제도적 및 정책적 취지에 어긋나는 맹점이 있다. 지나치게 경직된 해석이며 이에 대한 자세한 검토는 가이드라인 등 세부 규정에 관한 논의에서 이어간다.

럽에서 최초로 전자의무기록 시스템을 도입한 핀란드의 경우 2019년 5월 '의료 및 사회보장 데이터 2차 활용에 관한 법률'을 도입하여 통합데이터[26)]를 외부에 개방하고 있다. 해당 법 제1조에서 사회보장 및 보건의료 분야에서 수집된 개인데이터 등을 효율적이고 안전하게 처리할 수 있도록 하는 것이 목적이라고 명시함으로써 안전조치 후 보건의료데이터를 활용할 수 있는 법적 근거를 마련하였다. 또한 의료데이터 등이 과학적 연구, 통계, 개발 및 혁신 활동, 교육, 지식관리, 관계기관의 운영과 감독, 관계 기관의 계획 및 보고의 목적으로 2차적으로 활용될 수 있다는 규정을 명시적으로 두고 있다.[27)]

미국의 경우 여러 민영의료보험사들이 운용되는 시스템이어서, 의료정보가 정확하게 수집되지 못하는 사례가 빈번하여 보험사들로 하여금 병원으로부터 정확한 의료정보를 제공받을 수 있도록 하기 위하여 1996년 HIPAA 법이 제정된 것이다.[28)] 동법에서는 의료정보라 하더라도 예외적으로 보험요율 책정 또는 학술연구 등 공익적 필요가 있는 경우 정보를 활용할 수 있다고 명시하고 있고, 비식별처리를 통하여 HIPAA 프라이버시 규칙 제164.514항에서, 전문가 판단 또는 세이프하버 방식에 의하여 비식별 정보(de-identified information)로 판단된다면 HIPAA의 규제대상이 되지 아니한다고 정하고 있다.

영국의 경우 국가보건의료서비스(NHS)를 운영하고 있어, 국가보험체계를 갖춘 우리나라와 유사하다. 영국은 HSCA를 제정하여 보건의료 데이터의 연계 및 활용을 위한 NHS Digital의 설립근거를 명시하고, 환자에 관한 보건의료 정보를 저장, 분석, 가공하며, 이를 제3자 및 일반에 제공

---

26) 재인용 : 손재희·이소양, 공·사 보건의료 데이터 공유 사례와 시사점, 2021, 11쪽 / 원문 : 건강보장 ISSUE&REVIEW(2020. 1), 「핀란드 보건의료 데이터 결합 전문기관 운영사례」, 17호(원 출처: Act on the secondary use of health and social data(2019. 4), "Ministry of social affairs and health", Finland).

27) 김영진·김주현, 핀란드 보건의료 데이터 활용 제도 현황 및 시사점, 한국보건산업진흥원 보건산업브리프 vol.324 2021, 3쪽.

28) 김재선, 의료정보의 활용과 개인정보보호, 행정법연구 (44), 2016, 278쪽.

및 공개하는 역할을 하도록 규정하였다.[29)

이와 같이 유럽, 미국, 영국 뿐 아니라 대만에서는 개인정보보호법에 보건의료데이터의 비식별처리 후 활용이 가능하다는 규정을 명시적으로 두고 있고 일본의 경우는 인정사업자가 옵트아웃 형태로 이용 가능하다.

〈표 15〉 해외법제에서 가명정보의 활용에 대한 명시

국가	법명	규율내용
유럽 (핀란드)	의료 및 사회보장 데이터2차 활용에 관한 법률	의료데이터 등이 과학적 연구, 통계, 개발 및 혁신 활동, 교육, 지식관리, 관계기관의 운영과 감독, 관계 기관의 계획 및 보고의 목적으로 2차적으로 활용될 수 있다고 명시
미국	HIPAA Privacy Rule	제164.514항에서, 전문가 판단 또는 세이프하버 방식에 의하여 비식별 정보(de-identified information)로 판단된다면 HIPAA의 규제대상이 되지 아니한다고 명시
영국	보건복지법(HSCAct)	환자에 관한 보건의료정보를 분석, 가공하며 제3자 및 일반에 제공 및 공개할 수 있도록 명시
일본	차세대의료기반법	인정사업자로 하여금 옵트아웃 형태로 비식별 보건의료데이터 처리 및 제공 가능 명시
대만	개인정보보호법	병력, 의료, 유전자, 건강검사와 관련된 개인정보에 대하여 공공기관이나 학술연구기관이 일정 목적에 근거하여 통계나 학술연구를 위하여 처리를 거친 후 공개할 수 있도록 명시

국내에서 보건의료데이터는 개인정보보호법에서도 민감정보로 분류되어 일반 개인정보에 비하여 더 엄격히 보호된다. 반면에 국민의 알 권리와 공익적인 측면에서 보건의료데이터의 활용이 필요한 측면도 경시될 수 없다. 적절한 보호장치를 마련하여 보호와 활용의 균형을 이룰 수 있도록 법적 근거를 명시하고 기준을 정립하는 것이 중요할 것이다. 국

---

29) 정현학·장보은, 보건의료 빅데이터 관련 각국의 법체계, 보건산업브리프 vol.208 2015, 5쪽 (Health and Social Care Act 2012 제250조 내지 제277조).

내의 경우 불분명한 법문을 그대로 두어 보건의료데이터를 법적 근거 없이 가명처리하여 이용한다는 논쟁을 그대로 두는 것 보다는, 법률 해석을 명확히 하기 위해서 민감정보라 하더라도(적어도 이 글에서 연구하고 있는 대상인 보건의료데이터에 대해서는) 가명처리하여 활용할 수 있는 근거 조항을 개인정보보호법에 마련하는 것이 바람직할 것으로 생각된다. 가령 개인정보보호법 제23조 제1항에 제3호로서 가명정보의 처리를 예외사유로 추가 신설하는 방안이 있다.

2. 공공 보건의료데이터의 활용과 관련된 법문의 정비

가. 비공개대상정보의 분리·제외 처리의 의미

공공데이터법 제17조 제2항에서는 비공개대상정보를 분리하여 제외하는 처리를 하면 공개·제공할 수 있도록 하고 있다. 여기에서의 '분리·제외 처리'가 개인정보보호법상 익명처리만을 가리키는 것인지, 데이터3법의 개정으로 최근 도입된 가명처리도 적용되는 것인지 문제가 된다. 현재 공공기관들이 보건의료데이터에 관련하여 이미 가명화를 포함한 비식별 조치를 거치면 심의를 거쳐 제3자에게 제공 가능한 것으로 내부 절차를 정하여 운용하고 있는 현황[30]을 감안해보면, 실무에서는 이미 가명처리도 포함하여 해석되고 있다. 그렇지만 법문에서 비공개대상정보를 '분리'하여 '제외'라고 하고 있어 문언적으로는 일부 삭제조치만을 가리킨다. 이는 익명처리로는 볼 수 있어도 개인정보보호법의 가명처리에 대한 정의[31]를 고려해보면 가명처리의 방법 중 '대체'등의 방법까지 포

---

30) 건강보험심사평가원에서 운영하는 '보건의료빅데이터 개방시스템' 사이트에서도 '공공데이터법 제1조 및 제3조161)'에 근거하여 공공데이터를 제공한다고 소개하고 있다.

31) 제2조(정의) 이 법에서 사용하는 용어의 뜻은 다음과 같다.
　1의2. "가명처리"란 개인정보의 일부를 삭제하거나 일부 또는 전부를 대체하는

함하는 개념으로 문언 해석되기는 어렵다.

가명화 정보는 식별성이 거의 없어서 정보공개법상 비공개대상에 포함되지 않는다고 전제하여 애초에 공공데이터법의 '분리', '제외'의 대상이 아니고 본래 (공공데이터법에 따라) 활용이 가능하다고 해석하는 우회적인 해석을 시도해볼 수도 있다. 그러나 이러한 접근은 정보공개법상 비공개대상정보에 '식별성'을 기준으로 명시하고 있지 아니하다는 점에서 근거가 빈약하다. 정보공개법 제9조에서는 비공개대상정보로서 '해당 정보에 포함되어 있는 성명·주민등록번호 등 개인에 관한 사항으로서 공개될 경우 사생활의 비밀 또는 자유를 침해할 우려가 있다고 인정되는 정보'라고 정하고 있을 따름이다. 뿐만 아니라, 이러한 논리대로라면 가명정보 뿐 아니라 익명정보도 애초에 비공개대상이 아닐 것이기 때문에 공공데이터법 제17조 제2항의 '분리하여 제외하는' 처리를 하면 '공개·제공할 수 있다'는 조항 자체가 필요가 없게 된다.

데이터3법의 최근 개정으로 가명정보 개념이 명시적으로 도입된 만큼, 공공데이터법의 '분리하여 제외'의 기재를 다양한 가명처리의 기법을 포괄할 수 있는 문언으로 구체화 하는 것이 타당하다고 생각된다. 가령, 공공데이터법 제17조 제2항 후단에 '개인정보보호법 제2조에 따른 가명 처리한 경우'를 추가적으로 포함하는 것도 방안이 될 수 있다.

나. 비공개대상정보의 범위

공공 보건의료데이터의 개인정보 보호와 활용 사이의 이익형량의 경우를, 그 대상을 기준으로 구체적으로 살펴보면 두 가지 경우로 나눌 수 있다. 공공데이터는 공공기관, 즉 국가권력에 의해 처리될 수도 있지만 이를 제공받은 다른 사인에 의해 처리될 수도 있기 때문이다. 전자의 경

등의 방법으로 추가 정보가 없이는 특정 개인을 알아볼 수 없도록 처리하는 것을 말한다.

우, 개인 정보에 대한 정보주체의 권리와 비교 형량되는 법익은 '국가의 안전보장 및 행정상 필요성'일 것이다.[32) 반면에 공공데이터가 제3자인 사인에게 제공되어 사인이 이를 처리할 경우(가령 제약기업이 건강보험심사평가원으로부터 공공 보건의료데이터를 받아 분석·활용하는 경우)에는 개인정보 보호법익이 정보를 제공받은 사인의 '알 권리, 직업수행의 자유, 영업권'과 비교형량될 것이다.

공공 보건의료데이터의 활용정책 방향을 정하고 관련 법률을 해석할 때에는 이러한 헌법상의 권리와 법률의 취지가 고려될 필요가 있을 것이다. 여기에서 주목해 볼 점은 정보공개법 제9조 제1항 제6호(조문 상 세사항은 아래 표로 정리)의 비공개대상 정보를 정의하면서 '개인을 식별할 수 있는 정보'에 한하고 있는 것이 아니라 이를 포함하는 '사생활의 보호 및 자유를 침해할 우려가 있는 정보'라고 정함으로써 프라이버시 보호, 즉 인격권의 보호적인 측면을 강조하고 있다는 점이다.

공공데이터로서 공공기관이 이를 사인에게 개방하고 연계하여 제공할 수 있다는 측면과 사인이 이를 분석하여 영리적으로 활용할 수 있다는 측면에서 동법에서의 개인정보는 마치 일정 가치를 지닌 재화로서의 성격을 갖는 데 반해, 이에 대한 개인정보보호 규율에서는 인격권적인 측면을 강조하고 있는 것에 비추어 보아 위에 언급한 바와 같이 헌법적 인격권의 보호를 염두에 둔 취지로 파악된다. 행정안전부는 매년 정보공개연차보고서를 발간하는데, 공공기관이 비공개결정을 하면서 제시해 놓은 이유의 분석 결과, '개인정보보호'가 전체 28%(12,427건)로서 가장 큰 폭을 차지하였다.[33) 그런 만큼 공공데이터의 공개와 활용에 있어서 비공개대상의 범위에 대한 해석이 중요하다. 제9조 제1항 제6호에 따른 비공개대상정보의 범위를 해석하기 위하여, 먼저 해당 조문의 연혁을 살펴보고자 한다.

---

32) 전승재, 개인정보, 가명정보 및 마이데이터의 활용 범위, 선진상사법률연구 91호, 2020, 251쪽.
33) 행정안전부, 2021년 정보공개 연차보고서, 34쪽.

〈표 16〉 정보공개법 제9조 개정 전후

정보공개법(일부개정 2020,12,22,)	정보공개법(신규제정 1996,12,31,)
제9조 제1항 제6호 (개정 후)	제7조 제1항 제6호 (개정 전)
해당 정보에 포함되어 있는 성명·주민등록번호 등 「개인정보 보호법」 제2조제1호에 따른 개인정보로서 공개될 경우 사생활의 비밀 또는 자유를 침해할 우려가 있다고 인정되는 정보. 다만, 다음 각 목에 열거한 사항은 제외한다.	당해 정보에 포함되어 있는 이름·주민등록번호 등에 의하여 특정인을 식별할 수 있는 개인에 관한 정보, 다만, 다음에 열거한 개인에 관한 정보를 제외한다.

위 표에 정리하였듯이, 1998년 정보공개법에서 '특정인을 식별할 수 있는 개인에 관한 정보'라고 규정하고 있던 것을 2004년 개정하여 '사생활의 비밀 또는 자유를 침해할 우려가 있다고 인정되는 정보'로 바꾸어 현재에 이르렀다. 2004년 개정이유서에 보면 '종전 비공개대상 정보인 특정인을 식별할 수 있는 개인에 관한 정보를 개인의 사생활의 비밀 또는 자유를 침해할 우려가 있는 정보로 축소하는 등 비공개대상 정보의 요건을 강화함(법 제9조제1항 제1호 및 제6호)'이라고 하고 있다. 즉 2004년 개정의 취지는, 식별력 있는 개인에 관한 정보라 하더라도 사생활 침해의 우려가 없다면 비공개대상이 아니라는 것으로, 당초 비공개대상 정보의 범위를 축소하는 것이 목적이었다.

그러나 실상 사안에 적용된 판시내용을 살펴보면, 이러한 법문의 개정을 통하여 오히려 비공개대상정보의 범위가 확대되어 버리고 말았다. 관련 판례를 살펴보고자 한다. 해당 판례에서 당사자가 형사고소를 진행하였으나 검찰에서 증거불충분으로 혐의없음 처분을 하자, 피의자신문조서, 참고인 진술조서, 기록목록, 사건송치서 중 인적사항을 제외한 부분에 관하여 정보공개청구를 하였다. 이에 대하여 대법원은 '정보공개법 제9조 제1항 제6호 본문의 규정에 따라 비공개대상이 되는 정보에는 개인식별정보 뿐만 아니라 그 외에 정보의 내용을 구체적으로 살펴 개인에 관한 사항의 공개로 개인의 내밀한 내용의 비밀 등이 알려지게 되고,

그 결과 인격적·정신적 내면생활에 지장을 초래하거나 자유로운 사생활을 영위할 수 없게 될 위험성이 있는 정보도 포함된다고 새겨야 한다'고 하여 행정청의 진술서 비공개 결정을 지지하였다.[34] 개인식별정보 중에서 사생활 침해 우려가 있는 정보로 한정된 것이 아니라, 개인식별정보에 해당하거나 이에 해당하지 않더라도 사생활 침해 우려가 있는 정보까지 더하여 비공개대상으로 인정한 것이다. 비공개대상정보가 개정취지대로 내밀한 정보로 축소된 것이 아니고 오히려 확대되었다.

'주민등록번호, 이름 등 개인식별정보 뿐만 아니라 개인에 관한 사항의 공개로 개인의 내밀한 내용의 비밀 등이 알려지게 되고, 그 결과 인격적·정신적 내면생활에 지장을 초래하거나 자유로운 사생활을 영위할 수 없게 될 위험성이 있는 정보도 포함한다[35]'고 하면서 이미 공개된 개인정보까지 포함[36]하는 것은, 정보공개법상 공개범위에서 제외되는 공공데이터의 범위를 사생활 비밀 또는 자유의 침해소지를 이유로 개인정보를 넘어선 정보까지 해당되도록 넓히게 된다. 이는 실질적으로 공개대상이 되는 공공데이터의 범위를 축소하는 것으로서, 공공데이터법으로 공공데이터의 개방 및 활용을 활성화하는 취지와 반대되는 것이 아닌가 하는 측면에서 검토의 여지가 있다.

공공데이터에서 비공개대상 정보와 관련된 또 다른 사례로서, 자동차 차대번호 데이터(국토교통부, 2020-012) 사례가 있다. 신청인이 자동차등록번호별 차대번호 17자리 전체 데이터를 국토교통부에 제공 신청하였는데 자동차 차대번호가 개인정보에 해당하여 개방항목에서 제외된 사례이다.[37] 행정안전부는 자동차등록원부에는 등록번호, 차대번호와 더

---

34) 대법원 2012. 6. 18. 선고 2011두2361 전원합의체; 2019. 1. 17. 선고 2014두41114 판결 등.
35) 대법원 2012. 6. 18. 선고 2011두2361.
36) 대법원 2014. 7. 24. 선고 2012다49933.
37) '자동차관리법' 제22조 제1항 및 동법 시행규칙 제14조는 차대번호 등의 표기에 관한 사항을 정하고 있는데, 관련 규정은 차대번호를 '자동차의 동일성 확인을 목적으로 규칙 제14조에 규정된 방법에 따라 차대 또는 차체가 일체구조

불어 차명, 사용본거지, 자동차 소유자 등에 관한 정보를 포함하도록 되어 있으므로 차대번호와 자동차등록원부 등 다른 정보를 결합하면 쉽게 개인을 알아볼 수 있게 되어 개인정보로 보아야 한다고 유권 해석하였다. 또한 유럽연합집행위원회(EC, European Commision)의 유럽데이터보호감독관(EDPS, European Data Protection Supervisor)에서도 차량식별번호를 차량 소유자의 신원과 직접 관련되는 것으로서 개인정보에 해당한다고 해석하고 있음38)을 살펴, 조정위원회는 자동차 차대번호가 국내 정보공개법 제9조에 따른 비공개대상정보에 해당한다고 판단하였다.

이렇게 비공개대상정보가 개정 취지와 달리 확대되어 결과적으로 개방이 가능한 공공데이터의 범위가 축소되는 것이 바람직한지에 대하여 생각해볼 필요가 있다. 또한 법적 안정성의 측면에서, 어느 정도의 '우려'가 있을 때 비공개 대상이 되는지의 해석에 따라 공공정보의 공개 정도가 달라질 수 있어 그 기준이 명확하게 제시될 필요가 있다.39) 현행 정보공개법 제9조 제3항에서는 공공기관들로 하여금 비공개 대상 정보의 범위에 관한 세부 기준(이하 '비공개 세부기준'이라 한다)을 수립하고 이를 정보통신망을 활용한 정보공개시스템 등을 통하여 공개하도록 정하고 있다. 보건복지부의 '비공개대상정보 세부기준40)'에 따르면, 공공기관이 다룰 가능성이 있는 정보 중에 비공개대상정보에 해당하는 유형들을 다음과 같이 나열하고 있다.

인 경우에는 차체에 표기한 아라비아 숫자 및 알파벳 글자를 말한다'고 정의하고 있다.

38) 재인용 : 공공데이터제공분쟁조정위원회, 2014~2020년 공공데이터제공 분쟁조정사례 해설서, 42쪽 / 원문 : European Data Protection Supervisor, "Opinion of the EDPS on the proposal for a Regulation OF THE European Parliament and of the Council concerning type-apporval requirements for the deployment of the eCall system and amending Directive 2007/46/ec", 201, p.2.

39) 특히 개인정보를 포함한 데이터 제공 예외 사유 규정은 다른 사유보다 구체적인 요건을 규정할 필요성이 강하다는 의견으로 이성엽, 데이터와 법, 2021, 501쪽.

40) 보건복지부 사이트 참조: 〈https://www.mohw.go.kr/react/gm/sgm0101mn.jsp?PAR_MENU_ID=13&MENU_ID=130406〉 (검색일: 2021. 9. 12.)

① 진정·탄원·질의 등 각종 민원을 제기한 개인 등의 인적사항

② 특정 공무원의 집 주소·집 전화번호·학력·주민등록번호·사회경력 등 공적 업무 수행과 관련이 없는 정보

- 중략

⑩ 심신장애, 질병·부상, 검사·진료 등 건강에 관한 정보

- 중략

⑮ 직장 내 성희롱 피해자의 인적사항 및 피해내용을 구체적으로 알 수 있는 내용·인터넷 메일링 서비스를 신청하거나 이벤트 행사에 응모한 개인의 성명, 주민등록번호, 주소, 이메일 등에 관한 정보

그 밖에 개인정보 보호법 등 다른 법령에 개인정보의 공개 여부에 대하여 규정된 경우 그 법령에 준함

제10항에 따르면 건강에 관한 정보가 비공개대상 정보의 종류로서 제시되어 있는 바, 그렇다면 보건의료데이터라고 하여 사생활과 관련된 정보로서 공개가 원천적으로 제한되는 것은 아니고, 공공데이터법으로 돌아가 제17조 제2항에 따라 '비공개대상 정보와 기술적으로 분리될 수 있는 경우 그 부분을 제외하여' 제공하여야 하는 것으로 해석된다.

한편 해외의 경우를 참고적으로 살펴보자면, 미국의 경우 1967년 제정된 정보자유법(FOIA, Freedom of Information Act)은 '공개하면 개인의 프라이버시에 대한 명백하게 부당한 침해(clearly unwarranted invasion of personal privacy)가 되는[41] 인사 및 의료에 관한 파일 기타 이에 유사한 파일(personnel and medical files and similar files)'을 비공개로 하도록 정하고 있다.[42] 프라이버시 보호라는 측면에서 비공개 취지를 정함으로써,

---

41) FOIA(Freedom of Information Act) 5 U.S.C. § 552(a)(2)(E) To the extent required to prevent a clearly unwarranted invasion of personal privacy, an agency may delete identifying details when it makes available or publishes an opinion, statement of policy, interpretation, staff manual, instruction, or copies of records referred to in subparagraph (D).

문언적으로는 국내 정보공개법의 개정된 조문과 유사하다.

독일의 경우는 2006년 정보자유법(Informationsfreiheitsgesetz-IFG)이 발효되었고, 제5조 제1항 제1문에서 '개인관련정보의 접근은 정보청구권자의 정보이익이 정보접근배제의 경우에 있어서 제3자의 보호가치 있는 이익을 능가하는 경우, 혹은 제3자가 동의하는 경우'에만 허용된다고 규정하고 있다.[43] 독일 연방개인정보보호법 제3조 제1항에서는 '개인관련정보'를 '특정의 또는 특정할 수 있는 자연인의 인적 또는 물적 상황에 관한 개별적 기재사항'으로 정의하고 있다.[44] 이와 같이 독일의 경우도, 식별력이 있는 개인정보 중에서도 정보이익이 보호가치보다 클 경우에 한하여 제3자의 접근이 제한되는 것으로 규정하고 있다. 단순히 식별력 있는 개인정보를 모두 개방 대상에서 제외하는 것이 아니라 이익 형량을 통해 정하도록 하여 제한 대상을 좁게 설정하고 있다.

일본의 경우는 행정기관정보공개법(1999년 제정, 2018년 개정) 제5조 제1호에서 개인정보 관련 규정을 두고 있다.[45] 해당 규정에서는 비공개

---

42) 5 U.S.C. § 552(b)(6) personnel and medical files and similar files the disclosure of which would constitute a clearly unwarranted invasion of personal privacy.

43) 홍강훈, 독일 정보 자유법을 통해 본 한국 정보공개법의 개선방안, 2012, 287쪽.

44) 경건, 정보공개법상 비공개사유인 개인정보의 의미와 범위, 2013, 57쪽.

45) 제5조(행정문서의 공개의무)

① 행정기관의 장은 공개청구가 있는 때에는 그 청구와 관련된 행정문서에 다음 각 호의 정보(이하 "비공개정보"라 한다) 중 어느 하나가 기록되어 있는 경우를 제외하고 공개청구인에게 그 행정문서를 공개하여야 한다.
   1. 개인에 관한 정보 (사업을 영위하는 개인의 그 사업에 관한 정보를 제외한다)로서 그 정보에 포함되는 성명, 생년월일, 그 밖의 기술 등 문서, 도화나 전자적 기록에 기재되거나 기록된 사항 또는 음성, 동작, 그 밖의 방법을 이용하여 표현된 일체의 사항을 말한다. 제6조 제2항에서 같다)에 의하여 특정 개인을 식별할 수 있는 것(다른 정보와 대조하면 특정 개인을 식별할 수 있게 되는 것을 포함한다) 또는 특정 개인을 식별할 수 없지만 공개함으로써 개인의 권리·이익을 침해할 우려가 있는 것. 일본 행정기관 정보공개법(行政機関の保有する情報の公開に関する法律) 원문 및 번역문 [세계법제정보센터 법령정보] 사이트 참조

대상 정보로서 '특정 개인을 식별할 수 있는 것(다른 정보와 대조하면 특정 개인을 식별할 수 있게 되는 것을 포함한다), 또는 특정 개인을 식별할 수 없지만 공개함으로써 개인의 권리·이익을 침해할 우려가 있는 것'이라고 규정함으로써 개인식별형 정보와, 식별성이 없더라도 사생활 보호를 위한 정보를 모두 비공개대상으로 규정하고 있다. 우리나라 대법원 판례에서 취하고 있는 태도와 유사하다.

국내외 법문에서 사용하고 있는 용어와 비공개대상은 각 상이하지만, 개인에 관련된 정보를 비공개대상으로 하는 이유와 취지를 살펴보면 결국에는 '공개됨으로서 개인의 권익에 침해가 될 우려가 있는' 정보를 비공개로 함에 있는 것으로 보인다.

비공개의 취지가 '국민의 알 권리보다 개인의 사생활 보호가 더 우선할 경우에 이를 보호하기 위함'이라는 점에서, 국내, 미국, 독일 법제와 같이 '사생활의 비밀 또는 자유를 침해할 우려가 있다고 인정되는 정보'로 한정하는 것이 적절하다고 생각된다. 다만 사안에의 적용에 있어 법문의 취지와 달리 지나치게 그 범위를 넓게 해석하여 공공데이터의 활용에 장해가 되는 과거 판례와 같은 경향은 지양함이 바람직하다고 생각된다. 앞서 살펴본 과거 판례에 설시된 기준으로는, 너무 넓은 범위의 공공정보가 비공개대상으로 인정되어 개인정보 보호에 지나치게 치우쳐있다. 이러한 비공개대상정보의 범위 판단에는 결국 개인의 사생활 보호법익에 대비하여 국민의 정보의 자유 및 알권리의 비교형량이 고려되어야 할 것이다.

3. 생명윤리법의 익명화 정의 및 동의 규정 개정

가명화된 보건의료데이터의 활용 근거가 되는 또 다른 법규로서 생명윤리법이 있다. 생명윤리법에서 보건의료데이터의 활용과 관련된 규

〈https://world.moleg.go.kr/web/wli/lgslInfoReadPage.do?1=1&AST_SEQ=2601&CTS_SEQ=45905&ETC=3&searchNtnl=JP&nationReadYn=Y〉 (검색일: 2021. 09. 17.).

정을 살펴 개인정보보호법과의 정합성 개선 방안을 연구해보고자 한다. 생명윤리법 제16조 제1항에서는 인간대상연구를 위해서 연구대상자로부터 사전에 서면동의를 받아야할 사항으로 제1호 내지 제8호를 정하고 있고 이 중 제4호로서 '개인정보 보호에 관한 사항'이 포함되어 있다. 제18조46)는 이렇게 개인정보를 제공하는 것에 대하여 연구대상자로부터 서면동의를 받은 경우 기관위원회(IRB)의 심의를 거쳐 개인정보를 제3자에게 제공할 수 있다고 하면서, 이 때 정보는 식별정보를 포함하는 것에 대한 연구대상자의 동의가 없는 한 익명화하여 제공해야 한다고 정하고 있다.

생명윤리법은 '익명화'에 대해서 '개인식별정보를 영구적으로 삭제하거나, 개인식별정보의 전부 또는 일부를 해당 기관의 고유식별기호로 대체하는 것(제2조 제19호)'으로 정의하고 있다. 개인정보보호법 제58조의2에서 익명정보를 '시간·비용·기술 등을 합리적으로 고려할 때 다른 정보를 사용하여도 더 이상 개인을 알아볼 수 없는 정보'로 정하고 있는 것과 상이하다. 생명윤리법 제2조 제19호 후단의 '고유식별기호로 대체하는 것'은 개인정보보호법에 따르면 오히려 '가명화'에 가깝다. 개인정보보호법 제2조 1의2에 따르면 '가명처리'란 '개인정보의 일부를 삭제하거나 일부 또는 전부를 대체하는 등의 방법으로 추가 정보가 없이는 특정 개인을 알아볼 수 없도록 처리하는 것'을 말하기 때문이다.

---

46) 생명윤리법 제18조(개인정보의 제공)
　　① 인간대상연구자는 제16조제1항에 따라 연구대상자로부터 개인정보를 제공하는 것에 대하여 서면동의를 받은 경우에는 기관위원회의 심의를 거쳐 개인정보를 제3자에게 제공할 수 있다.
　　② 인간대상연구자가 제1항에 따라 개인정보를 제3자에게 제공하는 경우에는 익명화하여야 한다. 다만, 연구대상자가 개인식별정보를 포함하는 것에 동의한 경우에는 그러하지 아니하다.

〈표 17〉 익명화 및 가명화에 대한 생명윤리법과 개인정보보호법상 정의

생명윤리법 제2조 제19호	개인정보보호법
'익명화'란 '개인식별정보를 영구적으로 삭제하거나, 개인식별정보의 전부 또는 일부를 해당 기관의 고유식별기호로 대체하는 것'	제58조의2 '익명정보'란 '시간·비용·기술 등을 합리적으로 고려할 때 다른 정보를 사용하여도 더 이상 개인을 알아볼 수 없는 정보'
	제2조 1의2 '가명처리'란 '개인정보의 일부를 삭제하거나 일부 또는 전부를 대체하는 등의 방법으로 추가 정보가 없이는 특정 개인을 알아볼 수 없도록 처리하는 것'

개인정보보호법에 가명정보 개념이 명시되기 이전부터 생명윤리법상에는 고유식별기호로 대체한 비식별조치가 된 정보에 대해서는 서면 동의 및 IRB심의를 거쳐 활용할 수 있도록 함으로써, 매우 제한적 목적에 한한 경우일지라도 실무적으로 가명정보의 활용이 가능하도록 운용되고 있었던 것이다. 이에 대하여 '보건의료데이터 활용 가이드라인'에서는 보건복지부의 유권해석을 기재함으로써 기준을 제시하여 해결을 도모하고 있다.47) 보건복지부의 '생명윤리법 관련 기관 운영지침' 일부 개정 (2020. 8. 4.)48)을 통해 기관 내 지침으로서 시행이 된 해석으로, '개정 개인정보 보호법의 가명처리는 생명윤리법의 '익명화'에 포함되는 것으로 해석됨'이라고 지침을 정하고 있는 것이다.

데이터3법의 개정으로 가명정보에 대한 규정이 개인정보보호법에 명문화됨에 따라, 용어의 정의를 통일시켜 법률 정합성을 갖추도록 하는 것이 바람직하다. 생명윤리법의 제2조 제19호 후단의 '고유식별기호로 대체하는 것'의 경우 가명정보로 세분화하여 개정 개인정보보호법과 개념을 일치시키는 것이 타당할 것이다. 생명윤리법과 개인정보보호법 간

---

47) 보건복지부, 개인정보보호위원회, 보건의료 데이터 활용 가이드라인, 2020, 붙임1.
48) 보건복지부 사이트 참조: 〈http://www.mohw.go.kr/react/jb/sjb0406vw.jsp?PAR_ME NU_ID=03&MENU_ID=030406&page=1&CONT_SEQ=359711〉 (검색일: 2021. 11. 7.).

의 일치하지 않는 정의로 인해 법 적용상 충돌 가능성이 있고, 수범자의 혼란 우려가 있기 때문에 두 법이 조화를 이루도록 하는 것이 요구된다. 가령 생명윤리법 제2조 제19호에서 익명화에 대하여 규정하고 있는 바를 '익명화와 가명화란 개인정보보호법에 정한 바에 따른다'고 개정하는 방안이 있다.

뿐만 아니라 생명윤리법과 개인정보보호법 간의 해석상 혼란은 가명정보의 활용과 관련된 조항에서도 발견된다. 개정 개인정보보호법에 따르면 개인정보처리자는 통계작성, 과학적 연구, 공익적 보존목적 등을 위한 목적으로 가명정보를 처리할 수 있다(제28조의2). 보건의료데이터 활용 가이드라인에 따라 보건의료 데이터 활용 연구도 위 '과학적 연구'에 포함되기 때문에, 보건의료 데이터를 과학적 연구 목적으로 활용하고자 할 경우 가명처리를 통해 제3자 제공이 가능하다. 이에 반해 생명윤리법에 따르면 인간대상 연구자는 연구 목적으로 연구대상자의 동의를 받고 수집한 개인정보는 IRB를 거쳐 익명화 후 제3자에게 제공할 수 있다고 정하고 있다(제18조).[49] 여기에서의 익명화란 앞서 언급한 '개인식별정보를 영구적으로 삭제하거나, 개인식별정보의 전부 또는 일부를 해당 기관의 고유식별기호로 대체하는 것(생명윤리법 제2조 제19호)'이고 '개인식별정보'란 '연구대상자와 배아·난자·정자 또는 인체유래물의 기증자의 성명·주민등록번호 등 개인을 식별할 수 있는 정보'라고 정하고 있어(생명윤리법 제2조 제17호) 개인정보보호법에 따른 '개인정보'[50]와

---

49) 제18조(개인정보의 제공)
   ① 인간대상연구자는 제16조제1항에 따라 연구대상자로부터 개인정보를 제공하는 것에 대하여 서면동의를 받은 경우에는 기관위원회의 심의를 거쳐 개인정보를 제3자에게 제공할 수 있다.
   ② 인간대상연구자가 제1항에 따라 개인정보를 제3자에게 제공하는 경우에는 익명화하여야 한다. 다만, 연구대상자가 개인식별정보를 포함하는 것에 동의한 경우에는 그러하지 아니하다.
50) 제2조(정의) 이 법에서 사용하는 용어의 뜻은 다음과 같다.
   1. "개인정보"란 살아 있는 개인에 관한 정보로서 다음 각 목의 어느 하나에

개념이 유사하다.

〈표 18〉 생명윤리법과 개인정보보호법에서의 연구목적 가명정보 활용

생명윤리법 제18조	개인정보보호법 제28조의2
인간대상연구자는 연구 목적으로 <u>연구대상자의 동의를 받고</u> 수집한 개인정보는 IRB를 거쳐 <u>익명화</u> 후 제3자에게 제공할 수 있다	개인정보처리자는 통계작성, <u>과학적 연구</u>, 공익적 보존목적 등을 위한 목적으로 <u>가명정보를 처리</u>할 수 있다

즉, 생명윤리법에 따른다면 과학적 연구를 위한 목적으로 활용하기 위하여 가명화 조치를 하더라도, 정보주체인 연구대상자의 서면동의가 있어야만 IRB 심의를 거쳐 제3자 제공이 가능한 것으로 해석된다. 생명윤리법 제4조[51]에 따라, 인간대상연구의 경우에는 생명윤리법이 우선적으로 적용될 것이므로 법문언상으로만 본다면 과학적 연구 중에 '인간대상연구'의 경우 개인정보보호법에 비해 엄격하게 규율되는 셈이다.

'인간대상연구'의 경우 개인정보보호법상 일반 '과학적 연구'에 비해 개인정보보호의 필요성이 크다고 보아 차이를 두고 있는 것인지, 개인정

해당하는 정보를 말한다.
가. 성명, 주민등록번호 및 영상 등을 통하여 개인을 알아볼 수 있는 정보
나. 해당 정보만으로는 특정 개인을 알아볼 수 없더라도 다른 정보와 쉽게 결합하여 알아볼 수 있는 정보. 이 경우 쉽게 결합할 수 있는지 여부는 다른 정보의 입수 가능성 등 개인을 알아보는 데 소요되는 시간, 비용, 기술 등을 합리적으로 고려하여야 한다.
다. 가목 또는 나목을 제1호의2에 따라 가명처리함으로써 원래의 상태로 복원하기 위한 추가 정보의 사용·결합 없이는 특정 개인을 알아볼 수 없는 정보(이하 "가명정보"라 한다)
51) 제4조(적용 범위)
① 생명윤리 및 안전에 관하여는 다른 법률에 특별한 규정이 있는 경우를 제외하고는 이 법에 따른다.
② 생명윤리 및 안전에 관한 내용을 담은 다른 법률을 제정하거나 개정할 경우에는 이 법에 부합하도록 하여야 한다.

보보호법상 가명정보의 활용에 관한 조항이 최근의 개정으로 신설됨으로써 이에 맞추어 생명윤리법의 정비가 필요한 부분인 것인지 살피고자 한다. 생명윤리법상 '인간대상연구'란 연구대상자를 직접 조작하거나 연구대상자의 환경을 조작하여 자료를 얻는 연구(사람을 대상으로 물리적으로 개입하는 연구), 연구대상자의 행동관찰, 대면 설문조사 등으로 자료를 얻는 연구(의사소통, 대인 접촉 등의 상호작용을 통하여 수행하는 연구), 연구대상자를 직접·간접적으로 식별할 수 있는 정보를 이용하는 연구(개인을 식별할 수 있는 정보를 이용하는 연구)를 포함한다.[52] 개인정보보호법에서 요구하고 있는 '과학적 연구' 목적에 모두 부합하는 것으로 보인다. 그러함에도 가명정보의 활용 요건을 서로 달리 정하고 있는 취지를 찾아보기 어려우며 수범자로 하여금 혼란을 가중시키는 측면이 있다.

이에 대해서 '보건의료데이터 활용 가이드라인'에서는 보건복지부의 유권해석을 기재함으로써 기준을 제시하고 있다.[53] 생명윤리법 제15조 제2항에 따르면, 연구대상자 및 공공에 미치는 위험이 미미한 경우로서 국가위원회의 심의를 거쳐 보건복지부령으로 정한 기준에 맞는 연구는 기관위원회의 '심의'를 면제할 수 있도록 정하고 있고, 시행규칙 제13조 제1항 제3호에서는 '연구대상자등에 대한 기존의 자료나 문서를 이용하는 연구'를 면제 대상연구에 포함하고 있다. 보건복지부의 운영지침은 '의료기관에서 진료목적으로 수집된 의료데이터 등'을 이에 해당하는 것으로 보아 가명처리가 확인된 경우 IRB 심의 및 동의를 면제할 수 있다고 정하고 있고(이는 보건복지부의 개인정보보호법 개정에 따른 '생명윤리법 관련 기관 운영지침' 일부 개정(2020. 8. 4.)[54]을 통해 기관 내 지침

---

52) 제2조(정의) 이 법에서 사용하는 용어의 뜻은 다음과 같다.
　　1. "인간대상연구"란 사람을 대상으로 물리적으로 개입하거나 의사소통, 대인 접촉 등의 상호작용을 통하여 수행하는 연구 또는 개인을 식별할 수 있는 정보를 이용하는 연구로서 보건복지부령으로 정하는 연구를 말한다.
53) 보건복지부, 개인정보보호위원회, 보건의료 데이터 활용 가이드라인, 2020, 붙임1.

으로서 시행이 되었다), 이를 가이드라인에 제시하고 있다.

그러나 이는 의료기관에서 진료목적으로 수집된 의료데이터에 대해서만 지침에 명시가 되어 있다는 한계를 지닐 뿐만 아니라, 행정당국의 운영지침으로서 법규성이 없고, 무엇보다도 생명윤리법 제15조 제2항에서는 IRB심의를 면제하고 있을 뿐 동의를 면제하는 조항이 존재하지 않음에도 이렇게 해석한다는 것은 논리적으로 무리한 해석이다.

유권해석을 통한 실무적 해결은 행정청의 재량을 넓히고 구체적 타당성에 맞는 탄력적 규율을 형성할 수 있다는 면도 있다. 그러나 개별해석에 따라 모순과 혼란을 초래할 수 있고 행정 낭비를 초래할 수 있다는 부담이 있다. 뿐만 아니라, 수범자 입장에서 보건의료데이터를 활용하여 과학적 연구를 하고자 할 경우, 그 연구가 인간대상연구인지 판단하여 상황에 따라 생명윤리법과 시행규칙을 살펴야 하고, 더 나아가 가이드라인에 기재된 개별기관 운영지침과 유권해석까지 확인하여 기준을 파악하여야 하는 점에서 상당한 부담과 혼란을 초래하는 측면이 있다.

보건복지부의 위와 같은 유권해석과 최근의 데이터3법 개정 취지를 고려하여 보면, 인간대상연구라고 하여 그 이외의 일반 과학적 연구에 비하여 개인정보보호법에 정하고 있는 바보다 더 엄격하게 가명정보의 활용을 제한하고자 하는 취지는 아닌 것으로 보인다. 참고적으로 해외의 현황을 살펴보았을 때에도, 앞서 검토하였듯이 미국의 HIPAA, 유럽연합의 GDPR, 영국의 보건복지법, 일본 차세대의료기반법, 대만 개인정보보호법 등에서 의료정보에 대하여 연구 목적의 경우 비식별화 후 제3자 제공 등 활용할 수 있는 규율에 있어서 인간을 대상으로 하는 연구에 대하여 달리 정하고 있는 경우는 없다(마케팅 목적, 보험사의 업무목적을 위한 연구 등에 대해서만 논의가 있고, 영국의 경우 Care Act 로서 이를 제한하고 있기도 하다 - 이 글 제3장 제3절 I. 1.).

---

54) 보건복지부 사이트 참고: 〈http://www.mohw.go.kr/react/jb/sjb0406vw.jsp?PAR_ME NU_ID=03&MENU_ID=030406&page=1&CONT_SEQ=359711〉 (검색일: 2021. 11. 7.).

이러한 점에서, 행정기관의 무리한 유권해석 부담을 줄이고 수범자의 혼란을 덜기 위하여, 개정된 데이터3법의 취지에 맞게 생명윤리법상의 관련된 조항을 정비하는 것이 바람직하다. 옵트아웃제가 아닌 이상 가명정보에까지 정보주체의 동의를 일일이 거치도록 하여 정보의 활용을 가로막는 것은 국내 법제현황에 맞지 않는다. 오히려 비식별조치에 대한 철저한 심의와 관리 쪽에 규제의 초점을 맞추는 것이 국내 현황에 적절한 보호 방향이라고 생각된다. 과학적 연구 목적에 대한 심의와 가명화 조치에 대한 심의를 거쳐 제3자에게 제공할 수 있도록 하여 개인정보보호와 조화를 이루도록 하는 것이 바람직하다. 가령, 생명윤리법 제18조를 '인간대상연구자는 연구목적으로 개인정보의 익명화 또는 가명화 후 IRB 심의를 거쳐 제3자에게 제공할 수 있다'의 취지로 개정하는 방안이 있다.

4. 데이터 표준화 개선 및 연계성 관련 고시의 보완

보건의료데이터의 경우 그 연계와 가공에 따라 데이터의 가치가 크게 달라질 수 있는 바, 품질 제고를 위한 제도적 뒷받침이 필요하다. 기존에 한국보건의료정보원이 추진하는 표준화 사업과 각 공공기관으로 하여금 데이터 연계에 적극 협조할 수 있도록 유도하는 것이 바람직할 것이다. 표준화에 대해서는 앞서 살핀 바와 같이 범부처 차원의 중장기 로드맵을 수립하고 추진하는 노력이 보완되어야 할 것으로 생각된다.

국내의 경우 앞서 살핀 바와 같이 공공기관에 막대한 보건의료데이터가 집약되어 있고, 비식별 조치를 통한 공개와 제3자 제공을 할 수 있는 법적 근거가 민간 보건의료데이터에 비해 상당부분 마련되어 있다. 보건의료데이터 활용에 관한 정부, 학계, 시민단체간의 인식차이로 포괄적인 데이터 연계가 어려운 상황에서, 정부는 우선적으로 공공 보건의료데이터 통합과 연계를 먼저 추진하여 점진적인 개방과 연계를 활성화하고자 노력하고 있다.[55] 그럼에도 불구하고 개인정보보호의 이슈, 데이터 보유기관의 폐쇄성, 법규정의 미흡 등으로 인하여[56] 우리나라의 데이터 연계 수준은 그렇게 높지 않은 편으로 평가되고 있다.[57]

국내 보건의료데이터 가명정보의 결합은 개인정보보호법 제28조의 3[58]에 따라 지정된 결합전문기관에서 수행된다. 동조 제3항에 따라 전문기관의 지정 기준, 절차 등은 개인정보보호법 시행령 제29조의2 내지 4에 따르며 결합전문기관의 결합·반출 업무 절차, 담당 조직 구성 등에 대한 구체적인 기준은 보호위원회가 정하여 고시하는 바에 따르도록 시행령에서 정하고 있다. '가명정보의 결합 및 반출 등에 관한 고시(개인정보보호위원회 고시 제2021-4호, 2021. 10. 5. 일부개정)'에 따라서 결합전문기관의 가명정보 결합절차가 이루어진다.

---

55) 한국보건산업진흥원, 보건의료빅데이터의 표준화와 품질평가, 2019, 4쪽.
56) 한국발명진흥회에서 수행하는 연구보고서에 따르면, 공공데이터 융합의 제약 조건으로 개인정보보호 문제의 심각성이 5점 만점에 4.0점, 데이터 보유 기관의 이기주의 문제가 3.9점, 법규정 미흡의 심각성이 3.7점으로 상위 제약요건으로 평가되고 있다. 윤건, 데이터기반행정 강화 방안 연구 : 공공데이터 융합을 중심으로, 2019, 195쪽.
57) 한국발명진흥회에서 수행하는 연구보고서에 따르면, 공공데이터 융합의 수준은 5점 만점에서 2.6점으로 보통보다 낮은 수준이다. 윤건, 데이터기반행정 강화 방안 연구 : 공공데이터 융합을 중심으로, 2019, 194쪽.
58) 제28조의3(가명정보의 결합 제한)
　　① 제28조의2에도 불구하고 통계작성, 과학적 연구, 공익적 기록보존 등을 위한 서로 다른 개인정보처리자 간의 가명정보의 결합은 보호위원회 또는 관계 중앙행정기관의 장이 지정하는 전문기관이 수행한다.
　　② 결합을 수행한 기관 외부로 결합된 정보를 반출하려는 개인정보처리자는 가명정보 또는 제58조의2에 해당하는 정보로 처리한 뒤 전문기관의 장의 승인을 받아야 한다.
　　③ 제1항에 따른 결합 절차와 방법, 전문기관의 지정과 지정 취소 기준·절차, 관리·감독, 제2항에 따른 반출 및 승인 기준·절차 등 필요한 사항은 대통령령으로 정한다.

한편 보건의료기술진흥법 제26조 제3항에 따르면 보건의료데이터 플 랫폼의 사무국인 한국보건의료연구원에서도 연구에 필요시 두 개 이상 의 공공기관이 보유한 자료를 통합하여 분석할 수 있다고 하고 있다.[59] 보건의료데이터 플랫폼 사이트에서도 이를 토대로 데이터 결합절차를 안내하고 있다. 데이터 결합에 관한 내용에 있어서 시행령 및 고시와 보 건의료기술진흥법의 내용상 상이한 점이 있어 개선이 요구된다. 이어서 자세히 살펴보고자 한다.

가. 결합전문기관과 한국보건의료원에서의 결합 수행시 상이점

결합전문기관에 의한 결합의 경우 통계작성, 과학적 연구, 공익적 기 록보존 목적으로 가명정보를 결합할 수 있고(개인정보보호법 제28조의 3), 한국보건의료연구원에 의한 결합의 경우 연구목적으로 공공기관 자 료를 통합할 수 있다고 하며 이 때는 개인식별이 가능한 부분을 포함한 자료를 통합 후 개인식별가능 부분을 삭제하도록 정하고 있다(보건의료

---

59) 보건의료기술진흥법 제26조
① 한국보건의료연구원은 연구에 필요한 정보 수집을 위하여 국가기관 및 대 통령령으로 정하는 공공기관에 대하여 자료를 제출하도록 요청할 수 있다. 이 경우 그 요청을 받은 기관은 특별한 사유가 없으면 그에 따라야 한다.
② 한국보건의료연구원은 제1항에 따라 자료를 요청할 경우 「개인정보 보호 법」 제23조에 따른 민감정보 및 같은 법 제24조에 따른 고유식별정보 등의 개인정보가 포함된 자료의 제출을 요청할 수 있다. 이 경우 해당 국가기관 및 공공기관은 개인식별이 가능한 부분을 삭제한 후 제출하여야 한다.
③ 제2항에도 불구하고 한국보건의료연구원은 연구를 위하여 두 개 이상의 국가기관 및 공공기관이 보유한 자료를 통합하여 분석할 필요가 있는 경 우에는 국가기관 및 공공기관으로부터 개인식별이 가능한 부분을 포함한 자료를 제출받아 자료의 통합작업을 수행할 수 있다. 이 경우 자료를 통 합한 후에는 반드시 개인식별이 가능한 부분을 삭제하여야 한다.
④ 제1항부터 제3항까지의 규정에 따라 제공된 자료는 연구목적 외에는 사용 할 수 없다.

기술진흥법 제26조). 특히 국내 공공기관의 가명정보 결합에 대해서는
앞서 살핀 법 제28조의3과 시행령 제29조의3에 따라 개인정보보호위원
회 고시 제2020-11호로서 2020. 12. 2. 제정된 '공공기관의 가명정보 결합
및 반출 등에 관한 고시'에서 별도로 정하고 있다.[60] 공공기관 보유데이
터 결합의 경우 양쪽 모두에 의해 규율될 가능성이 있고 다만 그 수행기
관이 결합전문기관인지, 한국보건의료연구원인지에 따라 적용 법규와
내용이 상이하게 적용된다. 각 규율하고 있는 내용을 정리하면 아래의
표와 같다.

〈표 19〉 공공기관 보유 데이터 결합 관련사항 비교

수행기관 항목	결합전문기관	한국보건의료연구원
적용규정	공공기관의 가명정보 결합 및 반출 등에 관한 고시 (개인정보보호법 및 시행령의 위임)	보건의료기술진흥법 제26조
결합 목적	통계작성, 과학적 연구, 공익적 기록보존	연구 목적
대상 데이터	공공기관 보유 데이터	국가기관·공공기관 보유 데이터
결합 데이터	가명정보	개인식별가능 부분 포함
결합 후 처리	"가명화·익명화"	"개인식별가능 부분 삭제"

　　같은 공공데이터라 하더라도 결합전문기관이 결합을 수행할 때에는
가명정보를 제공받아 결합할 수 있음에 비해 보건의료기술진흥법에 따
라 한국보건의료연구원이 결합을 수행할 경우에는 연구 목적에 한하여
개인식별가능정보를 받아서 결합할 수 있다고 정하고 있다. 관련하여 앞
서 현황에 관한 항(제3장 제2절 Ⅱ. 2.)에서 살핀 바와 같이, '가명정보의
결합 및 반출 등에 관한 고시(개인정보보호위원회 고시 제2021-4호, 2021.

---

60) 다만 동 고시에서 규정한 것을 제외하고는 '가명정보의 결합 및 반출 등에 관
　　한 고시'가 정하는 바에 따른다(제3조).

10. 5. 일부개정)'의 경우는 2021. 개정으로 결합 전 두 데이터셋의 정보를 가명화 및 키코드화를 결합전문기관에서 지원할 수 있도록 개선된 바(제11조의2),[61] '공공기관의 가명정보 결합 및 반출 등에 관한 고시'에도 마찬가지로 반영될 필요가 있다고 생각된다. 공공기관에 대한 데이터 결합 신청과 수행절차가 데이터 이용자 입장에서 보다 간편해지고 공공결합전문기관 입장에서도 보다 효율적인 데이터 처리가 가능하다. 가령 고시 제4조에 제4항을 추가하여 '공공결합전문기관은 결합 전 가명처리 업무를 지원할 수 있다'는 항을 추가하여, 공공결합전문기관이 결합을 수행할 때에도 개인식별가능정보를 포함한 데이터를 전달받아 가명화부터 지원할 수 있도록 하는 방안이 있다.

한편 보건의료기술진흥법 제26조에서는 결합 후 처리에 대해서 고시와 달리 개인식별가능 부분 '삭제'로만 정하고 있어 삭제 이외의 가명화 방식은 포함하지 아니하고 있다. 연구 목적에 한하여 한국보건의료연구원에서 수행될 경우 보다 원활한 결합이 이루어질 수 있도록 개인정보를 제공받아 직접 결합할 수 있도록 한 취지와 부합하지 않는다. 따라서 한국보건의료연구원에서 결합을 수행할 경우에도, 결합 후 처리에 가명화를 포함하는 것이 타당할 것으로 생각된다. 가령 보건의료기술진흥법 제26조 제2항 후단에 '개인식별이 가능한 부분을 삭제한 후 제출하여야 한다'를 '가명화 또는 익명화 후 제출하여야 한다'로 개정하는 방안이 있다.

공공기관의 가명정보 결합 및 반출 등에 관한 고시에도 불구하고 보건의료기술진흥법으로 별도로 정하여 데이터 연계를 촉진하고자 하는 취지가 실질적으로 반영될 수 있을 것이다. 다만 이 경우에는 한국보건

---

61) 제11조의2(결합전문기관의 지원)
　　① 결합전문기관은 다음 각 호의 업무를 지원할 수 있다.
　　　1. 결합 전 가명처리
　　　2. 제10조제1항에 따른 처리 또는 같은 조 제2항에 따른 분석
　　　3. 제11조에 따라 반출한 정보의 분석
　　　4. 가명정보를 반출하려는 결합신청자에 대한 개인정보 보호 교육

의료연구원의 결합 전문 인력을 확충하고 철저한 비식별 처리와 심의가
이루어질 수 있도록 심의위원회에 관한 개선방안들(관련 항에서 별도로
후술)이 병행되어야 할 것이다.

한편 결합전문기관이 결합할 수 있는 데이터에 대하여 '공공기관의
가명정보 결합 및 반출 등에 관한 고시'에서는 보건의료기술진흥법과 달
리, 국가기관 보유 데이터를 포함하지 않고 있다. 동 고시의 제2조 정의
조항에서는 '공공기관'에 대하여 개인정보보호법 제2조 제6호 가목[62]만
을 포함하고 있고 '그 밖의 국가기관'을 포함하는 나목을 포함하지 않고
있다. 따라서 국가기관 보유 데이터는 결합전문기관이 수행할 경우에는
'가명정보의 결합 및 반출 등에 관한 고시'로 돌아가 규율되고 한국보건
의료연구원이 연구목적으로 수행할 경우에는 보건의료기술진흥법이 적
용된다.[63] 다만 '가명정보의 결합 및 반출 등에 관한 고시'와 '공공기관
의 가명정보 결합 및 반출 등에 관한 고시'의 규율 내용상 차이가 제4조
(공공 결합전문기관의 가명정보 결합)[64]에 그쳐 국가기관에 대하여 동

---

62) 개인정보 보호법 제2조(정의) 이 법에서 사용하는 용어의 뜻은 다음과 같다.
   6. "공공기관"이란 다음 각 목의 기관을 말한다.
      가. 국회, 법원, 헌법재판소, 중앙선거관리위원회의 행정사무를 처리하는
          기관, 중앙행정기관(대통령 소속 기관과 국무총리 소속 기관을 포함
          한다) 및 그 소속 기관, 지방자치단체
      나. 그 밖의 국가기관 및 공공단체 중 대통령령으로 정하는 기관
63) 특별한 이유는 찾아보기 어려우나, '가명정보의 결합 및 반출 등에 관한 고시'
   와 '공공기관의 가명정보 결합 및 반출 등에 관한 고시'의 규율 내용상 차이가
   제4조(공공 결합전문기관의 가명정보 결합)에 그쳐, 현행대로 국기기관에 대해
   서는 '가명정보의 결합 및 반출 등에 관한 고시'에 따르도록 유지하여도 실무
   상 문제가 없을 것으로 생각된다.
64) 공공기관의 가명정보 결합 및 반출 등에 관한 고시 제4조 (공공결합전문기관
   의 가명정보 결합)
   ① 공공결합전문기관은 자신이 보유한 가명정보와 다른 개인정보처리자가 보
      유한 가명정보를 결합하여 가명정보의 결합을 신청하는 다른 개인정보처리
      자 등 제3자에게 제공하려는 경우 가명정보의 결합을 직접 수행할 수 있다.
   ② 공공결합전문기관은 제1항에서 허용하는 바에 따라 가명정보를 결합하는

고시와 동 법 중 어느 것이 적용되어도 크게 문제될 것은 없어 보인다.

나. 데이터보유 공공기관 스스로 결합수행할 수 있도록 개선

한편 '공공기관의 가명정보 결합 및 반출 등에 관한 고시' 제4조에 따르면 공공 결합전문기관은 '제3자에게 제공하려는 경우' 결합을 직접 수행할 수 있다고 정하고 있다. 다시 말해, 공공기관은 자신이 보유한 데이터를 결합하여 제3자에게 제공할 때만 스스로 결합할 수 있고, 자체 보유하고 있는 데이터를 결합하여 자체 활용하기 위해서는 다른 결합전문기관에 맡겨야만 가능한 것으로 해석된다.[65]

경우 다음 각 호의 사항을 준수하여야 한다.
  1. 공공결합전문기관과 이해관계가 없는 외부전문가 3인이 결합고시 제8조제2항에 따른 업무를 수행하도록 할 것. 이때 외부전문가는 결합고시 제11조제2항 각 호에 해당하는 사람으로 구성하여야 한다.
  2. 공공결합전문기관은 자신이 보유한 가명정보와 제1항에서 허용하는 바에 따라 결합한 가명정보를 물리적으로 분리하여 보관하고, 각 정보에 대한 접근권한을 통제·관리할 것
  ③ 공공결합전문기관은 제2항 각 호에 관한 사항을 기록하여 보관하여야 한다.
65) 제4조(공공결합전문기관의 가명정보 결합)
  ① 공공결합전문기관은 자신이 보유한 가명정보와 다른 개인정보처리자가 보유한 가명정보를 결합하여 가명정보의 결합을 신청하는 다른 개인정보처리자 등 제3자에게 제공하려는 경우 가명정보의 결합을 직접 수행할 수 있다.
  ② 공공결합전문기관은 제1항에서 허용하는 바에 따라 가명정보를 결합하는 경우 다음 각 호의 사항을 준수하여야 한다.
  1. 공공결합전문기관과 이해관계가 없는 외부전문가 3인이 결합고시 제8조제2항에 따른 업무를 수행하도록 할 것. 이때 외부전문가는 결합고시 제11조제2항 각 호에 해당하는 사람으로 구성하여야 한다.
  2. 공공결합전문기관은 자신이 보유한 가명정보와 제1항에서 허용하는 바에 따라 결합한 가명정보를 물리적으로 분리하여 보관하고, 각 정보에 대한 접근권한을 통제·관리할 것
  ③ 공공결합전문기관은 제2항 각 호에 관한 사항을 기록하여 보관하여야 한다.

제4조(공공결합전문기관의 가명정보 결합)

① 공공결합전문기관은 자신이 보유한 가명정보와 다른 개인정보처리자가
보유한 가명정보를 결합하여 가명정보의 결합을 신청하는 다른 개인정
보처리자 등 제3자에게 제공하려는 경우 가명정보의 결합을 직접 수행할
수 있다.

그런데 이는 굳이 이러한 제한을 둘 효용성이 없는 것으로 보인다.
예를 들어 2021. 9. 기준 수행된 보건의료데이터 결합 2건 중에 하나인
'암질병 치료효과 분석' 사례를 살펴보면, 국립암센터의 암치료 임상정
보와 국민건강보험공단의 진료정보, 통계청의 사망원인정보를 통계청[66]
에서 결합을 수행하여 국립 암센터가 이를 이용해 암질병 치료효과를
분석하였다.[67] 결합 대상 정보인 암치료 임상정보는 보유기관인 국립
암센터에서 가장 전문적으로 다룰 수 있고, 결합 결과에 대한 활용 방향
도 이용하고자 하는 기관인 국립 암센터가 정확히 파악하여 수요를 충
족시키기에 원활할 것이다. 그럼에도 스스로 결합을 이행하지 못하고 통
계청에서 결합을 진행해야 하는 것은 효율적이지 못하다.

결합의 이행은 이미 결합키와 일련번호가 부여된 가명정보를 가지고
결합을 진행하기도 하지만, 가명정보의 결합 및 반출 등에 관한 고시의
개정으로 결합전문기관이 지원할 수 있도록 바뀌기까지 하였다. 효율성
이나 개인정보보호의 측면에서 정보보유기관이 결합전문기관이라면 스
스로 결합절차를 이행하는 것을 막는 실익이 없다. 보유 공공기관 스스
로가 결합 데이터 활용의 필요목적에 맞게 효율적인 결합을 할 수 있도
록 하는 것이 전문성 발휘와 데이터 품질을 위하여 바람직할 것으로 생
각된다. 가령 고시 제4조 제1항을 '공공결합전문기관은 자신이 보유한
가명정보와 다른 개인정보처리자가 보유한 가명정보의 결합을 직접 수

---

66) 통계청은 개인정보보호위원회 지정 공공 결합전문기관이다.
67) 박소영, 앞의 글, 24쪽.

행할 수 있다.'로 개정하는 방안이 있다.

또한 데이터 결합에 있어서 전문성과 개인정보보호를 위한 적절한 비식별 조치가 중요하므로 관련 인력의 확충이 필요하다. 이는 각 결합 전문기관 내 전문인력 확충을 통해서도 보완할 수 있고, 보건의료 빅데이터 플랫폼 내 한국보건의료연구원이 데이터 결합을 수행할 경우 나머지 결합전문기관이 독립적인 지위에서 관리·감독할 수 있는 절차적 장치를 고안하는 방안도 생각해볼 수 있다. 앞에 영국의 사례에서도(제3장 제2절 Ⅱ. 3.) 국내와 같이 제3의 기관인 CPRD가 데이터 결합을 수행하며, 이 데이터 연계에 대하여 ISAC의 승인이 필요하도록 하였고 자문그룹 CAG가 조언을 하였다.

참고적으로 또 다른 해외의 사례를 살펴보면, 미국의 경우도 2015년 1월 정밀의료[68] 발전계획 'All of US Research Program'이라 개명된 PMI 코호트 연구사업(이하 편의상 구명칭에서 따온 약칭 'PMI 사업'이라 한다) 추진시 거버넌스 구축 과정에서 데이터 융합, 상호운용성에 대해 집중하였다. 데이터의 수집에 관해서는 연구자 제공 정보 외에도 전자건강기록, 신체검사정보 등이 있다. 서로 상이한 출처로부터의 데이터를 활용하여 PMI 사업이 성공하기 위해서 갖추어야 하는 필수 조건으로서 상호운용성이 강조되었다.[69] '상호운용성'이란 시스템들과 장치들이 서로 데이터를 교환하고 공유된 데이터를 해석할 수 있는 범위를 말한다. 데이터를 서로 교환하고 이용자가 이해할 수 있도록 제시할 수 있다는 의미로서, 출처가 상이한 데이터의 융합을 통해 데이터의 질과 효용성을 높인다. 데이터 융합을 할수록 데이터 효용성은 높아질 수 있으나 반대로 개인정보의 재식별가능성이 높아져 보호장치의 필요성 또한 높아진다. ONC는 상호운용성 표준 개발지원과 함께 상호운용성에 수반되는 연구참여자 데이터의 프라이버시 및 보안을 위한 정책과 기준을 마련하기

---

68) 정밀의료(Precision medicine)는 개인의 각기 다른 유전자, 환경, 생활방식을 고려하여 소위 맞춤형으로 질병의 치료와 예방에 접근하는 방법론을 말한다.
69) 윤혜선, 앞의 글, 37쪽.

위해 PMI 사업 예산 중 2%를 상호운용성 확보에 할당하였다.[70]

국내의 경우 현 체제처럼 보건복지부 산하 정책심의위원회의 구성만으로는 보건의료데이터의 특성에 맞는 전문적인 업무 수행에 무리가 있어 신뢰를 구축하기 어렵고, 신속한 정책 수립·추진이 어렵다. 보건의료데이터의 특성상 전문성이 필요한 작업이므로 거버넌스 구축을 통해 민·관·산업계의 협력과 위에서 살펴본 바와 같은 과업들을 컨트롤 타워를 통해 일관성 있게 추진 및 관리하는 것이 바람직하다. 2021. 9. 기준 결합전문기관이 가명정보 결합을 완료한 건수는 7건에 불과하고 그 중 보건의료데이터 결합은 2건에 불과한데, 보건의료분야 결합전문기관인 국민건강보험공단, 건강보험심사평가원, 한국보건산업진흥원, 국립암센터의 담당인력을 살펴보면 각 17명, 14명, 14명, 37명에 그치는데다, 해당 인력이 모두 전담인력인 것도 아니다.[71]

결합신청방법과 결합절차 등에 대한 안내 및 편의성 증진과, 전문기관내 담당 전문인력의 확충이 필요하다. 보건의료 데이터 표준화 등 관련 업무를 수행하고 있는 한국보건의료정보원과, 현 보건의료 빅데이터 플랫폼 사무국인 한국보건의료연구원 모두 전문인력을 보강하여 원활한 데이터 표준화와 연계작업이 이루어질 수 있도록 할 필요가 있다. 보건의료데이터 전문인력 확보의 구체적인 방안으로 의대교육에 의료정보 관련 필수과목을 편성하여 공학과 의학의 융복합 교육을 실시하는 등 장기적인 면에서 의학정보 전문의 양성방안이 논의될 필요가 있다. 대학원 인증제를 도입하여 공대-의대 협력 보건의료데이터 특성화 대학원 모델을 시범운용하는 방안이 있으며, 한편으로는 재직자 대상으로 보건의료빅데이터, 인공지능 아카데미 등을 설치, 운영하는 방안도 있다.[72]

---

70) 윤혜선, 위의 글, 67쪽.
71) 박소영, 앞의 글, 17쪽, 23쪽.
72) 보건복지부, 보건의료 데이터 인공지능 혁신전략안, 한국보건사회연구원, 2021. 3. 26., 24쪽.

Ⅱ. 보건의료데이터 활용유도 방안으로서 수익의 분배

개인정보를 보호하면서도 데이터의 효용성을 높여 활용하기 위해서 고안된 방법이 데이터를 비식별화하여 개인정보 침해의 위험성을 현저히 줄이는 안전조치 후 이를 분석·가공하여 활용하는 것이며, 이 글에서는 보건의료데이터에 있어서 이러한 작업을 원활하게 진행하기 위한 체제로서 데이터 거버넌스를 강조하였다.

다음으로는 이러한 과정을 거쳐 발생하는 이득에 대하여, 누구에게 귀속되고 어떻게 분배되는 것이 올바른 것인가에 대한 논의가 대두될 수 있다. 앞서 언급한 바와 같이 최근에는 데이터 산업 육성을 위한 데이터 산업법이 2022. 4. 20. 시행예정이며, 동법에는 데이터를 자산으로 인식하여 부정사용에 대한 규율과 합리적 유통 및 공정한 거래를 위한 표준계약서의 마련 등의 내용을 담고 있다. 데이터 권리의 형태에 대하여 살펴보고 그 권리의 귀속주체에 대한 수익의 분배에 대해 살펴보고자 한다.

1. 데이터권의 형태

먼저, 데이터권을 인정한다면 그 인정 형태는 무엇인가에 대한 논의가 있다. 이에 대한 논의가 정립된다면 데이터권의 귀속주체와 수익 분배 대상 및 정도에 대해서도 논해볼 수 있을 것이다. 만일 데이터권을 소유권으로서 인정한다면 적극적으로 데이터권자에게 배타적 재산권을 부여할 수 있어 사용, 수익, 처분권이 발생하며, 침해한 자에 대하여 기존 데이터 관련법에 의한 권리행사 이외에 민법상 침해금지청구와 손해배상청구권이 인정될 수 있을 것이다. 점유권에 기한 방해제거 및 예방청구권도 가능할 것이다. 그러나 민법상 소유권의 인정은 기본적으로 물건을 대상으로 소유권을 인정하고 있는 국내 민법 법리상 가능하지 아니하며, 특별히 별도의 소유권을 인정할 실익에 비하여 데이터 이용 활성화에 장해가 될 가능성이 더 크다. 개인정보 침해를 방지하기 위한 규율은 현행 개인정보보호법 등에 마련되어 있고, 데이터 유통 활성화가 된다면 사적 계약에 의해 규율될 수 있어 소유권을 인정하지 아니하여도 당사자 간의 대가 약정에 의해 해결될 수 있을 것으로 보인다. 개인정보의 보호뿐 아니라 수익의 분배도 반드시 소유권의 형태로서 데이터권을 인정하여야만 해소가 가능한 것은 아닌 것으로 생각된다.

한편 부정경쟁방지 및 영업비밀보호에 관한 법률(법률 제17727호 일부개정 2020. 12. 22., 약칭 : 부정경쟁방지법)상 영업비밀과 유사한 권리로 데이터권을 인정하는 견해의 경우, 부정경쟁방지법의 제2조 제1호 카목[73]의 보호요건을 구체화하는 방식으로 행위규제 방식의 권리를 채택할 수 있다는 입장이다.[74] 일본에서도 2018. 5. 30. 빅데이터 등의 보호를 위한 규정을 부정경쟁방지법 제2조 제11호 내지 제16호로서 도입하여, 데이터를 절취 등의 방법으로 침해하는 행위에 대한 법적 보호를 신설하였다.[75] 그러나 이는 개인정보 보호를 위한 다소 소극적인 권리 형태이고, 데이터는 공개 및 유통으로서 가치가 현출되는데 이를 영업비밀과 유사하게 보호하겠다는 것은 데이터의 특성과 맞지 않는다는 지적도 있다.[76]

반면 데이터베이스 보호법리의 적용 형태로서 데이터권을 인정하는

---

73) 제2조(정의) 이 법에서 사용하는 용어의 뜻은 다음과 같다.
　　1. "부정경쟁행위"란 다음 각 목의 어느 하나에 해당하는 행위를 말한다.
　　　　카. 그 밖에 타인의 상당한 투자나 노력으로 만들어진 성과 등을 공정한 상거래 관행이나 경쟁질서에 반하는 방법으로 자신의 영업을 위하여 무단으로 사용함으로써 타인의 경제적 이익을 침해하는 행위
74) 손경한, 앞의 글, 30쪽.
75) 박준석, 빅데이터 등 새로운 데이터에 대한 지적재산권법 차원의 보호가능성, 2019, 86쪽.
76) 영업비밀과 유사하게 다루어서는 너무 소극적인 권리만을 인정하는 것이므로, 지적재산권과 흡사한 권리를 부여하되 다른 경쟁자나 일반공중을 위해서는 저작권의 '공정이용'제도와 비슷하게 이용할 수 있는 지위를 부여하자는 의견으로 박준석, 위의 글, 101쪽.

견해는, 저작권법상 데이터베이스제작자에게 인정하는 배타적 독점권을 플랫폼 사업자 등에게도 유사하게 부여하자는 입장이다.[77] 그러나 데이터베이스는 단순히 개별 정보에 편리하게 접근하는 목적으로 제작되는 일종의 검색 툴로서 저작권법 제2조 제19호에 정의하고 있는 바, 빅데이터나 데이터의 수집 및 처리는 이러한 데이터베이스와는 성격이 다른 것이기 때문에 적용하기에 적합하지 않다. 데이터의 수집이 데이터베이스 제작 및 관리만큼 상당히 큰 노력을 요하지 않는 경우도 많기 때문에 (ex. 사물인터넷 기기) 데이터베이스 제작처럼 상당한 투자가 이루어졌다고 보기 어렵다는 지적도 있다.[78] 더구나 이러한 형태로 데이터권을 해석하면 원천적으로 개인정보를 보유하고 있는 정보주체에 대해서는 해답이 되지 못한다. 정보주체의 입장에서 생각해 보았을 때 개인정보가 생래적으로 생성되어 인격과 불가분의 관계에 있다는 점에서 오히려 모발, 혈액 등 재생 가능한 장기와 유사하게 해석되기도 한다.[79]

필자의 생각으로는 물권적 소유권을 인정하기에는 민법상 소유권의 객체로서 포섭되기 어려운 성질이 있는데다 적극적인 배타적 독점권을 인정하여 데이터권자만이 처분이 가능하도록 강력하게 보호한다면 데이터 이용 활성화 정책에 장해가 될 수 있다. 또한 지식재산권으로 보호하기에는 특허권이나 저작권의 인정요건인 진보성, 창작성의 요건을 갖추기가 어렵다. 지식재산권도 배타적 독점권을 인정하는 것이기 때문에 특히 국민의 알 권리를 기반으로 공개되는 공공데이터의 경우 그대로 차용하기에는 정책적, 실무적인 무리가 따른다. 저작권의 경우는 데이터가 창작활동의 산물이라고 보기 어렵다는 점에서 거리가 멀고, 특허권의 경우는 어떠한지 살펴본다.

---

77) 재인용: 박준석, 위의 글, 106쪽 / 원문: 차상육, 빅데이터의 지적재산법상 보호, 82쪽.
78) 박준석, 앞의 글, 108쪽.
79) 박상철, 데이터 소유권 개념을 통한 정보보호 법제의 재구성, 법경제학연구 15(2), 2018, 267쪽.

특허권은 진보성 있는 발명을 하여 이를 공개하는 대가로 존속기간 (등록시 출원일로부터 20년) 동안 배타적인 권리(자신의 특허발명을 타인이 실시하는 행위를 금지할 수 있는 권리)를 인정하는 것이다. 이를 통해 발명과 그 공개를 장려하고 궁극적으로는 산업 기술의 발전을 유도하고자 하는 것이다.[80] 데이터를 이에 빗대어 살펴봄으로서 데이터의 지식재산권 인정 가능성을 알아보고자 한다. 가령 데이터 권리자가 해당 데이터의 진정성, 품질 등을 심사받아 등록받을 시, 공개의 대가로 배타권을 인정하는 상황을 상정해본다. 데이터의 품질은 특허권과 달리 데이터 수령자의 사용목적과 환경에 따라 그 가치와 품질이 달라진다. 따라서 등록심사 기준을 일원적으로 정립하기 어려워 데이터를 별도로 등록하는 제도를 두기가 어렵다. 또한 데이터를 공개한다고 하여 더 품질이 우수한 다른 데이터의 공개를 독려하는 효과를 기대하기가 어렵다. 따라서 데이터를 심사하여 등록하는 제도는 현실성이 낮고 실익도 적다.

그렇다면 등록 심사제도는 차치하고 데이터 공개를 대가로 배타적 권리를 일정기간(마치 특허 존속기관과 같이) 인정하는 점은 어떠한지 살펴본다. 데이터를 이용하고자 하는 자 입장에서는 배타권을 가진 데이터 권리 보유자에게 일정 대가를 지급하고 허여하에 이용하는 구조가 될 것이다. 그러나 데이터는 공개와 동시에 이용가능하게 되고, 빅데이터의 활용과 같이 단독 데이터가 수많은 데이터의 일부로서 섞여 처리 및 분석되어 결과물이 도출될 경우, 특정 데이터 이용 여부를 알아내기가 어렵다. 따라서 특허권과 달리 실질적인 배타권의 행사가 어렵다. 한편 데이터를 특허와 같이 공중에 공개하도록 유도한다고 하여 데이터 산업 분야의 발전이 도모되는 것보다는 오히려 개인정보 침해의 위험이 증가하므로 데이터 편람(카탈로그)정도를 공개할 수 있을 것이다. 이는

---

80) 특허제도는 발명을 보호·장려함으로써 국가산업의 발전을 도모하기 위한 제도이며 (특허법 제1조) 이를 달성하기 위하여 「기술공개의 대가로 특허권을 부여」하는 것을 구체적인 수단으로 사용 - 특허청 사이트 〈https://www.kipo.go.kr/kpo/HtmlApp?c=10001&catmenu=m06_01_01〉 (검색일: 2021. 12. 1.).

결국 현 보건의료 빅데이터 플랫폼의 절차와 유사한 것으로 특허와는 거리가 있다.

또는 특허와 달리, 개별 데이터의 공개로는 그 가치를 창출하기가 어려운 경우가 많다. 예를 들어 특정 약제의 처방추이에 따른 질병의 차도를 알고자 한다면 다수의 환자정보를 분석하여야 유효한 결과를 얻을 수 있다. 특허와 같이 개별 발명의 특허출원 및 공개에 따라 해당 기술을 실시할 수 있게 되는 것이 아니다. 물론 특허의 경우에도 물질특허와 조성물특허 및 제법특허를 모두 실시하여야만 하나의 약제가 완성되는 경우도 있기는 하다. 그러나 적어도 각 특허의 실시로서 해당 약제의 일부가 실시되며(ex. 원료 합성, 제법 공정) 이를 인지하는 것도 가능은 하다. 반면에 데이터의 경우, 예를 들어 만 명의 환자 데이터가 있는데 그 중의 10명의 환자만이 데이터를 공개한다면 유의미한 데이터 분석 결과를 얻을 수가 없다. 이러한 경우 효용이 없기 때문에 산업발전이나 데이터 수령자의 이득 무엇도 산출되지 않고, 공개한 10명의 환자에게 공개에 따른 보상을 주기도 어렵다.

한편으로는 한 개인의 정보가 유의미한 경우가 있다고 하더라도, 그 정보 중 일부가 빠지거나 부정확할 경우에도 데이터의 효용성이 없다. 예를 들어 희귀질병을 앓고 있는 특정 환자의 오랜 기간 치료 시도에 따른 차도를 종단 연구할 경우, 해당 환자의 질환에 영향을 줄 수 있는 모든 환경 데이터가 시기별로 중간 누락 없이 분석되어야 할 것이다. 이렇듯, 데이터는 특허와 달리 개별 공개 여부로는 그 가치와 효용을 평가할 수가 없고 활용 목적과 환경에 따라 상당히 가변적이다. 따라서 개별 데이터의 공개에 대한 대가를 수여하는 방식으로 공개를 유도하기가 어려운 성질이 있다. 본질적인 측면에서 특허 발명과 상이한 특징을 갖고 있다.

국내 부정경쟁방지법은 이렇게 별도의 지식재산권으로 인정하기 어려운 무형의 권리들과 관련하여 부정행위를 방지하고자 하는 취지에서 여러 조항을 두고 있다.[81] 가령 제2조 제1호의 '부정경쟁행위'로서 정의

254 보건의료 빅데이터의 활용과 개인정보보호

되는 항목으로는 널리 인식된 상호, 상품의 용기 등과 동일·유사한 것을 사용하여 타인의 상품과 혼동하게 하는 행위나(가목), 거래과정에서 경제적 가치를 가지는 타인의 아이디어를 부정하게 사용하는 등의 행위(차목)에 대하여 언급하고 있다. 데이터에 맞춤으로 적용될 정의조항은 없지만, 앞서 언급된 카목의 '그 밖에 타인의 상당한 투자나 노력으로 만들어진 성과 등'과 비교적 거리가 가깝다. 정보주체의 경우 상당한 투자나 노력으로 데이터를 만들어낸 성과라고 보기는 어려운 점이 있으나 현 제도상으로는 가장 유사하다고 생각된다. 2022. 4. 20. 시행 예정인 데이터산업법에서도, 데이터 부정사용 등 행위에 관한 사항은 부정경쟁방지법에서 정한 바에 따르도록 하고 있다(제12조). 아울러 동일자 시행 예정인 부정경쟁방지법 개정안에서는 제2조 1호 카목을 파목으로 하고, 카목을 신설하여 데이터를 부정하게 사용하는 행위를 금지하도록 하였다.

제2조 이 법에서 사용하는 용어의 뜻은 다음과 같다.
1. "부정경쟁행위"란 다음 각 목의 어느 하나에 해당하는 행위를 말한다.
　카. 데이터(「데이터 산업진흥 및 이용촉진에 관한 기본법」 제2조 제1호에 따른 데이터 중 업으로서 특정인 또는 특정 다수에게 제공되는 것으로, 전자적 방법으로 상당량 축적·관리되고 있으며, 비밀로서 관리되고 있지 않은 기술상 또는 영업상의 정보를 말한다. 이하 같다)를 부정하게 사용하는 행위로서 다음의 어느 하나에 해당하는 행위
　　1) 접근권한이 없는 자가 절취·기망·부정접속, 그 밖의 부정한 수단으로 데이터를 취득하거나 그 취득한 데이터를 사용·공개하는 행위
　　2) 데이터 보유자와의 계약관계 등에 따라 데이터에 접근권한이 있는

---

81) 부정경쟁방지법 (법률 제911호, 1961. 12. 30., 제정) 제정 이유에서 다음과 같이 입법취지를 밝히고 있다. 부정한 수단에 의한 상업상의 경쟁을 방지하여 건전한 상거래의 질서를 유지하려는 것임.
　① 부정경쟁행위의 범위를 정함.
　② 고의 또는 과실로 부정경쟁행위를 한 자는 손해배상책임을 지도록 함.

자가 부정한 이익을 얻거나 데이터 보유자에게 손해를 입힐 목적으로 그 데이터를 사용·공개하거나 제3자에게 제공하는 행위

3) 1) 또는 2)가 개입된 사실을 알고 데이터를 취득하거나 그 취득한 데이터를 사용·공개하는 행위

4) 정당한 권한 없이 데이터의 보호를 위해 적용한 기술적 보호조치를 회피·제거 또는 변경(이하 "무력화"라 한다)하는 것을 주된 목적으로 하는 기술·서비스·장치 또는 그 장치의 부품을 제공·수입·수출·제조·양도·대여 또는 전송하거나 이를 양도·대여하기 위하여 전시하는 행위. 다만, 기술적 보호조치의 연구·개발을 위하여 기술적 보호조치를 무력화하는 장치 또는 그 부품을 제조하는 경우에는 그러하지 아니하다.

위 조항에서 정하고 있는 가령 '부정접속', '부정한 수단', '부정한 이익' 등의 명확한 의미와 범주에 대하여 향후 관련 사례의 축적으로 보다 명확히 정립될 필요가 있다. 예를 들면 앞서 살펴보았던 약학정보원 사건에서 PM2000 프로그램의 약관에 기재함으로써 약사들로 하여금 명확히 인지하지 못한 상태에서 동의하여야만 프로그램을 사용할 수 있도록 하는 방법으로 환자들의 처방정보가 약학정보원 서버에도 자동으로 전송되도록 한 경우, 위 제2조 제1호 카목 1)의 '그 밖의 부정한 수단'으로 데이터를 취득한 행위에 포함될 수 있을지 여부 등이다. 그러나 기존에 데이터 관련 행위에 대한 규율이 정보주체의 개인정보자기결정권 또는 프라이버시를 지키는 관점에서 바라보는 한계가 있었다면, 위 조항은 데이터 관련자들 사이의 다양한 행태를 고려함으로써 정보주체 뿐만 아니라 데이터 보유자 등 해당 데이터 관련자들 사이에서 데이터를 일종의 무형의 재화와 유사하게 접근하고 있다는 점에서 의미가 있다.

2. 수익의 분배

앞서 언급한 존 롤즈의 분배 정의론(제3장 제2절 V. 2.)에 따르는 입장은, 데이터의 활용으로 인한 경제적 이윤이 플랫폼 기업에 독점되는 것은 부정의하며, 심화되는 경제적 불평등을 해소하기 위해 분배될 필요가 있다는 주장을 전개 한다.[82] 그 분배 방식에 있어서, 데이터 이용으로 인한 경제적 이득은 서로 연결되어 있으므로(이러한 입장은 빅데이터의 활용을 일종의 사회적 협력으로 본다. 예를 들어 개인의 유전정보라 하더라도 그의 유전자에는 그 자신만의 정보가 아니라 부모님, 그 선대의 유전정보도 포함되어 생성된 것이라는 논리이다) 사회 구성원 모두에게 혜택이 적용되는 방식을 제안한다. 이러한 입장에 따르면 최근 일각에서 제기되고 있는 '데이터 조세' 도입론이 적절한 대안이 될 수 있다. '데이터 조세'는 기업의 데이터 사용에 대한 대가를 조세형태로 징수하는 분배조치이다. 공공 데이터를 제3자에게 제공함으로써 제3자가 수익을 창출한 경우, 국가에 세금을 내도록 함으로써 국가가 국민의 재산권을 보호하고 사회보장 및 복지에 사용하는 형태로 수익을 향유하도록 하겠다는 취지이다.[83]

법리적으로 살피자면 공공데이터의 경우에는 그 공개 및 제3자 제공이 헌법상 보장되는 '국민의 알 권리'에서 기인하여 제정된 공공데이터법에 근거하고 있다. 이러한 측면에서 공공 보건의료데이터를 제공받는 제약기업을 포함한 민간기업 또한 국민으로서 알 권리를 행사하는 것으로 본다면 그들이 비식별화된 공공 보건의료데이터를 활용하여 영업이익을 창출하는 것에 대하여 분배의 정의를 엄격하게 적용할 당위성이 감소한다.

---

82) 목광수, 앞의 글, 176쪽.
83) 김신언, 데이터 사용대가 조세형태로 징수, 자원의 효율적 분배 위한 타당한 조치, 세정일보 2021. 4. 23.자 기사.

또 한편 정책적인 측면에서는 보건의료데이터의 활용을 활성화하겠다는 정책적 방향이 있고, 이를 위해서는 상당한 데이터 이용 수수료 부과 등의 장해요인을 당장 고안하기에는 적절하지 않다는 점과, 막대한 데이터처리 사례마다 어떻게 수익을 책정할 것이며(가령 데이터 활용 후 영업이익이 증가한 민간기업이 있다면 증가한 영업이익에서 데이터 활용에 기인한 부분을 특정할 수 있는 것인지의 문제), 분배 방식과 비율은 어떻게 정할 수 있는가 하는 실무적 한계에 부딪힐 수밖에 없다. 이러한 실정이다 보니 국내에서는 데이터 조세 방안이 유일하게 가시적으로 언급되고 있고, 유럽의 경우는 앞서 살펴본(제2장 제3절 I) 데이터 이타주의와 같이 공공성이 강조되고 있는 것으로 보인다.[84]

국내 현황을 살펴보면 공공데이터에 대하여 국내의 '보건의료 빅데이터 플랫폼'은 데이터를 판매하여 대가를 받고는 있지만 이 매출은 데이터를 제공한 센터로 배분되고 있다. 별도의 유통수수료를 받거나 하지 않으므로 플랫폼 자체 내 수익은 거의 없는 상황이다. 국내 공공 데이터 플랫폼은 정부의 지원으로 운영되고 있고 각 플랫폼별로 10억 원의 예산이 지원되어 시스템 유지 보수 등에 쓰인다.[85] 공공 데이터를 처리하여 제공하는 자에게는 대가 지급이 없고 수집한 데이터를 제공한 업체에만 배분되고 있다. 참고적으로 이는 영국의 NHS Digital도 유사하다. Data Protection Regulations 2000[86]에 따르면 정보열람 혹은 제공 수수료에 대

---

84) 유럽연합은 기본적으로, 데이터 소유권의 인정이 가져올 긍정적 효과보다 부정적 효과가 클 것 같다는 분석에 기반하여, 데이터 소유권을 인정하는 것보다 데이터에 대한 접근을 최대한 확대하는 것이 중요하다는 입장이다. - 재인용 : 박준석, 빅데이터 등 새로운 데이터에 대한 지적재산권법 차원의 보호가능성, 2019, 89쪽 / 원문: European Commission, [Synopsis Report Consultation on The 'Building A European Data Economy' Initiative] (7 September 2017), ⟨https://ec.europa.eu/digital-single-market/en/news/synopsis-report-public-consultation-building-european-data-economy⟩ (검색일: 2021. 10. 12.).

85) 국회입법조사처, 빅데이터 플랫폼의 운영 실태와 개선과제, 2020, 29쪽.

86) 영국의 '데이터 보호(주체의 접근, 비용 및 부칙) 규정'으로 데이터 컨트롤러로

하여 복사나 우편 등의 실비만을 포함하도록 하고 재정적 이득은 부과
하지 않고 있다. 위와 같은 특수성이 있다는 측면에서, 현 제도에서 급
격한 변화를 가하는 구체적인 방안을 도출하기에는 어려움이 따른다.

비식별화된 공공 보건의료데이터의 활용에는 우선 정보주체인 환자
의 프라이버시 침해 리스크 감수와(이를 일종의 노력 혹은 보상의 대상
으로 볼 수 있을지 논란이 있을 수 있지만), 의료진의 의료데이터 생성
이라는 노력과(비록 데이터 제공을 위한 것이 아니라 진료목적이라는 1
차 목적은 상이하다 할지라도), 공공기관과 거버넌스의 데이터 수집·보
관 및 처리에의 노력이 있어야 활용이 가능하다는 사실을 상기하고 이
를 유도할, 특히 '안전'한 활용을 유도하기 위한 측면에서 고려해볼 필요
가 있다. 정보주체의 가령 데이터 유출 위험 감수에 대해서는 수익의 분
배 방식보다는 철저한 위험관리와 개인정보보호의 측면에서 접근하는
방향이 타당한 것으로 보인다. 데이터 처리자 입장에는 데이터를 받아
활용할 대상으로부터 사적규율에 따른 대가를 받을 수 있고, 데이터 입
수자 입장에서는 이를 활용하여 영리나(민간기업), 공공복지의 증진(공
공기관)등의 형태로 이익을 향유할 수 있고, 정보주체는 이를 통한 산업

하여금 개인 건강 기록에 접근을 제한하거나 거부할 수 있도록 하고 있다. 정
보의 제공이 환자나 제3자의 건강과 컨디션에 심각한 신체적 정신적 해를 끼
칠 수 있는 경우, 제3자의 동의 없이 제3자와 관련된 정보가 공개될 접근의 경
우이다. 다만 그 제3자가 해당 환자의 치료에 관련된 사람이거나, 해당 건강기
록을 편집하거나 작성한 건강 전문가 인 경우, 그 제3자가 건강 전문가는 아니
지만 정보의 공개에 동의한 경우, 제3자의 동의 없이 공개될 만한 합리적인 사
유가 있는 경우는 제외한다. 데이터 거부의 경우, 컨트롤러는 정보주체에게 사
유를 설명할 필요는 없으나, 타당한 이유를 기록해두어야 한다.
또한 동법에서는 환자가 그들의 기록을 보거나 복사할 때 내는 비용에 대하여 정하
고 있다. 전자형태의 복사는 최대 10프랑, 일부는 종이나 엑스레이 등 다른 형태이
면 최대 50프랑, 모두 다른 형태이면 50프랑을 부과할 수 있다. 복사가 아닌 열람만
할 경우에는 최대 10프랑의 요금을 부과한다. 그러나 여기에서의 요금은 우편, 포장
등의 실비를 포함하는 것이고, 재정적 이득은 부과되지 않는다. 또한 만일 기록에
있어 최근 40일간 업데이트된 내용이 없다면 열람 비용을 부과하지 않는다.

계의 발전과 사회발전에 따른 반사적인 이익을 향유할 수 있다. 정보의 활용에 장해로 작용할 우려와 실무적으로 적절한 절차를 고안해내기 어려운 점 등을 고려하였을 때 정보주체에게의 수익의 분배를 법률로서 규율하기는 어려운 것이 현실이고, 정보처리·감독기관에 대한 수수료나 세수지원 등의 방식이 현실적인 방안으로 보인다.

앞서 논의한 거버넌스의 도입으로 공공 보건의료데이터의 처리와 이용이 보다 투명해지고, 충분히 이용이 활성화되어 영리적 수익이 창출되는 사례가 축적되면 이에 대한 분배의 논의도 사회적 합의사항으로 논의될 수 있을 것으로 생각된다. 그렇게 되면 이에 대한 규정 또한 거버넌스에 대한 규율에서 분배 기준을 제시할 수 있어야 할 것이며, 그 형태가 조세의 수단이든 데이터 플랫폼에 대한 수수료 부과 방법이든 간에 데이터 개방과 올바른 활용을 유도할 수 있는 방향으로 감안되어야 함이 바람직하다. 정보주체의 원천적인 귀속인정이나 소유권의 차원보다는, 안전하면서도 효율적인 데이터 활용을 위한 일종의 인센티브로서의 기능을 할 수 있도록 도모하는 것이 바람직할 것으로 생각된다. 또한 앞서 언급한 바와 같이 어떠한 분배 방식을 선택하든, 결정 과정에 있어서 적절한 절차와 참여자들 간의 네트워크를 거쳐 사회적 합의를 통해 방안을 강구하는 것이 중요할 것으로 생각된다.

제3절 보건의료데이터 보호 법제의 개선방안

Ⅰ. 심의위원회의 강화 및 법규화

보건의료데이터의 가명처리에 대하여, 현재는 각 공공기관 내부의 빅데이터 담당조직에서 절차를 진행하거나 보건의료 빅데이터 플랫폼 정책심의위원회의 심의를 통해 데이터가 처리되고 있다. 통합된 관리의 어려움이 있고 각 공공기관으로 하여금 본 업무 이외의 부담을 주게 되어 데이터 개방에 소극적이 되도록 하였다. 뿐만 아니라 보건의료데이터의 가명처리에 대하여 전문적이고 충분한 판단을 통한 개인정보 보호에 어려움이 있을 수 있다.

앞서 언급하였듯이, 개인정보보호법의 개정으로 가명정보의 개념과 그 활용에 대한 규정이 신설되었지만 '어느 정도 비식별화를 하여야' 활용가능하고 법적 책임에서 벗어날 수 있는 것인지 가이드라인에 권고가 되어 있을 뿐 법규화되어 있지 아니하다. 이로써 데이터처리자로 하여금 개인정보유출시 법적 책임에 대한 부담을 줄 수 있어 데이터 활용을 위축시키고 가명정보의 개념 도입 취지가 무색해지는 측면이 있다. 보건의료데이터의 경우 정형, 비정형의 다양한 유형이 있고 높은 민감성 때문에 단적인 비식별 기준을 법규화하기 난해하고 아직 관련 경험들이 축적되지 않은 바, 개별적인 비식별 판단을 수행할 심의위원회의 마련과 강화를 통해 해결책을 모색할 수 있을 것으로 생각된다.

즉, 보건의료데이터 비식별판단을 전담할 별도의 기관으로서 보건의료데이터 비식별 전문 심의위원회를 법적 근거 하에 마련하는 방안을 제안하고자 하며, 아래에서 자세히 살핀다.

1. 보건의료데이터 심의 전문 거버넌스의 구축

가. 국내 현황 및 법규화의 필요성

국민건강보험공단은 정보의 제공 신청을 받은 후 이를 심의하기 위한 내부조직으로 심의위원회를 두고 있고, 건강보험심사평가원은 내부에 빅데이터 전담부서를 두고 심의위원회의 기능을 하도록 하고 있다. 공공 보건의료데이터의 비식별 조치 방법에 관한 결정과 재식별 가능성을 평가하여 공개 또는 제공 여부를 결정한다. 그 전문성과 역할이 매우 중요함에도 불구하고 전담기관이 아닌 각 공공기관 내부 부서에서 진행하고 있어 개선이 필요하다. (보건의료 빅데이터 플랫폼에 정책심의위원회가 마련되어 있기는 하나 비식별화만을 전담으로 하고 있지는 않다.) 또한 심의위원회 조직과 구성에 대하여 규율할 수 있는 법적 근거가 현재로서는 없고 다만 가이드라인 내 권고사항을 참고할 수 있을 뿐이다.

개인정보보호위원회는 2020. 12. 23. '보건의료데이터 활용 가이드라인'을 개정하여 게시하였다.[87] 가이드라인에서는 상세한 비식별화 방법에 대해 제시하면서 '식별력을 충분히 낮추었는지 여부'에 관하여 가이드라인에 정해진 기준이 없는 유형의 정보의 경우 데이터 심의위원회 검토를 거치도록 하고 있다. 보건의료데이터 활용 가이드라인의 제20면에서는 보건의료데이터를 가명처리하여 활용하고 제공하는 가상사례에 대하여 설명하고 있는데 모든 사례가 심의위원회의 판단을 필수적으로 포함하고 있을 만큼, 보건의료데이터의 비식별화 판단에 있어서 심의위원회에 의지하고 있는 부분이 상당하다. 그러나 가이드라인에 이러한 데이터 심의위원회에 대한 권고는 개인정보보호 관련 법령에서 위임규정을 두고 있지 아니하여 법적 강제성이 없다.

---

87) 개인정보보호위원회 사이트 참조: 〈https://www.pipc.go.kr/np/cop/bbs/selectBoardArticle.do?bbsId=BS217&mCode=D010030000&nttId=7023〉 (검색일: 2021. 4. 9.).

이러한 법규성이 없는 가이드라인, 지침 등은 연성규범으로, 연성규범의 개념은 다양하게 해석되는데 일종의 행동규범, 준칙으로서, '직접적인 법적 구속력은 갖지 않으나 간접적으로 사회구성원의 행위에 실질적인 영향력을 미치기 위하여 만들어진 행위규범'으로 여겨진다.[88] 경성규범과 달리 법적 강제성은 없지만 유연한 해석과 사회적 합의에 도움이 되기 때문에 주로 변화가 빠른 첨단기술산업이나 통합통치기관이 부재한 국제산업표준분야 등에서 활용된다.[89] 이러한 특징으로 인하여, 후일 법률로 채택될 것을 대비하여 시범적으로 운용되기도 하고, 법률에 대한 해석 및 보충기능을 하기도 한다.

그러나 융통적인 해석이 가능하고 판단재량이 넓다는 것은 그만큼 예견가능성이 감소하고 해석상의 혼란을 야기할 가능성이 있음을 뜻하기도 한다. 법률의 취지와 다른 해석을 제시하거나, 가변적인 환경이 신속하게 반영되지 못하면 그릇된 기준을 제시할 위험도 있다. 현재 개인정보보호 분야에서의 빠른 기술발전과 데이터 환경의 변화는 가이드라인 등 행위규범이 활용될 여지가 많은 분야이기는 하다. 다만 앞서 살펴본 바와 같이 데이터와 관련된 법문이 여러 법령에 산재해 있고, 그 중에서도 산업분야 별로 규제의 내용이 상이하여 관련 법률이 상당수 존재하는 바, 가이드라인 등이 올바른 행위준칙으로서 기능하려면 이러한 법령과 일관성을 유지하면서도 실무의 변화를 반영하기 위한 노력이 필요하다. 뿐만 아니라, 연성규범의 예비 법률로서의 기능을 감안하였을 때 이미 해당 산업분야에 충분히 성숙하여 관례로서 정립된 내용들에 대해서는 적절히 경성규범화 하여 수범자로 하여금 이를 지킬 의무를 부과하고 법적 안정성을 수립하는 것도 필요하다.

보건의료 데이터의 비식별 방법과 재식별가능성 등을 판단하는 심의위원회의 경우 그 구성과 의무가 막중한 면이 있다. 개인정보보호의 보

호와 활용을 균형 있게 달성하기 위한 거의 유일한 장치인 만큼, 보다 강제성을 가질 필요가 있다. 동 가이드라인 전반을 보면 안전조치에 대한 구체적인 기준을 제시하고는 있지만 이를 근거로 한 판단은 결국 데이터 심의위원회의 담당으로 하고 있다. 개인정보보호법에 가명화에 대한 개념이 명시적으로 도입되었고 인간대상 연구목적의 경우 생명윤리법에 근거하여 IRB를 통한 심의를 거쳐 비식별 데이터를 활용한 산업적 경험이 충분히 성숙한 바, 심의위원회의 구성과 기능, 의무 사항을 법령으로서 규율하기에 적절하고도 필요한 시기가 되었다고 볼 수 있다.

가명처리에 있어 식별자의 제거·대체 등 법령에 정하고 있는 조치를 취하여도 그 재식별 가능성에 대하여 심의위원회의 판단을 거치도록 하고 있는 바, 이는 개인정보처리자의 의무를 확대하는 것일 뿐 아니라 개인정보를 제공받아 활용하려는 자 입장에서도 추가 절차를 거치도록 함으로써 제약이 가해지는 행정작용이다. 법률유보원칙에 따라 법률상 근거가 요청된다는 측면에서도 법규성을 갖추는 것이 바람직하다. 또한 동 심의위원회와 대비되는 조직으로, 기능은 다소 상이하나 보건의료정책심의위원회를 살펴보면 보건의료기본법에 조문을 두어 법률로서 규율하고 있고,[90] 기관생명윤리위원회(IRB)의 경우에도 생명윤리법에서 규율하고 있다.

심의위원회의 조직과 구성에 대한 규정이 명확하지 않을 경우, 자칫 잘못하면 재식별화 위험성을 판단할 충분한 전문 인력으로 구성되지 아니한 형식적 심의위원회 절차를 통해 안전성을 평가 받은 보건의료데이터가 처

---

90) 보건의료기본법 제20조 보건의료에 관한 주요 시책을 심의하기 위하여 보건복지부장관 소속으로 보건의료정책심의위원회(이하 "위원회"라 한다)를 둔다.
제22조(위원회의 기능) 위원회는 다음 각 호의 사항을 심의한다.
　　1. 보건의료발전계획
　　2. 주요 보건의료제도의 개선
　　3. 주요 보건의료정책
　　4. 보건의료와 관련되는 국가 및 지방자치단체의 역할
　　5. 그 밖에 위원장이 심의에 부치는 사항

리·활용될 위험도 있다. 이러한 경우 정보처리자 입장에서 절차적인 정당
성은 확보한 것이 되기 때문에 개인정보 공격자가 악용할 수 있는 빌미가
제공되는 셈이다. 또 한편으로 수범자 입장에서는, 가이드라인대로 심의위
원회를 조직하여 성실하게 절차를 지킨다 하더라도 개인정보 유출사고시
면책이 될 수 있는지 불분명하다. 법규성이 없기 때문에 참작사유에 불과
할 뿐, 개인정보 침해인지 여부는 별도로 사법적 판단을 받게 될 것이기
때문이다.

　현재로서는 국내 가이드라인에서 법률의 위임 없이 정하고 있는 심
의위원회를 제외하면, 각 병원별 IRB가 보건의료데이터에 대한 개인정보
보호 장치로서 유일한 비식별화 판단 조직이라 할 것이다. IRB는 병원의
보건의료데이터를 활용한 연구에 대한 판단이 이루어져 왔고, 이는 주로
병원내 연구원(의,약사)의 의학논문연구에 필요한 데이터 활용에 대한
윤리성 심의이다. 이에 비해 최근에는 대용량, 초고속, 다양성의 특징을
가진 빅데이터를 활용한 다양한 정책사업들이 추진되는바, 민감정보에
해당하고 유형 또한 다양한 보건의료데이터에 대하여 비식별화 판단에
대한 업무를 모두 IRB를 통해 처리하기에는 어려움이 따른다.

　비교법적인 측면에서 참고하기 위하여 유사한 제도를 가지고 있는
미국과 일본의 경우를 살펴보면 국내 심의위원회의 역할은 미국의 '비식
별화에 대한 전문가 판단 방식'과 일견 유사하며, 비록 익명정보에 대한
규율이지만 일본의 '인정사업자' 제도도 참고해 볼 수 있다.

나. 미국의 전문가 판단 방식

　미국의 보건의료데이터에 관한 법제 전반에 대해서는 앞서 소개가
되었고, 본 항에서는 '전문가 판단 방식'을 규율하고 있는 HIPAA Privacy
Rules (이하 'HIPAA 프라이버시 규칙')에 대해 알아보고자 한다. HIPAA[91]

---

91) HIPAA는 건강정보의 프라이버시를 보호하기 위한 연방 규칙을 제정하도록 위

의 세부적인 사항을 규율하기 위한 연방차원의 시행규칙으로 HIPAA 프라이버시 규칙이 2002년에 제정되었다. 본래 명칭은 '개인 식별이 가능한 보건의료데이터의 보호에 관한 기준(Standards of Privacy of Individually Identifiable Health Information)'이다.[92] '적용대상기관(covered entities)'과 그 기관의 '업무제휴자(business associates)'들에게 적용되며,[93] 대상기관이 PHI를 이용·공개할 수 있는 조건을 정하는 것이 제정 취지이다.

2013년 HIPAA 규칙은 전자적으로 저장된 건강정보(Electronic Protected Health Information, ePHI)를 보호하기 위해 행정안전장치, 물리적 보호장치, 기술적 안전장치의 세 가지 안전장치를 도입하고,[94] 의료기관, 건강보험 제공자, 고용주 또는 공급 업체, 비즈니스 관계자는 환자 데이터가 손상되었을 가능성이 낮다는 것을 입증할 수 없는 한 ePHI의 무단 유출이 있었던 것으로 추정된다고 하였다.[95] 이러한 추정을 깨뜨릴 가장 좋은 방법 중에 하나로 데이터의 암호화가 있고, 비식별화된 건강정보는

임하고 있고, 이에 따라 보건복지부는 'HIPAA 프라이버시 규칙(HIPAA Privacy Rule)'과 'HIPAA 보안규칙(HIPAA Security Rule)'을 제정하였다. 보건의료 정보의 처리, 특히 비식별화의 방식을 구체적으로 규제하고 있다(김은수, 앞의 글, 124쪽).

92) 박민영, 최민경, 앞의 글, 512쪽.

93) 건강보험, 의료정보교환사업자 및 의료서비스 제공자 등이다. 윤혜선, 앞의 글, 71쪽.

94) 미국 보건복지부 홈페이지 참조: 〈https://www.hipaajournal.com/recent-hipaa-changes/〉 (검색일: 2021. 04. 03.).
'행정안전장치'는 정보 보안 책임자의 지정, 비즈니스 관계간의 계약, 위험 평가, 교육 및 적절한 정책 개발과 같은 요인을 포함한다. '물리적 보호장치'는 장비 사양, ePHI를 저장하는데 사용되는 장치 및 미디어에 대한 제어, ePHI가 저장되는 서버 및 기타 하드웨어에 대한 물리적 접근방지이다. '기술적 안전장치'는 ePHI가 저장되는 데이터베이스에 원격으로 접근할 수 있는 사람, 감사 제어, 전송 보안 및 ePHI에 대한 접근 및 통신 방법을 포함하는 기술 안전장치이다. 단순히 '안전조치'를 하도록 규제하고 있는 것이 아니라 구체적인 예시를 제시하고 있다는 점에 특징이 있다.

95) 미국 보건복지부 홈페이지 참조: 〈https://www.hipaajournal.com/recent-hipaa-changes/〉 (검색일: 2021. 04. 03.).

규칙의 적용대상이 아니어서 자유롭게 이용 또는 공개할 수 있다.[96) 따라서 데이터의 비식별화 판단이 중요하다.

HIPAA 프라이버시 규칙 제164.514(b)항은 두 가지 방식에 의해 보건의료데이터가 비식별화된 것으로 인정된 것으로 판단할 수 있다고 정하고 있다.

> 164.514(b)(1) 전문가 판단방식(Expert determination method) : 개인 사안별로 전문가가 판단하도록 하는 방식
>
> 164.514(b)(2) 세이프하버 방식(Safe harbor method) : HIPAA 프라이버시 규칙에서 나열한 18가지 식별자(identifiers) 또는 준식별자(quasi-identifiers)가 데이터에서 제거되면 비식별화된 것으로 간주하는 방식

전문가 판단방식은 외부 전문가로 하여금 재식별의 위험성을 판단하게 하는 방식이다. HIPAA 프라이버시 규칙은 전문가가 되기 위한 규정으로 단지 '비식별화에 대해 폭넓게 받아들여지고 있는 통계적 그리고 과학적인 이론과 방식에 대해 적절한 수준의 지식과 경험이 있는 자'가 전문가로서 판단할 수 있다고 정하고 있다. HIPAA 프라이버시 규칙의 가이드라인은 전문가의 자격에 대하여, 구체적인 학위나 자격증이 필요한 것은 아니고 HIPAA 프라이버시 규칙에서 요구하는 일정 수준의 지식과 관련 경험은 다양한 방식의 교육이나 경험들을 통해 획득할 수 있다고 하고 있다[97). 다만 규제당국인 OCR이 사후에 비식별화 방식을 적용

---

96) 'What Information is Protected : "There are no restrictions on the use or disclosure of de-identified health information" OCR Privacy Rule Summary, Last Revised 05/03, p.3. 미국 보건복지부 홈페이지 참조: https://www.hhs.gov/sites/default/files/privacysummary.pdf (검색일 2021. 09. 24.).

97) 재인용: 김은수, 앞의 글, 139쪽 / 원문: Guidance Regarding Methods for De-identification of Protected Health Information in Accordance with the Health Insurance Portability and Accountability Act (HIPAA) Privacy Rule, OCR, 10 (2012).

한 전문가의 실제 경험, 관련된 전문적 또는 학문적 경험에 대하여 검토할 수 있다.[98]

HIPAA 프라이버시 규칙의 가이드라인에 따르면 전문가는 해당 정보가 데이터를 사용하게 될 주체에 의해 식별될 수 있는 가능성을 평가한다. 전문가로 선정되면 해당 전문가는 상당한 재량을 가지고 재식별 가능성에 대해 판단할 수 있다. 그러나 전문가 판단 방식이라고 하여 완전히 주관에 맡기는 것은 아니고, 가이드라인으로 판단 요소들을 제시하고 있다. 가이드라인의 〈표 1〉에 따르면 하기와 같은 요소들이 위험성 판단에 있어 주요 원칙으로 고려된다. 크게 3가지로 반복 가능성(replicaility), 데이터 소스의 이용 가능성(data source availability), 그리고 구별성(distinguish ability)이다.

〈표 20〉 식별 위험성 판단 요소[99]

판단 요소	내용	예시
반복 가능성 (Replicability)	개인에게 일관적, 지속적으로 발생할 수 있는 가능성이 있는 특정 데이터 수치로 볼 수 있는지 여부	낮음 : 환자의 혈당 검사 결과는 다양할 것
		높음 : 환자의 인구통계적(예를 들면, 출생일) 특징
데이터소스의 이용가능성 (Data source Availability)	외부 데이터 중에서 환자에 관해 식별가능하거나 반복 가능한 의료정보가 어떤 것이 있는지, 그리고 누가 이에 대한 접근권을 가지고 있는지 여부	낮음 : 의료환경 이외의 상황에서는 일반적으로 잘 공개되지 않는 실험 보고서 내부의 식별정보
		높음: 출생, 사망, 그리고 결혼에 관한 기록 등 빈번하게 공개될 가능성이 있는 환자 이름과 인구통계학적 데이터
구별 가능성 (Disticguishability)	의료정보 중에서 특정 정보 주체에 관한 데이터가 구분	낮음: 출생연도, 성별, 그리고 3자리 우편번호의 결합은 미국 거주자들

---

98) 고학수, 앞의 글, 10면.
99) 재인용: 김은수, 앞의 글, 139쪽 / 원문: Guidance on De-identification of Protected Health Information, 2012. 11. 26. p.14.

판단 요소	내용	예시
	될 수 있는 정도	의 경우 대략 0.04%가 특이성을 지닌 것으로 평가. 이 정보만으로는 식별될 수 있는 주민이 거의 없을 것
		높음: 환자의 생년월일, 성별, 그리고 5자리 우편번호를 결합하여 분석하면 미국에 거주하는 50% 이상의 주민들을 구별 가능할 것

전문가 판단방식은 이처럼 식별 위험성 판단 요소 등을 자세히 제시하여 주관적이고 모호한 판단이 나오지 않도록 객관성 확보를 위한 노력이 중요하다.

개별사안의 정보환경 맥락과 예상주체를 반영하여 합리적인 판단을 모색할 수 있다는 장점이 있어 보건의료데이터 비식별 판단에 적합한 방식으로 보인다. 반면에 객관적인 기준의 부재로 혼란이 야기되거나, 사안별로 전문가를 선임해야하기 때문에 상당한 시간과 비용이 소요되는 단점이 존재한다. 판단주체인 전문가가 수범기관에 유리하게 판단하려는 동기가 생길 가능성도 있어[100] 이러한 도덕적 해이를 완화할 사후 관리의 필요성도 대두되고 있다.

다. 일본의 인정사업자 제도

일본은 2017. 5. 12. 차세대의료기반법을 제정하여[101] 익명 가공된 의료정보를 안전하고 원활하게 활용하도록 규율하고 있다. 차세대의료기반법은 치료이력 등의 의료정보를 개인을 식별할 수 없도록 익명가공하여 의료기관 외에 익명가공 의료정보취급 사업자(이하 줄여서 '인정사업

---

100) 김은수, 앞의 글, 137쪽.
101) 한국인터넷 진흥원, 일본의 익명가공정보 활용 관련 차세대 의료기반법의 주요내용, 2018, p.81.

자')에게 제공할 수 있도록 하였다.102)

높은 정보보안기술과 익명가공기술을 보유한 사업자에 대해 일본 정부가 인증하고, 그 개인정보보호 안전기준을 충족하여 인증 받은 '인정사업자'는 환자 본인이 정보 제공에 대한 동의를 거부하지 않는 한 정보 이용이 가능하도록 하였다.103) 개인이 거부의 의사표시를 하지 않는 한 '인정사업자'는 비식별 처리된 의료정보를 의료정보작성사업자에게 제공할 수 있는 옵트아웃(Opt-out) 방식인 것이다.

인정사업자 인증시 구체적인 고려요소는 조직체제, 인원, 정보, 사업계획, 사업운영 등을 고려하여 주무장관이 정한다.104) 인정사업자는 비식별 정보를 의료정보작성사업자에게 제공할 때 정보주체에게 사전에 통지하고 주무관청에 신고해야 한다. 통지내용에는 의료연구개발을 위해 비식별 의료정보 작성 목적으로 정보를 제공한다는 것과 제공되는 의료정보의 항목과 제공방법 및 중단신청방법 등이 포함된다(차세대의료기반법 제30조). 옵트아웃제인 만큼 정보주체에게 사전에 상세히 통지하는 것으로 보인다.

인정사업자는 사업의 목적 달성에 필요한 범위를 넘어서 해당 정보를 취급해서는 안 되며 식별·복원이 불가능하도록 조치해야 한다. 일본의 인정사업자 제도는 현재로서는 익명정보에 대하여만 판단하는 것으로 정해져있지만 가명정보 개념을 명시적으로 도입한 일본 개정 개인정보보호법이 시행되기 전에 마련된 제도라는 시기적인 부분이 작용한 듯하다.

일본의 이러한 인정사업자 제도에 대해서 여러 평가가 존재하기도 한

---

102) 이승현·오정윤, 보건의료 빅데이터 활용을 위한 일본의 법제동향: 차세대의료기반법을 중심으로, 보건산업브리프 제267호, 한국보건산업진흥원, 2018, 6쪽.
103) 정승모, 일본의 개인의료데이터 현황 및 정책적 시사점, 정보통신방송정책 제3권 제3호, 정보통신정책연구원, 2019, 6쪽.
104) 內閣官房 健康·医療戦略室(건강의료전략 내각실), 次世代医療基盤法の施行に向けた 検討の況について(차세대 의료기반법의 시행을 위한 검토상황에 대해) 2018, p.6.

다. 일본은 장애, 병력, 건강진단 결과 등의 정보를 요배려정보(인종, 신분, 의료 등에 관련된 개인정보)에 분류하고 있어 엄격한 보호가 요구되므로 옵트아웃을 인정하면 안된다는 일부 비판이 있다.[105] 이는 앞서 살펴본, 국내에서 민감정보에 관하여 개인정보보호법 제23조에도 불구하고 가명정보 활용이 가능한지에 대한 논의가 있는 점과 유사한 것으로 보인다.

인정사업자는 사업의 목적 달성에 필요한 범위를 넘어서 해당 정보를 취급해서는 안 되며 식별·복원이 불가능하도록 조치해야 한다.

일본은 '인정사업자'의 수가 2021년 5월 기준 2개 업체뿐이고 옵트아웃 비율이 높아서 제도의 실효성이 낮은 점 등의 실무적 한계를 안고 있기도 하다.[106] 안전한 데이터 활용에 대한 사회적 신뢰와 데이터 폐쇄성 해소가 중요한 전제요건임을 보여준다. 국내의 보건의료데이터 활용이 옵트아웃제가 아닌 만큼, 일본의 인정사업자 제도를 그대로 차용하기는 어렵다. 다만, 보건의료데이터를 처리하여 제공하는 별도의 기관이 있다는 점에서는 참고가 될 만한 것으로 보인다.

라. 소결

앞서 보건의료데이터의 특징과 현황을 살펴본 바에 따르면, 적어도 보건의료분야의 데이터에 있어서 비식별 판단은, 단적인 기준을 통하여 안전성을 평가하기가 어렵고 고도의 전문성이 요구되어 이를 개별적으로 심의하는 기구의 필요성이 높다. 또한 위의 미국이나 일본과 같은 경우에 비추어 보아도 이러한 심의기구의 필요에 있어서 국내외적 인식이 공통됨을 알 수 있다. 다만 국내 심의위원회에 대하여 가이드라인이나 훈령 등 행위준칙으로서 규율하고 있는 국내와 달리, 미국의 전문가 판단이나 일본의 인정사업자 제도는 보건의료데이터 관련 법규를 통해 법

---

105) 정원준, 앞의 글, 41쪽.
106) 정원준, 한국법제연구원, 가명처리를 통한 보건의료데이터 보호 및 활용 방안의 법제적 쟁점, 2021, 41쪽.

적 근거를 갖추고 있다는 차이점이 있다.

미국의 전문가 판단방식의 경우 사안별로 전문가를 선임해야 하기 때문에 상당한 시간과 비용이 소요된다는 단점과, 판단주체인 전문가가 수범기관에 유리하게 판단하려는 동기가 생길 가능성이 있다는 점이 제기되었다. 이에 반해 일본의 인정사업자 제도는 이러한 단점이 보완될 가능성이 엿보여 의미가 있다(다만 익명정보에만 적용된다는 차이가 있다). 정부로부터 인증을 받은 객관적인 기관에서 판단을 하기 때문에 사안별로 전문가를 선임할 필요가 없고, 미국의 전문가 판단과 달리 수범자에 치우친 판단을 할 우려요인이 없다. 반면에 개별 사안의 세세한 사정을 반영하여 합리적 판단을 할 수 있을 것인가에 관하여, 인정사업자가 일괄적으로 처리하는 것에 한계가 있을 수 있고, 막대한 양의 건수를 처리하는 데에 상당한 행정적인 시간이 소요될 수 있다는 단점이 있을 수 있다.

이러한 점을 고려하여, 국내 심의위원회에 관한 개선방안을 연구하여 본다. 국내의 경우, 우선 법규성 있는 제도를 마련하여 전문성을 지닌 심의위원회 구성을 도모하는 것이 필요해 보인다. 이를 각 공공기관이 일일이 내부에 두도록 하는 것 보다는 전담기관을 두는 것이 효율적이다. 전문성의 제고와 각 공공기관의 부담 감소, 정보의 연계를 위해서도 이러한 방안이 바람직할 것이다.

현재 국내에는 결합전문기관으로서 국민건강보험공단, 건강보험심사평가원, 한국보건산업진흥원, 국립암센터가 보건의료분야 결합전문기관으로 지정되어 있고, 한국보건의료정보원이 전자의무기록 표준화 업무를 담당하고 있다. 이 다섯 기관은 이미 보건의료데이터에 대한 처리 경험과 전문 인력이 있다.

'보건의료데이터 비식별 전문 심의 거버넌스'를 구축하고 그 내부에 '전문 심의위원회'를 두고 보건의료데이터에 대한 비식별 판단을 전담하도록 하는 방안을 제안하고자 한다. 또한 위 결합전문기관으로 하여금 이러한 비식별 심의를 보완할 수 있도록 하면 막대한 양의 빅데이터 처리를 도울 수 있다.

보건의료 빅데이터 거버넌스와 같이, 보건의료기술진흥법 제10조의3으로서 '보건의료정보의 비식별 심의를 위한 전문 거버넌스를 구축한다'는 취지의 조항을 두어 법적 근거를 갖추고, 그 구성의 자세한 사항은 시행령 등에 위임하는 규정을 두며 시행령으로써 보건의료데이터 비식별 전문 심의 거버넌스 및 그 내부 전문 심의위원회에 대한 구성을 규율함으로써 법규성을 갖출 수 있도록 하는 방안이 있다. 이와 같이 이 글에서 제안하는 보건의료데이터 심의 전문 거버넌스의 구조를 도식화하여 정리하면 다음과 같다.

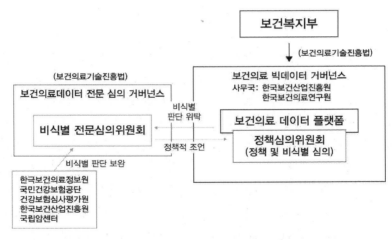

〈그림 7〉 보건의료데이터 전문 심의 거버넌스 제안

한편 개인정보 심의위원회의 조직에 대한 상세 규율방안에 대하여 현 국내 법제에서 참고할만한 유사 조직으로는, 개인정보에 관한 판단기관으로 '개인정보 영향평가 기관'과 '개인정보 결합전문기관'이 있다. 미국의 전문가 판단과 같이 전문가의 요건을 관대하게 두고 사후관리로

감시하기에는 아직 실무적인 사례 축적이 충분하지 않고 결과 예측이
어려운 측면이 있다. 따라서 심의위원회 구성에 대한 규율과 위원의 자
격요건에 대하여 기준이 될 규율을 둘 필요가 있다.

　개인정보보호법 제33조와 시행령 제38조의 위임을 받아 '개인정보 영
향평가에 관한 고시(행정안전부 고시 제2019-11호 일부개정 2019. 1. 31.)'
및 개인정보보호법 제28조의3, 시행령 제4장의2에 따른 '가명정보의 결
합 및 반출 등에 관한 고시'에서 이들 기관에 대한 구성과 역할을 정하
고 있어 참고하여 규정을 마련할 수 있다.[107] 각주에 표시한 바와 같이

---

107) 영향평가 기관이 되려면, 개인정보 영향평가 수행실적 명세서, 수행실적물 관
　　리카드, 수행인력에 대한 증명서 등을 행정안전부장관에게 제출해야 하고, 행
　　정안전부장관은 적합여부를 심사하여 영향평가기관을 지정할 수 있다. 영향
　　평가 기관의 인력구성은 시행령 별표 1의2에서 다음과 같이 정하고 있다.
　- 일반수행인력
　가. 영 제37조 제1항 제2호의 전문인력 자격을 갖춘 사람
　　* 영제37조 제1항 제2호 : 별표 1의2에 따른 전문인력을 10명이상 상시 고용
　　하고 있는 법인
　　[별표 1의2]
　　1. 한국인터넷진흥원이 시행하는 정보보호전문가(SIS) 자격을 취득한 후 1년
　　　이상 개인정보 영향평가 관련 분야에서 업무를 수행한 경력이 있는 사람
　　2. 「전자정부법」 제60조에 따른 감리원(ISA) 자격을 취득한 후 1년 이상 개인
　　　정보 영향평가 관련 분야에서 업무를 수행한 경력이 있는 사람
　　3. 「국가기술자격법」에 따른 정보통신 직무분야의 국가기술자격 중 정보관
　　　리기술사, 컴퓨터시스템응용기술사, 정보통신기술사, 전자계산기조직응용
　　　기사, 정보처리기사 또는 정보통신기사 기술자격을 취득한 후 1년 이상
　　　개인정보 영향평가 관련 분야에서 업무를 수행한 경력이 있는 사람
　　4. 국제정보시스템감사통제협회(Information Systems Audit and Control Assoc
　　　iation)의 공인정보시스템감사사(CISA) 자격을 취득한 후 1년 이상 개인정
　　　보 영향평가 관련 분야에서 업무를 수행한 경력이 있는 사람
　　5. 국제정보시스템보안자격협회(International Information System Security Certif
　　　ication Consortium)의 공인정보시스템보호전문가(CISSP) 자격을 취득한 후
　　　1년 이상 개인정보 영향평가 관련 분야에서 업무를 수행한 경력이 있는
　　　사람
　　6. 그 밖에 개인정보 보호와 관련된 자격으로서 보호위원회가 정하는 자격을

취득한 후 1년 이상 개인정보 영향평가 관련 분야에서 업무를 수행한 경력이 있는 사람

비고

"개인정보 영향평가 관련 분야에서 업무를 수행한 경력이 있는 사람"이란 공공기관, 법인 및 단체 등의 임직원으로 개인정보 보호를 위한 공통기반기술(암호기술, 인증기술 등을 말한다), 시스템·네트워크 보호(시스템 보호, 해킹·바이러스 대응, 네트워크 보호 등을 말한다) 또는 응용서비스 보호(전자거래 보호, 응용서비스 보호, 정보보호 표준화 등을 말한다)에 해당하는 분야에서 계획, 분석, 설계, 개발, 운영, 유지·보수, 감리, 컨설팅 또는 연구·개발 업무 등을 수행한 경력이 있는 사람을 말한다.

　나. 한국CPO포럼이 시행하는 개인정보관리사 자격을 취득한 후 1년 이상 개인정보 영향평가 관련 분야 수행실적이 있는 사람

- 고급수행인력

　가. 일반수행인력의 자격을 갖춘 후 5년 이상의 영향평가 관련 분야 수행실적이 있는 사람

　나. 관련분야 박사학위를 취득한 후 3년 이상의 영향평가 관련 분야 수행실적이 있는 사람

　다. 「국가기술자격법 시행규칙」 제3조에 따른 정보관리기술사, 컴퓨터시스템응용기술사, 정보통신기술사 자격을 취득한 후 3년 이상의 영향평가 관련 분야 수행실적이 있는 사람

이렇게 구성되어 지정된 평가기관은 평가 대상 공공기관에 대하여 다음에 대한 평가를 수행한다(시행령 제38조).

　1. 해당 개인정보파일에 포함되는 개인정보의 종류·성질, 정보주체의 수 및 그에 따른 개인정보 침해의 가능성

　2. 법 제24조제3항, 제25조제6항 및 제29조에 따른 안전성 확보 조치의 수준 및 이에 따른 개인정보 침해의 가능성

　3. 개인정보 침해의 위험요인별 조치 여부

　4. 그 밖에 법 및 이 영에 따라 필요한 조치 또는 의무 위반 요소에 관한 사항 개인정보 처리에 관한 명확한 자격증 및/또는 일정기간의 경력을 조건으로 명시하고 있으며, 행정안전부장관의 심사로 지정될 수 있다는 특징이 있다. 다음으로 개인정보보호법 제28조의3, 시행령 제4장의2 가명정보의 처리에 관한 특례에 따른 "가명정보의 결합 및 반출 등에 관한 고시"에 따른 "결합전문기관"에 대하여 알아본다. 결합전문기관의 역할은 가명정보의 결합에 관한 신청을 받아 적정성 평가 후 결합을 수행하는 것이다. 개인정보보호위원회 또는

중앙행정기관의 장이 지정한다(법 제28조의3). 결합전문기관의 지정기준은 동 고시 별표1로서 다음과 같이 정하고 있다.

1. 담당 조직의 구성·운영

 가. 결합전문기관 운영을 위해 제2호에 따른 전문가를 포함한 8인 이상의 담당 조직 구성

 나. 담당 조직에 대한 관리책임자 지정

 다. 운영 인력에 대한 교육계획 수립

2. 제1호 가목의 담당 조직 구성 시 다음 각 목의 어느 하나에 해당하는 전문 가를 3명 이상 상시 고용(이 경우 기술·법률 전문가가 각 1인 이상 포함되 도록 하여야 한다)

 가. 「국가기술자격법」에 따른 정보통신 직무분야의 국가기술자격 중 정보관 리기술사, 컴퓨터시스템응용기술사, 정보통신기술사 자격 취득 후 1년 이상 개인정보 보호 관련 경력이 있는 사람

 나. 정보보호, 정보통신, 정보기술, 개인정보 보호, 데이터 분석, 통계학, 법학 관련 박사학위 취득 후 1년 이상 개인정보 보호 관련 경력이 있는 사람

 다. 「정보보호 및 개인정보보호 관리체계 인증 등에 관한 고시」 제14조 제1 항에 따른 정보보호 및 개인정보보호 관리체계 인증심사원 자격(「정보보 호 및 개인정보보호 관리체계 인증 등에 관한 고시」로 통합 이전 「정보 보호 관리체계 인증 등에 관한 고시」와 「개인정보보호 관리체계 인증 등 에 관한 고시」에 따른 인증심사원 자격을 포함한다) 취득 후 4년 이상 개 인정보 보호 관련 경력이 있는 사람

 라. 「변호사법」에 따른 변호사 자격 취득 후 1년 이상 개인정보 보호 관련 경력이 있는 사람

 마. 정보시스템감사통제협회(Information Systems Audit and Control Association) 의 공인정보시스템감사사(CISA) 자격 취득 후 5년 이상 개인정보 보호 관 련 경력이 있는 사람

 바. 국제정보시스템보안자격협회(International Information System Security Certi fication Consortium)의 공인정보시스템보호전문가(CISSP) 자격 취득 후 5 년 이상 개인정보 보호 관련 경력이 있는 사람

 사. 정보보호, 정보통신, 정보기술, 개인정보 보호, 데이터 분석, 통계학, 법학 관련 석사학위 취득 후 4년 이상 개인정보 보호 관련 경력이 있는 사람

 아. 정보통신기사·정보처리기사 및 전자계산기조직응용기사, 정보보안기사 자격 취득 후 6년 이상 개인정보 보호 관련 경력이 있는 사람

 자. 정보보호, 정보통신, 정보기술, 데이터 분석, 통계, 가명처리 관련 업무에 10년 이상 종사한 사람

주로 관련 직렬의 자격증 취득자나 관련 분야 수행실적이 있는 사람으로 요건이 정해져 있고, 이를 참고하여 전문 심의위원회의 구성을 고안할 수 있다. 뿐만 아니라 현 보건의료 빅데이터 플랫폼의 정책심의위원회의 구성도 참고가 된다. 보건의료 빅데이터 플랫폼 정책심의위원회 위원 명단(21년 6월 30일 기준)을 살펴보면, 정부 및 공공기관, 의료계, 학계, 개인정보보호 분야, 환자단체, 시민사회의 구성원들로 이루어져 있다.[108] 현 정책심의위원회의 구성과 같이 다양한 각계의 전문가들의 적극적인 상호소통과 참여를 통해 비식별 판단이 이루어지도록 하는 것이 바람직하다. 이는 각계의 적극적 참여와 네트워크를 강조하는 거버넌스 체계의 특성에 부합한다. 또한 심의위원회에 대한 이러한 규율에는 앞서 미국의 전문가판단제도에서 비식별 판단의 기준을 제시하고 있는 바와 같이 여러 객관적인 기준들이 제시될 필요가 있다.

2. 보건의료 빅데이터 플랫폼 내 정책 심의위원회

가. 국내 현황

앞서 살펴본 바와 같이, 정부는 보건의료분야 4개 기관의 데이터를 개인 단위로 연계, 공공 목적 연구에 활용할 수 있도록 연구자에게 개방하는 사업인 '보건의료 빅데이터 시범사업 계획'을 2018. 11. 의결하여 '보건의료 빅데이터 플랫폼'을 구축하였다(2021. 7. 시범사업이 종료되고

이렇게 구성된 결합전문기관은, 가명처리된 가명정보의 결합신청에 대하여 적정성 평가 후, 임시 대체키를 활용하여 결합을 수행하고, 결합에 이용된 임시대체키를 삭제하고, 결합된 데이터베이스를 필요한 개인정보 처리자 등에게 제공한 후 파기 조치한다. 역시 법률 위임하에 인력구성에 대하여 명확한 조건을 정하고 있으며, 개인정보보호위원회나 중앙행정기관의 장이 정한다.

108) 보건의료 빅데이터 플랫폼 사이트 〈https://hcdl.mohw.go.kr/BD/Portal/Enterprise/ DefaultPage.bzr?tabID=1093&ftab=1003〉 (검색일: 2021. 11. 13.).

본 사업이 시작되었다). 보건의료 빅데이터 플랫폼 내 정책심의위원회는 보건복지부훈령 제2018-121호 '보건의료 빅데이터 정책심의위원회 운영규정'(이하 '운영규정')에 따른다.

정책심의위원회의 주요 기능은 의료정보 및 보건의료 데이터 활용에 관한 주요 정책 및 사업, 제도 개선에 관한 사항 등을 효율적으로 심의하는 것이다(운영규정 제2조 제1항). 주요 심의사항은 의료정보 및 보건의료 데이터의 보호 및 활용 정책, 주요 사업계획에 관한 사항, 보건의료 데이터 활용 관련 제도 개선에 관한 사항, 보건의료 데이터 개방·제공·결합 등 활용에 관한 사항 등이다(운영규정 제2조).

빅데이터 플랫폼 내에서 정보의 제3자 제공시 절차에 있어서는 비식별조치를 담당한다는 점에서 정책심의위원회가 앞서 살펴보았던 각 공공기관별 내부 데이터 전담부서와 일부 유사한 기능도 담당하고 있다. 그러나 운영규정에 따른 정책심의위원회의 주요기능은 정책 및 제도 개선에 관한 사항 및 입법계획 등에 관한 심의를 담당하고 있음으로써 일종의 보건의료 빅데이터 정책에 관한 의결기구와 같은 담당을 하고 있다. 비교법적으로 참고하기 위하여 영국의 경우를 살펴보고 구체적인 개선방안에 대하여 살펴보고자 한다.

나. 영국의 NHS Digital 과 HRA

국내와 유사한 국가건강보험체계를 갖고 있는 영국의 사례가 개선방안 검토에 참고가 되었다. 영국의 경우에는 보건의료데이터 처리 컨트롤타워로서 NHS Digital이 기능하는 바, 국내에는 이러한 시스템으로서 한국보건산업진흥원과 한국보건의료연구원을 사무국으로 하는 보건의료 빅데이터 플랫폼이 있다. 또한 앞서 언급한 바 있는 개선안으로서 보건의료데이터 심의 전문 거버넌스가 구축되고 전문심의위원회가 구성된다면, 이로 하여금 영국의 HRA와 같이 정책심의위원회에 정책적 조언을 할 수 있는 독립기구로서 역할을 할 수 있다.

국내의 보건의료 빅데이터 플랫폼의 조직과 구성은 여러 가지 면에서 앞서 언급된 영국의 NHS Digital과 닮아있다. NHS Digital은 영국의 보건의료정보 인프라 구축 및 빅데이터 공개·활용 등을 담당한다.[109] NHS Digital은 NHS 및 사회 복지 서비스에 대한 데이터를 수집할 법적 책임을 진다. 이를 이해하고 분석하는 전문가인 연구원, 분석가들과 데이터를 공유할 수 있다. 기밀정보는 치료 및 의료서비스 개선과 심각한 질병에 대한 연구 및 치료법 개발에 사용될 수 있다. 다만 정보주체가 자신의 기밀정보가 치료 이외의 목적으로 사용되는 것을 중지할 수 있도록 하는 옵트아웃(Opt-out)제도를 실시하고 있다. 거부신청이 이뤄지면 NHS Digital 및 모든 보건의료 기관에서 해당 기밀정보를 사용할 수 없다. 이러한 절차는 사이트에 상세히 안내 되어 있다.[110] NHS Digital 홈페이지에 공개된 바에 따르면 옵트아웃을 신청하는 환자의 비율은 2021년 9월 1일 기준으로 5.35%이다.[111]

앞서 제안한 보건의료데이터 심의 전문 거버넌스와 그 안의 전문 심의위원회는 영국의 HRA와 닮아있다. 영국 HRA의 경우 Care Act 제2장 부칙 제7호에서 HRA의 구성 및 기능에 대하여 정하고 있다. 보건 사회복지 연구에 관한 규정의 집행에 있어서 표준화된 규율을 관리하고 NHS Digital에 정책적 조언을 하는 것이 HRA의 주된 업무이다.[112]

---

109) 이태훈, 영국 보건의료정보 담당기구 NHS Digital의 기능과 역할, 2019, 78쪽.
110) NHS 사이트 참조: 〈https://www.nhs.uk/your-nhs-data-matters/manage-your-choice/〉 (검색일: 2021. 10. 28.).
111) NHS Digital 사이트 참조: 〈https://digital.nhs.uk/data-and-information/publications/statistical/national-data-opt-out/september-2021#〉 (검색일: 2021. 10. 29.).
112) 이하의 조문 내용은 영국의 Care Act 2014 법률 원문을 참고하였다. 〈https://www.legislation.gov.uk/ukpga/2014/23/contents/enacted〉 (검색일: 2021. 10. 28.).

다. 소결

국내 정책심의위원회의 기능에 대해서 정리해 보면 크게 두 가지를 담당하고 있다. 하나는 보건의료 빅데이터 플랫폼을 통해 제3자에게 제공하는 데이터의 비식별조치 및 심의이고, 다른 하나는 보건의료데이터에 관련된 정책 및 개선현안 등에 대한 심의이다. 이는 정책심의위원회에 상당한 부담이고 각 전문적인 판단에 장해가 된다. 정책에 관한 의사결정과, 보건의료데이터의 비식별 처리에 대한 판단은 검토 및 고려해야 할 바가 매우 상이하다. 이를 각 전담할 별도의 기구를 마련하는 것이 타당하다.

이에 따라 위에 언급한 바와 같이 심의위원회에 대하여 비식별 판단 전문심의위원회를 두고 보건의료데이터에 대한 비식별 판단을 전담하도록 하는 개선 방안을 제안하고자 한다. 정책 심의위원회의 기능 중 비식별 조치에 관한 부분은 분리하여 전문 심의기관에서 담당하도록 일원화하고 정책심의위원회는 정책 및 제도 개선에 관한 심의와 정책적 조언 기구로서의 역할에만 집중하는 것이 가능하다. 각 기능에 대한 전문성 강화 및 집중적이고 전문적인 처리에 도움이 된다.

한편 현재 보건의료 빅데이터 플랫폼의 정책심의위원회 구성은 보건복지부 훈령 제183호 '보건의료 데이터 정책심의위원회 운영규정[113]'이 기준 규정이 되고 있다. 행정규칙의 형태라 하더라도 법규명령에 대해서는 법규성을 인정하는 것이 헌법재판소와 대법원의 입장이나,[114] 이 때에는 상위법령의 위임, 상위법령의 내용을 구체화하는 기능, 상위법령의 위임의 한계를 벗어나지 않은 내용의 요건이 갖추어져야 한다.[115] 그러

---

113) 본래 훈령 제2018-121호 '보건의료 빅데이터 정책심의위원회 운영규정'이었다가, 2021. 8. 31. 제명이 변경된 현재 운영규정으로 개정·발령되었다. 보건복지부 사이트 참조: 〈http://www.mohw.go.kr/react/jb/sjb0406vw.jsp?PAR_MENU_ID=03&MENU_ID=030406&page=1&CONT_SEQ=367067〉 (검색일: 2021. 10. 24.)

114) 헌법재판소 1992. 6. 26. 결정 91헌마25, 대법원 1989. 9. 29. 선고 86누484

나 현 정책심의위원회에 대한 보건복지부 훈령은 이러한 요건을 갖춘 것으로 보이지 아니한다. 특히 상위법령의 명확한 위임이 없다. 명확하게 하기 위하여 법규성을 갖출 필요가 있다.

유럽연합의 데이터 거버넌스 법안(Data Governance Act)과 같이 아예 법제로 마련하는 방안도 생각해볼 수 있다. 그러나 보건의료데이터의 분야적 특수성을 감안하여 개인정보 보호를 위한 시스템 구축이라는 점에서, 국내 기준법제의 틀 안에서 통일적으로 규율될 수 있도록 위임규정을 통해 개선하는 것이 바람직할 것으로 보인다.

보건의료 데이터 플랫폼 거버넌스의 근거 법령인 보건의료기술진흥법 제10조[116)]에 이어 제10조의2를 신설하여 '보건복지부 장관은 제10조의 사업을 추진함에 있어 전문심의기관의 역할과 기능을 정하고 구체적인 정보 수집, 처리, 제공에 관한 지침을 행정규칙의 형식으로 정할 수 있다'는 구체적인 위임규정을 마련하는 방안이 있다. 이러한 규정에는 현행 위임규정에서 담고 있는 내용과 거버넌스의 역할과 권리, 의무, 의사결정 절차 등을 규율할 필요가 있다.

이 글에서 제시하고자 하는 정책심의위원회의 개선방안을 정리해보면 다음과 같다. 첫째, 정책심의위원회의 구성에 관한 규율을 위임법령을 통해 법규화하며, 둘째, 정책 및 제도 개선을 위한 심의와 조언기구로서의 기능에 집중하고, 셋째, 보건의료데이터 비식별조치에 관한 진행 및 판단은 전문 심의기관을 법규로 마련하여 전담하도록 분리하고, 넷째, 기존의 결합전문기관인 국민건강보험공단, 건강보험심사평가원, 한

---

115) 홍정선·김기홍, '행정법 특강', 박영사, 2011, 57쪽.
116) 보건의료기술진흥법 제10조 보건복지부장관은 보건의료정보의 생산·유통 및 활용을 위하여 다음 각 호의 사업을 추진한다.
　　1. 보건의료정보를 관리하기 위한 전문연구기관의 육성
　　2. 보건의료·복지 분야의 전산화를 촉진하기 위한 업무의 표준에 관한 연구·개발 및 관리
　　3. 보건의료정보의 공동이용 활성화
　　4. 그 밖에 보건복지부령으로 정하는 보건의료정보의 진흥에 관한 중요 사업

국보건산업진흥원, 국립암센터를 통해 비식별조치 및 이에 관한 판단을 보완할 수 있도록 하며, 다섯째, 보건의료데이터 전문 심의위원회에서 정책심의위원회에 정책적 조언을 할 수 있는 독립기관으로서의 기능을 부여하는 것이다.

3. 데이터 관리 감독기구의 마련

데이터 처리의 투명성 확보와 관리를 위하여 정기적인 점검과 모니터링이 필요하다. 앞서 살폈던 운영규정에 따르면 현 국내 보건의료 빅데이터 플랫폼의 정책심의위원회는 보건복지부에 두며, 위원장은 보건복지부 차관으로 하고 있다. 외부 민·관 협의체로 구성된 독립 감독기구를 마련하여 정기적으로 영향평가를 실시하고 관련 규정 및 준칙을 정비할 수 있도록 마련하는 방안을 생각해볼 수 있다.

앞서 비교법적으로 참고하기 위하여 언급하였던 영국의 경우, Care Act에 근거하여 조직된 HRA가 위원회를 구성하여 NHS Digital에 정책적 조언을 할 수 있도록 역할을 부여하였다. 국내의 경우 NHS Digital과 같은 컨트롤타워로서 보건의료데이터 거버넌스 사무국(한국보건산업진흥원과 한국보건의료연구원)이 있으므로, 이에 대하여 정책적 조언을 하고 정기적 관리를 할 수 있는 협의체로서 보건의료데이터 전문 심의거버넌스를 둘 수 있고(위에 언급한 바와 같다), 그 구성원에 정보주체 측을 대변할 수 있는 개인 또는 단체를 포함하는 것이 바람직하다. 이를 통해 현 보건의료데이터 거버넌스 사무국에 대한 조언과 관리를 행할 독립적인 기구가 형성될 수 있다. 안전한 데이터 활용에 대한 사회적 신뢰 구축과 이를 통한 데이터 활용 활성화를 위하여, 데이터 수집 및 처리에 대하여 참여자들이 잘 알 수 있도록 투명하게 관리하는 것이 중요할 것이다. 이와 관련하여 영국의 경우 국내와 달리 옵트아웃제를 실시하고 있다는 점에서 차이가 있기는 하지만, 데이터 관리의 투명성에 있어 눈에 띄는 현황을 보이고 있어 살펴보고자 한다.

영국의 보건의료시스템은 병원의 비용이 NHS에 제출되는 정보에 기반하여 충당되기 때문에, NHS Digital에 광범위한 병원진료정보가 수집되는데, 영국의 보건의료데이터 활용에 있어서 눈에 띄는 특징은 관련 절차와 관리에 관한 투명성이다. NHS 홈페이지를 보면 관련법에 정하고 있는 개인정보의 제공 절차와 현황에 대하여 자세하게 안내하고 있다. 특히 옵트아웃[117])이 가능하다는 점과 어떻게 옵트아웃을 행사할 수 있는지 절차를 안내하고 있고, 정보 신청자 입장에서도 관련 절차를 쉽게 인지하고 수행할 수 있도록 관련 서식 등을 공개하고 있다.

정보주체는 이에 대하여 자신의 기밀정보가 사용되는 것을 중지하고 싶으면 NHS Digital에 접속하여 사용을 거부할 수 있고, 전화, 이메일 또는 우편으로도 할 수 있고 다른 사람을 통해 거부신청할 수도 있다. 거부신청이 이뤄지면 해당 기밀정보를 사용할 수 없다. 이러한 절차는 NHS 사이트에 상세히 안내가 되어 있다.[118]) 영국에서의 옵트아웃은 2단계의 제도가 있다.[119]) Type 1은 1차 의료시설 밖으로는 본인의 정보가 제공되지 못하도록 하는 것이고, Type 2는 NHS Digital이 관장하는 의료시설 및 기관 외에는 본인의 정보가 제공되지 못하도록 하는 것이다. NHS Digital 홈페이지에 공개된 바에 따르면 옵트아웃을 신청하는 환자의 비율은 2021년 9월 1일 기준으로 5.35%이다.[120])

국내의 경우 옵트아웃제가 아니기 때문에 모든 상세한 사항을 정보주체에게 고지하고 옵트아웃 여부를 선택하도록 절차를 안내할 필요는

---

117) 영국은 2018년 5월 25일부터 정보주체로 하여금 자신의 치료 이외의 목적으로 기밀정보가 사용되는 것을 중지할 수 있도록 하는 옵트아웃(Opt-out)제도를 진행하였다.

118) NHS 사이트 참조: 〈https://www.nhs.uk/your-nhs-data-matters/manage-your-choice/〉 (검색일: 2021. 10. 28.).

119) 이경애, 개인정보 규제완화 연구 영국 사례조사, 2017, 12쪽.

120) NHS Digital 사이트 참조: 〈https://digital.nhs.uk/data-and-information/publications/statistical/national-data-opt-out/september-2021#〉 (검색일: 2021. 10. 29.).

없겠지만(이보다는 충분한 비식별화와 그에 대한 판단을 위한 제도에 중점을 두는 것이 국내 현황에 맞는 방향이라는 것이 이 글의 기본적인 전제이기도 하다), 데이터 개방의 기조와 이를 통한 활용 활성화를 위해서는 일정 부분 투명하게 공개하여 관리하는 노력이 필요하다. 국내 현황에 맞게 데이터 활용의 법적 근거와 활용 대상이 되는 데이터, 그리고 그 처리절차에 대한 안내와 이에 대한 심의 및 감독 기구의 역할을 보다 상세하게 공개하고 정보주체를 포함한 각계 참여자들의 의견을 적극적으로 반영할 필요가 있다. 이는 가명정보에 대하여 정보주체의 권리를 얼마만큼 보장하는지의 문제와도 연결될 수 있는 문제로, 이에 대해서는 하기 관련 항에서 다시 자세히 논의하고자 한다.

II. 개인정보보호법의 보호 규정 보완

1. 개인정보 보호조치의 의무주체

가. 관련 규정의 현황

개정 정보통신망법은 구 정보통신망법상에 있던 개인정보 보호관련 조항을 삭제하고 개인정보보호법에 '제6장 정보통신서비스 제공자 등의 개인정보 처리 등 특례'[121]를 신설하여 개인정보보호법에서 규율하도록

---

121) 개인정보보호법 제39조의3 내지 제39조의15까지의 조항을 가리킨다. 정보통신서비스 제공자 등이 개인정보를 처리할 수 있는 경우와 의무에 대하여 규율하고 있다. 예를 들어 제39조의3 제1항은 다음과 같다. 제39조의3(개인정보의 수집·이용 동의 등에 대한 특례)
① 정보통신서비스 제공자는 제15조제1항에도 불구하고 이용자의 개인정보를 이용하려고 수집하는 경우에는 다음 각 호의 모든 사항을 이용자에게 알리고 동의를 받아야 한다. 다음 각 호의 어느 하나의 사항을 변경하려는 경우에도 또한 같다.

일원화하였지만 의무 주체를 여전히 '정보통신서비스 제공자'로 한정하
고 있다. 개선 방안 논의를 위해서, 앞에 이미 언급한 바 있지만 관련 조
항을 정리한 표를 다시 한번 살피고자 한다.

〈표 21〉 개인정보보호법에서 정보통신서비스 제공자 등에 대한 특례조항의 요약

	의무 주체	규율 내용
제39조의 3	정보통신서비스 제공자	정보주체의 동의를 구할 의무
제39조의 4	정보통신서비스 제공자 등*	개인정보의 분실, 도난, 유출시 신고 등의 의무
제39조의 5	정보통신서비스 제공자	개인정보 처리자를 최소한으로 제한할 의무
제39조의 6	정보통신서비스 제공자	1년 동안 이용하지 아니하는 이용자의 개인정보를 파기할 의무
제39조의 7	정보통신서비스 제공자 등	이용자는 언제든지 정보통신서비스 제공자 등에 대해 언제든지 동의를 철회 가능
제39조의 8	정보통신서비스 제공자	이용자의 개인정보 이용내역을 주기적으로 이용자에게 통지
제39조의 9	정보통신서비스 제공자 등	손해배상책임을 이행하기 위한 보험 가입 등 조치 의무
제39조의 10	정보통신서비스 제공자	이용자의 개인 정보가 공중에 노출되지 않도록 할 의무
제39조의 11	정보통신서비스 제공자 등	국내에 주소 또는 영업소가 없을 경우 국내 대리인을 지정할 의무
제39조의 12	정보통신서비스 제공자 등	이 법을 위반하는 내용의 국제계약을 체결해서는 아니 됨
제39조의 13	정보통신서비스 제공자 등	개인정보의 국외 이전을 제한하는 국가에 대해서는 해당 국가의 수준에 상응하는 제한 가능

---

1. 개인정보의 수집·이용 목적
2. 수집하는 개인정보의 항목
3. 개인정보의 보유·이용 기간

	의무 주체	규율 내용
제39조의 14	정보통신서비스 제공자 등	방송사업자 등이 시청자의 개인정보 처리시 정보통신서비스 제공자 등에 대한 규정을 준용
제39조의 15	정보통신서비스 제공자 등	과징금의 부과 등에 대한 특례

* '정보통신서비스제공자 등'은 '정보통신서비스 제공자와 그로부터 개인정보를 제공받은 자'를 가리킨다.

나. 판례 검토

이러한 의무주체와 관련된 국내 판례를 살핀다. 아파트 관리소장으로 근무한 자로서 아파트 선거관리위원장으로부터 입주민 동호수, 이름, 연락처 등이 기재된 '해임동의서'를 그 적법성 여부 검토 의뢰와 함께 교부받고, 해임동의 대상자인 동대표 중 1인에게 열람하도록 제공한 사건 (대법원 2016. 3. 19. 선고 2015도8766 판결)이 있다. 법원은 개인정보보호법 제59조 제2호[122]의 의무주체는 '개인정보를 처리하거나 처리하였던 자'로서 제15조(개인정보의 수집·이용), 제17조(개인정보의 제공), 제18조(개인정보의 목적 외 이용·제공 제한)등의 의무주체인 '개인정보처리자'와는 법문에 있어 명백히 구별된다고 판단하였다. 이에, 제59조는 개인정보처리자 이외의 자에 의해 이루어지는 개인정보 침해행위로 인한 폐해를 방지하고자 한 취지라고 해석하면서, 제2조 제5호 소정의 '개인정보처리자'가 아니라 하더라도 '업무상 알게 된 개인정보를 처리하거나 하였던 자'를 포함한다고 해석하여 개인정보 침해를 인정한 것이다.[123]

---

122) 제59조 개인정보를 처리하거나 처리하였던 자는 다음 각 호의 어느 하나에 해당하는 행위를 하여서는 아니된다. 제2호 업무상 알게 된 개인정보를 누설하거나 권한 없이 다른 사람이 이용하도록 제공하는 행위
123) 이러한 해석에 대하여 법원은 '개인정보를 처리하거나 처리하였던 자' 부분은 법관의 법보충 작용인 해석을 통하여 그 구체적인 의미와 내용이 명확히 정립되고 구체화되어, 건전한 상식과 통상적인 법감정을 가진 사람은 그 의미

'개인정보처리자'에 대한 개인정보보호법의 정의가 '업무상 개인정보를 처리하는' 자로 한정되어 있는 점을 제59조의 '개인정보를 처리하거나 처리하였던 자'에 대한 해석을 통해 보완하여 구체적 타당성을 도모하고 있다.

다. 소결

관련하여 2021. 1. 6. 입법예고 된 개인정보보호법 개정안에서는 제39조의 3 내지 8 및 12는 삭제하고, 제39조의 9 내지 11에 있어서 의무주체를 '개인정보처리자'로 바꾸어 정보통신 서비스 제공자등에 대한 특례를 일반규정으로 전환할 것을 제안하고 있다. 온·오프라인에 모두 적용이 필요한 특례규정을 모든 분야로 확대한 것이다.[124] 개인정보보호법에 일원화하여 규정하면서 보호조치의 의무주체를 '개인정보처리자'로 분명히 함으로써 법률 적용상의 혼란을 해결하였다.

기술의 발달로 다양한 형태의 정보 수집과 처리가 발생할 수 있는 바, 비교법적으로 참고해보면, 미국의 경우 HIPAA는 의료기관 뿐만 아니라 서비스를 수행하는데 있어서 환자 정보에 접근하는 모든 기관이 포함된다는 점을 명시하고 있다.[125] 또한 미국의 HITECH Act는 PHI 관리와 관련된 업무를 해당사업자를 대신하여 수행하거나, PHI 관리와 관련된 서비스를 해당 사업자에게 제공하는 조직 또는 개인에게까지 HIPAA 준수를 명시적으로 요구하고 있다. 여기에는 클라우드 제공업체를 포함하여 PHI를 생성, 수신 유지 또는 전송하는 하청업체도 포함된다.[126]

를 명확히 이해할 수 있으므로, 명확성의 원칙에 위반되지 않는다'고 판단하였다(헌법재판소 2020. 12. 23 자 2018헌바222 결정).

124) 법제처, 개인정보보호법 일부개정법률(안) 입법예고, 공고번호 제2021-1호, 2021. 1. 6. 〈https://www.moleg.go.kr/lawinfo/makingInfo.mo?lawSeq=62160&lawCd=0&&lawType=TYPE 5&mid=a10104010000〉 (검색일: 2021. 10. 27.).

125) 미국 보건복지부 홈페이지 참조: 〈https://www.hipaajournal.com/hipaa-covered-entity/〉 (검색일: 2021. 04. 03.).

국내 2020년 데이터3법의 개정이유를 보면, '4차 산업혁명시대를 맞아 핵심자원인 데이터의 이용 활성화를 통한 신산업 육성이 범국가적 과제로 대두되고 있고, 특히 신산업육성을 위해서는 인공지능, 클라우드, 사물인터넷 등 신기술을 활용한 데이터 이용이 필요한 바, 안전한 데이터 이용을 위한 사회적 규범 정립이 시급한 상황임'을 서두에서 강조하고 있다.

이렇게 신기술의 도입과 이를 활용한 보건의료데이터의 보관 및 처리가 발생하고 있는 바, 정보통신 서비스 제공자 뿐 아니라 관련 프로그램 관리자 등 개인정보를 접할 가능성이 있는 관계자들을 포괄할 수 있도록 의무주체를 정하는 것이 바람직할 것으로 보인다. 위 표에서 정리한 규율내용을 살펴보면 제39조의10과 같은 경우는 반드시 개인정보처리자에게만 해당할 것이 아니라 개인정보를 접할 가능성이 있는 자라면 마땅히 지켜야할 내용으로 보인다. 이러한 경우 앞서 살핀 정보통신망법 제49조[127]와 같이 '누구든지'로 개정하여 의무주체를 특별히 한정하지 않는 방법도 가능할 것이다. 혹은 미국과 같이, 개인정보보호법에 별도의 조항을 두어 '프로그램 개발·관리자, 인공지능 관련 기술자 등 신기술 구동에 있어 개인정보를 취급하는 모든 자는 제39조의10의 적용에 있어 개인정보처리자로 간주한다'고 밝힘으로써 이러한 주체도 동일하게 의무가 부과됨을 명시하는 방안도 있다.

---

126) 재인용 : 손영화, 앞의 글, 456쪽 / 원문 Daniel Solove, The HIPAA-HITECH Regulation, the Cloud, and Beyond, 2013. 1. 26. 〈https://teachprivacy.com/the-hipaa-hitech-regulation-he-cloud-and-beyond/〉(검색일: 2021. 3. 15.); Ajmal Kohgadai, Top 5 HIPAA-Compliant Cloud Storage Services, 2018. 10. 29. 〈https://www.skyhighnetworks.com/cloud-securityblog/top-5-hipaa-compliant-cloud-storage-services/〉(검색일: 2021. 3. 15.).

127) 정보통신망법 제49조 누구든지 정보통신망에 의하여 처리·보관 또는 전송되는 타인의 정보를 훼손하거나 타인의 비밀을 침해·도용 또는 누설하여서는 아니 된다.

2. 가명정보 파기 등 정보주체의 권리

가. 파기 의무

현행 개인정보보호법상으로는 가명정보에 대하여 목적 달성 후 파기 의무가 없기 때문에 이러한 경우 가명정보 제공 계약에 따른 민사상 책임만을 물을 수 있다. 계약상의 이용기한을 도과하였음에도 가명정보를 파기하지 않는 경우 발생할 수 있는 위험에 대한 문제가 제기되었다.[128] 개인정보보호위원회는 2021. 1. 6. 개인정보보호법 일부개정법률안을 입법예고(개인정보보호법 2차 개정안)하였다. 본래 '가명정보 처리 특례정비'로서, 제28조의7[129]에서 가명정보에 대하여는 제21조(개인정보의 파기)[130]가 적용되지 않도록 하였었는데, 이를 삭제하여 가명정보의 경우에도 파기의무가 부여되도록 하였다. 목적대로의 이용이 완료된 정보는 향후의 유출위험 뿐 아니라 유지·관리에 오히려 더 큰 비용과 에너지가 소비될 수 있다. 가명정보라 하더라도 데이터 환경에 따라 재식별 가능

---

128) 정상태, 보건의료 데이터 활용과 개인정보보호법, HIRA 빅데이터 프리프 제4권4호 2020, 18쪽.

129) 제28조의7(적용범위) 가명정보는 제20조, 제21조, 제27조, 제34조제1항, 제35조부터 제37조까지, 제39조의3, 제39조의4, 제39조의6부터 제39조의8까지의 규정을 적용하지 아니한다.

130) 제21조(개인정보의 파기)
   ① 개인정보처리자는 보유기간의 경과, 개인정보의 처리 목적 달성 등 그 개인정보가 불필요하게 되었을 때에는 지체 없이 그 개인정보를 파기하여야 한다. 다만, 다른 법령에 따라 보존하여야 하는 경우에는 그러하지 아니하다.
   ② 개인정보처리자가 제1항에 따라 개인정보를 파기할 때에는 복구 또는 재생되지 아니하도록 조치하여야 한다.
   ③ 개인정보처리자가 제1항 단서에 따라 개인정보를 파기하지 아니하고 보존하여야 하는 경우에는 해당 개인정보 또는 개인정보파일을 다른 개인정보와 분리하여서 저장·관리하여야 한다.
   ④ 개인정보의 파기방법 및 절차 등에 필요한 사항은 대통령령으로 정한다.

성이 달라질 위험을 감안하였을 때 비용과 에너지를 들여 계속하여 유지할 실익이 없고, 무엇보다도 개인정보보호의 측면에서도 파기하는 것이 안전하다.

나. 통지 의무 등의 면제

1) 국내 현황

개인정보보호법은 제35조 내지 제37조에서 위와 같은 파기의무를 포함한 정보주체의 권리를 정하고 있다. 제35조에서는 개인정보의 열람요구권을, 제36조에서는 개인정보의 정정, 삭제를 요구할 권리를, 제37조에서는 개인정보의 처리정지를 요구할 권리를 정하고 있다. 그런데 제28조의7에서는 가명정보에 대하여는 제35조 내지 제37조의 규정을 적용하지 아니한다고 정하고 있다. 가명처리된 정보라고 하여도 여전히 개인정보로 포함시켜 규율하고 있는 만큼 정보주체의 권리를 보호할 필요성이 있음을 이유로, 이러한 조항들이 가명정보에도 적용되도록 해야 한다는 논의가 있다. 개인정보보호법 제4조(정보주체의 권리)에 따르면, 정보주체는 자신의 개인정보 처리와 관련하여 열람을 요구할 권리, 처리 정지, 정정·삭제 및 파기를 요구할 권리 등을 가지는 것이 원칙이라고 정하고 있다. 개인정보보호법상 가명정보도 개인정보에 속한다는 점에서 이러한 정보주체의 원칙적인 권리가 폭넓게 인정되어야 한다는 주장은 일견 타당해 보이기도 한다. 또한 앞서 제2장에서 살핀 바와 같이 개인정보자기결정권이 헌법 제17조, 제10조에 근거하여 인정되는 독자적인 권리[131]라는 점에서도 가명정보에 대해 정보주체의 권리가 폭넓게 인정되어야 한다는 주장이 힘을 얻는다.[132] 그러나 이러한 정보주체의 개인정보자기결정권은 일반적인 다른 권리와 마찬가지로 헌법 제37조 제2항에 근

---

131) 헌법재판소 2005. 5. 26. 99헌마513.
132) 김희정, 가명정보 미동의 처리의 기본권 침해 검토, 2021, 56쪽.

거하여 제한될 수 있다는 점을 간과해서는 안 될 것이다. 특히 개인정보 자기결정권은 절대불가침의 보호영역이라기보다는 데이터 활용과 비교형량하여 제한될 수 있는 권리임을 상기할 필요가 있다.

2) 기본권의 제한

가명정보의 경우 정보주체에게의 통지 의무, 열람·정정·삭제·처리정지 요구권의 면제가 헌법 제37조 제2항에 따른 적법한 기본권의 제한인지 여부를 살펴본다. 목적의 정당성, 수단의 적절성, 침해의 최소성, 법익의 균형성 요건을 갖추었는지 검토하여야 할 것이다.

먼저 목적의 정당성 여부를 살펴보고자 한다. 가명정보를 명시적으로 도입한 2020년 2월 개정 당시의 개정이유를 살펴보면, '4차 산업혁명 시대를 맞아 핵심 자원인 데이터의 이용 활성화를 통한 신산업 육성이 범국가적 과제로 대두되고 있고, 특히, 신산업 육성을 위해서는 인공지능, 클라우드, 사물인터넷 등 신기술을 활용한 데이터 이용이 필요한 바, 현행법상으로는 신산업 육성을 위한 데이터 이용 활성화를 지원하는 데 한계가 있어 정보주체의 동의 없이 과학적 연구, 통계작성, 공익적 기록보존 등의 목적으로 가명정보를 이용할 수 있는 근거를 마련'하는 것에 목적이 있다고 밝히고 있다. 개인정보보호법 제28조의2 제1항에 따르면 '통계작성, 과학적 연구, 공익적 기록보존 등을 위하여 정보주체의 동의 없이 가명정보를 처리할 수 있다'고 정하고 있고, 제17조 제4항에 따르면 '개인정보처리자는 당초 수집 목적과 합리적으로 관련된 범위에서 정보주체에게 불이익이 발생하는지 여부, 암호화 등 안전성 확보에 필요한 조치를 하였는지 여부 등을 고려하여 대통령령으로 정하는 바에 따라 정보주체의 동의 없이 개인정보를 제공할 수 있다'고 정하고 있다. 이와 같이 가명정보를 정보주체의 동의 없이 활용할 수 있도록 하고 정보주체의 권리를 일정부분 제한한 것의 목적이 관련 산업의 육성에 있고 통계작성, 과학적 연구, 공익적 기록보존 등을 통해 관련 기술과 서비스의 발전이 기대되는 바, 입법 목적이 정당하다고 볼 수 있다.

　다음으로 수단의 적절성 여부를 살펴본다. 정보의 활용을 위하여 개인정보보호법이 취하고 있는 절차는 안전한 조치로서 가명처리이고 이러한 처리를 거쳤을 경우 정보주체의 동의를 요하지 아니하고 권리의 일정부분을 제한하는 것이다. 이는 정보의 활용을 용이하게 해주어 '데이터의 이용 활성화를 통한 신산업 육성'이라는 목적에 부합하는 수단이라 할 것이다. 다음으로 침해의 최소성 여부를 살핀다. 침해의 최소성 여부는 위와 같은 정당한 목적을 달성하기 위해 정보주체의 열람청구와 정정·삭제·이용중지 요구권이 원천적으로 제한되는 것이 필요 최소한인지 여부에 대해 고민이 필요하다. 이에 대하여 과도한 침해라는 견해도 있다.133) 이러한 견해는 정보주체의 위 권리들을 일률적으로 배제하지 않고도, 덜 침해할 수 있는 다른 방법이 있다고 본다. 가령, 아래에서 다시 살피겠지만 GDPR에서 규율하고 있는 것처럼 '목적의 달성을 불가능하게 하거나 중대하게 손상시킬 것으로 예상될 경우'에 한하여 제한할 수 있도록 단서조항을 구성하는 것을 제안한다.

　그러나 이는 문언상으로는 얼핏 정보주체의 권리를 인정하는 것으로 보일 수 있지만, 실제로는 제한을 인정하고 있고 그 기준이 명확하지 아니하여 실제 사례 발생시 수범자로 하여금 혼란을 가중시킬 뿐이다. 가명정보의 삭제와 이용중지는 이미 그 자체로서 가명정보의 활용을 불가능하게 하거나 중대하게 손상시키는 행위에 다름 아닐 것이기 때문에 목적달성을 중대하게 손상시킬 경우가 대부분일 것이다. 애초에 옵트아웃제를 채택하여 활용에 대한 상세한 고지 후 거부가 없을시 정보의 활용이 가능함을 전제로 한 체계가 아닌 이상, 가명정보의 활용을 인정한 후 이에 대한 삭제와 이용중지를 인정한다는 것은 앞서 살펴본 정당한 목적을 달성하기가 불가능하고 규제방향의 혼선이 있다.

　침해의 최소성을 부정하는 견해는 개인정보자기결정권의 침해 자체

---

133) 김희정, 앞의 글, 58쪽.

의 최소성 여부보다는, 가명정보의 재식별 가능성을 염두하여 재식별시
일어날 개인정보 유출과 사생활 침해에 초점을 맞추고 있다. 그렇다면,
이는 재식별 가능성에 대한 철저한 관리, 즉 비식별화에 대한 엄격한 기
준 정립과 심의 강화, 그리고 이러한 체제의 정립과 관리에 있어 시민들
의 적극적 참여(ex. 참여형 거버넌스 구축, 관리의 투명성 추구)를 통해
해결할 문제일 것이다. 정보주체의 권리를 과도하게 인정함으로써 가명
정보 도입의 목적 자체를 달성하기 어렵게 하여 실무적 환경을 개정 이
전의 상태로 귀결시키는 것은 지양하는 것이 바람직하다고 생각된다.

마지막으로 법익의 균형성을 살펴본다. 정보 활용의 활성화를 통한
산업의 발전이라는 법익과 개인정보자기결정권 중 일부형태(열람청구와
정정·삭제·이용중지 요구권)가 보호하는 법익의 비교형량을 고려해본
다. 산업의 발전이라는 공익은 정보주체 개인에게도 혜택으로 돌아갈 수
있는 반면에 개인정보자기결정권이 보호하는 법익은 개인의 심정적인
부분과 선택권이 있다는 정도에 그친다. 개인정보 유출에 대한 위험과
실제 유출이 벌어졌을 때의 피해를 보호할 법익에 대해서라면 앞서 언
급한 바와 같이 정보보호 체제의 구축에 있어서 관리의 투명성과 시민
의 적극적인 참여 거버넌스 구축을 통해서 추진하는 것이 현 입법 목적
이나 정책 방향에 부합할 것으로 생각된다.

3) 해외 현황

유럽연합의 경우, GDPR에서는 '과학적·역사적 연구, 통계목적'을 위
해 가명처리된 정보가 사용되는 경우에 일부 자기결정권, 즉 열람권(15
조),[134] 정정권(제16조),[135] 처리제한권(제18조),[136] 자동의사결정 등에 대

---

[134] GDPR Article 15 1. 개인정보주체는 본인에 관련된 개인정보가 처리되고 있는
지 여부에 관련해 개인정보처리자로부터 확답을 얻을 권리를 가지며, 이 경
우, 개인정보 및 다음 각 호의 정보에 대한 열람권을 가진다. (a)처리 목적 (b)
관련된 개인정보의 범주 (c)개인정보를 제공받았거나 제공받을 수령인 또는
수령인의 범주, 특히 제3국 또는 국제기구의 수령인 (d)가능한 경우, 개인정

해 반대할 권리(제21조)[137]를 정보주체가 행사할 경우에 그 제한을 가할

보의 예상 보관 기간 또는, 여의치 않은 경우, 해당 기간을 결정하는 데 사용 되는 기준 (e)개인정보처리자에게 본인의 개인정보에 대한 정정 또는 삭제를 요구하거나 개인정보주체 본인에 관한 처리의 제한이나 반대를 요구할 권리 (f)감독기관에 민원을 제기할 수 있는 권리 (g)개인정보주체로부터 개인정보 를 수집하지 않은 경우, 개인정보의 출처에 대한 모든 가용한 정보 (h)제22조 (1) 및 (4)에 규정된 프로파일링 등 자동화된 의사결정의 유무. 최소한 이 경 우, 관련 논리에 관한 유의미한 정보와 그 같은 처리가 개인정보주체에 가지 는 중대성 및 예상되는 결과 - 한국인터넷 진흥원 사이트 참조: ⟨https://gdpr.ki sa.or.kr/gdpr/static/gdprProvision.do⟩ (검색일: 2021. 9. 25.).

135) GDPR Article 16 개인정보 주체는 본인에 관하여 부정확한 개인정보를 부당한 지체 없이 정정하도록 개인정보처리자에게 요구할 권리를 가진다. 개인정보주 체는 처리목적을 참작하여 추가 진술을 제공할 수단을 통하는 등, 불완전한 개 인정보를 보완할 권리를 가진다. - 한국인터넷 진흥원 사이트 참조: ⟨https://gdpr. kisa.or.kr/gdpr/static/gdprProvision.do⟩ (검색일: 2021. 9. 25.).

136) GDPR Article 18 다음 각 호의 하나에 해당하는 경우, 개인정보주체는 개인정 보처리자로부터 처리의 제한을 얻을 권리를 가진다.
   (a) 개인정보처리자가 개인정보의 정확성을 증명할 수 있는 기간 동안, 개인 정보주체가 해당 개인정보의 정확성에 대해 이의를 제기하는 경우
   (b) 처리가 불법적이고 개인정보주체가 해당 개인정보의 삭제에 반대하고 대 신 개인정보에 대한 이용제한을 요청하는 경우
   (c) 개인정보처리자가 처리 목적을 위해 해당 개인정보가 더 이상 필요하지 않으나, 개인정보처리자가 법적 권리의 확립, 행사, 방어를 위해 요구하 는 경우
   (d) 개인정보처리자의 정당한 이익이 개인정보주체의 정당한 이익에 우선하 는지 여부를 확인할 때까지, 개인정보주체가 제21조(1)에 따라 처리에 대 해 반대하는 경우 - 한국인터넷 진흥원 사이트 참조: ⟨https://gdpr.kisa.or. kr/gdpr/static/gdprProvision.do⟩ (검색일: 2021. 9. 25.).

137) GDPR Article 21 개인정보주체는 본인의 특별한 상황에 따라 제6조의(1)의 (e) 호 및 (f)호에 근거한 프로파일링 등 본인과 관련한 개인정보의 처리에 대해 언제든지 반대할 권리를 가진다. 개인정보처리자는 개인정보주체의 이익, 권 리 및 자유에 우선하는 처리를 위한, 또는 법적 권리의 확립, 행사나 방어를 위한 설득력 있는 정당한 이익을 입증하지 않는 한, 해당 개인정보를 더 이상 처리해서는 안 된다. - 한국인터넷 진흥원 사이트 참조: ⟨https://gdpr.kisa.or. kr/gdpr/static/gdprProvision.do⟩ (검색일: 2021. 9. 25.).

수 있도록 규정하고 있다. 회원국들로 하여금 가명정보 활용의 목적 달
성을 불가능하게 하거나 중대하게 해할 경우 정보주체의 권리 일부를
배제하는 규정을 만들 수 있다고 규정하였다[GDPR Article 89(2),(3)].[138]

또한 개인정보가 '공익을 위한 기록 보존의 목적'으로 처리되고, 그
정보가 가명처리와 같은 기술적이고 조직적인 안전조치를 이행하였을
때, 열람권(제15조), 정정권(제16조), 처리제한권(제18조), 개인정보의 정
정이나 삭제 또는 처리의 제한에 관한 고지 의무(제19조), 개인정보 이전
에 관한 정보주체의 권리(제20조)의 이행이 목적의 달성을 불가능하게
하거나 중대하게 해할 경우 그 권리의 일부를 배제하는 규정을 만들 수
있다고 규정하고 있다[Article 89(3)]. 다만 컨트롤러는 정보주체에게 본인
의 개인정보 처리에 관한 정보사용 내역을 통지하도록 의무화하였고, 개
인정보가 원래의 수집·처리 목적에 더 이상 필요하지 않은 경우나 정보
주체가 동의를 철회한 경우 등에는 삭제권을 적용하도록 하고 있다.[139]

영국의 경우에는 정보주체의 삭제 요구가 있을 경우 컨트롤러는 부
당한 지체 없이 개인정보를 삭제할 법적 의무가 있으나, 증빙을 위해 개
인정보를 유지해야 하는 경우 개인정보를 삭제하는 대신 처리를 제한할
수 있도록 정하고 있다(DPA).[140] 보건의료데이터에 관해서는 NHS법과
Care Act를 근거로 옵트아웃제를 시행하고 있고, 우편, 메일, 유선 등의
다양한 방법으로 옵트아웃 행사 방법을 안내하고 있다.

일본의 개인정보보호법을 살펴보면, 다른 정보와 쉽게 대조할 수 있
고 특정 개인을 식별할 수 있는 가명가공정보를 '개인정보인 가명가공정
보'(주로 개인정보취급자가 이용하는 가명가공정보)로, 다른 정보와 쉽
게 대조할 수 없고 특정 개인을 식별할 수 없는 가명가공정보를 '개인정
보가 아닌 가명가공정보'(주로 수탁자, 공동이용자 등이 이용하는 가명

138) 한국인터넷 진흥원 사이트 참조: 〈https://gdpr.kisa.or.kr/gdpr/static/gdprProvision.do〉
    (검색일: 2021. 9. 25.).
139) 한국인터넷진흥원, EU 개인정보보호 법제도 조사, 2020, 6쪽.
140) 한국인터넷진흥원, 위의 글, 6쪽.

가공정보)로 분류한다. '개인정보인 가명가공정보'를 취급할 때에는 이용 목적을 특정해서 공표(통지할 의무는 없음, 제35조의2 제4항)해야 하고, 더 이상 이용할 필요가 없어진 때에는 지체 없이 소거해야 할 노력 의무가 부여된다(제35조의2제5항). 그러나 유출 등의 보고·통지(제22조의2), 보유개인데이터에 관한 사항의 공표(제27조) 등에 관한 규정은 적용되지 않는다(제35조의2제9항).141) 반면에 '개인정보가 아닌 가명가공정보'의 경우에는, 개인정보가 아니므로 이용 목적 특정 및 통지·공표 의무, 목적외 이용금지 의무가 적용되지 않으며(제15조), 보유개인데이터에 관한 사항의 공표(제27조), 개시·정정·정지 청구권(제28조 내지 제34조), 소거의무(제35조의2 제9항)도 적용되지 않는다.142)

우리나라의 경우는 이와 달리 옵트아웃에 의한 제3자 제공이 허용되지 않고 있다. 일정 목적에 한해서만 가명화 후 심의를 거쳐 데이터를 활용할 수 있고, 이에 해당하지 않는 경우에는 동의를 일일이 확보해야 한다. 그럼에도 불구하고 요건을 갖춘 가명정보에 대해서까지 일본이나 영국과 유사하게 상세한 통지의무를 준다면 국내 규제 방향과 맞지 않으며, 정보의 활용에 불필요한 장해요소가 된다. 적절한 비식별조치와 이에 대한 판단에 제도의 초점을 맞추되 다만 개인정보의 활용과 보호의 법익의 균형을 고려하는 방안이 바람직할 것이다.

대만의 경우는143) 개인정보보호법에 정하고 있는 목적 하에 비식별조치를 하여 정보를 이용 또는 제공할 경우에는 고지의무를 면한다(제9조 제2항). 당사자의 청구가 있으면 수집한 개인정보를 검색, 열람제공이나 복사본의 제작 등을 해야 하고(제10조), 개인정보 수집의 목적이 소멸하거나 기간이 경과된 때, 개인정보보호법의 규정에 위반하여 수집, 처리하거나 이용한 경우 당사자의 청구에 의하여 해당 개인정보를 삭제,

---

141) 한국인터넷진흥원, 2021년 주요이슈전망, 2020 KISA REPORT Vol.11. 2020, 89쪽.
142) 정원준, 앞의 글, 40쪽.
143) 이하 대만 개인정보보호법 조문은 (김성수, 앞의 글)에서 번역한 내용을 기반으로 하였다.

처리나 이용을 정지하여야 한다(제11조). 다만 이는 해당 수집기관이나 제3자의 중대한 이익을 방해하거나 공공기관의 법정 직무를 방해할 경우에는 제한된다(제10조 단서).

4) 검토의견

개인정보주체의 권리를 지나치게 보장하여 자칫 가명정보의 활용을 저해한다면 현 정책방향이나 데이터 활용에 대한 사회적 요청에 어긋날 수 있다. 다만 최근 국내 데이터3법 개정으로 가명정보 활용을 촉진하는 과정에서, 정보주체의 권리 보호 측면도 함께 도모하여 균형을 맞추는 것은 필요할 것이다.

〈표 22〉 국내외 정보주체 권리 제한

	전제	제한 내용	비고
국내	가명정보	열람권과 정정, 삭제, 중지요구권 제한	파기의무 인정 예정
유럽연합	'과학적·역사적연구, 통계목적'을 위하여 가명처리된 정보	열람권, 정정권, 처리제한권, 자동의사결정 등에 대해 반대할 권리 제한가능	사용내역 통지의무 인정

삭제권 인정 |
	'공익을 위한 기록 보존의 목적'으로 가명 처리된 정보	열람권, 정정권, 처리제한권, (개인정보의 정정이나 삭제 또는 처리의 제한에 관한) 고지 의무, 개인정보 이전에 관한 정보주체의 권리, 자동의사결정 등에 대해 반대할 권리 제한 가능	
영국	개인정보	삭제 요구권 제한 가능(증빙을 위해 개인정보를 유지해야 하는 경우 삭제하는 대신 처리를 제한할 수 있음)	보건의료데이터에 대하여 옵트아웃
일본	'개인정보인 가명가공정보'	유출 등의 보고·통지, 보유개인데이터에 관한 사항의 공표, 개시·정정·정지 청구권 제한	공표의무 파기의무 있음
	개인정보가 아닌 가명가공정보	이용 목적 특정 및 통지·공표 의무, 목적외 이용금지 의무, 보유개인데이터	.

	전제	제한 내용	비고
		에 관한 사항의 공표, 파기의무 없음	
대만	비식별 조치 후 일정 목적 하에 이용 및 제공	고지의무 면제 삭제, 처리나 이용 정지권 제한 가능 (해당 수집기관이나 제3자의 중대한 이익을 방해하거나 공공기관의 법정 직무를 방해할 경우)	검색, 열람, 사본 제공 청구권 인정

옵트아웃제도를 채택하여 국내와 상황이 다른 영국과 일본의 차세대 의료기반법을 제외한 대부분의 국가가 비식별정보에 대해서는 정보주체의 권리를 상당 부분 제한하고 있다. 다만 공표나 파기의무와 같이 가명정보의 활용에 실질적인 장해가 되지 않을 내용들을 위주로 정보주체의 권리를 보장한다.

국내 개인정보보호법 제28조의4 제2항에 따르면 '개인정보처리자는 가명정보를 처리하고자 하는 경우 가명정보의 처리목적 등 대통령령으로 정하는 사항에 대하여 기록을 작성하여 보관'하여야 한다고 정하고 있다. 기왕에 작성하여 관리하고 있는 사항들을 정보주체자의 요구에 따라 경우에 따라서는 공중송신 등의 방법으로 통지하는 방안을 제안하고자 한다. 정보활용의 용이성을 유지하면서도 필요최소한의 개인정보자기결정권을 보호하여 가명정보의 활용에 장해가 되지 않을 균형 있는 방안이 될 수 있다.

정정이나 삭제 등의 적극적인 권리가 인정되지 않는다면 통지의 방안이 정보주체 입장에서 어떠한 실익이 있는가 하는 반문이 있을 수 있다. 그러나 이를 통해 정보 활용의 투명성을 증진할 수 있고, 만일 재식별로 인한 개인정보 유출 발생시 정보주체 입장에서 사후적 조치를 취할 수도 있다. 또한 정보활용 활성화가 원할하게 진행되어 제도적으로 옵트아웃 방식 도입으로 나아가는 시점이 온다면 이러한 통지는 정보주체로 하여금 옵트아웃을 선택할 수 있는 절차적 선제요건이 될 것이다.

제4절 보건의료데이터 활용과 보호의 균형을 위한 거버넌스 법제의 개선방안

Ⅰ. 시스템적 뒷받침으로서 보건의료데이터 거버넌스

국내에서는 보건의료데이터 활용의 공익적 필요성을 부정할 이는 아무도 없겠지만 데이터 처리에 있어서의 충분한 신뢰와 공감대가 형성되지 못하고 있다. 건강보험심사평가원이 데이터를 처리하여 보험사에 제공한 것만으로도, 대가를 지급받고 민간 기업에 넘겼다는 취지로 시민단체의 고발을 당하는 현 상황이다. 보건의료데이터 활용에 대한 사회적 합의를 끌어내고 개인정보 보호에 대한 투명하고 객관적인 시스템을 구축하는 것이 필요하다.[144) 이를 위해 민·관 협력과 참여자들의 적극적인 참여와 네트워크를 강조하는 '데이터 거버넌스'의 역할이 강조되고 있다.

관련하여 경제협력개발기구(OECD)도 2016년 12월 13일에 '보건의료정보의 데이터 거버넌스에 관한 OECD 이사회 권고(이하 'OECD 권고')'를 채택하였다.[145) 광범위한 이해관계자들의 자문과 참여를 보장하도록 권고하고 있다.[146) 최근 유럽연합 집행위원회는 유럽 전역의 데이터 거버넌스에 관한 공통된 규칙 및 관행을 수립하여 데이터 가용성을 높이기

---

144) 관련하여 보건복지부는 최근에 보건의료데이터 활용 정책 거버넌스를 정립하여 사회적 공감대 형성 및 신뢰를 기반으로 주요 정책 방향 등을 결정하겠다고 발표하기도 하였다. - 보건복지부, '보건의료 데이터 인공지능 혁신전략 (21~25년)', 2021. 6. 4.자 보도자료.

145) 보건의료정보의 데이터 거버넌스에 관한 OECD 권고는 디지털 경제 정책 위원회 (Committee on Digital Economy Policy, CDEP)와 보건위원회(Health Committee, HC)가 공동으로 개발하였다. 개인정보보호, 법학, 통계, 연구개발, 정보기술, 보건정책, 산업계, 시민사회 전문가 65명으로 구성된 AEG(Advisory Expert Group)를 구성하여 권고안을 개발하였다.

146) OECD, Recommendation of the Council on Health Data Governance, OECD/LEGAL/0433, ⟨https://legalinstruments.oecd.org/public/doc/348/348.en.pdf⟩ (검색일: 2021. 7. 1.).

위한 데이터 거버넌스 법안(Data Governance Act)을 발표하였다.[147] 영국은 의학연구위원회(MRC)와 ICO가 함께 '연구를 위한 데이터 익명처리 등에 관한 지침'을 발간하였다. 보건의료데이터의 안전한 활용을 위하여 보건의료데이터에 특화된 조직과 협력하여 기준을 설정하는 모습을 보인다. 미국의 경우 2015년 1월 정밀의료[148] 발전계획 PMI 사업을 공표하였다. 정밀의료를 실현하기 위해서는 근본적으로 적법하고 효율적인 데이터의 수집·이용·공유·보호·보안 등의 관리 체계가 확립되어야 하기 때문에 이를 위해 연방정부의 주도하에 PMI 사업을 추진하면서 지역사회 단체, 환자, 건강 옹호단체들로 하여금 사업에 참여하도록 하여 데이터 거버넌스를 구축해 나가고 있다.[149]

보건의료데이터 거버넌스에서 가장 중요한 과제는 '데이터 보호'와 '데이터 활용'을 균형 있게 도모하고 데이터 활용과정에서 발생하는 양 가치의 갈등을 조화롭게 해소할 방법을 마련하는 것이다. 위에서 살펴보았듯이 보건의료데이터의 개방 및 제공의 활성화를 위해서는 사회적 합의와 이에 따른 데이터 개방의 기조가 선행적으로 뒷받침되어야 한다.

보건의료데이터 활용의 활성화를 위하여 특히 사회적 합의를 계속하여 강조하게 되는 이유는, 그간 '보호'에 치중하였던 개인정보에 대하여 '활용'에 치중한 정책들이 추진되기 시작한 시대적 상황을 감안한 측면이 있다. 또한 보건의료데이터 특유의 성질에서 비롯된 해결방안이기도 하다. 개인정보 중에서도 개인의 프라이버시에 관련된 민감한 정보들이 담겨있으며 효용가치가 높은 만큼 유출시 피해가 막대하기 때문에, 정보주체인 국민들로서는 알 권리보다는 개인정보 보호에 초점을 맞출 수밖에 없고 개방을 쉽사리 환영할 입장이 되기 어렵다. 이는 정책 당국과

---

147) 김경훈·이준배·윤성욱, EU 데이터거버넌스 법안(Data Governance Act) 주요내용 및 시사점, 2021, 1쪽.
148) 정밀의료(Precision medicine)는 개인의 각기 다른 유전자, 환경, 생활방식을 고려하여 소위 맞춤형으로 질병의 치료와 예방에 접근하는 방법론을 말한다.
149) 윤혜선, 앞의 글, 34쪽.

데이터 처리자의 부담으로 이어져, 데이터 폐쇄성을 심화시킨다. 데이터 거버넌스는 데이터 개방 및 제공 시스템의 구축·구동 과정의 투명성과 객관적 기준을 제시함으로써 개인정보보호에 대한 신뢰를 확보하는데 도움이 된다. 정보주체인 국민의 적극적인 참여와 민·관의 소통 또한 데이터 처리에 대한 신뢰성 확보에 도움이 될 것이다.

Ⅱ. 보건의료데이터 거버넌스 개선방안

1. 보건의료 빅데이터 플랫폼

앞서 살펴보았듯이 거버넌스의 주요 특징은 네트워크와 상호협력이다. 보건의료데이터의 이용 효용성을 높이면서도 개인정보가 보호되는 적절한 비식별 방안을 찾기 위해서 관련분야 전문가의 참여가 필요하다. 산업계, 학계, 관리당국의 협의체가 구성될 수 있도록 인적 조직을 구성하여 협의 시스템이 가동될 수 있도록 하는 것이 바람직하다. 국내의 경우 공공 보건의료데이터를 보유한 공공기관의 빅데이터 전문 인력과, 결합전문기관 및 영향평가기관 내 의학 전문인력, 한국보건의료정보원의 담당인력 및 정보주체로서 국민의 입장을 대변할 수 있는 위원을 포함하여 합의체를 구성하는 방법이 있다.

국내 보건의료분야 데이터 거버넌스의 대표적인 사례로 '보건의료 빅데이터 플랫폼'이 있다. 정부는 보건의료분야 4개 기관의 데이터를 개인 단위로 연계, 공공 목적 연구에 활용할 수 있도록 연구자에게 개방하는 사업인 '보건의료 빅데이터 시범사업 계획'을 2018. 11. 의결하여 '보건의료 빅데이터 플랫폼'을 구축하였다(2021. 7. 시범사업이 종료되고 본 사업이 시작되었다). 그 근거 규정은 보건의료기반법 제44조, 보건의료기술진흥법 제10조, 제26조 이다.

앞서 언급하였던 미국의 PMI 사업 데이터 거버넌스 구축 방식을 살펴봄으로써 국내 개선방안 도출에 참고하기 위하여 자세히 살펴보고자 한다. 미국의 코호트 구축사업은 미 국립보건원150)(National Institute of Health, 이하 'NIH')에서 추진하고 있다. 식품의약국(Food and Drug Administration, 이하 'FDA')에서 정밀의료 분야 전문성 구축과 규제체계 개발을 담당한다. 보건복지부의 국가보건의료정보기술조정실(ONC)에서 데이터 표준화에 관한 사항을 관장하고, 보건복지부 인권보호실(OCR)에서 프라이버시 및 데이터 보안에 관한 연방 법령의 준수와 집행 업무를 담당하고 있다.151)

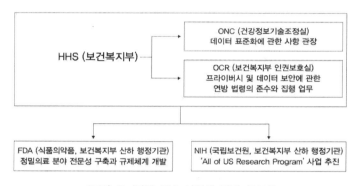

〈그림 8〉 미국 PMI 사업의 담당 구조도

미국은 PMI 사업에 있어서 지역사회 단체, 환자, 건강 옹호단체들도 이 사업에 참여하도록 하고 있는데, NIH는 민간기관에 연구비를 지원하고 PMI 사업의 운영을 맡기고 있다. 여기서 '참여'의 의의는 '파트너십'에 있다. PMI 사업의 거버넌스, 관리감독, 설계, 수행, 정보배포, 평가 등 모든 과정에 적극적으로 참여하여 의견을 개진할 수 있도록 하고 있다. 국내의 경우도 이와 같이 적극적인 정보주체의 참여를 독려하는 것이 바람직할 것으로 보인다.

---

150) 미국 보건복지부 산하 행정기관으로, 의료와 건강관련 정책을 총괄한다.
151) 윤혜선, 앞의 글, 37쪽.

이렇게 민간단체 등 다양한 집단의 '파트너십'을 강조한 네트워크 중심의 데이터 정책이 바로 '데이터 거버넌스' 이다. 앞서 언급한 바 있듯이 '데이터 거버넌스'란 데이터의 수집, 저장, 접근, 이용, 공유, 상호운용성, 프라이버시, 보안을 포괄하는 개념으로, 미국 정부는 PMI 프라이버시 원칙을 개발하고 주요원칙을 세웠다.

국내의 경우 보건의료 빅데이터 플랫폼은 3대 추진원칙을 제시한다.[152]

　　1) 보건의료 빅데이터는 공공적 목적으로 활용
　　2) 시민참여·전문성에 기반한 논의구조 구축
　　3) 법령에 근거하여 정보주체의 권리를 철저히 보호

보건의료 빅데이터의 안전한 활용에 있어서 거버넌스의 역할을 인지하고 관련 근거법을 마련하여 시스템을 구축한 정책당국의 의지가 엿보인다. 다만 참여자들 사이의 네트워크 유지에 대한 노력과 적극적인 참여를 독려하는 내용의 원칙이 보강될 필요가 있을 것으로 생각된다. 뿐만 아니라 현행 보건의료 빅데이터 플랫폼은 운영규정을 훈령으로 정하고 있고 정책심의위원회에 관한 상세한 내용을 해당 훈령에서 정하고 있는 바, 법적근거 여부가 논쟁이 된다.

미국의 경우에는 PMI 사업이 인간을 피험자로 하는 연구이기 때문에 '연구에서 피험자 보호를 위한 연방정책(Federal Policy for the Protection of Human Subjects in Research, 이하 공통규칙(Common Rule))'이 적용된다. 공통규칙은 1991년 15개의 연방 부처와 기관에 의해 최초로 도입되었고 2017년 1월 19일 개정되었는데 '포괄적 동의(Broad Consent)' 제도가 신설되었다.[153] 연구자는 피험자에게 동의를 받을 때 일정한 사항을 명시하

---

152) '보건의료 빅데이터 플랫폼' 사이트 참조: 〈https://hcdl.mohw.go.kr/BD/Portal/En terprise/DefaultPage.bzr?tabID=1003〉 (검색일: 2021. 11. 13.).

153) Storage or maintenance for secondary research for which <u>broad consent</u> is required: Storage or maintenance of identifiable private information or identifiable biospecimens

여 제시하면서,[154] 다른 연구나 연구 이외의 목적으로 식별가능한 개인 정보 등의 저장, 이용에 관한 포괄적 동의를 구할 수 있다. 이 때 정보주체는 당연히 포괄 동의를 거부할 거부권(statement of refusal)이 있다. 포괄적 동의를 받은 연구자는 IRB의 승인을 받으면 피험자의 추가 동의 없이 피험자의 식별 가능한 데이터를 활용하여 이차 연구 등에 활용할 수 있다. 이 때의 IRB 승인은 해당 이차 연구가 포괄적 동의의 범위에 포함되는지 여부만을 약식으로 심사한다. 이러한 포괄적 동의 제도에 대해, HIPAA 및 HITECH Act 등 다른 법률과의 정합성과 해석의 문제, 제도의 실효성 등에 대한 비판이 있으나 데이터의 활용 편의성을 높이려는 비교적 획기적 시도인 것은 분명하다.

국내의 경우에도 보건의료 빅데이터 플랫폼 사업 자체에 대한 법적 근거인 보건의료기술진흥법 뿐만 아니라, 세부적인 운영규정 및 정책심의위원회의 구성에 관한 법적근거를 갖출 필요가 있다. 현재로서는 훈령으로 정해져 있고, 이에 대해서는 앞서 살펴본 바와 같이 위임규정 등을 통해 법규화할 필요가 있다. 또한 현재로서는 정책심의위원회가 주요 정책 의사결정기구로서 뿐만 아니라 비식별 조치 적정성 평가까지 맡아 집중적인 관리가 쉽지 아니하다는 점, 데이터 연계와 품질관리에 대한 지적 등의 개선 필요점을 앞서 살펴본 바와 같이 보완할 필요가 있다.

2. 보건의료데이터 거버넌스 개선방안

현재 보건의료 빅데이터 플랫폼의 정책심의위원회 구성은 보건복지부 훈령 제183호 '보건의료 데이터 정책심의위원회 운영규정'[155]이 기준

---

for potential secondary research use if an IRB conducts a limited IRB review and makes the determinations required by § 46.111(a)(8). - Common Rule 46.104(d)(7)

154) Common Rule 46.116(d)(1) 내지 (7)

155) 본래 훈령 제2018-121호 '보건의료 빅데이터 정책심의위원회 운영규정'이었다가, 2021. 8. 31. 제명이 변경된 현재 운영규정으로 개정·발령되었다.

규정이 되고 있는 바, 법규성을 갖출 필요가 있다. 보건의료 데이터 플랫폼 거버넌스의 근거 법령인 보건의료기술진흥법 제10조[156)]에 이어 제10조의2를 신설하여 '보건복지부 장관은 제10조의 사업을 추진함에 있어 전문심의기관의 역할과 기능을 정하고 구체적인 정보 수집, 처리, 제공에 관한 지침을 행정규칙의 형식으로 정할 수 있다'는 구체적인 위임규정을 마련하는 방안이 있다. 이러한 규정에는 현행 위임규정에서 담고 있는 내용과 거버넌스의 역할과 권리, 의무, 의사결정 절차 등을 규율할 필요가 있다.

각 공공기관 내 심의위원회 (보건의료 데이터 처리 가이드라인)	보건의료데이터 심의 거버넌스 내 전문 심의위원회 (보건의료기술진흥법)
보건의료 빅데이터 플랫폼 정책심의위원회 (보건복지부훈령 제2018-121호 '보건의료 빅데이터 정책심의위원회 운영규정')	보건의료 빅데이터 플랫폼 정책심의위원회 (보건의료기술진흥법의 위임에 따른 보건복지부훈령)
국민건강보험공단, 건강보험심사평가원, 한국보건산업진흥원 - 결합전문기관 (행정안전부 고시 제2019-11호, 개인정보 영향평가에 관한 고시)	한국보건의료정보원, 국민건강보험공단, 건강보험심사평가원, 한국보건산업진흥원 - (기존의 역할과 근거법률) & 비식별 심의 보완 (보건의료기술진흥법의 위임에 따른 시행령·고시 혹은 행정규칙)
〈현황〉	〈개선안〉

〈그림 9〉 데이터 거버넌스 개선안 전후 비교

보건복지부 사이트 참조: 〈http://www.mohw.go.kr/react/jb/sjb0406vw.jsp?PAR_ME
NU_ID=03&MENU_ID=030406&page=1&CONT_SEQ=367067〉 (검색일: 2021. 10. 24.).
156) 보건의료기술진흥법 제10조 보건복지부장관은 보건의료정보의 생산·유통 및 활용을 위하여 다음 각 호의 사업을 추진한다.
  1. 보건의료정보를 관리하기 위한 전문연구기관의 육성
  2. 보건의료·복지 분야의 전산화를 촉진하기 위한 업무의 표준에 관한 연구·개발 및 관리
  3. 보건의료정보의 공동이용 활성화
  4. 그 밖에 보건복지부령으로 정하는 보건의료정보의 진흥에 관한 중요 사업

여기에 더해, 국내의 경우 보건의료데이터 전문 심의 거버넌스를 구축하고 민·관·학계의 참여를 독려하고 투명성 확보를 통해 사회적 신뢰를 쌓는 방안이 있다. 이 글에서 제안하는 데이터 거버넌스 체계 개선안의 적용 전·후를 비교해보면 다음의 그림과 같이 정리해볼 수 있다.

정책심의위원회 운영에 대한 규정으로서 현재 훈령으로 규율되고 있는 정책심의위원회 운영규정에 대하여 보건의료기술진흥법에 위임규정을 두어 법적근거를 명확히 한다. 주요 정책 의사결정기구로서의 기능에 충실할 수 있도록 비식별 적정성에 대한 판단업무는 별도의 심의기구에서 수행하도록 하는 것을 제안하고자 한다.

이로써 각 공공기관의 데이터 처리 부담을 줄이고, 컨트롤타워를 두면서도 전문단체와의 협력을 증진할 수 있다. 보건의료 빅데이터 플랫폼이 앞으로 민간 데이터를 대상으로까지 확대되는데 있어(보건의료 빅데이터 플랫폼은 2022년부터는 국립중앙의료원, 국립재활원 등 기관 데이터를 추가할 계획이고 민간 보건의료데이터까지 그 대상을 확대할 계획이다[157]) 상당한 정책적 판단과 비식별 판단업무가 발생할 것이므로 이를 전담적으로 심의하여 추진하는데도 도움이 될 것으로 생각된다.

---

157) '보건의료 빅데이터 플랫폼' 사이트 참조: 〈https://hcdl.mohw.go.kr/BD/Portal/Enterprise/DefaultPage.bzr?tabID=1003〉 (검색일: 2021. 11. 13.).

제5절 소결

보건의료데이터는 의료산업 발전에 있어서 효용성이 높은 반면에, 개인의 건강에 대한 정보로서 개인정보보호법상 민감정보에 해당한다는 점에서 보호의 필요성 또한 높다. 따라서 보건의료데이터 이용의 활성화와 개인정보의 보호라는 양측의 균형을 갖춘 정책 추진과 법제 개선이 필요하다.

데이터 기술의 빠른 발전과 보건의료데이터의 다양성을 고려하였을 때, 수평적 규제로서 개인정보보호법으로 통일된 보호 규정을 적용하고, 보건의료데이터의 특수성을 반영한 내용을 관계법, 위임법령 등을 통해 마련하되, 해당 규율들 간의 정합성을 보완하고, 행위준칙의 형태로 규율되어 있는 내용 중에 법규성이 필요한 내용은 관련 상위법령에 위임조항을 마련하는 등의 방법으로 수직적 규제를 가미하는 것이 바람직하다.

보건의료데이터의 활용을 촉진하기 위한 방안으로서 보건의료데이터의 가명화 후 활용에 대하여 법적 근거를 검토하였다. 개인정보보호법 제23조 제1항에 민감정보에 대한 처리 예외사유로 가령 '제3호 가명정보의 처리'를 추가하여 가명정보의 경우 보건의료데이터와 같은 민감정보라 하더라도 가명정보의 특례가 적용되어 명확한 법적 근거 하에 활용 가능하면서도 가명정보의 보호와 관련된 규정이 적용되도록 함이 바람직하다.

또한 관계법들 간의 정합성 보완을 위해서 공공데이터법 제17조 제2항 후단에 '개인정보보호법 제2조에 따른 가명 처리한 경우'를 추가하여, 공공 보건의료데이터에서 비공개대상 정보가 '분리하여 제외'되었을 때뿐만 아니라 가명처리로 식별가능성이 거의 없을 때에도 제공할 수 있도록 명시함으로써 공공 보건의료데이터 가명정보의 활용이 가능하도록 실무와 부합하게 하는 것이 바람직하다. 한편 생명윤리법 제2조 제19호에서 익명화에 대하여 개인정보보호법의 정의와 달리 규정하고 있는데, 이를 '익명화와 가명화란 개인정보보호법에 정한 바에 따른다'고 함으로써 그 의미를 통일시킴으로써 혼란을 해결하는 방안을 제안하였다. 또한 동법 제18조에서는 익명화를 거친 보건의료데이터라고 하더라도 정보주체의 동의와 IRB심의를 모두 요구하고 있다. 개인정보보호법과의 정합성 및 실무현황을 반영하여 '인간대상연구자는 연구목적으로 개인정보의 익명화 또는 가명화 후 IRB 심의를 거쳐 제3자에게 제공할 수 있다'의 취지로 개정하는 것이 바람직할 것이다.

보건의료데이터의 연계 관련하여, '공공기관의 가명정보 결합 및 반출 등에 관한 고시' 제4조 제4항으로서 '공공결합전문기관은 결합 전 가명처리 업무를 지원할 수 있다'는 항을 추가함으로써 2021. 10. 5. 개정된 '가명정보의 결합 및 반출 등에 관한 고시'와 내용을 일원화 하고 보다 효율적인 결합 처리가 가능하도록 한다. 또한 보건의료기술진흥법 제26조 제2항 후단에 '개인식별이 가능한 부분을 삭제한 후 제출하여야 한다'를 '가명화 또는 익명화 후 제출하여야 한다'로 개정하여 '공공기관의 가명정보 결합 및 반출 등에 관한 고시'의 내용과 동일하게 하고 보건의료데이터 결합이 활성화되도록 할 수 있다. 한편 현재 고시에 따르면 공공기관의 경우는 제3자에게 제공하기 위할 경우에만 보유 데이터 결합을 직접 수행할 수 있도록 되어 있는데 이를 제한할 실익이 없다. 보다 효율적인 데이터 결합을 위하여 가령 고시 제4조 제1항을 '공공결합전문기관은 자신이 보유한 가명정보와 다른 개인정보처리자가 보유한 가명정보의 결합을 직접 수행할 수 있다'의 취지로 개정하는 것이 타당하다.

이어서 보건의료데이터 활용을 촉진하기 위한 인센티브의 측면에서 수익의 분배에 대하여 살펴보았다. 정보주체의 소유권 인정의 측면보다는, 안전하고 효율적인 데이터 활용을 유도하기 위한 방안으로써 접근하는 것이 바람직하다. 데이터 활용으로 인한 의료산업계의 발전과 그에 따른 혜택이 결국에는 정보주체에게도 돌아간다는 측면을 고려할 필요가 있다. 데이터 수집 및 관리, 비식별화 등 데이터 처리자를 수익분배 대상에 포함하되, 수수료나 세수 등의 방법으로 그 정도에 있어서 적절한 기준이 권고 등의 형태로 마련될 필요가 있으며, 사적 규율을 적극적으로 활용할 필요가 있다. 이러한 점에서 최근 제정된 데이터 산업법이 의미 있는 단초가 될 수 있다.

보건의료데이터를 보호하기 위한 개선안으로서 현행 심의위원회를 개선하기 위한 방안으로 보건의료 빅데이터 플랫폼 내 정책심의위원회의 규율을 법규성을 갖출 수 있도록 하는 방안으로, 보건의료기술진흥법 제10조의2로서 '보건복지부 장관은 제10조의 사업을 추진함에 있어 전문 심의기관의 역할과 기능을 정하고 구체적인 정보 수집, 처리, 제공에 관한 지침을 행정규칙의 형식으로 정할 수 있다' 는 취지의 구체적인 위임 규정을 마련하도록 제안하였다.

또한 비식별 전문 심의위원회의 도입을 통해 보건의료데이터 비식별 판단을 전담하고, 정책심의위원회에 대하여 독립적인 조언기구 역할을 할 수 있도록 제안하였다. 제10조의3으로서 '개인정보보호위원회는 보건의료정보의 비식별 심의를 위한 전문 거버넌스를 구축한다'는 취지의 조항을 두어 이 또한 법적 근거 하에 구성될 수 있도록 제안하였다.

한편 개인정보보호법에서 개인정보 보호조치의 의무주체 및 가명정보에 대한 정보주체의 권리 인정범위에 대하여 검토하여 방안을 제안하였다. 정보통신서비스 제공자에 관한 특례(제39조의3 내지 12) 조항이 개정안을 통하여 일부 삭제되고 제39조의9 내지 11은 의무주체가 개인정보처리자로 확대될 예정인 바, 제39조의10과 같은 경우 누구나 지켜야할 내용이기도 하므로 '누구든지 개인정보를 공중에 노출하여서는 아니된다'의 취지로 개정하여 의무주체를 아예 한정하지 않는 방안도 가능하다. 또한 가명정보에 대한 정보주체에 관하여, 기존의 열람권, 중지 요구권 등은 인정되지 않는 그대로 두되, 개인정보보호법 제28조의4 제2항에 따르면 '개인정보처리자는 가명정보를 처리하고자 하는 경우 가명정보

의 처리목적 등 대통령령으로 정하는 사항에 대하여 기록을 작성하여
보관'하여야 한다고 정하고 있는 바, 가령 제3항을 신설하여 '전항의 기
록을 정보주체의 요구가 있을 경우 통지하되 공중송신 등의 방법을 통
할 수 있다.'는 취지로 개정하여 가명정보의 활용에 장해가 되지 않되
정보주체에게는 활용 현황을 알릴 수 있는 방법을 제안하고자 하였다.

　마지막으로 보건의료데이터의 활용과 보호의 균형을 위한 개선안으
로써, 보건의료데이터 거버넌스에 대하여 현 보건의료 빅데이터 플랫폼
의 개선 방안과 보건의료데이터 비식별 전문 심의 거버넌스의 구축을
제안하였다. 비식별 전문 심의위원회를 포함한 보건의료데이터 비식별
전문 심의 거버넌스를 가령 위에 언급한 보건의료기술진흥법 제10조의3
을 신설하여 이를 근거로 구축하는 방법을 제시하였다. 이로써 현 보건
의료 빅데이터 플랫폼에 대한 정책적 조언을 하는 독립된 기구이자 보
건의료데이터 비식별 심의를 전담하는 심의위원회의 역할을 수행할 수
있을 것으로 생각된다.

제5장
결론

　최근 법제적 변화와 함께 기술의 발전으로 보건의료데이터 활용이 활성화되고 있다. 반면 이러한 보건의료데이터는 개인의 건강에 대한 정보로서 매우 내밀한 분야이고 개인정보보호법상 민감정보에 해당한다는 점에서 보호의 필요성 또한 높다. 따라서 보건의료데이터 이용의 활성화와 개인정보의 보호라는 양측의 균형을 갖춘 정책 추진과 법제 개선이 필요하다.

　이 글에서는 보건의료데이터의 안전한 활용을 위하여 개인정보로서의 일반성과 보건의료데이터로서의 특수성을 파악하고, 이를 반영한 법제적 개선 방안을 찾고자 하였다. 국내 보건의료데이터는 민간 수집 데이터와 공공 보건의료데이터로 나뉠 수 있다. 공공 보건의료데이터는 공공데이터라는 측면에서 헌법상 국민의 알 권리에 기반하여 법률로서 공공데이터법에 따라 그 정보의 공개와 제3자 제공이 가능하다. 다만 이때 국민의 사생활을 침해할 수 있는 비공개 정보에 대해서는 공개 대상에서 제외하도록 정하고 있다. 민간 보건의료데이터의 경우 개인정보보호법과 생명윤리법, 의료법 등 관계법에 근거하여 보호된다.

　제1장에서는 이러한 연구 배경과 목적 및 전개에 대하여 소개하였고 제2장에서는 보건의료데이터의 개념과 수집현황 및 유형에 대하여 살펴보았다. 보건의료데이터의 보호범주를 정하는 개인정보의 의미와, 그 판단 기준으로서 중요하게 작용하는 식별성의 개념 및 식별가능성 판단에 대하여 살피고, 보건의료데이터 보호의 의미에 대하여 정립하고자 하였다. 개인정보는 크게 프라이버시권과 개인정보자기결정권의 행사로서 보호가 된다. 전자는 사생활의 보호를 침해받지 않을 권리로서 소극적 권리로 분류되며 후자는 개인정보에 대한 통제권으로서 적극적인 권리로 통상 논의된다. 양자 모두 헌법 제10조 행복추구권과 제17조 사생활의 자유 및 보호에 대한 권리로부터 기인하는 기본권의 성격을 갖는다.

따라서 이를 제한하고자 하는 경우 제37조 제2항에 따라 헌법상의 원칙을 준수하고 법률로써 제한이 가능하다.

또한 보건의료데이터는 정보활용의 효용성이 높으나 반면에 민감성이 높아 유출시의 위험이 높고, 데이터 처리에 있어서 투명성과 전문성이 강조되는 분야이므로 데이터의 활용과 보호의 균형을 위하여 비식별 판단이 상당히 중요하다. 아울러, 보건의료데이터라는 특성으로 인하여 민감성이 높고 그 처리에 있어서 전문성이 요구된다. 따라서 데이터 처리 과정에 있어 전문가를 포함한 참여자들 간의 적극적인 참여와 네트워크가 중요하다.

이 글에서는 국내 현황을 파악하고 해외 법제현황과 비교·분석하는 등의 방법으로 구체적인 개선 방안을 연구하였다. 독립법제 없이 현 개인정보보호법과 관련 법률의 규율로 충분한지 점검하였다. 수평적 규제를 유지하여 보건의료데이터의 개인정보로서 일반성에 관련된 보호 규정은 분야별 차별 없이 적용되도록 하고, 보건의료데이터의 특수성이 반영된 보호 규정으로서 수직적 규제를 가미하여 심의위원회 강화 및 일부 행위준칙의 법규화를 제안하였다.

보건의료데이터의 활용을 촉진하기 위한 방안으로서 보건의료데이터의 가명정보 활용에 대하여 법적 근거를 명확히 하고자 하였고, 관계법들 간의 정합성 보완을 위해서 정보공개법과 생명윤리법의 법문 정비에 대하여 상세히 살펴보았다. 데이터 품질 개선을 위한 제안으로써 데이터 표준화 및 연계성과 관련된 고시 및 법령을 검토하여 개선 방안을 연구하였다. 또한 데이터 활용 유도책의 측면에서 수익의 분배에 대하여 선행연구를 검토하여 방향을 제안하였다.

보건의료데이터를 보호하기 위한 개선안으로서 현행 심의위원회를 개선하기 위한 방안으로 보건의료 빅데이터 플랫폼 내 정책심의위원회의 규율을 법규성을 갖출 수 있도록 하는 방안을 제시하고 비식별 전문 심의위원회의 도입을 통해 독립적 조언기구 역할을 할 수 있도록 하는 방안을 제안하였다. 또한 개인정보보호법에서 개인정보 보호조치의 의무주체 및 가명정보에 대한 정보주체의 권리 인정범위에 대하여 검토하여 개선방안을 제시하였다.

마지막으로 보건의료데이터의 활용과 보호의 균형을 위한 개선방안으로써, 보건의료데이터 거버넌스에 대하여 현 보건의료 빅데이터 플랫폼의 개선 방안과 보건의료데이터 비식별 전문 심의 거버넌스의 구축을 제안하였다.

본 글에서는 보건의료데이터의 활용을 촉진하면서도 개인정보 보호의 균형을 도모하여 궁극적으로 사회적 신뢰 구축과 데이터 개방의 기조를 유도하기 위한 방안을 도출하고자 노력하였다. 위에 제안한 바와 같은 개선 방안이 진행된다면 보건의료데이터 활용에 있어서 다소 모호하였던 법적 근거가 명확해지고 관련 참여자들의 적극적인 네트워크로 데이터 처리의 투명성이 제고되며, 신기술의 도입과 변화하는 데이터 환경에 대해 적극적으로 대응함으로써 데이터 활용 및 유통의 물꼬가 트이게 될 것으로 기대한다.

이로써 우리나라는 국민건강보험제도로 인해 보건의료데이터의 집약적인 수집과 체계적 관리가 가능하다는 점과 IT 강국이라는 환경을 십분 활용하여, 보건의료데이터 선진국으로 도약하고 의약산업의 발전 및 국민건강의 보장을 이루는데 도움이 되기를 바라고자 한다.

참고문헌

I. 국내문헌

1. 단행본

고학수, 개인정보 비식별화 방법론, 박영사(2017)
권영성, 헌법학원론, 법문사(2009)
이성엽, 데이터와 법, 박영사(2021)
홍정선, 김기홍, 행정법 특강, 박영사(2011)

2. 학위논문

김은수, 비식별화 방식을 적용한 개인정보보호에 대한 연구 : 보건의료 데이터를
　　　　중심으로, 서울대학교 박사학위논문(2018)
김해원, 개인정보에 대한 헌법적 검토(2019)
박유영, 개인정보 보호범위에 관한 헌법적 연구, 서울대학교 석사학위논문(2015)
채성희, 개인정보의 개념에 관한 연구, 서울대학교 석사학위논문(2017)

3. 논문

강경근, 프라이버시 보호와 진료정보, 헌법학연구, 제10권 제2호(2004)
강희정 외, 보건의료정보 활용을 위한 기본계획 수립연구: 보건의료통계의 정책
　　　　적 활용을 중심으로, 한국보건사회연구원(2015)
경건, 정보공개법상 비공개사유인 개인정보의 의미와 범위(2013)
고수윤, 빅데이터 기술환경에서 개인정보자기결정권 침해판단방법론, 강원법학,
　　　　제55권(2018)
구태언, 개인정보 정의조항, 동의제도 및 형사처벌의 합리화에 관한 연구(2013)
권건보, 개인정보자기결정권의 보호범위에 대한 분석(2017)

권영준, 개인정보 자기결정권과 동의제도에 관한 고찰, 법학논총 제36권(2016)

권태혁·정유성·이도영, 보건의료빅데이터의 표준화와 품질평가, 보건산업브리프 제290권(2019)

김민호, 개인정보의 의미, 성균관법학, 제28권 제4호(2016)

김송옥, 가명정보의 안전한 처리와 합리적 이용을 위한 균형점, 공법연구 제49권, 제2호(2020)

김영진·김주현, 핀란드 보건의료 데이터 활용 제도 현황 및 시사점, 보건산업브리프, 제324권(2021)

김용민, 보건의료 빅데이터 활성화 방안에 관한 연구-핀란드의 사례를 중심으로, 의생명과학과법, 제22권(2019)

김용일·김유정, 일본의 개인정보보호법제에 관한연구(2021)

김재선, 의료정보의 활용과 개인정보보호, 행정법연구 제44권(2016)

김재선, 미국의 의료정보보호법제에 관한 공법적 고찰, 전남대학교 법학연구소 (2019)

김재선, 미국의 보건의료데이터 분류체계 및 법제화 방안(2021)

김주영, 조남수, 장구영, 활용성 강화 데이터 프라이버시 보호 기술 동향, 전자통신동향분석, 제35권 제6호(2020)

김철주, 한국과 일본의 원격의료관련 법령 비교 분석 및 입법과제(2016)

김현경, 개인정보의 개념에 대한 논의와 법적 과제, 미국헌법연구, 제25권 제2호 (2014)

김 화, 보건의료산업 관련 데이터 이용의 쟁점, 민사법학(2020)

김희정, 가명정보 미동의 처리의 기본권 침해 검토(2021)

목광수, 빅데이터의 소유권과 분배 정의론(2020)

박경태·최병인, 연구대상자 개인정보보호에 관한 고찰-미국 의료정보보호법과 우리나라 개인정보보호법을 중심으로, 한국의료법학회지, 제22권 제2호 (2014)

박노형, EU 및 영국의 개인정보보호법제 연구(2010)

박대웅·정현학·정명진·류화신, 보건의료 빅데이터의 연구목적 사용에 대한 법제 개선방안, 대한의료법학회, 제17권 제2호(2016)

박대웅·류화신, 보건의료 빅데이터 법제의 쟁점과 개선방향, 의료법학, 제17권 제2호(2017)

박민영·최민경, 의료정보의 관리와 비식별화에 관한 법적과제, 유럽헌법연구, 제21호(2016)

박상철, 데이터 소유권 개념을 통한 정보보호 법제의 재구성(2018)

박소영, 가명정보 결합전문기관 운영실태와 개선과제(2021)

박순영, 국내외 보건의료 빅데이터 정책현황(2018)

박준석, 빅 데이터 등 새로운 데이터에 대한 지적재산권법 차원의 보호가능성. 산업재산권, 제58권(2019)

박진아, 데이터의 보호 및 유통 법제 정립 방안(2020)

백승기, 한국과 대만의 의료보험 통합정책에 관한 비교 분석(2010)

손경한, 데이터 거래 활용 활성화를 위한 법제도 개선방안(2020)

손영화, 플랫폼 시대 데이터3법의 개정과 개인의료정보의 활용, 산업재산권, 제67호(2021)

손재희·이소양, 공·사 보건의료 데이터 공유 사례와 시사점, 보험연구원(2021)

손형섭, 한국 개인정보보호법과 일본 개인정보보호법의 비교분석(2019)

송문호, 데이터의 법적 성격과 공정한 데이터거래(2020)

신수용, 개인정보보호를 위한 헬스케어 데이터 익명화(2017)

신승중·지혜정·곽계달, 의료정보화와 환자개인정보보호 방안, 한국정보처리학회 논문집 제15권(2008)

안정민, 개인정보보호법상의 국외이전 개정방안의 연구(2020)

양천수, 데이터법 형성과 발전 그리고 과제, 공법학연구 제22권 제2호(2021)

오병일, 개인정보를 활용한 빅데이터 활성화 정책의 문제점, 의료와사회 제6호(2017)

윤건, 데이터기반행정강화 방안 연구(2019)

윤준호·김현성, 원격 의료 서비스를 위한 EHR 데이터 비식별화 기법 제안(2019)

윤혜선, 정밀의료를 위한 데이터 거버넌스에 관한 연구, 바이오경제연구 제2권 제1호(2019)

윤호상, 의료데이터의 활용(2020)

위준석, 연성규범의 새로운 양상, 국제법학회논총 제63권 제1호(2018)

이규엽, 엄준현, EU GDPR 위반사례의 분석과 시사점, 대외경제정책연구원 연구자료(2020)

이대희, 개인정보 개념의 해석 및 범위에 관한 연구, 고려법학, 제79호(2015)

이동진, 개인정보 보호법 제18조 제2항 제4호, 비식별화, 비재산적 손해-이른바 약학정보원 사건을 계기로, 정보법학, 제21권 제3호(2017)

이명석, 거버넌스의 개념화:사회적 조정으로서의 거버넌스, 한국행정학보 제36권 제4호(2002)

이병철, 보건의료 데이터 재정사업 분석, 국회예산정책처(2021)

이상용, 데이터 거래의 법적 기초, 법조협회 제67권 제2호(2018)

이상우·황준호·김성환·정은옥·신호철·오수민·송정석·김원식, 통신방송 융합환경 하의 수평적 규제체계 정립방안에 관한 연구(2007)

이서형, 국내 보건의료 빅데이터 법제의 구축에 관한 고찰 - 알 권리의 보장을 중심으로, 의료법학, 제19권 제3호(2018)

이성엽, 망 이용계약 가이드라인 제정의 법적 함의와 전망, KISO 저널 제37호 (2019)

이소은, 개인정보 보호법의 주요 개정 내용과 그에 대한 평가, 이화여대 법학논집, 제24권 제3호(2020)

이순호, 금전적 보상에 기반한 개인정보유통 활성화 방안 검토, 주간금융브리프, 제27권 제13호(2018)

이승현, 오정윤, 보건의료 빅데이터 활용을 위한 일본의 법제동향: 차세대의료기반법을 중심으로, 보건산업브리프, 제267호(2018)

이인호, 개인정보보호법 상의 개인정보 개념에 대한 해석론, 한국정보법학회 (2015)

이종식, COVID-19 감염증 사태에 있어서 원격의료에 관한 연구(2020)

이태훈, 영국 보건의료정보 담당기구 NHS Digital의 기능과 역할, 정책동향 제13권 제1호,(2019)

이한주, 가명정보 개념 도입을 통한 의료정보 활용 활성화 가능성의 법적 검토, 한국의료법학회지 제28권 제1호(2020)

임효준, 개인정보보호의 관점에서 바라본 공공데이터의 제공 및 이용 활성화에 관한 법률의 문제점 및 보완방안, 연세 의료 과학기술과 법, 제6권 제2호 (2015)

정경애·김우제, 데이터거버넌스 구성요소의 개발과 중요도 분석(2016)

장석천, 의료정보보호에 관한 입법방향, 충북대학교 법학연구소(2013)

전승재, 권헌영. 개인정보, 가명정보, 익명정보에 관한 4개국 법제 비교분석, 정보법학, 제22권 제3호(2018)

전승재·주문호·권헌영, 개인정보 비식별조치 가이드라인의 법률적 의미와 쟁점, 정보법학 제20권(2016)

전승재, 개인정보, 가명정보 및 마이데이터의 활용 범위, 선진상사법률연구, 제91호(2020)

정상태, 보건의료 데이터 활용과 개인정보보호법, HIRA 빅데이터 브리프 제4권4호(2020)

정승모, 일본의 개인의료데이터 현황 및 정책적 시사점, 정보통신방송정책 제3권 제3호(2019)

정애령, 보건의료데이터 활용의 헌법적 근거와 해외입법동향, 한국부패학회보, 제25권 제1호(2020)

정원준, 가명처리를 통한 보건의료데이터 보호 및 활용 방안의 법제적 쟁점(2021)

정현학·장보은, 보건의료 빅데이터 관련 각국의 법체계, 보건산업브리프 제208권 (2015)

조수영, 개인정보보호법에서의 정보주체의 동의와 기본권 보장에 관한 연구, 법학연구, 제18권 제1호(2018)

차건상, 가명정보 Life-Cycle에 대한 위험 분석을 통한 관리적·기술적 보호조치 방안에 대한 연구, 융합보안논문지, 제20권 제5호(2020)

최경진, 데이터와 사법상의 권리 그리고 데이터 소유권(2019)

최계영, 의료분야에서의 개인정보보호-유럽연합과 미국의 법제를 중심으로, 경제규제와 법, 제9권 제2호(2016)

최난설헌, 연성규범의 기능과 법적 효력, 법학연구 제16권 제2호(2013)

최미연, 보건의료데이터 국내 법제도 현황과 문제점 분석(2021)

최지혜·남태우·조민효, 보건의료 빅데이터 및 의료 플랫폼의 사회적 쟁점, 국정관리연구 제15권 제2호(2020)

홍강훈, 독일 정보 자유법을 통해 본 한국 정보공개법의 개선방안(2012)

홍선기·고영미, 개인정보보호법의 GDPR 및 4차 산업혁명에 대한 대응방안 연구, 법학논총(2019)

4. 기타

건강과 대안, 경제정의신청 시민연합, 무상의료운동본부, 민주사회를 위한 변호사모임 디지털정보위원회, 서울 YMCA 시청자시민운동본부, 전국민주노동조합총연맹, 진보네트워크센터, 참여연대, 한국소비자연맹, 개인 의료정보까지 상품화하나 보건의료 데이터 활용 가이드라인 철회하라, 공동의견서(2020)

국토교통부, 코로나19 역학조사 지원시스템 Q&A(2020)

국무조정실, 행정자치부, 방송통신위원회, 금융위원회, 미래창조 과학부, 보건복지부, 경제정의실천시민연합, 민주사회를 위한 변호사모임 디지털정보위원회, 서울 YMCA 시청자 시민운동본부, 전국민주노동조합총연맹, 진보네트워크센터, 참여연대, 가명처리 가이드라인에 대한 공동의견서(2020)

김경환, 빅데이터 실현을 위한 개인정보법령 개선방안, 한국금융연구원(2017)

박노형, EU 및 영국의 개인정보보호법제 연구, 법제처 보고서(2010)

박소영, 가명정보 결합전문기관 운영실태와 개선과제, 국회입법조사처(2021)

박소희, 보건의료 빅데이터 활용방안, 울산연구원 연구보고서(2020)

심성재, GDPR 주요용어, 개인정보보호위원회(2018)

오승한, 빅데이터 산업의 개인정보침해 행위에 대한 경쟁법의 적용과 위법성 판단, 법률신문(2018)

유희정, 시민건강증진을 위한 영국의 공공의료 및 민간의 역할, 서울시 행정국 성과보고서(2020)

윤주희 외, 개인정보의 범위에 관한 연구, 인하대학교 산학협력단 보고서(2014)

이경애, 개인정보 규제완화 연구 영국 사례조사, 출장보고서(2017)

이상우·황준호·김성환·정은옥·신호철·오수민·송정석·김원식, 통신방송 융합환경 하의 수평적 규제체계 정립방안에 관한 연구(2007)

이창범, 개인정보보호법상 감염병 화진자 등의 권리 보호 방안(2020)

이창범, 일본 개정 개인정보보호법의 주요 내용 및 시사점, KISA Report(2020)

이창범, Breyer 판결의 의미와 개인정보 식별성 판단 기준, KISA Report(2020)

진희권·안진호, 빅테이터와 개인정보보호를 위한 규제연구, 법학연구, 제29권 제2호(2018)

최미연, 보건의료데이터 국내 법제도 현황과 문제점 분석(2021)

최현욱·김태영·김태성, 원격의료 서비스의 개인정보 침해 시나리오 개발(2021).

황성기, 감염병예방법상 감염병의심자 정보제공 요청제도의 헌법적 문제점(2020)

Simson L. Garfinkel, 개인정보의 비식별처리, NIST 국립표준기술연구소(2015)

개인정보보호법학회, 데이터3법의 개정과 향후 입법과제 모색(2020)

개인정보보호위원회, "Draft Recommendation on the protection of Health-Related Data" 번역문(2018)

개인정보보호위원회, 개인정보 비식별 조치 가이드라인(2018)

개인정보보호위원회, 가명정보처리 가이드라인(2020)

개인정보보호위원회, 개인정보보호 가이드라인(의료기관)(2020)

개인정보보호위원회, 개인정보보호 가이드라인(약국편)(2020)

개인정보보호위원회, 개인정보보호 연차보고서(2020)

개인정보보호위원회, 한국인터넷진흥원, 개발자 대상 개인정보 보호조치 적용 안내서(2020)

개인정보보호위원회, 보건의료 데이터 활용 가이드라인(2021)

개인정보보호위원회, 누리집, 마이 헬스웨이 구축시작(2021)

공공데이터제공분쟁조정위원회, 공공데이터제공 분쟁조정사례 해설서(2014~2020)

건강보험심사평가원, 보건의료분야의 인공지능 개발활용 동향(2019)

국회입법조사처, 빅데이터 플랫폼의 운영 실태와 개선과제(2020)

법전출판사, 법률용어사전(2017)

보건복지부, 의료기관 개설 및 의료법인 설립 운영편람(2020)

보건복지위원회, 2017년도 국정감사결과 보고서(2018)

보건복지부, 보건의료 데이터 인공지능 형식전략(2021)

보건복지부 의료정보정책과, 제2차 보건의료 빅데이터 정책심의위원회 입법 토
　　론 워크샵(2018)

4차산업혁명위원회 및 관계부처 합동, 국민 건강증진 및 의료서비스 혁신을 위한
　　마이 헬스웨이(의료분야 마이데이터) 도입방안(2021)

한국금융연구원, 빅데이터 실현을 위한 개인정보법령 개선방안(2017)

한국금융연구원, 일본 정부 개인정보보호법 개정안 마련(2020)

한국보건산업진흥원, 대만헬스케어산업 가이드(2021)

한국보건산업진흥원, 보건의료빅데이터의 표준화와 품질평가(2019)

한국보건산업진흥원, 보건산업 동향조사 및 이슈 발굴 분석(2016)

한국보건산업진흥원, LOD기반 글로벌 보건의료 빅데이터 연계 플랫폼 구축 최종
　　보고서(2018)

한국정보화진흥원, 해외 세금(기업)·의료 데이터 개방 현황 및 데이터 거버넌스
　　현황(2020)

한국인터넷진흥원, GDPR 상담사례집(2020)

행정안전부, 개인정보 보호법령 및 지침·고시 해설(2011)

행정안전부, 개인정보보호위원회, 공공분야 가명정보 제공 실무안내서(2021)

한국인터넷 진흥원, 일본의 익명가공정보 활용 관련 차세대 의료기반법의 주요
　　내용, 최종보고서(2018)

한국인터넷진흥원, 일본 개인정보보호 법·행정체계 현황 및 주요 위반사례(2020)

한국인터넷진흥원, 2021년 주요이슈전망, KISA Report(2020)

한국인터넷진흥원, EU 개인정보보호 법제도 조사(2020)

한국인터넷진흥원, 코로나19 관련 개인 건강정보 활용 및 침해 사례(2020)

한국인터넷진흥원, 2020 GDPR 상담사례집(2020)

Ⅱ. 외국문헌

Accountability Act (HIPAA) Privacy Rule(2012)

Article 29 data protection working party, "Opinion 05/2014 on Anounymisation Techiques" (2014)

Bundesverband der Verbraucherzentralen und Verbraucherverbande.

Department of Health, Guidance for Access to Health Records Requests(2010)

Cynthia Dwork, Differential Privacy, in ICALP, Springer(2006)

Framework code of practice for sharing personal information(2019)

Guidance Regarding Methods for De-identification of Protected Health, U.S. OCR(2012)

Guidance on De-identification of Protected Health Information, U.S. OCR(2012)

IBM, The Four V's of Big Data, https://www.ibmbigdatahub.com/infographic/four-vs-big-data

Information in Accordance with the Health Insurance Portability and Accountability Act
  (HIPAA) Privacy Rule(2012)

John B. Freymann, Justin S. Kirby, et al., Image Data Sharing for Biomedical
  Research,Meeting HIPAA Requirements for De-Identification, J. Digit Imaging (2012)

Joseph Jerome BIG DATA:CATALYST FOR A PRIVACY CONVERSATION, 48 Ind. L.
  Rev.213(2014)

KESHAVAN M. Company Offers Mobile Patient-Controlled Health Record Access. San
  Diego Business Journal(2013)

Khaled El Emam, and Luk Arbuckle, Anonymizing Health Data, O'Reilly, Cambridge,
  MA (2013)

Klapper, L., L. Laeven & R. Rajan."Entry Regulation as a Barrier to Entrepreneurship."
  Journal of Financial Economics 82(3) p31(2005)

Niloufer Selvadurai, THE CONVERGENCE OF BROADCASTING AND TELECOMMUNICATIONS
  THE NEED TO SHIFT FROM A VERTICAL 'SILO' MODEL TO A HORIZONTAL
  'LAYERED' MODEL OF REGULATION, 66.1(2011)

Ninghui Li, Tiancheng Li, and Suresh Venkatasubramanian 't-Closeness: Privacy beyond
  k-anonymity and l- diversity'. ICDE (Purdue University) (2007)

NIST, De-Identification of Personal Information, (2015)

Machanavajjhala, J. Gehrke, D. Kifer, and M. Venkitasubramaniam. l-diversity: Privacy
  beyond k- anonymity. In Proc. 22nd Intnl. Conf. Data Engg. (ICDE) (2006)

OECD(2004a) The Implications of Convergence for Regulation of Electronic Communi
  cations. DSTI/ICCP/TISP(2003)5/FINAL

Paul M. Schwartz & Daniel J. Solove, The PII Problem: Privacy and A New Concept of Personally Identifiable Information, 86 NUY L. REV(2011)

Privacy enhancing data de-identification terminology and classification of technique ISO/IEC 20889(2018)

Sweeney, Latanya. k-anonymity: A model for protecting privacy. International Journal of Uncertainty, Fuzziness and Knowledge-Based Systems 10.05 (2002)

Statistical Policy Working Paper 22 (Second version), Report on Statistical Disclosure Limitation Methodology, Federal Committee on Statistical Methodology (2005)

Verbraucherzentrale Bundesverband eV v Planet49 GmbH, Case C-673/17(2019)

Warren and Vrandeis, The Right to Privacy, Havard Law Review, Vol. IV No. 5(1890)

Whalen v. Roe, 429 U.S. 589(1977)

Werbach, K. A "Layered Model for Internet Policy." Journal of Telecommunications and High-Tech Law. 1(2002)

內閣官房 健康·療戰略室(건강의료전략 내각실), 次世代医.療基盤法の施行に向けた 檢討の况について(차세대 의료기반법의 시행을 위한 검토상황에 대해)(2018)

찾아보기

◼ 김지희

서울 숙명여자고등학교 졸업
서울대학교 식품동물생명공학부 학사 졸업
성균관대학교 법학전문대학원 석사 졸업(상사법, 국제법 전공)
서울대학교 대학원 법학과 박사 졸업(지적재산권법 전공)

제2회 변호사시험 합격
송영철 법률사무소 변호사
제일국제법률사무소 변호사
(주)한국유나이티드 제약 Legal 팀장
(前)대한변호사협회 대의원
(前)서울지방변호사회 대외협력위원회 위원

보건의료 빅데이터의 활용과 개인정보보호

초판 1쇄 인쇄 ∣ 2022년 9월 2일
초판 1쇄 발행 ∣ 2022년 9월 13일

지 은 이   김지희

발 행 인   한정희
발 행 처   경인문화사
편   집   이다빈 김지선 유지혜 한주연 김윤진
마 케 팅   전병관 하재일 유인순
출판번호   제406-1973-000003호
주   소   경기도 파주시 회동길 445-1 경인빌딩 B동 4층
전   화   031-955-9300 팩   스   031-955-9310
홈페이지   www.kyunginp.co.kr
이 메 일   kyungin@kyunginp.co.kr

ISBN   978-89-499-6655-7 93360
값 25,000원

서울대학교 법학연구소 법학 연구총서

● 학술원 우수학술 도서
▲ 문화체육관광부 우수학술 도서